U0582572

金岳霖全集

第四卷

上

人民出版社

《金岳霖全集》编辑委员会

目　录

上

罗素哲学

文 章

下

附　录

第 四 卷

（上）

罗素哲学

本书写于20世纪50年代末至60年代初。“文化大革命”后曾打印若干份，在华东师范大学哲学研究所的青年教师和博士生讨论班上共同学习和讨论过几次，后“稍作整理”，于1988年由上海人民出版社出版。此次编入《金岳霖全集》删去了原编者注和附录。

——编者注

序

《罗素哲学》是金岳霖师新中国成立后的一部重要著作。从20世纪50年代末,他开始系统地研究和评述罗素的哲学思想,大约时断时续经过四五年时间,才完成《罗素哲学》的初稿。初稿曾由在北京的部分哲学工作者讨论过。正当他在修改初稿的时候,“文化大革命”的风暴突然席卷全国。“十年动乱”过后,他本想继续修改他的初稿。但不幸他已是衰弱多病的晚年,失去了进行艰苦的哲学思考的能力。这实在是一个难以弥补的损失。

金岳霖先生写作《罗素哲学》的时期,我国还处于一种封闭的状态,罗素本人的著作和研究罗素思想的著作在我国都不是很完备的。需要指出的是,当时极“左”思潮已成为普遍流行的指导思想。金岳霖先生在写作《罗素哲学》的过程中难免受到一定的影响。

但是,金岳霖先生是我国当代的一位杰出的哲学家。他早年曾受过罗素本人和罗素哲学的影响。在《罗素哲学》中,他对罗素哲学的叙述和评价都是很有深度的。我们希望,并且相信,此书将有助于了解金岳霖先生晚年的哲学思想，并将对我国的西方现代哲学的研究起积极的推动作用。

周礼全

第一章　罗素哲学思想的两个时期

一、1910 年前的客观唯心论

罗素在青年时期，作品是相当多种多样的。他曾经是一个黑格尔主义者，写了些有辩证法字句的文章，但是为时不久，只有一年的光景。同时，他也流露出对政治的兴趣，写了一本关于德国的政治和社会的书。因为代人上课，他还写了一本关于莱布尼茨哲学的书。但是，在 1897 年后，数学是他研究的主要对象。我们把 1897—1910 年当作罗素的头一时期，他主要的数学或逻辑方面的书差不多都是这一时期写的。两部《数学原理》——一部用普通文字写的（1903 年出版），另一部和怀特海合作主要是用符号写的（1910 年第一部出版）——都是这个时期的作品。应该承认，罗素对于数理逻辑是有贡献的。这个贡献有多大，是什么范围之内的，究竟是哪些性质等等，是数理逻辑学家要研究的。在肯定罗素有贡献的同时，我们也要指出他在这一方面掺杂有唯心主义和形而上学的成分。数学或逻辑方面的重要学说，例如类型论、摹状词学说，也都是他在这一时期的工作。对这些学说的估价，直到现在虽没有定论，但是，它们起了并且还在起重要作用是

没有问题的。罗素的哲学和数理逻辑是紧密地结合着的，从这一点来看，头一时期的重要性是很明显的。

罗素自己曾认为，1900 年对他说是极其重要的一年(《我的哲学发展》第 6 章)。他好像把这一年看作他的哲学的转折点似的。在那一年，他和皮亚诺初次见面，初次接触到皮亚诺的数学思想。这在演绎系统的安排上和在演绎过程的处理上对他是有重大影响的。但就罗素的整个哲学说，这个年头并不重要。

就罗素的整个哲学说，1897 年到 1910 年是一个时期。这个时期的特点是他的客观唯心论。他的客观唯心论是柏拉图式、毕达哥拉斯式的。他相信一种柏拉图式的理念世界或共相世界。在这一时期，罗素搞的主要是数学和逻辑。他为什么会有这种客观唯心论呢？为什么会对数学和逻辑发生兴趣？这是我们以下要分析的。

罗素出身于一个贵族家庭。祖父曾经两次当英国的首相，父亲很年轻的时候也参加过竞选议员的活动，祖母曾要他进入政治生活，并且还有过使他做一个英国驻外某大使馆的外交官的安排。在第一次世界大战时期和以后，他自己也加入了政治运动。但是，他为什么在写了一本关于德国政治的书(1896 年)之后，直到 1914 年都没有参加什么政治运动呢？他自己承认在第一次世界大战以前，他是生活在象牙塔里的。这主要有以下两方面的原因：一方面是他不满意已形成为帝国主义的那种赤裸裸的资本主义社会，他对封建社会的死去有悲哀，他看不起“人类”，看不起“人性”，要求超脱“人生”；另一方面是他年轻时就已经怀疑基督教，已经不相信上帝了，可是，宗教的情感没有消灭，他要在哲学中得到宗教的满足。这两方面结合起来是追求所谓“永恒的真理”，借以超脱人生，借以代替宗教。而所谓追求“永恒的真理”具体到罗素生活里，就是数学和逻辑的研究。在这个研究里，罗素自以为是在追求“永恒的真理”。

罗素虽然是贵族，然而他是在1688年英国资产阶级革命差不多两百年之后的人，他已经有了满脑子资产阶级的思想，他接受了资产阶级的人性论。那个人性论把资产阶级的本性夸大为人类或全民的本性。这样一来，赤裸裸的利害关系、冷酷无情的现金交易，就成为人类或全民的本性了，损人利己、唯利是图的本性也就是“人”的本性了。“人”（资产阶级）既然有这样的本性，“人”既然是这样的动物，对于一个有封建残余思想的人，对于一个习惯于讲仁爱的人来说，人当然是没有什么价值的。《自由人的礼赞》在罗素所有的文章中是流传得最广泛的，它被重印过十多次。它不只是在哲学书里被重印出来了，而且在别的书里也被重印出来了。在这篇文章里，罗素曾表示“人”的事业、“人”的要求、“人”的愿望是渺小的，不重要的，无意义的。这个没有意义的事业、要求、愿望，其实就是资本主义社会里赤裸裸的资产阶级的事业、要求、愿望。显然对于那个赤裸裸的资本主义社会，罗素是不满的。他并不反对剥削和压迫，但是没有宗教和政治幻想作为掩饰的剥削和压迫，他还是受不了。

可是，《自由人的礼赞》那篇文章，不只是对“人”的事业、要求、愿望不满而已，而且也为太阳系未来的毁灭担忧。这又是怎么一回事呢？

太阳系是自然现象，它的毁灭至少是好几亿年以后的事情。这和现在的人没有多大的关系。可是，在19世纪末20世纪初的年代里，居然有些人为太阳系未来的毁灭而悲哀。英国的巴尔福，在他的《信仰的基础》一书中，就感觉到这种毁灭的悲哀。美国的亨利·亚当斯，也对这种毁灭表示了苦闷。后者还提出了自然科学方面的借口：他的悲观论好像是来源于热力学第二定律似的。我们要指出，热力学的定律并不蕴涵宇宙范围内的热灭论，而热灭论也不蕴涵本段所说的悲观论。热力学所说的自然规律虽然是存在的，然而宇宙范围内的热灭论是不正确的。恩格斯在《自然辩证法》里曾有力地批判了热灭论。亚当斯的悲观论，既不来源于热力学的自然规律，也不来源于宇宙范围的热灭论。显然，即令后者是正确的（它实际上并不正确），它也不导致人们的悲观。显然，人并不因为每一个人将来都要死去，而悲哀起来。究竟什么东西使这些人伤心呢？巴尔福是英国的贵族，还做过一任英国的首相。亚当斯是美国波士顿的所谓“蓝血”家族中的老爷。他虽然不是英国式的贵族，然而他摆着贵族式的架子，他看不起普通的资本家。罗素也参加了这个小小的悲哀队伍。他们的共同点是看不起“人”，看不起不加掩饰的损人利己唯利是图的“人”，看不起赤裸裸的资本主义社会，他们眷恋封建的外衣。他们所悲哀的，实际上并不是什么太阳系，而是封建残余的最后灭亡。他们都有不同程度的逃避现实。巴尔福可以说是隐于朝的，他是出名的当朝在野人，亚当斯隐于历史，罗素则跑到象牙塔里面去了。

要真的能够逃避现实，就还需要能够在思想情感上得到超脱。罗素在表达对太阳系将来毁灭的悲哀的同时,也还为“人类”打气。“人类”虽然有渺小的方面,也还有伟大的方面。按照罗素的想法,这就是人们能够追求“永恒的真理”,其方法就是研究数学。数学里的真理就是“永恒的真理”。罗素不能不承认运动变化,但他认为在运动变化中的是个别的具体的事物,而不是共相。共相是不变的、不在时间中的、永恒的。数学的真理不是针对于具体的个别的事物说的,而是针对于共相说的。共相既是永恒的,数学的真理也是。这样的真理不仅比起渺小的人事要伟大得多,而且比起将来会灭亡的太阳系也要伟大得多。就罗素说,搞数学既可以摆脱俗事,又可以不理会太阳系的毁灭。搞数学就是云游于“永恒”之中。这对于罗素是非常之高兴和满意的事。

其所以高兴和满意,还有另外一方面的理由。罗素那样的家庭是很早就要把宗教灌输到小孩头脑里去的。他的祖母,一个热烈的新教徒,更是不遗余力地要把罗素培养成为好教徒。这样,罗素很早就有了宗教意识或情感。但是,他又很快地不相信上帝了。他最早期的文章中有反驳上帝的日记。可能进化论和赫胥黎的影响使得他很早就怀疑幼年时接受了的宗教。一个唯物主义者可能很难理解所谓“宗教情感”,很难抓住它究竟是一个什么样的东西。资产阶级把它说成好像是“人类”本性固有的东西似的。其实并不然,它是培养出来的,一旦培养出来之后,它便根深蒂固。上帝,罗素可以不相信了,但是,所谓“宗教情感”却保存下来了。这就是说他虽然放弃了基督教的上帝,然而他还需要一种代替品。就罗素说,数学和“永恒的真理”就是这种代替品。这是罗素自己所

承认的①。对罗素说，数学和“永恒的真理”不只是超脱人生的工具，而且是上帝和宗教的代替品。这个代替品，罗素说直到他40岁的时候还是满意的。时间的估计可能是不正确的，可能还要长一些。罗素搞数学的时期和他躲到象牙塔里去的时期是一致的。

罗素追求所谓“永恒的真理”，研究纯粹数学和他追求所谓“无可怀疑”的东西，是一件事情的不同方面。追求“无可怀疑”也就是尽量地怀疑。在具体条件下，在应该怀疑的时候，怀疑是好事情。合乎客观事实而又不断地为实践所证明和证实的思想是无可怀疑的。不满足这样条件的思想都是可以怀疑的。一般地说，日常生活中好些思想没有满足这样的条件。怀疑它们可以推动调查研究，克服疑难，推进工作。罗素的怀疑不是好的而是坏的怀疑。他的无可怀疑实在有两种。一种是经验上或感觉上的无可怀疑，例如当前的红白软硬香臭，可是，按照罗素的说法，当前的这张桌子和这棵柳树都不是无可怀疑的，只有光溜溜的感觉才是不可怀疑的。这是错误的。这样的感觉除在一两岁的小孩外，是不存在的。这不是本节所着重的无可怀疑。本节所着重的是思想方面的。思想方面的无可怀疑是这样的：你怀疑它，你的怀疑就是形式逻辑的矛盾。把无可怀疑限制到这样一些思想上去，怀疑的范围，就扩大了。事实上无可怀疑的东西，合乎客观事实而又为实践所证明的东西，只要它不是属于逻辑定理类型的，也都成为可以怀疑的了。这种怀疑方式的始作俑者可能是笛

---

① 《科学的将来》英文版，第68页。

卡尔。“我思”是无可怀疑的，因为怀疑就是思想活动，一个人怀疑自己在思想就是怀疑怀疑的存在了，怀疑而不思，是不可能的。罗素的无可怀疑是与此类似的。这就为他否认事实开了方便之门。对于他的哲学不方便的事实，他都可以说逻辑上没有理由非承认它不可，即否认它并不陷于逻辑矛盾。罗素的无可怀疑的标准是帮助他撇开不大方便的事实的。指出这一点之后，我们要回到追求“永恒的真理”上来。追求无可怀疑，就是追求“永恒的真理”，而在罗素，这也就是研究数学和逻辑。

罗素从小时候起就喜欢欧几里得几何学。他可能很早就习惯于演绎，他喜欢演绎。他认为在一大堆的定理中找出几条作为公理或公式，把其余的定理从这几条公理或公式演绎出来是非常之美的事情。罗素认为这是一种抽象的理智的美。罗素把追求“永恒的真理”、追求无可怀疑、研究数学和逻辑同演绎结合起来了。演绎不仅是罗素的理想，而且也是他的习惯。作为一种成品，演绎系统是罗素的理想，在认识论方面他也想搞出一个演绎系统来。作为方法，演绎是罗素的习惯，他总是从演绎的角度来考虑问题、讨论问题的。连对归纳的讨论也是演绎式的，他给人的印象是想法子把归纳演绎出来。归纳原则是否可以演绎出来，这是一个问题；但是作为推动认识的工具，归纳法和演绎法确实是不同的方法。归纳作为推动认识的工具，不是演绎就能够解决的。谈到演绎，我们不能不提出形式逻辑在罗素哲学中的地位问题。这和伍德先生所提出来的问题不一样。他所提出的是形式逻辑在罗素所谈的哲学中的地位问题。因为罗素对同样的“哲学”一词和“逻辑”一词，有不同的用法。罗素对哲学与逻辑（形式逻辑）的关系的看法是前后矛盾的，或者至少在文字上是矛盾的。我们的问题是形式逻辑（包括数理逻辑）在罗素哲学中的地位问题。对于这一问题，答案是：形式逻辑在罗素哲学里是被夸大了的。因此，它就导致形而上学，而形而上学贯穿着整个的罗素哲学。

上面谈到的东西不少，追求无可怀疑、偏重演绎、夸大形式逻辑等，可是我们把这些都容纳到追求“永恒真理”来谈的。追求“永恒真理”是罗素的成见之一，也是他前期（1910年前）思想接受客观唯心论的根本原因。

二、1912 年后的主观唯心论

罗素的《哲学问题》这本书出版于 1912 年。就罗素的哲学发展阶段说，这是一本重要的书。罗素在晚年的回顾中，对这本书还是相当满意的。无论他的理由如何，这本书是两个不同阶段的桥梁，两个不同阶段的主要成分它都有。它既有前一阶段的客观唯心论，也有后一阶段的主观唯心论。它既是桥，它本身也是一个阶段。这本书的主要主张是：客观事物是感觉材料之因，而感觉材料是客观事物之果。这种因果论是相当平凡的思想，但是，在罗素的哲学中，它仍然有特别的地位。因为这本书里的客观事物是真实的客观事物。有些读者可能认为古怪。客观事物就是客观事物，难道还有假的不成？我们要注意，唯心论者的所谓客观事物不一定是真正的客观事物，罗素在他以后的书里所说的客观事物就不是真正的客观事物。这个客观事物和感觉材料之间的因果论是唯心主义的，是错误的；因为它是单纯地从感觉材料出发而又跳不出感觉范围的、没有实践意义的因果论。但是，就罗素的整个哲学说，我们应该承认，这还是有一点点唯物主义因素的。按照这个说法，罗素是承认有物自体的，这有点像康德的说法。与康德不同的，是罗素认为物自体并不是完全不可知的，它是可以间接的知道的。罗素的这种观点也有点像洛克的说法，不过他讲的直接和间接的分别不等同于洛克讲的第一和第二属性而已。这些比较的话，只是就《哲学问题》这本书说。从罗素的整个哲学说，这些比较的话便不适用了。至于像伍德那样把罗素的哲学了解成为从康德到康德，那是完全不正确的①。《哲学问题》这本书在罗素的书中是重要的，但是，它并不代表罗素的整个哲学。

从1912年起，罗素研究的问题主要是认识论方面的。他虽然也写了些别方面的书，但是百分之九十以上的工作是在这一方面的。《哲学问题》就是这方面的一个开始。在认识论方面，罗素认为他的总问题是这样的：物理学可以把感觉材料表现为物理学对象（原子电子等）的产物，可是更重要的是要在认识论上能够把物理学对象表现为感觉材料的产物，前者才能说得通。把前后两者都作为推论来说，也可以这样表示：物理学可以由物理学对象推出感觉材料，但是，更重要的是要在认识论上能够由感觉材料推出物理学对象，前者的推论才能说得通。更具体地说，要使电子、光子、量子等能够解

① 《我的哲学发展》英文版，第262页。

释“红”、“响”、“香”、“硬”，就得要“红”、“响”、“香”、“硬”能够解释电子、光子、量子等。罗素是唯心主义的经验主义者，经验主义心目中的无可怀疑的东西，就是感觉材料，也就是“红”、“响”、“香”、“硬”等；因此他的问题就是从这样的感觉材料中得出物理学的对象。或者说他的问题是从主观得出客观。

这是错误的问题，也是错误的提法。唯心主义者的根本错误之一，是不承认唯物主义理解下的社会实践。他们不懂得实践是认识的基础和检验真理的标准，不懂得实践跨越两个范围，不懂得实践一方面本身就是客观事物彼此打交道，另一方面又是有目的的行动。他们不懂得感觉和实践虽然是不同的概念，然而它们是联系在一起的、分不开的。认识的问题从来就不是单纯的感觉问题。单纯地从感觉出发就是向死胡同直冲而去。承认实践同时是客观事物彼此打交道，上面说的那个因果论是有用的，它成为在具体问题上具体地能够运用的工具。可是在不承认实践的条件下，单纯地从感觉材料出发，单纯地从感觉材料去推，推论者推来推去，始终没有超出感觉的范围，那个因果论也就成为无用的了。

上面说的两个“由——到”（由物理学对象到感觉材料和由感觉材料到物理学对象）是存在的，这一点非承认不可，因为这是事实。但是，这两个“由——到”不是两条很长的单行胡同，彼此从来不接头不交叉的。相反地，它们是经常接头经常交叉的。我们用手试一试水，看水是温是凉，这就是让客观事物的手和客观事物的水打交道，使客观事物的水对客观事物的手产生影响，这影响就是感觉映象。可能手很快就缩回来,说太凉了。显然这里的“太凉”不只是感觉材料上的“太凉”而已,而且是由感觉材料上的“太凉”推到客观事物的水太凉了。我们可能加点热水,再用手去试一试,手用不着缩回来了,说“行了”。这“行了”,也不只是感觉“行了”,而且是水的温度行了。在这个简单的例子里,有由客观事物到感觉材料的“由——到”,也有由感觉材料到客观事物的“由——到”。这里有实践有感觉,有再实践再感觉。有些事情既是实践又是感觉,例如用手去试一试水的温凉。只有承认实践,只有在具体的包括实践在内的感觉经验过程中,上面说过的因果论才是说得通的。像罗素那样单纯地从感觉出发,只承认感觉材料之为与料(给予的材料),这就把自己限制到感觉材料的此岸,而客观事物就成为接触不到的彼岸了;本来有用的因果论就成为无用的多余的了,因为所谓“因”者完全是彼岸的东西了。罗素先形而上学地把感觉和感觉材料孤立起来,然后想从感觉材料得出客观事物,这办法本身就是错误的,这样提出的问题就是不可能解决的。罗素也知道 1912 年的因果论说不通,但是,由于成见太深,他不能放弃他的出发点。这也就是说,他不能放弃唯心主义的形而上学的立场,结果是愈到后来愈陷入唯心主义形而上学的泥沼。

到了 1914 年,罗素放弃了因果论,代替它的是构造论。作为一个思维工具,构造究竟是什么样的事情,这是一个大问题。对它作估价不是本书的任务。在数学里,特别是在演绎过程中,构造可能是经常引用的工具;作为工具,它不是唯物主义批判的对象。这里说的构造论,是把数理逻辑方面的构造搬到感觉材料和客观事物之间去的构造论,比较详细一点

的分析和介绍将在后面提出来，这里说的只是罗素用了构造论来代替因果推论。上面已经提到罗素对上面说的因果论是不满意的。他不满意的主要点在于：由一种性质和一个范围内的感觉材料推到另一种性质和另一个范围内的客观事物的推论是靠不住的。按照罗素的说法，检验的范围只是在感觉材料这一边，只是在结果这一边；你究竟推出什么来了呢？这是感觉不到经验不着的。在1914年罗素就改变办法，认为与其吃力不讨好地推出和感觉材料不一致的客观事物来，不如从感觉材料构造出和感觉材料完全一致的客观事物来。这就是说，与其推论到不是感觉材料的客观事物，不如构造出本身就是感觉材料的所谓客观事物。罗素认为构造比推论靠得住些，因为后者是由此岸的感觉材料推到我们不能直接接触到的彼岸的客观事物，而前者是由此岸的感觉材料构造出此岸的客观事物。他好像在追求更靠得住的方法。事实上罗素是以假的客观事物来代替真正的客观事物。上面曾说1912年的客观事物是真实的客观事物。在放弃因果论和接受构造论之后，那个真实的客观事物就成为假的客观事物了。他所构造的是他所谓的"物质"。他既然把独立于思维和感觉而存在的物质偷换成为本身就是感觉材料或可能的感觉材料的"物质"，真的客观事物也就被偷换成为假的客观事物了。我们在前面已经批评了罗素的因果论。那个因果论是要不得的，罗素放弃了它，是不是意味前进了一步呢？不。他实在是后退了，他陷入了更深的主观唯心主义的泥沼。

通过构造论，罗素已经进入了所谓"中立"一元论，他已经成为马赫主义者了。

上面说的构造论是1914年罗素在他的论文《感觉材料与物理学》中提出来的。也许有人会提出异议，认为不能说通过构造论罗素已经进入了“中立”一元论。因为在1914年罗素还在反对詹姆士的“中立”一元论。这是事实。在1914年的《论直接认识的本性》那篇文章里，他是在反对“中立”一元论。在《论命题》那篇文章里他有明确地表示，自己走上“中立”一元论是在1919年。这也是事实。但是，我们还是同意斯特斯的说法：罗素在1914年已经进入了“中立”一元论。这是就“中立”一元论的本质，就它的类型来说的，而不是就某一“中立”一元论的具体说法来说的。在1914年罗素虽然不同意詹姆士的某些看法，然而在该年发表的《感觉材料与物理学》那篇文章里，他已经用感觉材料(sense-data)或可能的感觉材料(sensibilia)“构造”出“物质”来了。当然在1914年，罗素的“中立”一元论还没有完成，他还没有“构造”出“心”来。“构造”“心”的工作是1921年完成的。在1914年罗素虽然还没有完成“中立”一元论，然而他已经进入“中立”一元论了，他已经是一个马赫主义者了。从1912年到1914年罗素不是前进了而是后退了。

所谓“中立”一元论，是一种企图抹杀物与心的分别，抹杀唯物主义对唯心主义的斗争，以一种所谓非物非心的东西作为素材来建立唯心主义的哲学。“中立”两个字是骗人的。有的人居然用“中立”的素材这样的字眼，来表示那个所谓非心非物的东西。这就有了欺骗性。世界上根本没有这样的东西。这一点我们首先要指出。其次我们要注意，我们的重点是摆在企图抹杀物与心的分别、企图抹杀唯物主义对唯心主

义的斗争上面，而不是摆在“中立”一元论者究竟利用了什么东西作为非物非心的素材。就以罗素为例吧！他有时利用感觉材料（sense-data）或者可能的感觉材料（sensibilia）作为“中立”的素材。这完全是马赫主义。但是，有的时候，他又利用所谓非物非心的“事素”（event）作为“中立”的素材，而不说这个事素就是感觉材料。这好像离开了马赫主义了。其实，并不是这样的。在 1912 年罗素是把感觉与感觉材料相区别的，可是，在 1919 年和 1921 年他已经取消了这个区别。从 1921 年起，他说感觉就是感觉材料，在 1930 年①，他说所谓“事素”就是感觉；这岂不还是说“事素”就是感觉材料吗？问题还不在这里。马赫、詹姆士和罗素的中立一元论是有分别的，这些分别是次要的。主要的是它们的共同点，而共同点是抹杀物心的分别，抹杀唯物主义对唯心主义的斗争。

1921 年罗素的《心的分析》这本书出版了。记得三十多年前我读这本书的时候我觉得罗素有点过分地“唯物”，理由是他把许多传统地属于心的东西都送到非心那一边去了。其实，与其说罗素在把“心”缩小，不如说他在把“心”扩大。例如他把感觉材料排除在“心”的范围之外，这好像是把“心”缩小了。其实他把“物质”容纳到感觉材料之内，显然他又把“心”扩大了。罗素花了很大的力量来取消作为主体的心和作为实体的心。他非常讨厌实体。他可能对实体一词有反感。在英文，实体这个字给人的感觉是非常之实、非常之硬。实体是难于构造的。罗素的办法就是取消作为实体的心，而

① 疑为 1927 年。——编者注

代之以用特种因果关系和感觉材料构造出来的"心"。到了这个时候,"物"和"心"都构造出来了,并且都是用感觉材料构造出来的,他的"中立"一元论完成了,同时他也完全成为马赫主义者了。

1927 年《物的分析》出版了。这本书继续地构造了"物质",它是"中立"一元论的继续。

斯特斯认为罗素在这本书里放弃了"中立"一元论。这个看法是错误的。罗素没有放弃"中立"一元论,更没有在这本书里放弃"中立"一元论。有一点我们应该注意,罗素不再明确地以感觉材料或可能的感觉材料作为"中立"的素材,他只谈"事素"。好像"中立"的"素材"只是"事素"而已,至于"事素"究竟是什么,在《物的分析》里,他没有明确表示。他虽然没有明确的表示,然而字里行间,他想的仍然是感觉材料那一类的或类似的东西。上面已经提到在 1930 年在《哲学》那本书里,他说得很清楚,所谓"事素"就是感觉;而在 1921 年他已经放弃了感觉和感觉材料的分别。显然《物的分析》那本书既没有放弃也没有改变他的"中立"一元论。

斯特斯认为罗素在这本书里重新引用了物质与感觉材料之间的因果关系。他认为这就表示"中立"一元论的取消。这个理由是不能成立的。罗素自己就不同意这个看法,他不懂得为什么斯特斯认为"中立"一元论和物质与知觉材料之间的因果关系不相容①。"中立"一元论和 1912 年《哲学问题》那本书所说的因果论确实是不相容的。因为那个时候或

① 《罗素的哲学》英文版,第 707 页。

那本书所说的客观事物是真实的客观事物，物质也是真实的物质，那样的物质和知觉材料之间的因果关系确实是和"中立"一元论不相容的，因为在"中立"一元论笼罩之下，真实的物质已经被罗素"取消"了。可是，为什么罗素所构造出来的"物质"不能是知觉材料之因呢？当然可以。事实上罗素就是这样地认为的。他就是把他所构造出来的"物质"看作知觉材料的因。而这并不是回到1912年的因果论上去。这两个因果关系根本不是一样的关系。后一种因果关系和"中立"一元论显然是相容的，因此接受或主张后一种因果关系并不意味着放弃"中立"一元论。罗素在《物的分析》这本书里没有放弃"中立"一元论。

问题是罗素在1927年以后是否放弃了"中立"一元论呢？马舒说他放弃了[①]。这看法也是错误的。罗素确实说过这样的话，例如，他声称不再主张《对客观世界的知识》或《心的分析》那些书的某些思想了。同时1948年的《人类的知识——其范围与限度》那样的书，单就它本身说，好像是相当唯物主义的，书一开始就大谈人尚不存在时的物质世界，并且还讥笑了否认那个世界的人。他还批判了某些实证主义者这样的说法：我们能够承认还没有人的世界，因为如果我们活在那个世界我们可以感觉到那个世界。罗素反驳说：这等于说如果我们活在一个没有人活着的世界，我们可以感觉到它。罗素是把这当作废话看待的。这样的书使人想到罗素已经放弃了"中立"一元论。但这是错误的。罗素在1959年出版的

① 《逻辑与知识》英文版，第125页。

《我的哲学的发展》一书的第二章里,他又重复了"中立"一元论的主张。他没有放弃"中立"一元论。

罗素确实是放弃了客观唯心论①。这主要是受维特根斯坦对逻辑定理的分析的影响。按照这个分析,所有命题演算的逻辑定理都是同语反复的重言式的命题。这个分析是正确的,罗素接受了这个分析从而放弃了客观唯心论,这也是正确的。但是,罗素的进一步的理解却是错误的。他从承认一个独立的永恒的理念或共相世界的客观唯心论而走到另一极端,走到把数学看作只是"人为的美丽"那样的主观唯心论去了。按照罗素的形而上学的想法,数学和逻辑的基础不是独立的永恒的理念或共相世界,那它们就只是人为的东西。无论前者或后者都是否认数学和逻辑的客观基础,因此都是错误的、唯心主义的。罗素在后期放弃了客观唯心论为主的错误观点,而宣扬主观唯心论的错误观点。

① 《记忆中的画像》英文版,第42、43页;《我的哲学的发展》英文版,第102、119页。

第二章　从休谟、康德到罗素

1911 年后,罗素的主要兴趣在于认识论的中心问题之一:即客观物质世界有没有规律性或必然性,我们能不能正确地反映这样的规律性或必然性。辩证唯物主义既正确地提出了这个问题,也正确地解决了这个问题。但是,为了能够正确地提出和解决这个问题,有些必要的条件非满足不可,某些根本的事实非肯定不可。这就是说,某些必要的理论非承认不可。

首先,我们非肯定客观物质世界的存在不可。如果这一点不承认的话,规律性或必然性是什么东西的规律性或必然性呢?皮之不存,毛将焉附!其次,我们要肯定客观物质世界是第一性的,思维认识是第二性的。不然的话,规律性或必然性是客观物质世界所固有的呢?还是思维认识所强加于客观物质世界的呢?这会引起混乱,发生原则上的错误。显然,就认识论说,思维认识只是反映客观物质世界所固有的规律性和必然性而已,思维认识不能把这些东西强加于客观物质世界。我们是怎样认识的呢?认识来源于实践,起先是感性认识,由感性认识再飞跃到理性认识。在这时,我们已经抓住了客观事物的本质、全体和内部联系,这就是说,抓住了客观事物的发展规律性或必然性。最后,认识还要来一次飞跃,我们要把所得到的认识付诸实践,受实践的检验。受得起检验的才是正确的认识。认识的目的不只是反映客观世界的规律性和必然性而已,而且要改造世界,化客观世界的必然为我们的自由。辩证唯物主义是正确地提出了认识论的上述中心问题,而又解决了这一问题的。我们可以提出一个极其简单的公式:实践——认识——实践,或者实际——理论——实际。这样的认识是科学的认识,这样的理论是科学的理论。同时,这样的理论之所以是科学的理论,科学之所以为科学,也就是因为它满足了上述认识论的要求。

罗素的哲学虽然很烦琐,很曲折,但是其中有两个极其根本、极其主要的因素。一个是形式逻辑(就罗素说主要是数理逻辑),这是有空架子的必然性的、但没有客观事物方面的内容的逻辑。另一因素是忽生忽灭、常生常灭的感觉或感觉材料,这是没有必然性的,但又是所谓实际的最根本的原料。这两个因素是割裂开来了的:前者没有后者作为它的内容,后者没有前者的必然性。如果我们把前者叫做“理论”,后者叫做“实际”,那么可以说罗素“理论”没有“实际”方面的因素,而他的“实际”也没有“理论”所有的必然性。无论罗素的哲学多么烦琐,多么曲折,上述两者的割裂便是他的哲学的基本情况。在这个基本情况之下,罗素不可能正确地提出上述认识论的重要问题。除在 1912 年他想推论出客观世界之外,他认为根本没有独立存在的客观世界。这样的世界既然都没有,怎么能有客观世界的必然性呢?(对罗素来说,规律性的问题不同一些。)如果我们退一步着想,把罗素的“实际”当作客观世界（尽管它并不是）来提出那一问题，答案仍然是“实际”没有必然性。其实，罗素坚持他的两个根本因素，特别是它们的割裂，正是要歪曲这个重要的认识论问题。罗素知道这个问题是认识论所回避不了的。罗素哲学的基本情况是从休谟来的。休谟正是歪曲了这个重要的认识论问题而背离了科学。罗素则继承了休谟。关于这点，以后会有比较详细的论述。

罗素是以科学的哲学家自居的。在20世纪的头二三十年，他的“科学方法”的口号在资本主义社会里是能够吸引青年的。在形式逻辑方面，他对传统形式逻辑的某些批评是能推动青年的求知欲的。在哲学方面，他和布拉德雷、柏格森的笔墨官司是能够引导青年同情于他的所谓“理性”主义和“分析”主义的。很多人接受了他的哲学倾向，包括五四运动后和新中国成立前中国的一些青年。下面我们要从休谟谈起，然后再谈罗素对康穗的某些看法，最后谈到罗素自己的问题。

一、从休谟说起

休谟有一句关于书的很出名的话：“有没有关于数和量的抽象理论？没有。有没有关于事实和存在的试验的理论？没有。那么烧了它吧。”①

这里，理与事的隔离已经提出。这段话里的前一问句中有“理论”一词，后一问句中也有“理论”一词。但是，我们不

① 《关于人类理解和道德原则的探讨》英文版，第165页。

要被这个词所左右。我们应当注意:在这里,抽象的理论和实际是对立着的。休谟自认是一个怀疑论者。从怀疑的角度考虑,他认为数与量的抽象理论是可以证明的,是无可怀疑的。印象或感觉材料方面的红、硬、响、甜,是当前直觉上的现实,是可以直接证实的,也是无可怀疑的。但数与量的抽象理论却都不是直觉的当前的现实。而当前的现实都不是抽象的理论。这已经把理论和当前的现实初步地割裂开来了。但是,问题不只停留在这里,印象方面的当前的现实只是实际的一部分而已。休谟也没有在这一点上停住。

问题在于,由经验的积累而概括出来的是些什么样的东西呢?有没有一般呢?如果有的话,它是不是具有规律性呢?必然性呢?这是休谟认识论的主要问题。休谟的归纳论和因果论都是这一方面的问题。其实,这就是康德在提出先验的综合判断时企图解答的问题,这也就是罗素的所谓"经验的推论"问题。用我们所习惯的字眼说,这也是理论联系实际问题。如果我们从实际出发达到理论而又回到实际去受检验,理论联系实际问题就得到解决。当然,我们的实际不是他们所说的那样的假实际。但是,就从他们所说的假实际说,他们也有联系问题。在休谟那里,这个联系问题表现为:由经验的积累我们能否概括出有规律性的带必然性的一般来?在这里我们要分别两个问题:一个是人们能否由经验的积累得出一般来;另一个是所得出的一般是否有必然性。休谟对这两个问题的答案都是否定的。休谟的归纳论其实就是说,人们不能归纳出贯穿着已往和将来的一般或者贯穿着已经经验过的和尚未经验过的一般;他的因果论其实是说,所得出来的一

般不是带必然性的。这就是说休谟的理论和实际——即使是假实际——不能不是脱节的、隔离的。

休谟的归纳理论实在是反归纳论。按照他的说法，归纳的根据是已往的事实。问题是：以往如此，将来是否也如此呢？或者我们只根据已往如此，有没有理由断定将来也如此呢？休谟认为，已往虽然如此，我们没有理由断定将来也如此。他并且还举出我们经常不怀疑的事情来做例：太阳在已往一直每天上升，我们有没有理由断定它明天也要上升呢？他说没有。如果你说太阳明天一定会上升，他会追问你有什么理由。你可能提出天体如何运行，它们和太阳的关系怎样，作为太阳明天一定会上升的理由。休谟还是会说，天体运行已往是那样，它们和太阳的关系已往是那样，但是，有没有理由断定它们将来仍然会是那样呢？休谟认为没有。这个看法是荒谬的，这是形而上学地把归纳孤立起来而又绝对化之后的诡辩。但是，休谟是这样认为的。他谈因果的篇幅多些。他可能认为因果特别重要。穆勒是以因果作为归纳的中心的。现在的形式逻辑教科书也以寻求因果作为归纳的重点。但是，我们应该承认：作为认识工具，归纳的范围比因果来得更广泛。归纳非常之重要。它是根据已往概括未来，根据已经经验过的，概括尚未经验过的；根据已经知道的，概括尚未知道的认识方法。归纳说不通就是知识说不通，也就是科学说不通。休谟的归纳学说是挖科学墙根的。按照他的说法，科学就成为非理性的东西了。

作为认识工具，因果关系虽然没有归纳那样广泛，然而它是极其重要的关系。它是理解自然的方式，也是掌握自然的工具。理解世界和改造世界都很难离开它。关于因果问题，休谟进行了冗长的讨论。约略言之，经验上的根据是下面这些：(1)因果在时空上是连续的。什么叫连续，休谟没有明确地提出。数学式的连续是休谟时代所不可能有的。准确的说法在那时候可能是困难的。(2)因果是有先后次序的，因在前果在后。这是正确的，休谟也承认它。他的理由并不正确，但是，在这里，我们不提出讨论。(3)因果是普遍关系，就是说甲类事情和乙类事情有因果关系。说因果关系是事情的类的关系也是正确的，不然的话，我们就很难根据因果关系来作推论了。但是，严格地说，按照休谟的归纳学说，关于因果的这个正确说法是得不到的。这也就是说它是归纳不出来的。尽管如此，我们还是肯定这个正确的看法。(4)因果关系是经常重复的，或者说在经验中甲乙的关系是经常的。按照休谟的形而上学的思想体系，这也是他不能从经验的积累中得到的东西；因为，按照他的说法，个别不可能经常，一般不可能重复。说来奇怪，他居然说这些都是因果关系在经验上的根据。这也就是说，以上的(1)(2)(3)(4)是经验所供给的材料。因果关系也只有这些材料，别的因素是经验中找不着的。如果我们认为因果关系中存在因致果这一因素的话，我们就超出了经验所许可的范围。因致果的"致"，休谟认为是经验不到的。因果之间有没有必然的联系呢？因发生之后果是否必然地跟着发生呢？如果我们把必然的联系当作因果关系的因素，我们也超出了经验所许可的范围。休谟认为经验中因果没有必然的联系。这样看来，休谟把"致"和"必然"都排除在经验范围之外了。一方面，他确实把它们排除出去了，可

是，另一方面，他又把它们偷运回来了。他最后的说法是：在经验中甲乙既有以上四种情况，就使得我们得到由甲的发生就必然地联想到乙的发生的习惯。这样，他虽然把“致”和“必然”都偷运回来了，然而因果关系却被说成只是我们的习惯了。

认识论的中心问题是客观物质世界有没有必然性，人们能不能正确地反映它。休谟是如何答复这个问题的呢？他认为，经验中或者感觉印象中没有必然性，只是人们形成了带必然性的习惯而已。

我们现在看看休谟究竟宣传了什么思想。他的归纳论其实是说：我们从归纳得不到超过已往和现在的东西，或者得不到超过已经经验过和正在经验着的东西。这当然也就是说，归纳对未来或尚未经验的东西是无效的。这也就是说，我们不能从经验的积累中得出贯穿着已往和将来、或者已经经验过和未经验过的一般。休谟的因果论其实是说，经验中的因果关系不是必然的。对休谟来说，经验就是实际。他虽然承认感觉材料或映象有不可知道的原因，但他没有明确地肯定物自体，也没有肯定经验之外的实际。因此，说经验中的一般不是必然的，也就是说实际中的一般不是必然的。否认实际中有必然性也就是否认客观规律，这就会把科学看作非理性的东西。

休谟是个怀疑论者。在别的方面这个怀疑的影响如何，我们不在这里估计。在认识论方面，这个怀疑的影响就是上面说的那些。总而言之，休谟的怀疑论就是说，科学是非理性的东西，因果规律是心理习惯。而使康德从迷梦中惊醒的正是这个。康德的认识论和休谟的认识论在实质上差不多,可是,看起来冠冕堂皇多了。

二、经过康德

在唯心主义的哲学中,康德哲学的结构是比较庞大的,也是比较精细的。在这里我们不作全面的讨论。我们只就上面提出的几点来看康德如何处理它们,使得休谟的思想实质打扮成为堂皇得多的哲学。因为处理的方法不同,康德和休谟的分别还是有的,有的分别可能还是相当重要的。

客观世界本来是有规律性、必然性的。休谟要抹杀这个规律性和必然性,他之所以能够抹杀它们,是因为休谟把认识限制于印象或感觉材料。例如客观世界本来是有“致”的,如果我们承认唯物主义的实践是认识的基础和检验真理的标准,我们很容易从实践中抓住“致”的实在从而得到“致”的概念。但是,只要我们把认识限制于印象或感觉材料,客观世界中本来有的“致”就被排除在经验范围之外了。客观世界的规律性和必然性的情况类似。休谟既然把客观世界本来有的规律性和必然性粗暴地排除在经验范围之外,他当然不能再从经验范围之内找出规律性和必然性来了。休谟和康德都是唯心主义者,可是,在这一点上康德就老练得多。客观事物本来是一般与个别统一的,形式与内容统一的,形式与材料统一的,规律性、必然性与材料统一的。用中国哲学术语说,理与气是统一的。康德的办法实质上是把这个统一割裂开来。一方面,他把客观的材料安排在一边,叫做不可知的物自体。这

一点比休谟的好些，休谟只笼统地承认不可知的原因，至于那原因是什么他没有说。康德明确地承认有物自体，虽然他的物自体不是唯物主义所理解的物自体。另一方面，康德又把客观事物本来有的规律性和必然性归于心灵，让它们成为心灵之所固有。这是大胆而又巧妙的办法。唯心主义者要为心灵争取主动权的。休谟的办法使得心灵非常之被动，使得某些规律，例如因果律，成为在经验积累中被动地产生的联想、被动的习惯。这一局面康德就避免了。按照康德的办法，规律就成为模型或格式那样的东西；这些东西是抽象的，可是我们可以用形象的语言来表达它们。《红楼梦》第三十五回贾宝玉要吃莲叶汤那一段里，不就说到银制的菊花、梅花、莲蓬、菱角模子吗？把面团套进去或印上去，挤出来或取出来的就成为菊花面块、梅花面块等的东西。康德的规律是类似的模型，客观材料套进去之后，出来的就是有规律性和必然性的“自然”或“现象”。康德自己曾说过，理性（我们这里不分知性与理性）不制造材料，可是创造“自然”。世界上哪有这样的“自然”呢？但是，针对于休谟的困难来说，问题已经用更加唯心主义的方式“解决”了。规律性和必然性不只是心灵所固有，按照“自然”的定义也是“自然”所有的了。这样，休谟在“经验”中没有的、找不到的东西（规律性、必然性），康德的所谓自然已经供给了。

上面说的是康德处理休谟提出来的问题的办法。这个处理办法有些什么样的结果呢？我们提出以下三点。(1)有些地方康德比休谟更唯心主义些。休谟没有把客观规律性必然性拨归心灵所固有，当然，休谟的所谓心也不是现实的心，罗素是不同意康德对心灵的看法的。因此，罗素对于形式逻辑头三条基本思维规律的看法，在某一时期，至少是1912年，就和康德的说法很不一样。在这一时期，罗素认为，这三条规律是针对于客观事物的，不是什么思维规律。当然，罗素在这里把轻重颠倒过来了。头三条思维规律具有客观基础，反映了客观规律，这一点是应该承认的，但是，它们作为思维规律是无法否认的。罗素的理由之一是：心灵会变，如果头三条规律是思维规律的话，它们岂不随着心灵的变而变吗？从这里也可以看出罗素心目中的所谓心，只是赵大钱二等的具体的心，不是康德捏造出来的心。(2)有些地方康德和休谟的唯心主义又有不同，例如康德明确地承认了物自体，而休谟则没有。休谟虽然承认了印象背后有不可知的（他只说不知道，事实上意思是不可知的）原因，然而那个原因不一定就是物自体。罗素在1912年前是承认一种物自体的，而且还承认物自体不是完全不可知的。但是后来他变了，这就比康德更倒退了。(3)就我们现在所讨论的问题说，康德的处理办法的主要结果是：经验是有规律性必然性的。当然他的所谓"经验"不是唯物主义的，因而不可能是正确的。尽管如此，康德还是承认"经验"是有规律性必然性的。在这一点上，康德比休谟先进得多。休谟认为：我们既不能合理地得出一般，而不合理地形成的一般也不是有必然性的。罗素如何呢？就这一点说，他又回到休谟的认识论上去了。我们不能不说，比起康德来，罗素又倒退了一步，这最后的一点涉及的问题颇多，下面要提出讨论。

康德还提出了所谓分析判断（分析判断都是先验的）和

先验的综合判断。这种对判断的说法是唯心主义的。判断无论是所谓分析的也好，综合的也好，不可能是先验的，因为它们都是反映客观事物或规律的。它们既然都是反映，只能是后于客观、后于经验的。正确的批判是批判康德的先验论。罗素不是这样看的。他并不反对先验论。他有他自己的先验论，只是和康德的先验论不同而已。康德的先验，有心灵所固有这一因素，有认识之所以成为可能的条件这一因素，也有普遍有效这一因素。罗素不赞成这个说法。他自己有两种不同的说法。他认为先验的判断（罗素经常只讲命题不谈判断，命题和判断是有分别的，可是因为分别在这里的影响不大，我们只用判断一词）并不是在其来源说是独立于经验而产生的；从来源说，他认为经验是因，而先验判断是果。他认为，先验判断之为先验，是因为它的正确性是不靠经验所证明，也不能为经验所推翻的。这是罗素所谓先验的性质。在维持这一看法的时候，罗素心目中所想的就是命题演算中的逻辑定理那样的东西。以上是罗素对先验的一个主要说法。（罗素的另一个说法，将在下面再提出。）先验论要不得，可是，罗素并不反对先验论，他所反对的只是康德的说法而已，在先验的分析判断上，罗素所反对的是对分析判断的分析。

长期以来，形式逻辑学家把判断的形式限制于所谓主宾词式的形式。S—P 这个符号就是主宾词式的判断形式符号。这个形式当然没有什么问题。日常生活中具这个形式的判断很多，用途很广，形式逻辑学家当然要着重地研究它。问题是长期的传统把判断的形式限制于这一种，这就确实有问题了。关系判断也是广泛地存在和引用的。有些人硬是不承认关系判断形式，并且想方设法把关系判断平头削足硬塞进主宾词式的判断形式里去。当然大部分的关系判断是塞不进主宾词判断形式里去的。罗素反对把判断形式限制于主宾词式形式。单就这一点说，罗素是正确的。他反对莱布尼茨的哲学，限于主宾词形式就是理由之一。康德也有这个限制，他的分析判断说法就是由于这个限制而来的。按照他的说法，如果一个判断的宾词已经包括在主词里面，这个判断就是分析判断。这样的判断是不能否认的，因为否认它而提出的判断就是一个逻辑矛盾。“红的东西是有颜色的东西”就是一个分析判断，因为主词“红的东西”这一概念里面已经有“有颜色”这一概念。这就是说，宾词已经包括在主词里面，这个判断是不能否认的，因为否认它的判断是在形式逻辑上是矛盾的——“红的东西不是有颜色的东西”。罗素不同意这个说法。理由是，这个说法把分析判断限制到主宾词式的形式里去了。罗素认为这个限制是不合理的，这个说法也是不合理的。在这里，罗素也不是反对分析判断，而是反对康德对分析判断的分析。罗素自己在对分析判断作出分析时，有时用“自明”这样的字眼，有时也用否认这种判断本身就是逻辑矛盾这一标准，但最常用的是“可以纯逻辑（形式）地推论出来”，结合到他的命题演算来看，后面这一词汇的意义也还是清楚的。在《数学原理》那本书里，命题演算中的逻辑定理那样的判断，按照罗素的看法，都是分析判断。那样的判断都不是主宾词式的，它们都是纯逻辑地推论出来的，而否定它们的判断都是逻辑的矛盾。

关于分析判断那样的判断，罗素的说法，比起康德来，应

该说是前进了一步。分析判断是存在的。无论叫做分析判断也好，不叫做分析判断也好，问题是对这种判断如何看法。罗素的看法可能是有毛病的；可是，比起康德的来，有代表了前进的形式逻辑这门科学的因素在内。一个重要因素就是数理逻辑。数理逻辑虽然在康德以前就开始了，然而它的发展是康德以后的事情。康德不可能运用数理逻辑这一因素来分析判断。在分析判断这一点上，我们对康德不能有过分的要求。他的分析判断的困难问题，不在分析判断而在先验。罗素并不批判先验，并不否认先验，他只是不同意康德对先验的说法而已。他有他的看法，可是，这个看法并不是否认先验。在承认先验这一点上，罗素和康德没有分歧。

他们之间比较重要的分歧，表现在关于先验的综合判断的看法上。康德主张有先验的综合判断，并且还引用了数学和几何学方面的例子。所谓综合判断就是有具体内容、可以提供具体知识的判断。一个具体的例子就是“七加五等于十二”。四五十年前，哲学刊物上就有以“七加五等于十二”为题的文章，不搞哲学的人可能惊讶起来，可能要问哲学家干的是什么呢？其实这些文章并不是否认七加五等于十二的，它们只是讨论先验的综合判断而已。

先验的综合判断是应该批判的。批判的中心点仍然是先验论。在上面，我们已经指出，任何判断都不可能是先验的。所谓分析判断既不是先验的，综合判断更不可能是先验的。针对于先验的综合判断，在批判的同时，我们还要考虑它有没有合理的因素。康德的先验说法里包括好几个因素。（1）先验是心灵所固有的。这是极端唯心主义的。（2）先验是认识之所以成为可能的条件。这也是要不得的。认识是以实践为基础而又以实践来检验的,认识怎样可能是先验的呢?当然,我们这里说的实践是唯物主义的实践,实践不只是有目的地行动而已,而且实践本身同时也是客观事物彼此打交道。因此离开客观事物就不可能有实践,实践怎么可能是先验的呢?(3)先验是普遍有效的。这个因素和前两因素结合起来仍然是要不得的。但是,能不能把这一因素从前两个因素解放出来呢?我们认为这显然是可以办到的。如果这一因素果然从前两个因素解放出来,使它脱离唯心主义的体系,这个因素是合理的。如果这个因素和综合判断结合起来,其结果就是承认有普遍有效的、有具体内容的、可以提供具体知识的判断。正确地反映客观规律的判断不正是这样的判断吗?肯定有这样的判断,不正是肯定了客观规律、客观必然性吗?不正是肯定了科学吗?按照这个分析,康德的先验综合判断不只是有糟粕,也有精华。

同时,先验的综合判断不是孤立的问题。在这一节里,我们曾指出康德对休谟所提出的问题处理的办法有积极的结果。这就是:按照康德的说法,他的所谓经验是有规律性必然性的,这是针对休谟的消极说法而来的。对先验的综合判断不能不涉及对这一问题的看法。在本章中批判先验的分析判断和批判先验的综合判断并不是同样重要的,后者要重要得多。承认普遍有效的综合判断也就是承认经验中有规律性必然性。

罗素是不赞成先验综合判断的。他的观点有不清楚的地方,我们首先要澄清一下。上面曾说罗素有两个对先验的看

法。一个看法是:不为经验所证明也不为经验所推翻。按照这个标准来看,归纳原则也是先验的。但是,对归纳原则,罗素从来没有明确地坚决地表示过它是必然地真的。另一个看法是:对于命题演算中的逻辑定理那样的判断,对于二加二等于四那样的判断,罗素确实认为它们都是必然地真的。这类判断的先验性,在于这类判断的必然性、真理性是不为经验所证明也不为经验所推翻的。因此这类判断的先验性和归纳原则的先验性是不一样的。两者的共同点是它们都不为经验所证明、不为经验所推翻。对于二加二等于四那样的判断,很明显经验所不能证明或推翻的是它的必然性、真理性。对于归纳原则,经验所不能证明的不能推翻的是什么呢?这就不清楚了。罗素在提到归纳原则时,经常引用“信念”这样的字眼,他给人的印象是人们经常引用归纳原则,经常信以为真。但是,这原则究竟是真与否,他并不肯定,而且他似乎无法肯定。尽管如此,罗素还是认为归纳原则是先验的。我们不能不说罗素有两种对先验的看法。

归纳原则还要继续讨论一下,因为它和我们讨论的主题是密切地结合着的。罗素对归纳原则的说法比休谟的要复杂些、烦琐些。他提出了归纳原则的公式,他引用了或然率,他对或然率问题的讨论都可以说是有关归纳或归纳原则的。1948 年,他着重地讨论他所谓的“经验的推论”,而这仍然是归纳或归纳原则的问题,尽管他自认为不是。这些我们只是指出而已,在这里不提出讨论。要讨论的只是两点。

首先,罗素基本上继承了休谟的说法。的确,他似乎没有给人以这样的印象。因为他没有说根据已往我们不能概括未来，或根据已经经验过的东西我们不能概括未曾经验过的东西。可见，他好像是和经验或事实妥协了的样子，他好像一直在说事实上我们不能不用归纳法，归纳法也可以使我们或然地得到结论。他虽然没有明确地肯定归纳是非理性的，然而他的情感、意识所流露出来的看法仍然是把归纳视作非“理性”的。他实在是以所喜爱的演绎作为“理性”的标准，而按照这个标准，他总以为归纳是非“理性”的。

其次，他为什么又认为归纳原则这样一个综合判断是先验的呢？显然，罗素知道，归纳原则作为一个判断是综合判断。它既不是康德所说的宾词已经包含在主词之中的分析判断，也不是罗素所说的可以用纯逻辑的方式推论出来的逻辑定理的判断，但是它又是提供具体知识的方法。同时他又说过：如果所谓“综合”是不能够用纯逻辑的方式推论出来的话，那么综合判断不可能是先验的。归纳原则既然是综合的，为什么他认为是先验的呢？一个理由是：他认为归纳原则不可能是归纳得出来的。这就是说，在归纳中我们归纳不出归纳原则来。在任何归纳中，归纳原则已非引用不可了。要归纳出归纳原则来，所用的正是归纳原则。罗素把归纳不出和不从经验中来这两个不相等的东西等同起来了。在这里，不从经验中来和先验又联系起来了。罗素在讨论归纳原则时，先验的正式标准是，既不为经验所证明，又不为经验所推翻；但是，除这个标准之外，还有非正式的违背自己主张的标准，即归纳不出、不从经验中来这样的标准。在这一点上罗素又回到康德去了。显然，在这一问题上，罗素是有混乱的。

像归纳原则这样一个综合判断，罗素为什么似乎毫不在

乎地把它当作先验的看待呢？这是因为罗素并不认为归纳原则是必然地真的判断，它不是像命题演算中逻辑定理或二加二等于四那样的必然地真的判断。他认为必然地真的判断不可能是综合的。他的主张不是综合判断不可能先验，而是综合判断不可能必然。上面曾引用了罗素的一句话：如果所谓综合是不能够用纯逻辑的方式推论出来的，它就不可能是先验的。可是，罗素又断定它是先验的，这和方才引用的那句话成为逻辑矛盾。罗素的所谓“先验”有一个正式的理解，一个非正式的理解，把这些理解混在一块，逻辑矛盾就会产生。但是这不是主要的。主要点在于“二加二等于四”，“七加五等于十二”这样的判断罗素认为不是综合的。在罗素，先验的问题是次要的，必然的问题是主要的。他的两个正式的“先验”概念中，一个是有必然这一因素在内的，·个是没有这一因素在内的。当他说二加二等于四（这是必然地真的），是先验的，“先验”这一概念里是有必然这一因素的。因而在这个意义之下的先验，综合判断不可能是先验的，这就是说，综合判断不可能是必然的，必然的不可能是综合判断。当罗素说归纳原则（这不是必然地真的）是先验的，“先验”这一概念没有必然这一因素。因而综合判断又可以是先验的了。所谓“先验”既然有歧义，我们可以暂且把它撇开，撇开之后，问题就清楚了。“二加二等于四”，“七加五等于十二”是必然地真的，它们不是综合的；归纳原则是综合，它不是必然地真的。罗素的论点是：综合的判断不可能是必然的，必然的判断不可能是综合的。换句话说，判断只要涉及实际就没有必然性了。

在前面我们曾指出，康德的先验的综合判断有应该批判的地方，也有应该继承的地方。说有先验的综合判断，而所谓“先验”是心灵所固有，是认识之所以成为可能的条件，这是应该批判的。说有些综合判断是普遍有效的必然的，并且把这一点从唯心主义的体系解放出来，这是合理的应该继承的。这个态度是正确的。这是从左边去批判的。但是，罗素却是从右边来批判康德。先验不先验这一主要的问题，在罗素成为次要的；他以为主要之点是综合的判断不可能必然，而必然的判断不可能综合。康德的积极的东西、合理的东西，他否认了；消极的东西，唯心主义的东西，他继承了。我们这里讨论的主题是：在唯心主义的所谓“经验”或“实际”中，唯心主义者有没有承认有规律性必然性。对这个问题的答案，康德比休谟前进了一步，而罗素比康德后退了一步。

有些读者可能会发生这样的问题：你这里说的“经验”不是真正的经验，“实际”不是真正的实际，“规律性”“必然性”其实也都不是真正的规律性必然性，说了一大篇，所说的与经验或实际之有规律性必然性与否有什么相干呢？从一个角度来考虑，这的确是不相干。但是，从另一角度来考虑，这里说的又是极其相干的。这里的引号是我们打的。这些字眼事实上都是有引号的，在原书里都是没有引号的。“‘实际’没有‘规律性’和‘必然性’”，对不假思索的读者，就成为“实际里没有规律性和必然性”了。这是我们唯物主义者不能承认的。

我们在上面花了很大的篇幅讨论康德。其实康德不是我们研究的对象。我们只是通过罗素对康德的批判来批判罗素而已。如果这一点做到的话，我们的目的已经达到了。这是

主要的。可是，附带地我们也要指出下面一点。有一位阿伦·伍德先生说罗素的哲学可以简单地粗略地总结为：从康德到康德①。哪有这样的事情呢？按照上面的看法，伍德先生错了。罗素自己也不同意这一看法。罗素列举了两个理由，一是他认为客观世界不是像康德的物自体那样完全脱离了知觉界，二是他没有把非演绎推论原则当作一定的或必然的或先验的看待，而是把他当作科学的假设看待。我们虽然同意罗素对伍德先生的反驳，然而我们不同意罗素把自己看作比康德高明的想法。康德的物自体，虽然是和规律性必然性割裂了的，然而不是构造出来的。罗素的物质却是构造出来的，因而罗素不是前进了而是后退了。

三、谈到罗素

我们的问题是理论与实际。客观世界是独立于我们的思维和感觉而存在的，同时它又是可以正确地认识的。客观世界或者实际本来是有规律性必然性的，它们都是可以正确地认识的。这也就是说，可以从正确的反映中提炼出正确的理论，我们又可以回过头来根据已得到的正确理论去改造世界。理论与实际是紧密地结合着的。只有这样，理论才不是空虚的。理论中的规律性和必然性来自实际的规律性和必然性，实际是第一性的，理论是第二性的。实际里果然没有规律性必然性，理论中也不可能有规律性必然性。有些哲学家硬是

① 《我的哲学的发展》英文版，第262页。

把理论与实际割裂开来。他们认为：理论有必然性，可是没有具体的实际内容；实际有具体的内容，可是没有必然性。罗素就是这样的哲学家之一。理论与实际的隔离在罗素的哲学中已经走到极端了。

上面已经指出休谟把理论与实际割裂了，也指出了康德对休谟问题的处理办法，同时也指出了罗素对这个办法的看法。根据上面的讨论，我们说，第一，罗素比康德后退了一步。罗素退到哪里去了呢？基本上退到休谟那里去了。第二，说他基本上退到休谟，并不是说他的哲学和休谟的完全一样。从具体表现的某些方面看来，这两个人的哲学的分别相当大。这两点都是要肯定的。从哲学路线说，前一点更为重要。但是，从分析研究的角度来看，对于后一点我们要多花一些篇幅。就理论与实际的割裂说，罗素要走得远一些。休谟把关于数和量的抽象理论和关于事实和存在的经验的理论割裂开来了，但是，就休谟说，数和量并不是完全脱离了他的所谓"实际"的。从他的观念的来源，从他的关于时空的讨论，从他反对时空的无限分割学说（正确与否是另一问题）等方面来看，数学公式并不是和"实际"离得很远。罗素就不同了，照他说，"二加二等于四"和"两张桌子加两张桌子等于四张桌子"就完全不同了。当然它们是有分别的。我们不能抹杀它们的分别。但是，难道我们非在两者之间划一道鸿沟不可吗？难道"二加二等于四"和实际完全脱节？而"两张桌子加两张桌子等于四张桌子"沾染上具体的事实，就非另眼相看不可？

罗素的所谓共相是有无穷的等级的。最低级的还可以是

和具体的个别的感觉材料紧密地结合着的,例如他承认"红"这一共相是和这块红布的"红"紧密地结合着的。他也不像有些唯心主义者那样,认为关系是感觉经验所得不到的;他认为,有些关系是感觉经验所能得到的,例如这本黄书的"黄"像那块黄布的"黄",这两者彼此的"相似"或"像"是感觉经验所能够得到的。可是,另外一些共相就不同了。就以类为例吧,有具体事物的类,有类的类,有类的类的类……至于无穷。按照罗素的说法,一二三四这样的数目就是类的类;这是离感觉材料相当远的共相。还有离得更远的共相,也有感觉材料中找不着的共相,例如"或者"。这样的共相按照罗素的看法是没有经验基础的。可是,早期的罗素认为它们是客观的。早期的罗素是客观唯心论者,那时候他认为共相像柏拉图的理念似的一排一排地坐着的。这是形象的话,借此表示它们是凝固的。其实,这种形象的话,并不表达罗素的客观唯心主义的理论。按照他的这个理论,这些共相是不在时间空间中的。数学和逻辑就是关于这些共相的科学,而纯粹数学和逻辑所得出的真理是永恒的真理,当然也就是不在时间空间中的真理。数学和逻辑所涉及的共相,是完全脱离了具体的实际的共相。

罗素在这里所谈的共相既然是脱离现实世界的共相,他的所谓可能也就是脱离了现实的可能。他的所谓可能,不是相对于时间地点和其他现实条件之下的可能,而是独立于时间地点和其他现实条件的没有逻辑矛盾的可能。换句话说:就是不在时空中的没有逻辑矛盾的可能。现实的世界只是一个可能的世界而已。逻辑和数学的定理对于任何可能的世界既然都是正确的，对于这个现实的世界当然也是正确的。同时这些定理对于这个或这样的现实世界虽然是正确的，然而它们对于这个之所以为这个或这样之所以为这样，按照罗素的看法，又是毫无关系的或者说毫无符合与否的问题的。一般脱离了个别，理论脱离了实际。这样一来，数学和逻辑同个别的具体的科学就完全不一样了。数学和逻辑是可以“闭门造车而又出门合辙”的，数学和逻辑的定理没有不符合的问题；别的具体科学就不同了，它们是相对于现实的，是需要观察、需要实验的，是需要从经验中得来的。对于后者，罗素说它是非理性的。他用什么字眼来形容呢？他经常用“不能逻辑地得到”或“不能逻辑地肯定”。这种字眼有的时候是有具体意义的，即由特定的具体的前提得不到某些具体的特定的结论。但是，当他说到某些科学的规律不能从逻辑得到或不能逻辑地肯定，他其实就是说这些科学规律是非理性的。这就是说，实际本身是非理性的，有理性的就只是他的所谓理论了。比起休谟来，罗素的理论更加唯心主义地脱离了实际。

现在从实际这一边来考虑一下，我们再看看罗素对归纳和归纳原则的看法。在前面我们已经提出罗素基本上接受了休谟的看法。我们也已经指出他的说法和休谟的有很大的表面上的分别。就我们现在讨论的问题说，这些分别不甚重要。重要的是骨子里罗素也是认为归纳是非理性的，归纳原则也是非理性的。有的时候他把归纳联系到本能一起谈，并且还认为好像其他的动物也进行归纳似的。有的时候他又把归纳当作习惯来处理。他认为归纳是或然的推论，它是能够或然地得出结论的。可是为什么或然的推论好像就是不大像样的

推论呢？如果事实上归纳是或然的推论，那它就冠冕堂皇地是或然的推论，我们用不着替它寒碜；为什么罗素替它寒碜呢？为什么他认为它不像样呢？理由就是罗素以演绎为标准，而以演绎为理性的标准，归纳就不像样了。我们认为归纳推论是或然的推论。这是事实，这一事实非肯定不可。可是，除了肯定这一事实之外，我们还要肯定归纳不能不是或然的推论。只有或然的归纳才是合理的或有理性的归纳。不然的话，它岂不和演绎成为一样的了吗？它怎么能和演绎互相为用呢？它怎么能成为认识的工具呢？归纳之为或然的推论和归纳之为非理性的，完全是两回事，归纳之为非理性的想法是错误的。归纳是或然推论，但它是合理的推论。

说归纳是或然的推论，只是说由前提到结论的过渡是或然的，并不是说由归纳所得到的一般或概括也一定是或然的。在历史上我们常常归纳出必然的规律来。这也是事实。为什么不承认这一事实呢？我们也可以退一步着想：归纳是合理的，但是即令它是不合理的，难道从它所得出的一般或概括就一定是不合理的吗？显然我们不能这样地推论。罗素的思想中不只是有归纳推论是或然的或不合理的这一思想前提而已，而且有另一前提。这另一前提就是：经验或实际本来就是没有必然性的（关于罗素我们只提必然性），本来就是不合理的。他的问题，不只是从实际中得不出理性的或必然的东西而已，而且实际中根本就没有这样的东西。在这一点上，罗素同马赫一道回到了休谟。他的错误也就是马赫的错误。

也许有人会对我们提出这样的问题：罗素是承认客观实际有规律的，例如物理化学方面的规律；不过这些方面的规律和逻辑数学方面的规律不一样，前者没有后者所有的那种必然性而已；规律是有必然性的，承认规律性，就是承认必然性，因此上面那些批判有些不公道。我们的回答是：规律是多种多样的，必然性也是多种多样的；分别不同科学中的规律的不同的必然性，是合理的；问题是罗素只有一种必然性，即数学和逻辑的那种必然性。就知识说，罗素认为，只有数理逻辑的定理有必然性，别的科学知识就没有必然性。我们回到“二加二等于四”，这是必然的。但是“两棵柳树加两棵柳树等于四棵柳树”是不是必然的呢？罗素没有直接地肯定过。但是，假如后一命题有必然性的话，他会说它的必然性仍然来自“二加二等于四”而不是来自柳树，柳树的存在不是必然的。罗素的看法是：“二加二等于四”的正确性，既不为“两棵柳树加两棵柳树等于四棵柳树”所证明，也不为在某种情况下“两滴水加两滴水等于一大滴水”所推翻。提出这一问题有一个好处，它暴露了罗素在两方面的错误，他不只是认为从经验中得不到他那种必然性而已，而且他不承认有不同种类的必然性。这也就是说，现实根本没有任何必然性。罗素也承认现实（特别是自然）是有规律性的。但是，他认为规律性和必然性是两件事。在这一点上，罗素追随了马赫的说法：“除了逻辑的必然性（着重号是马赫加的），任何其他的必然性，例如物理的必然性都是不存在的”①。

在 1912 年前，罗素所谈的理论和后来的一样，可是他的主观上的问题和后来的很不一样。在 1912 年前，他搞的是单

---

① 转引自列宁：《唯物主义和经验批判主义》，第 151 页。

纯的数学和逻辑方面的研究。他虽然把理论和实际完全割裂开来了，然而他没有在两者之间搭桥的问题，或者如何把两者打成一片的问题。那时候，他只是在理论那一边绕圈子而已。在1912年后，他搞认识论了，情况就不同了。从《哲学问题》那本书开始，罗素的问题是从感觉材料到客观世界，或者从感觉材料的知识到科学的知识，或者从实际到理论的问题。这些不同的提法是不一样的，但是，它们也是紧密地结合着的。它们都是"从——到"问题，而总起来说，"从"的那边是"实际"，"到"的那边是"理论"。在理论与实际经受了罗素那种割裂之后，一方面从实际所得到的理论就不是必然的理论，通过归纳也得不出必然性的理论；而另一方面从理论出发，又根本得不到实际。他怎么办呢？认识论怎么搞呢？

开始的时候，罗素的办法是在感觉材料与客观事物之间搭一座桥，这就是第一章里提到过的因果论。他所搭的是因果桥。客观事物本来就是感觉映象的因，这是客观世界固有的事实。为什么说搭桥呢？从唯物主义的立场说，感觉映象与客观事物虽然有分别，然而两者之间没有鸿沟，根本用不着搭什么桥。它们之间的因果关系当然就不是什么因果桥。可是，对罗素说，问题就不一样了。人们的经验只是在感觉材料这一边，客观事物是经验不到的。人们好像只是在电影院里看电影而已，他们根本不能够到电影厂里去。按照罗素的说法，人们只是从感觉材料的果推到客观事物的因而已。前者和后者之间有一道鸿沟，因此，他需一座桥。有了这样一座桥，罗素开始时以为他可以从感觉材料的认识过渡到对客观事物的认识。他以为感觉虽然不能直接达到客观事物，然而知识可以间接地达到客观事物。在第一章里，我们已经指出，就唯物主义者说，因果论是正确的，也是有用的。但是，对于罗素，因果论是无用的。因为他把自己限于感觉材料这一边，他只能由果向因推，他不能经验到因。他既然经验不到因，他就不能由因推果了。正因为罗素搞出一道鸿沟，他才需要一座桥。也正因为他有这一道鸿沟，他的因果桥也就无用了。罗素也知道，在以主观唯心主义为出发点的情况下，这个桥是搭不成的。这个桥搭不成，从感觉就到不了客观事物。这也就是说，从感觉材料的认识达不到客观事物的认识。那么，怎么办呢？

罗素是以科学相标榜的。真的有科学精神的话，他就应该检查一下他的出发点，他的思想方法，看看有什么毛病。如果发现毛病，他就应改变他的出发点或思想方法。罗素不这样办。他设计出来的办法，主要可以分以下三个方面。第一个方面是把认识论组织成一个演绎的系统。这个系统当然是不容易组成的。但是，如果组成的话，有些所谓经验推论或归纳推论或非演绎的推论就可以取消，而用别的什么东西来代替了。这方面的问题本来是罗素的困难问题，罗素想用这样的办法去"解决"它们。第二方面是罗素引用经济原则或奥卡姆剃刀把妨碍组成演绎系统的有些东西剃掉。这些障碍物实质上是些什么东西呢？它们主要的是使我们非接受唯物主义不可的那些东西。不把这些障碍物剃掉，唯心主义的演绎系统是难以形成的。在这一方面罗素是要去掉一些他不要的梁和不要的柱。第三方面是在这些东西去掉以后，罗素需要搞出一些代替品。他怎样才搞得出来呢？他利用构造论，他

应用构造方法以构造出一些代替品。这些构造出来的代替品都是唯心主义的。这个方法下面还要提出讨论。

现在让我们从本章的出发点来看看这个认识论的演绎系统。这个系统和本章开始时提出的根本问题有没有联系呢？我们要知道这个系统实在是对那个根本问题的回答。对于那个问题，休谟的答案是经验中没有必然性，可是根据经验而形成的心理习惯里有必然性。康德的答案是必然性是心灵所固有的。罗素怎么办呢？他心目中的演绎系统是以感觉或感觉材料为一方而形式逻辑为另一方混合地组织起来的东西。如果这个演绎系统搞了出来的话，感觉或感觉材料就它本身说虽然没有必然性，然而把感觉或感觉材料组织了进去的演绎系统有必然性；形式逻辑作为形式逻辑仍然没有内容，然而用形式逻辑把感觉或感觉材料组织了进去的演绎系统有内容。作为对那个根本问题的答案，罗素的这个回答显得非常拖泥带水，而休谟和康德的答案则要干脆得多。

罗素为什么想出这样一个演绎系统的办法呢？这里有习惯或自然方面的因素。在1912年前，罗素已经搞了近二十年的数学和逻辑，他已经习惯于演绎了。但是这只能作为原因而不能作为理由。形式逻辑是不能夸大的。夸大形式逻辑就会导致形而上学。为什么罗素要搞这一套形而上学呢？理由是，他心目中的科学就是公理系统那样的东西。科学的公理系统当然是科学，可是，显然并不是任何捏造出来的演绎系统都是科学。罗素心目中对科学的看法是错误的。可是只有把罗素的整个哲学看成是制造这样一个系统的企图，他的前前后后的论点和他的那么多的大部头的书才能理解。只有这样来看,1912 年以前和以后的罗素,才是一个而不是两个哲学家。当然罗素这个企图只是一条线索而已,它不是一条笔直的路。罗素本人徘徊观望的时候很多,他的哲学拐弯抹角的地方也很多。但是这条线索很重要,没有它,徘徊观望拐弯抹角就很难理解了。

有什么根据肯定罗素有搞出一个认识论的演绎系统的企图呢?我们看一看下面这一段话:“我们从一些(或某些)日常的知识出发,这些知识是我们的原始材料。经过考察,我们发现这些原始材料是复杂的,相当模糊的,并且在逻辑上不是彼此独立的。通过分析,我们把它们整理成为这样一些命题,这些命题是尽量地简单和准确,而且我们把它们安排成演绎的链子,在这当中某些原始命题成为其余命题的逻辑保证。这些原始命题就是我们所从出发的那些知识的前提。这样,前提和原始材料很不一样——它们更简单些,更准确些,逻辑上彼此不太重复些。如果这个分析工作做得彻底的话,这些命题就会在逻辑上不重复或多余,完全准确,而简单到这样一个程度使得它们(即这些命题)能够导出所从出发的全部知识。发现这些前提是哲学的任务,把该知识从前提演绎出来是数学的任务,如果数学是理解得相当广泛的话。”①

这里说的虽然是一些或某些知识,然而罗素心目中的知识,不是限于这一或者那一领域的知识,而是全部知识。他所要得到的系统,也不只是这一或那一科学的系统,而是全部认

① 《作为哲学中科学方法之运用领域的我们对外部世界的知识》英文版,第 214 页。以下此书简称《哲学中科学方法的运用领域》。

识论的系统或哲学的系统。这样的系统是罗素的理想，也是他的奋斗目标。知识是那样的广泛，那样的复杂，彼此的性质那样的不同，关系那样的互异，彼此之间河流纵横，沟渠综错，要条理之，贯而通之，不是一件容易的事。可是，罗素要搞的正是这样一个演绎系统。要搞出这样一个演绎系统，他非满足三个根本的条件不可。一个条件是要有这个演绎系统所赖以出发的根本材料或元素或原子。第二个条件是要有这个系统所需要根本推移转化的工具。第三个条件是要有这个系统所需要的所从出发的前提。罗素认为推移转化的工具他已经有了，这就是上面说的了解得相当广泛的"数学"。其实这也就是他花了多少年搞出来的形式逻辑。可是除这一项现成的东西之外，其余的两项都不是现成的，都是需要重新寻找的。罗素有制造这样一个系统的企图。只有从这个企图的角度去看问题，罗素从 1914 年起一直到现在的哲学方面的写作才能理解。

首先我们谈一谈罗素所需要的元素或原子。这是像欧几里德几何里的"点"、"线"那样的东西，像类的演算里的"类"那样的东西。从这一角度来看问题，有些事情就容易理解了。例如，罗素本来反对詹姆士的中立一元论的。但是，不久，他自己为什么又搞出一种中立一元论来了呢？当然，骨子里的理由就是反对唯物主义。这是主要的。但是，除了这一点之外，也有思想结构方面的理由，使得罗素走上中立一元论的路。这理由就是上面说的他的认识论演绎系统的根本材料或元素或原子。他需要一种极其单纯的东西作为他的演绎系统的元素或原子方面的根本出发点。命题演算的根本材料或元素或原子是命题,类的演算的根本材料是类,关系演算的根本材料是关系。没有这样的材料或元素或原子,这些演算是无法进行的。一个认识论的演绎系统也是这样,它需要一种根本材料或元素或原子。罗素在《逻辑原子主义》那本书里搞出了什么原子事实和分子事实。这些在以后虽然没有起什么作用,然而在 1914 年以后,他需要类似的东西是明显的事实。

分析是罗素自己所承认的成见之一。差不多在他的任何一本书中,都可以看见他在分析。分析就是把整体分解成为它的组成因素。对罗素说,分析已成为习惯,因此他的分析不一定能够和这里说的目标联系起来。但是,有些分析是和企图获得根本材料或元素或原子分不开的。在 1914 年,罗素想把感觉材料作为认识论的基本材料。中立一元论在这时已经开始了。他感觉到这办法不行,没有人的整个天文世界怎么办呢?于是他又加上了“可能的感觉材料”。最后他抓住了“事素”这个东西,而这也就是感觉。这是罗素的宝贝,这是他的根本元素。有了这个东西,罗素的问题不一定能够解决,没有这个东西他的问题是无法解决的。没有这样一个东西,他的认识论的演绎系统从什么出发呢?为了这个东西,他就非搞出中立一元论不可了。对罗素来说,搞出中立一元论是为了实现他的唯心主义的认识论的演绎系统。他需要一个所谓“非心非物”的元素或原子,以便在一个演绎系统里演绎出“物质”和“心灵”来。在这里也可以看出罗素的逻辑原子主义的作用。逻辑原子主义就是建立这个演绎系统时所用的工具。大体上说来,这个工具帮助罗素寻元素、找前提、剔除多余的东西和构造不足的东西。

其次是找前提。上面那小段引文里已经提到找前提，一个演绎系统当然是需要前提的。所谓前提是罗素的命题演算里的基本命题那样的命题，或欧几里德几何里的公设那样的命题。前提也是出发点之一。没有前提，系统无从出发。有些前提是潜伏的，例如，有关那个原始材料和那个单纯元素的设计，就有一种潜伏的前提在内。只要把这些东西明确地提出来，它们就是明确的前提了。罗素的重点不在这方面。他的重点是要从感觉材料或知觉材料那里能够演绎出别的东西。在《意义和真理的探讨》那本书里，罗素花了很大的功夫去找所谓认识论前提，即所谓基础命题或所谓事实上的前提。那本书作为一本书，当然本身就是一个系统。显然，方才说的那书的各章节所谈的不是那本书的前提。它们是什么东西的前提呢？它们是认识论的前提。罗素也这样说过。他还讨论了这些前提所具有的性质。认识论是有某些基本原理作为理论的基础。别的原理的正确性或可靠性或可相信性，是得到这些基本原理的帮助的。但是，一般的认识论不是一个演绎系统，它不需要一个演绎系统所需要的那类前提。罗素所谈到的前提是演绎系统的前提，是要由它们能够演绎出一个哲学系统来的那样的前提。这样的前提和普通所谓认识论原理是不一样的。休谟的认识论有一个根本的原理，那就是一切从印象出发。但是作为演绎系统的前提，这个原理没有用，从它演绎不出什么东西来。罗素所需要的前提他一直在找，可是，他也一直没有找着。

罗素要建立的演绎系统是一个唯心主义的系统。从唯心主义的角度来看，有些东西是非常之碍手碍脚的。对于这些东西,罗素怎么办呢?对于某些东西,他干脆否认它们的存在。对于另外一些东西,他就进行替换。他用什么工具呢?工具有两个,一个奥卡姆剃刀论,另一是构造论。我们以后在别的场合上还要提及这两个工具。在这里,我们不讨论它们究竟是什么样的工具。在这里我们只提出它们的作用。

奥卡姆剃刀的作用就是剔除碍手碍脚的东西①。对罗素那样的感觉唯心论来说,实体或个体或事物是毫无办法对付的东西。它是唯物主义极其坚强的证明,它也是客观世界上所供给的硬如磐石的东西。英国的唯心主义一直在否认这个东西,可是否认不了。这个东西可以用一个字概括起来,这就是体(entity)。它是物体事物中的体,它是人们在社会实践中早就肯定了的东西。唯心主义者在近几百年才想把它否认掉。当然它是否认不掉的,因为它就是独立于我们的意识和感觉而存在的物质。奥卡姆的剃刀本来是用于多余的概念上的,这就是:如果一个概念是多余的,那你就把它剃掉。在中世纪,这把剃刀是有进步意义的。到了罗素手里,这把剃刀仅是唯心主义者用来建立他们的系统的工具。

罗素的时代是微观物理学发达的时代,他否认了客观事物的体,也就是否认宏观世界的客观事物有体。常识中的客观事物是有体的,这是有相当强的唯物主义因素的。但是常识中的客观事物都是宏观世界中的客观事物。否认宏观世界中的客观事物有体,也就是在这方面挖唯物主义的墙根。宏观世界的形色状态,就都成为马赫主义的感觉的复合或要素

① 《哲学中科学方法的运用领域》英文版,第112页。

了。这样一来，微观世界的事物也就发生问题了。自然科学家习惯以微观世界的事物和规律来解释宏观世界事物的情况。我们的手按在一张桌子上，我们的手伸不进木头内部去。有些自然科学家说，这实在是桌子那边的电子往上顶，而手这边的电子往下按。这就是用微观世界的事物和规律来解释宏观世界事物的情况。这给人的印象是：只要微观世界是唯物主义的，宏观世界也就成为唯物主义的了。解释对不对是自然科学的事。可是，这个印象是错误的。为什么呢？上面解释的秩序是由微到宏，可是，认识的秩序是由宏到微。如果宏观世界的形色状态都是马赫主义的感觉复合或要素，微观世界的事物和规律也就成为马赫主义的了。科学家从来没有直接接触到微观世界的事物和规律，他们只是对于微观世界得到了知识而已。他们的知识的来源是什么呢，根据是什么呢？是对宏观世界的知识。如果宏观世界的事物是本来没有体的，如果实体、事物、物体或个体本来就只是感觉的复合和要素，那么，我们对于这些事物的知识也就是对于感觉复合或要素的知识。把这样的知识推广或引申到微观世界，知识的性质不会改变，所知对象的性质也不会改变。一句话，关于宏观世界的马赫主义也就是关于微观世界的马赫主义。体对罗素是莫大的威胁，他非去掉它不可。同时从演绎系统说，体也是他的唯心主义的系统所容纳不进去的，淘汰的工具就是奥卡姆剃刀。罗素要淘汰的东西很多。上面说的只是一般的情况，具体地执行起来，问题会复杂得多。

另一工具是构造论。上面说的奥卡姆剃刀是罗素的淘汰工具，构造论则是他的补充工具。在有的地方，罗素把某些东西淘汰掉了,而把某些东西补充进来。在有的地方,从表面上看,罗素把某些东西保留下来了,但实际上是把这种东西偷换成别的东西。替换也可以说是把真的东西淘汰掉,而用假的东西去补充它。例如物质,罗素所讲的物质这一概念,在1912年是近乎常识的,具有独立存在的含义。但到了1914年,在《感觉材料与物理学》那篇文章里,他已经开始了对"物质"的构造,而他构造出来的"物质"本身,就是感觉材料那样的东西了,这就是说,它没有独立存在的含义了。罗素从来没有否认过物质的存在,也没有反对过"物质"这一概念。相反地他好像是对物质进行研究似的,好像是不满意由感觉材料推到物质的那个推论,好像只是取消那个不必然的推论而代之以逻辑构造似的。事实上他是偷换了概念,把有独立存在含义的"物质"概念替换成为没有这一含义的"物质"概念了。这点非着重指出不可。

但是,就罗素哲学来说,另一点也非着重不可。他要搞一个演绎系统,那个由感觉材料推到物质的归纳推论是不能够在这个演绎系统里出现的,是不能够容纳到这个系统里面去的。这使他觉得好像增加了一个新的理由似的,使得他非取消那个归纳推论不可。其实,这不是什么新的理由,只是继续坚持唯心主义。但是,话也要说回来,搞演绎系统是会提出新问题的。例如,上段已经说过,罗素淘汰了实体或任何事物的"体"。是不是就让它被淘汰好了呢?有些东西可能就可以不了了之,另一些东西就不可以不了了之。"我"、"你"、"他"就不可以不了了之。你把这些东西的"体"去掉了,你还是要承认它们都是有延续性、或延续的统一性的、个别的人。

这个延续的统一性还是要保存，这个个别性还是要保存。你取消了“我”的体，你还得保存“我”的历史，一个具体的人，可以既是“我”，又是“你”，又是“他”。可是一个认识论上感觉者的“我”，绝不是“你”，也绝不是“他”。照罗素的说法，只有“我”有感觉材料。如果“你”或“他”都有感觉材料的话，那只是“我”的推论。至于推论到的感觉材料本身，“我”是得不到的。同时，“我”也不是昙花一现的，它有延续性，它有历史。于是罗素就把“我”构造出来，他说：“我”就是“这”所属的历史。罗素为什么要搞出这样的东西来呢？理由可能不少，但是演绎系统是一个重要的理由。他要求的是能够用基本要素和一些别的工具构造出这些东西来。只有这样构造出来的东西，才是能容纳到他的演绎系统里面去的东西。所以，罗素忙于构造。他能够构造出来的东西，也是他可以用定义的方式按照一定的秩序逐步介绍到演绎系统里去的东西。从1914年起，罗素一直在构造。罗素为什么要搞这些构造，只有联系到他要搞一个唯心主义的认识论的演绎系统，才是可以理解的。

罗素没有搞出一个认识论的演绎系统来。看样子他自己也知道失败了。在1948年的《人类的知识——其范围与限度》那本书里，他似乎又回到研究归纳推论或者经验的推论上去，似乎又在这一方面找出路了。这本书确实曾给人以比较新鲜的感觉，因为看样子他好像放弃了他企图建立而又建立不了的那个演绎系统。事实上他没有放弃。果然放弃的话，他非得否认以前的企图不可，而他并没有这样做。应该说，从1914年直到现在，罗素哲学的一条线索，就是搞认识论的演绎系统。有的时候,这条线比较清楚,有的时候不太清楚。但是,这条线的存在是毫无问题的。

问题是:罗素的哲学是不是科学的呢?能不能是科学的呢?能不能说他的企图是哲学的,虽然他的成果不是科学的呢?在这里,我们只想指出唯一可能的答案,详细的分析将在后面提出。我们回到本章开始时提出的问题:客观世界有没有规律性、必然性呢?这个规律性、必然性是否可以被人们正确地反映出来呢?只有对这两个问题的答案都是肯定的,科学(包括科学的哲学)才是可能的,不然,它是不可能的、说不通的。罗素把客观世界说成是没有必然性的(因此,也是没有真正的规律性的),他把我们的知识(除逻辑和数学外)说成为没有必然性的。按照这个说法,科学是没有必然性的;这也就是说,科学是没有真正的规律性的。因此按照罗素自己的说法,科学是不可能的,当然科学的哲学也是不可能的。罗素要搞一个认识论的演绎系统;这个演绎系统,如果搞成了的话,能使他改变他自己对上面两个问题的答案吗?不能。如果搞成的话,那个系统可能是一个必然的系统,甚至那个系统的定理都是必然的定理,然而那些定理所涉及的客观事物和我们对客观事物的反映,一句话,我们的具体知识,都仍然是没有必然性的,也就是没有真正的规律性的。就以罗素的命题演算系统为例,该系统的定理都是必然的,可是,定理中的p、q、r……这些单个的命题却不是必然的。一个必然的命题演算系统还不能使命题成为必然的,难道一个认识论的演绎系统能够使认识论或认识成为必然的吗?难道没有必然性的客观事物在一个演绎系统里就成为必然性的了吗?这是不可

能的。即令这个系统搞成了,罗素的哲学仍然是非科学的。科学之为科学,在于它正确地反映了客观事物及其规律,而不在于它是否成为一个演绎系统。

第三章　歪曲了形式逻辑导致形而上学(一)

罗素的形而上学特别严重,剑桥学派和逻辑实证主义者情况也类似。这种形而上学的特点,是由于歪曲了形式逻辑——普通形式逻辑或数理逻辑——而产生的。应该承认,形式逻辑,特别是数理逻辑,从 19 世纪中叶起一直到现在是有很大发展的。这门科学越发展,唯心主义歪曲它的机会越多,由此而产生的形而上学也就越流行。这方面的始作俑者应该说是罗素。有这个特点的形而上学,在本质上和以前的形而上学是一样的,可是在外表上很不一样。它是穿上了一件有数学形象的或者有数理逻辑形象的,或者有从罗素开始已经流行起来的以符号形象为外衣的形而上学。罗素的哲学,本质上是休谟哲学和马赫主义的继续,但它穿上了一件 20 世纪的外衣。

对形式逻辑的歪曲,主要方式之一是夸大它。罗素就是这么做的。他把必然的前提和必然的结论之间的必然联系,当作理性的源泉和标志。这是错误的。的确,在理性认识的过程中,演绎推理是起作用的。这是事实,我们应当承认。但是,这和理性的源泉和标志完全是不同的事情。就认识说,客观物质事物是第一性的，认识是第二性的。认识来源于实践，理性认识是在实践的基础上由感性认识飞跃而来的。正确的理性认识的标志，是它正确地反映了客观事物的本质、全体、内部联系。理性的源泉不是思想意识本身，而是客观事物在发展过程中的规律性或必然性。罗素从他早期的客观唯心论出发，把第二性的东西当作了第一性的东西，把必然的前提和必然的结论之间的必然联系当作了理性的源泉和标志。请注意，这不只是普通的演绎推理。普通的演绎推理只要求前提正确，推理过程正确而已，罗素所要求的是从头到尾的必然性。第二章所谈的正是这个对形式逻辑的歪曲，也正是这个对形式逻辑的夸大。通过这一歪曲和夸大，客观世界就没有必然性了。在第二章，我们也提到归纳原则。罗素总是把它看作非理性的，虽然他把它看作先验的。理由只是它不能纯逻辑地推论出来，这就是说，它没有必然性。因果规律，罗素是承认的，并且到处引用它。在前面，我们曾说过，规律性和必然性虽然我们经常并提，然而就罗素说，我们只提必然性。客观世界之有规律性，罗素是承认的。不过，客观世界的规律性，按照罗素的看法，是没有必然性的，因果就是很好的例子。罗素到处引用因果律，可是，他又看不起因果律，好像它并不是什么有理性的东西似的。

罗素对于事实的态度，我们需要特别提出。作为一个社会活动家，在积极地参加到社会活动中去的时候，罗素也公开地直接地参加到现实斗争里去了，这时候，他并不是像好些资产阶级的哲学家或社会科学家那样抱一种虚伪的对事实的客观主义态度，他并不认为所有的事实都是不分彼此轻重的。

这时候,罗素还是分别重要的事实和不重要的事实的。在哲学里情况不同一些。作为一个哲学家,罗素好像老在提醒读者和他自己,好像老在说:事实嘛,只是事实而已;重要与不重要的分别似乎也不重要了;事实看来是没有什么“理性”的;这就是说事实是没有必然性的。尽管事实有如此而不如彼,或如彼而不如此的分别,然而照罗素看来,它没有逻辑上(形式上)非如此不可或非如彼不可的理由。有些事实,罗素并不否认。但是,根据逻辑上没有非承认不可的理由,他把它排除出哲学范围了。另外一些事实,如真正的客观事物,他就干脆否认掉了。这种轻视事实、夸大形式逻辑的必然性的形而上学,是罗素早期的柏拉图式的客观唯心论在思想方法上的表现。夸大形式逻辑的必然性,就是搞出一个空洞的、不在时空中的、不变的、不灭亡的共相世界。这说明罗素的形而上学是和他的唯心主义哲学分不开的。

罗素搞的是数理逻辑。我同意把数理逻辑和普通的形式逻辑都看成形式逻辑的看法。作为逻辑,作为帮助达到正确认识的思维形式方面的工具,它们有共同点。但是,它们是要解决不同的矛盾的科学,它们的研究对象并不属于同一个范围。罗素对普通形式逻辑采取了虚无主义态度。他不只是不正确地批评普通逻辑而已,而且有时简直就是谩骂它。事实上,罗素的所谓形式逻辑就是数理逻辑。他是以后者代替了前者。这是错误的。这是夸大数理逻辑而抹杀普通形式逻辑。普通的形式逻辑是在一般的生活中,在各种不同的社会科学中,在各种不同的文艺理论中,在非数学式的或未数学化的自然科学中,普遍地应用的逻辑。它的范围非常之广泛,应

用对象多种多样。它虽然已经有几千年历史，然而毛病很多，空白点也不少。马克思主义者还需要重新研究它。它需要数理逻辑的帮助，但是，它决不能被削足适履地容纳到数理逻辑的比较狭隘的范围之中。

显然，普通的形式逻辑不能为数理逻辑所代替。就以逻辑常项而论，一般生活中的“如果……则……”，显然不止一种。这些不同的“如果——则”在实际生活中都是引用的。在不同的“如果——则”中，我们是可以概括出它们的共同点来。从某一角度着想，这个概括是有用的，但是，从普通的形式逻辑着想，这一概括有削足适履的毛病。一般生活中的联言项不一定能够概括出共同点来。概括出来的共同点可能是对于原来的东西的形而上学的歪曲。“尽管……但……”命题应该说是一种联言命题，它和 p · q 有共同点。可是，显然这个共同点不是一般生活中非用它不可的特点。抹杀这一特点，也就是抹杀这一形式在一般的思维认识中所起的作用，也就是忽视这一作用所解决的问题。这只是从逻辑常项提出问题而已。一般地说，数理逻辑是不能代替普通的形式逻辑的。用前者代替后者，一定会歪曲一般的思维认识，一定会歪曲各种不同的社会科学、文艺理论、非数学式的或未数学化的自然科学中的思维认识。哲学是概括性最大的科学，它是既概括了生产斗争知识也概括了阶级斗争知识的科学。它的思维认识也是概括性最大的思维认识，它是极其广泛、极其多种多样的思维认识。它所运用的形式逻辑是普通的形式逻辑。如果在哲学的领域中用数理逻辑代替普通的形式逻辑，结果不可能不是形而上学。

罗素对普通的形式逻辑的歪曲，是通过他对某些具体问题提出某些具体看法来进行的。显然，罗素的这些具体看法是他的形而上学的组成成分。不把这些成分揭露出来，对罗素哲学的研究会有片面性。本书认为罗素的哲学在本质上是休谟、马赫哲学的继续，因此全书的重点就不在这一方面。同时，这方面的某些具体问题也不是一般哲学家感兴趣的。他们在读本书时可以跳过某些专题，甚至第四章整章。对逻辑工作者说，情况不同些。因为这里提出的问题大都是涉及形式逻辑本身的问题。罗素对这些问题的看法或理论，有的是完全错误的；另一些虽然也是错误的，然而或多或少地有些合理的成分。

一、罗素的逻辑分析主义

罗素非常重视分析。在 1959 年的《我的哲学的发展》那本书里，他承认分析是他的根本成见之一。其实，罗素不只是重视而已，他主张分析到这个程度，使得这个主张成为分析主义。他曾经表示过他不愿意以实在论者自居，而愿以逻辑原子主义者自居。所谓逻辑原子主义就是逻辑分析主义。原子虽然不是分析，然而达到原子靠分析。原子虽然不是主张，然而原子主义是主张。这个主张背后的方法论就是逻辑分析主义。在罗素的《西方哲学史》里，最后一章叫做逻辑分析的哲学，谈的就是罗素自己的哲学。

为什么罗素要把他自己的哲学叫做逻辑分析的哲学呢？一个直接的理由是，他以为他是超然于唯物主义和唯心主义两条哲学路线的斗争之上的。他利用了一些唯心主义的物理学家的言论,把物质搞得不太像物质似的;他也利用了一些唯心主义的心理学家的言论,把心灵搞得不那么像心灵似的。其实,这就是取消了真正的物质与心灵,而把假的物质与心灵容纳到感觉或感觉材料里去的中立一元论。在马赫以后,一部分哲学家把唯物主义和唯心主义都看成玄学,以掩盖他们自己的唯心主义。罗素的哲学正是这样的。罗素把他自己的哲学叫做逻辑分析的哲学的另一理由,是认为逻辑分析,特别是数理逻辑的分析,解决了哲学上一直没有得到解决的重要问题,例如无穷和连续的问题。不错,作为数学概念的无穷和连续,一直是有问题的。这些问题,通过数学家的努力,可以说是得到了以前所没有得到的解决。但是,在哲学上,无穷和连续是不是同样也得到了以前所没有得到的解决呢?如果不承认物质运动是永恒的,不承认这个永恒的运动是有穷和无穷的辩证的矛盾的统一,不承认这个运动是连续与间断的辩证的矛盾的统一,那么,单纯的技巧方面的精确化是不能解决问题的。重要的问题还不在这里。罗素同时认为,他的这个逻辑分析方法,除开某些特别问题之外,是可以解决任何哲学问题的;它实在是科学方法。这是不正确的。罗素的所谓逻辑分析不是普通的逻辑的分析,而是他的数理逻辑的分析。罗素的逻辑分析是不是对于任何哲学问题都有用呢?是不是对于别的问题也像对于无穷和连续两问题一样地有用呢?答案只能是否定的。理由在上面谈到罗素以数理逻辑代替普通的形式逻辑那一段已经指出。这就是说,罗素的所谓逻辑分析,不但不是科学方法,而且是歪曲了普通形式逻辑的形而上学。关于这一点,下面还有具体的例子。

罗素是主张分析的。分析是好事,问题是什么样的分析。辩证唯物主义者特别着重具体分析,认为具体地分析具体的问题是马克思主义的灵魂。但是,这种辩证唯物主义的分析是要求某些条件的,而这些条件又是唯心主义的形而上学的哲学家所不能满足的。第一,具体的分析是对客观事物的分析,分析的对象是客观事物。这是主要的。当然,分析过程总是思维认识反映客观事物的过程。在分析过程中,在反映过程中,我们的分析总会同时表现为思想中的分析,总会涉及概念的分析。但是,这是次要的,是以对客观事物的分析为转移的。其次,具体的分析是辩证的分析,它是揭露矛盾,找出主要矛盾和主要矛盾方面以解决矛盾的。如果一定要提到逻辑的话,它是辩证逻辑的分析,它不排斥形式逻辑的分析,然而它不只是形式逻辑的分析。真正的形式逻辑的分析还是有用的,但是,罗素的所谓逻辑分析不是真正的形式逻辑的分析。我们应该特别着重的还是辩证的分析,具体的分析。因为,只有具体的分析才是真正地解决矛盾的,而解决矛盾就是解决问题。第三,具体的分析是严格地遵守下面这一原则的:一切以时间地点条件为转移的。具体的分析只能是在特定的时间、特定的地点、特定的条件之下的分析,它决不能是空空泛泛的时间、空空泛泛的地点或不明确的条件之下的所谓分析,也不能是任何时间、任何地点、任何条件之下的所谓分析,更不能是没有时间、没有地点、没有条件之下的所谓分析。罗素的所谓分析与辩证唯物主义的具体分析毫无共同之处。

我们看看罗素的所谓形式逻辑的分析是不是真正的形式

逻辑的分析。我们举下面两个例子。

一个例子是对“所有的人都是有死的”这样一个命题的分析。按照罗素的分析，这样一个命题不能证实，因为我们不能担保我们没有忽略任何一个人，这是一。其次，他说这不是对于人的命题，而是对于宇宙间一切东西的命题。他解释道：这一命题说的是：“对于任何 X 说，如果 X 是人，那么 X 是有死的。”所谓任何 X，说的似乎就是宇宙间的一切。最后，假如所谓人根本不存在，这命题就是真的。我们现在逐条加以批评。首先，我们要指出，“所有的人都是有死的”这一命题是在历史上早已证实了的，现在还在不断地证实着。这里谈的是人作为生物的本质，这和忽略了某些人与否根本不相干。其次，这个问题只对于人有所肯定。当我们断定这个命题的时候，我们并不考虑到宇宙间的一切东西。这个命题是否可以上升为一个假言命题呢？可以。但是，上升之后，就有了质变。原命题并不等于一个假言命题。这个上升了的假言命题，代表进一步抽象的成果，它肯定了人与有死之间的客观的必然联系或客观规律性。这个假言命题也不考虑到宇宙间的一切。至于“对于任何 X 说，如果 X 是 S，那么 X 就是 P”这样一个公式，是否涉及宇宙间的一切，那是可以研究的问题。它在数理逻辑里应如何理解，是另一问题。普通形式逻辑里是否需要介绍这样一个公式也可以研究。无论如何，这个公式不是普通形式逻辑里的全称肯定命题。最后，把普通形式逻辑里的全称肯定命题解释成只要主词所表达的事物不存在，这一命题就是真的，这也是错误的。的确，鬼不存在，没有红头发的鬼也不存在。但是，难道这就使得下面这个 A 命题

“所有的鬼都是有红头发的”成为真的了吗？显然，这是荒谬的。因此，我们决不能说：只要主词所表达的东西不存在，A和E那样的命题就都是真的。问题是：罗素为什么有本段上面的分析呢？明显的理由是，罗素要把一般生活中的命题形式硬塞到数理逻辑里面去。上面的分析不是形式逻辑的，它是形而上学的。

我们看一看罗素对否定命题的分析。罗素说：在乡下的夫妇甲乙两人等候一个坐汽车来访的朋友；甲与乙都静坐着，听着。甲问：“你听见什么没有？”乙说：“没有。”“没有”在这里虽然只是两个字，然而很明显表示了一个命题。问题是对这个命题如何理解。可是罗素说乙已经陷入了一种非同小可的概括，因为乙实在是说：“宇宙间的一切都不是甲所问的那种声音。”把乙的回答“没有”解释成“宇宙间的一切都不是甲所问的那种声音”，岂不是荒谬到极点吗？具体的条件已经摊开来了，为什么不按照那些条件去分析呢？在那些条件之下，甲问的是听见汽车声音没有，乙的回答也很清楚，他没有听见汽车的声音。这不但不涉及宇宙间的一切，连一般的声音都不相干。很明显乙已经听见了甲提问题时所发出的声音，不然他不可能回答。乙已经听见了声音，怎么会有什么宇宙间的一切都不是乙现在所听见的声音呢？不仅甲的声音不相干，别的声音也不相干。假如在甲发问之后，有蚊子在乙耳边嗡嗡叫，乙也仍然会回答说：“没有。”因为在当时情况下，蚊子叫是不相干的。即使乙把蚊子叫的情况告诉甲，甲可能只以为乙在说俏皮话而已，根本不会认为乙在答复问题。无论如何乙压根儿没有想到宇宙间的一切。事实上甲乙的对话也不涉及宇宙间的一切。在上一段的分析中罗素提到宇宙间的一切,在这一分析中他又提到宇宙间的一切,这显然不是偶然的。罗素一贯地以虚无主义的态度对待普通的形式逻辑,一贯地以数理逻辑去代替它,从而夸大了数理逻辑的应用范围,并且也习惯于由此而产生的形而上学。如果他不是习惯于这种形而上学的思想方法,不是习惯于抹杀具体条件,他怎么会一跳就跳到"宇宙间的一切"来分析具体的问题呢？这样形而上学的分析怎么能够是正确的呢？

上面已经指出,分析的对象是客观事物,正确的分析是根据于客观事物。这样的分析是第一性的分析。但是,我们的思维认识是反映客观事物的,因此在分析过程中,对客观事物的分析总会同时形成对思想的分析。例如,对客观的社会各阶级的分析,总会形成对思维认识中相应于各阶级的概念的分析。显然后者是第二性的。这种第二性的分析是以第一性的分析为转移的。思维认识既是反映客观事物的,对思想概念的分析不能不是对客观事物的分析的反映。罗素的办法根本不同,而且方向恰恰相反。例如在《逻辑原子主义》那本书里,罗素实际上是从分析命题到分析事实的。命题中有所谓原子命题,因此也有所谓原子事实。有一个时期他还认为相应于所谓分子命题也有所谓分子事实①。相应于否定命题,罗素也认为有否定或负事实。原子事实、分子事实、负事实都是很怪的东西。客观世界有这样事实吗？这种所谓事实分类法,是从分析事实中得到的吗？显然不是。相反的,它是从分

① 《在世的哲学家丛书·罗素的哲学》英文版,第86页。

析命题中得来的。客观世界究竟有没有原子事实、分子事实和负事实是一重要问题。人们的答案可能是不一致的。承认负事实的人可能很少。但是我们的注意点不在这一问题上。这里着重的是方向问题:我们的分析是应该由客观事物到思想呢?还是由思想到客观事物呢?前一方向是实际——理论——实际的方向,后一方向是理论——实际——理论的方向。前者是唯物主义的、辩证的,后者是唯心主义的、形而上学的。这个唯心主义的形而上学的分析方向进一步导致到唯心主义形而上学的哲学。这就是说,这个分析方向给罗素开了方便之门。它使得罗素在思想上能够上下其手,在概念中保留他所需要的东西,排除他所要排除的东西。通过这个上下其手的方法,一个虚假的实际世界就被描写出来了。

在《我的哲学的发展》那本书里(英文版第133页),罗素承认分析是他的成见之一,并且说分析是他的主要方法,这个方法有化模糊为清楚的好处。的确,形式逻辑的分析在思维认识的某种程度上是可以化模糊为清楚的。这一方面的用处我们根本不否认。问题是要求什么样的和什么程度的清楚。有语言方面的清楚,有文字方面的清楚,这是和思路上的清楚分不开的。思路上的清楚又是和理论上的清楚分不开的。理论上的清楚不是最后的标准。最后的标准是实践上的清楚。如果一个人能够把正确的理论转化为正确的实践,他对理论就真正清楚了。马克思主义者所要求的清楚是这种彻底的清楚。唯心主义的哲学家没有这个要求。他们的所谓清楚只是概念上绕圈子的"清楚"而已。没有根本的实践方面的清楚。概念方面的所谓"清楚"只是无源之水,无本之木,是靠不住

的。唯心主义者的所谓“懂”，就是得到这种概念上的“清楚”。这种所谓“懂”，从马克思主义的要求说，应该说是不懂。对于罗素我们不要求过高，我们就以这种概念上的“清楚”和这种概念上的“懂”来看他的分析是否达到了化模糊为“清楚”的目的。

在1912年前，罗素搞的主要是数理逻辑。他和怀特海确实搞出了《数学原理》那样的数理逻辑的演绎系统。前一部分主要是罗素搞的。在命题演算形成之前，罗素一定进行了大量的分析。可是，分析的结果，虽然在数理逻辑方面没有什么可以非议的地方，然而在常识或者一般的生活逻辑方面却造成了一时的混乱。命题演算是需要一些基本命题或原始命题作为演绎的出发点的。这样的命题当中有 $p \vee p. \supset. p$。这个命题有重言式的结构，它和别的基本或原始命题一起是可以演绎出全部命题演算的逻辑定理来的。这就是说，它的演绎力量大，选择它做基本或原始命题是有理由的。可是翻译成普通的语言，它成为这样的东西：“如果一个命题是真的，或者它（即该命题）是真的，那么，它是真的。”我们可能要问：这是话吗？这是语言吗？如果这是话，这应该是胡话、傻话。这对于初学或不搞数理逻辑的人是会产生混乱的。搞数理逻辑的人会理解也会谅解。这问题本身不大，之所以提到它，是要指出罗素在企图完成演绎系统时，他所进行的分析是不惜在别的方面制造混乱的。所谓混乱，就是思想上的混乱，概念上的不“清楚”。不过在1912年前，这个问题不很严重。

在1914年后，问题就不同了。罗素搞的主要是认识论，而在这个过程中他进行了大量的分析。他的分析是不是如他所说的那样化模糊为清楚呢？上面已经举了两个例子。头一例子涉及普通形式逻辑里的A命题形式。这形式是有某一方面问题的。罗素的分析是不是把A形式分析得更清楚了呢？看来没有。第二个例子涉及否定命题。分析是从具体的条件出发的,原来的问答"没有"非常之清楚,罗素的分析把读者搞得糊里糊涂。这不是化模糊为清楚,而是化清楚为模糊。在1914年,为了要构造事物,罗素进行了一系列的分析。事物本身是很清楚的,罗素对事物这一概念的分析根本就歪曲了作为客观存在的事物。为了歪曲事物,让它成为感觉材料,罗素分析了空间,搞出所谓六度的空间,其中有三度的私有空间,也有三度的公共空间。分析来,分析去,这二者究竟是什么东西,它们的关系如何,我们越读越糊涂。1921年,罗素写了一本书,名字就叫《心的分析》。这本书里的分析是很复杂的,但是,是不是把所谓"心灵"搞清楚了呢？有些很明显地属于心灵的东西都排除在心灵之外了。对于心灵,读者可能原来就不清楚;现在读了这本书之后,除原来不清楚之外,又加上了罗素搞出来的不清楚。在1914年,罗素已经开始了构造物质,因此,也已经开始了分析物质。在1927年,他又写了整本书来分析物质。罗素的分析不是增加了清楚,反而是增加了模糊。关于事物、空间、心灵、物质,以后都还会谈到,对于这些东西的分析都很复杂。在这里我们都不多谈。我们只指出这些分析都没有化模糊为清楚。

下面这个例子,就它对人们产生的混乱来说,可能是最典型的例子。"我"这一概念是大家所熟习的,全世界的人算在一起,每天都要用不知多少万亿次,并且大体上说,不发生什

么错误。“我”总算是清楚了的吧！不分析它也就行了吧！可是，罗素要分析“我”，这本身就提出了问题。罗素利用了“这”给“我”下定义。“这”是什么呢？“这”是外部刺激在语言上的直接反应。“我”的定义是“这”所属的个人历史。“我”是大家都清楚的概念，对学说话的小孩，可能需要讲解，对成年人根本不需要分析。为什么是不需要分析的问题，这里暂且不谈。现在只是问：罗素的分析把“我”这一概念搞得更清楚了吗？显然，它把我们搞得更糊涂了。上面已经说过，我们退一步着想，不要求实践上的彻底的清楚，只要求唯心主义哲学家所满足的概念上的“清楚”。罗素所要求的也只是这样的清楚而已。问题是他达到了这个标准没有呢？显然他没有达到这个标准。他不但没有化模糊为清楚，反而化清楚为模糊了。在1914年后，罗素的书和文章（至少是与认识论有关的）简直是一笔糊涂账。

为什么罗素要分析“我”呢？在客观上他确实制造了糊涂，制造了混乱。从罗素的主观要求说，我们不能说他的目的就是制造糊涂、制造混乱。他的分析是有目的的。看看罗素对于“我”的分析，他为什么要用“这”来给“我”下定义呢？这个“这”给我们一条线索。我们来看看“这”究竟是什么。说穿了，“这”就是当前的“红”或者“白”或者“四方”或者“香”或者“硬”等等，换句话说，就是罗素说的感觉材料或1921年后的所谓感觉。很明显，罗素要把“我”还原为感觉材料。为什么他要这样做呢？在本书的第二章里，我们提到罗素要搞一个认识论的演绎系统。从这个演绎系统来看罗素的分析，我们就发现，在1914年后，他的分析都是为该系统服务的。在第二章我们也提到为了制造认识论的演绎系统,罗素需要许多东西,其中有该系统所不能缺的最基本的原料或原子或元素。这个元素罗素不要花工夫去找,从他的主观唯心论的经验论出发,现成的元素就是感觉材料。在 1914 年,罗素把事物分析成为有某种结构的某种系列或某种系统的感觉材料(名称不一样,有时叫做侧面或现象);在 1921 年,他把心灵分析为有某种间隔的因果关系的感觉。而在那一年所谓感觉和感觉材料的分别已经被他取消了,因此,心灵也就还原为感觉材料了;在 1927 年,他把物质分析成为有某种结构的事素,而按照 1930 年的《哲学》这本书中的注解,所谓事素仍然是感觉,而所谓感觉仍然是感觉材料。为什么罗素要分析"我"呢?同样要把"我"还原为感觉材料,以便在那个认识论的演绎系统里,他以后可以用感觉材料和一些别的工具构造出"我"来。

可见,罗素的分析根本不是科学的分析,不是化模糊为清楚,而是把他分析的对象化为他心目中所要制造的认识论的演绎系统的基本元素。罗素在 1914 年在认识论方面的分析,基本上是这种转化。不管对象清楚也好,不清楚也好,他都要进行这种转化,他都要分析。在 1912 年前,因为要制造数理逻辑的演绎系统,罗素不免在别的方面产生混乱。而在 1914 年后,为了制造认识论的演绎系统,他在认识论本身范围内产生了混乱。这种混乱要联系到制造那个演绎系统来看,我们才能了解它之所以产生的原因。罗素的分析本身是形而上学的,它是为他心目中的演绎系统服务的。他没有制造出他的认识论的演绎系统,看来他也制造不出来,因为认识论和数理逻辑究竟不是一样的东西。在这一点上他的企图失败了，但是，分析的形而上学性质并不因这个失败而有所改变。

二、罗素的一般与个别论

一般与个别是辩证地统一的。它们互相依赖，互为前提。在这里我们不谈别的方面，只谈一般与个别是不能分割的。显然，离开了一般，无所谓个别；离开了个别，也无所谓一般。但一般和个别是有分别的。一般是类型，它寓于个别之中，但是，它不限于这一个别或那一个别。个别是一般的体现，但是，它也不限于这一一般或那一一般，它同时也体现了别的一般。它们不是等同的，是有分别的。我们并不否认这个分别。但是，我们坚持它们是不能分割的或割裂的。

罗素在 1911 年写了一篇关于个别与一般的关系的文章。他的关于一般与个别的意见，在这篇文章里得到了比较集中的表达。这篇文章并不是包举无遗的。就在这篇文章里，罗素已经表示了一般与个别的割裂。他不但认为它们是割裂开来了的，而且甚至把它们当二元来看待。同时在讨论这个问题的时候，罗素把时间和空间也割裂了。按照他的看法，一般与个别的关系在时间与空间上并不完全是一致的。

我们先从个别说起。一般与个别之间，个别应该说是主要的。正如形式与内容之间，内容是起决定性作用的，抽象与具体之间，具体是起决定性作用的一样，一般与个别之间，个别也是起决定性作用的。从这个意义上说，个别是主要的。这是客观的情况。罗素歪曲了这一情况，他的着重点不在个别而在一般。他是很讨厌个别的。首先,个别的客观物质事物是具体的,而这个体是他要千方百计地排除掉的。在1914年,他作了这个排除工作。其次,个别是占据个别的时间、空间的。罗素总是想把占据个别时间、空间这一情况当作性质,使他一般化,从而排除它的个别性。这是间接的办法。最后,罗素想采取直接的办法,企图以一般来代替个别。他在1940年曾经这样考虑过:当前有一片白色,我们是不是一定要承认它是个别的白呢?他认为不一定。他认为我们可以把它看作在这里的一般的白。我们可以问:所谓"这里"也是一般的这里吗?显然不是。到了1955年,罗素就干脆否认了或者取消了个别①。我们首先要指出,这种治学方法是极端错误的。个别的事物是我们要反映的对象,研究的对象,理解的对象;正确的反映正如恩格斯所说,既不能附加什么也不能减掉什么。附加减掉尚且不能,怎么能够随着我们的情感就把对象排除了或取消了呢?其次,对一般来说,个别是主导的;取消了个别,那么皮之不存,毛将焉附呢?这就是说,一般又怎么能够存在呢?

罗素所着重的是一般。在他没有取消个别的时候,他接受了常识,认为个别是在时间空间中的。对于一般,罗素认为空间的问题和时间的问题很不相同。我们在下面将分别地加以讨论。

罗素认为任何一般都是不在时间中的。这很奇怪。按照这个说法,张三李四这样个别的人虽然是在时间中的,然而人

① 《逻辑与知识》英文版,第124页。

的一般或一般的人却是不在时间中的。我们要问：当人类还不存在的时候，有人的一般呢？还是没有呢？在现阶段，当全世界有人口卅多亿的时候，人的一般或一般的人存在呢？还是不存在呢？当人类灭绝了的时候，有人的一般呢？还是没有呢？按照正常的说法，问题很简单，答案也很简单。个别的人存在，一般的人也存在；前者都不存在，后者也不存在。就时间说，个别的人在时间中，一般的人也在时间中；个别的人都不在时间中了，一般的人也不在时间中了。按照罗素的说法，无论个别的人存在或都不存在，一般的人或人的一般总是不在时间中的。这就是说，个别的人虽然有生、长、成、衰、灭，然而一般的人或人的一般没有。因为它不在时间中，它当然也就不能生，不能长，不能成，不能衰，也不能灭。这个理论的背后是有思想上的重点的。重点可能就在这不能灭上。罗素是追求永恒的。在时间中的永恒是很难找到的。把一般安排在时间之外，一种廉价的永恒就得到了。

空间问题稍微麻烦些。罗素似乎感觉到对于“红”、“白”、“四方”这样的东西，一般和个别是紧密地结合着的。他承认红的一般就在个别的红东西的所在地。这就是说，哪里有个别的“红”，哪里也有一般的“红”。按照这个说法，“红”、“白”、“四方”等的一般都是在空间中的。承认一般寓于个别，个别体现一般，这说法是正确的。这个说法虽然正确，然而在罗素的理论里是很困难的。这里有一个红的西红柿。这是一个个别的红。寓于这个个别的，“红”里面的一般的“红”，即这个个别所体现的一般的“红”，也就在这个西红柿的所在地。既然如此，为什么一般的“红”又不在时间中呢？显然，这个个别的“红”是在时间中的，前些时这个西红柿还不是红的，再过些时候，它会烂掉，会成为紫黑的一堆渣滓。显然，我们应该承认寓于这个西红柿的，或体现在这个西红柿的一般的“红”也是在时间中的。然而，这对于罗素是一个困难。他是很不满意于这一情况的。有一个时期他想把个别当作一般看待，把当前的“红”不看作个别的，而看作一般的“红”。回到上面那个西红柿，罗素主张说一般的“红”就在西红柿那里。所谓“西红柿那里”难道不是个别吗？难道不是在空间中吗？在 1940 年，他的办法是把个别**当作**一般看待，或者**解释**成为一般。这不解决问题。在 1955 年，罗素干脆取消个别。这是不是解决了他的问题呢？没有。个别是客观的存在，它不是凭哲学家的意愿就可以取消得了的。一般的时间性（在时间中这一属性）也是取消不了的。这种一般，即“红”、“四方”等，在 1910 年不是罗素所注重的。在那时候他所说的柏拉图式的共相（也就是这里的一般）并不包括这种一般。在 1912 年后，特别是在 1914 年后，这种一般才慢慢地成为罗素的困难问题。以上是就属性或性质来看一般和个别的关系。

就关系（关系不同于性质）来说，罗素认为一般与个别的关系就完全两样了。以北京在汉口之北为例吧，“在北”这个关系在哪里呢？显然，它不在北京，它也不在汉口。是不是它在二者之间呢？例如在河南呢？当然也不是。罗素认为“在北”这一关系根本就不在什么地方。这就是说，它不在空间中。这是很奇怪的议论。在这里，为什么罗素不说“在北”就在所有的有“在北”这个关系的地方呢？很明显，“在北”这一

关系，和“白”或“红”这样的属性或性质，就一般和个别的关系说是一样的。罗素却硬说不一样。罗素认为，“红”是可以看见的，而“在北”看不见。看见或看不见是视觉的问题。视觉有原始人的视觉和有文化的人的视觉的分别。这个分别是很大的。原始的视觉可能看见“红”而看不见“在北”。有文化的、有知识积累的结果的、有理性认识的影响的视觉，不只是可以看见“红”而已，而且也可以看见“在北”。历史背景不同的人，视觉也不一样。

罗素早期曾经批评过布拉德雷把关系当作关系者看待。罗素曾坚持关系是不能看作关系者的。这一看法我们是应该同意的。一般地说，“‘在北’这一关系在‘在南’那一关系之北”这样的句子是废话。在上述的议论中，罗素是不是犯了他用以批评别人的错误呢？当他问“在北”在哪里时，当他说它不在北京、也不在汉口，也不在二者之间的时候，他显然是把“在北”当作北京或汉口那样的事物看待的。这就是说，罗素在他自己的议论里正是把“在北”当作关系者看待的。这岂不是明于责人，暗于责己吗？有了这个先入之见，把“在北”当作了东西或事物来寻找，罗素当然找不着在空间的“在北”了。一般的“红”既然能够在所有的红东西的所在地，“在北”这个一般也可以在所有的有在北关系的东西的关系体的所在地。一般的个体和关系体是不一样的，但是，就一般与个别紧密地相结合这一点说，它们并不两样。罗素的议论显然是站不住脚的。“在北”这一关系只是一个例而已。罗素既然认为一个表示空间关系的关系尚且不在空间中，别的关系可想而知了。

罗素的主要兴趣,也不在这种与个别直接相结合的一般上。他的所谓一般,是一层一层地上升的。如果这样的一般都占据不同的空间的话,那它扶摇而直上者就不止九万里了。按照罗素的说法,个别有类,类也有类,类的类仍然有类。关系同样如此。类和关系都是一般。这种一般无穷地一层一层地上升。罗素曾经有过一种理论,说一般的数目比个别的数目大。这是以一般与个别的割裂为前提而得出的一种割裂一般与个别的理论。罗素可能这样说:英文字母只有二十六个,牛津大字典的字有十几万(可能还多些),而可能的字要比字典所承认的还要多。我们可以把二十六个字母用小纸片写出来,并把它们摆在一个火柴小盒里去。虽然那个火柴盒子里的个别只有二十六个,而它们的一般都大得惊人。就以 2^{26} 这一配合法而论,可能得到的配合的数目就大得可观,比牛津大字典中字的数目就大得多了。这只是一种配合法而已,还有许许多多别的配合法。可见,一般的数目要比个别的数目大得多。

显然,罗素这里所说的各种不同的配合,是数学的或逻辑的抽象的可能而已。这样的可能并不都是现实。但是,为什么把没有现实的可能也当作一般呢?这是没有理由的。可是,对罗素说,这个问题好像根本就不存在似的。为什么呢?他心目中的一般本来就是脱离了个别的。他从这样一个前提出发,议论一番,然后得出结论:“一般”的数目比个别的数目来得大。其实这里的所谓“一般”主要地只是抽象的可能而已,它不是真正的一般,并且它是不能看作一般的。也许有人会说,慢点,牛津大字典中字的一般总比火柴盒中字母的个别

的数目要大得多吧！前者是十几万，后者只是二十六个而已。这个反驳不但没有证明一般的数目比个别多，反而举出事实表示一个一般可能寓于许许多多的个别之中。牛津大字典中的一般［即就字的类型（type）说］，只有十几万（或者更多一些，至多也不过几十万）。可是，该字典中的个别［即就字的殊型（token）说］，就有千千万。把字典和火柴盒子相比拟，是不伦不类的。单就火柴盒说，那里面有二十六个字母的个别，也有二十六个字母的一般。无论如何，本段所谈的罗素所谓的一般是既不在时间中，也不在空间中的。罗素喜欢说俏皮话，他曾说过一个人不愿意占无穷的空间，因为他不愿意那么肥胖，可是，他愿意占无穷的时间，因为他愿意长生不老。俏皮话和哲学思想也不是完全没有联系的。罗素对他心爱的共相（即这里说的一般）是很关心的。把共相安排在时空中，绝大多数的共相会肥胖不堪，有的还可能会短命。把它们安排在时空之外，它们就无所谓胖瘦，也无所谓生死了。

罗素就这样搞出一个永恒的一般或共相世界来了。谈到他早期柏拉图式的思想时，他曾说他的共相好像是一排一排地坐着似的。这当然只是一种形象的说法。共相不在空间中，当然不能坐，更不能一排一排地坐着。共相也不在时间中，当然就是永恒的，无所谓运动变化发展的。这个共相世界当然是和那个具体的个别的现实的世界割裂开来了的。两个世界的关系如何？罗素没有作出什么安排，使这个共相世界统治或者支配具体的世界。他好像承认后者的“自主”或“自决”权似的。可是，罗素把这个共相世界看作天罗地网似的；

无论这个具体的现实的世界如何地运动变化发展,它都逃不出这个天罗地网。这就是说,共相世界总是有效的。数学或形式逻辑的对象,就是这个共相世界的经纬,也就是这个天罗地网的经纬。这个天罗地网永远有效,也就是数学或形式逻辑永远正确。在第一章里,我们指出罗素是要追求永恒真理的,他实际上是要用永恒真理来代替宗教信仰的,来满足他的宗教上的要求的。罗素当然不是真正地追求永恒真理。他所追求的也不是真正的永恒真理,世界上也没有这样的永恒真理。罗素追求那样不生不死、不动不静、不痛不痒、麻木不仁的共相世界。搞出那样的世界,搞出那样脱离了具体的个别的现实的世界的形式逻辑,本书第二章所说的那个对立也就产生了。一方面,形式逻辑有必然性,可是没有具体的个别的现实世界的内容;另一方面,罗素所承认的根本实际,他的所谓感觉材料,又没有必然性。由这个对立所产生的问题和罗素所提出的企图解决这些问题的方法,就成为罗素的形而上学的唯心主义认识论和哲学了。从罗素的整个哲学来看,一般脱离个别是一个重要的形而上学的方法。

三、罗素的先验主义

在前一章我们已经讨论并批判了罗素的先验论。这里的讨论可以简单一些。先验论是唯心主义的。认识根本就不涉及什么先验的东西,知识也没有什么先验的东西。认识是以实践为基础的,它是从实践来而又回到实践去的。整个的过程是实事求是的过程,既没有什么先验的原理原则,也没有什

么先验的概念或形式。可是唯心主义者总是要夸大心灵的主观能动性，总是要寻找某种先验的东西。先验论就是这种企图的办法之一。在这里我们把先验论看作一个唯心主义的倾向来批判。先验论确实是罗素的逻辑理论的重要部分。因此在批判罗素由歪曲形式逻辑而产生的形而上学的同时，我们仍然提出先验论进行批判。

从前有所谓天生观念论，那是相当古老的笨拙的理论。经洛克一打，它就粉碎了。在原来的形式上，它确实不再出现了。在这一点上，洛克的功劳是很大的。但是，天生观念论是一种以特殊形式出现的先验论。那种特殊形式的先验论虽然以后没有出现，然而别的形式的先验论出现了。我们已经提到康德的先验论。康德的先验论的确不是天生观念论了。但是，它是不是天生观念论在新的形式下的继续呢？我们认为事实正是这样。近十多年来，某些先验论者不谈先验论了。在表面上看来，先验论已经寿终正寝了。其实没有。现在的约定论，就是适应现代唯心主义的要求的先验论。旧的先验论虽然死了，新的先验论又产生了。几番新气象，一件旧东西。

康德的先验论，罗素是不赞成的。罗素的唯心论，不是以抬高心灵的地位来建立的。康德搞出一个什么超验的心灵，以别于张三李四的具体的实在的心灵。有了这样的心灵，尽管先验论是无中生有的，说起来可便当得多。罗素根本不理会这个所谓超验的心灵。他讲的还是张三李四的具体的心灵。康德的所谓心灵所固有，在罗素就成为张三李四那样的心灵所固有。罗素不同意这种心灵所固有的先验的说法。罗素认为:如果先验是这种心灵所固有的,那么心灵改变了,怎么办呢?是不是先验的原理原则跟着改变了呢?罗素认为,一时一地的先验在另一时一地可能就不是先验的了。请注意,罗素不同意的不是先验论本身,而是某种说法的先验论。罗素也不同意先验是认识之所以可能的条件的说法。关于这一点,他没有明确地说什么话。但是,按照他关于逻辑或数学定理的看法,他是不同意这一说法的。罗素虽然有两种先验概念,然而他想到先验的时候,他所想的是逻辑和数学定理那样的原理原则。那样的东西之所以为先验,是因为它们的正确性既不为经验所证明,也不为经验所推翻。那样的东西,不像时空形式或因果关系那样有一种恰恰与经验或实际相适合的味道。相反的,它们根本没有那一味道,它们有点像如来佛的手掌。那手掌没有适合于孙猴子与否的问题,但是,无论孙猴子如何想方设法,他仍然逃不出如来佛的手掌。在罗素,任何知识都蕴涵逻辑或数学定理,可是这些定理并不导致任何具体知识。在这里,罗素也不是普遍地反对先验论,而是不同意先验论的某种说法。

在批判先验论的过程中,我们也要提出罗素关于普通形式逻辑的三条基本的思维规律的看法来讨论和批判。罗素关于这三条基本思维规律的言论不多,但是,从某一角度看来,这些言论是有代表性的。数理逻辑学家当中有好些人是有下面这样的想法的。命题演算中的逻辑定理都是有重言式的形式结构的。普通形式逻辑的三条基本规律也是这一演算中的定理,也是有重言式形式结构的。它们和别的定理一样。我们没有什么理由把这三条定理特别挑选出来作为基本的思维规律①。这个想法是错误的。我们不否认这三条基本的思维规律是有重言式的形式结构的；我们不否认它们都是逻辑定理；我们也不否认，在演绎力量方面，它们还赶不上某些别的逻辑定理。但是，它们是不是就和别的逻辑定理完全一样了呢？显然不是，它们有它们的特点。它们是最直接地反映客观事物的确实性只有一个这样一条相当根本的客观规律的，它们是最直接地规范思维的确定性和一贯性的，它们是最容易和我们的语言和心理习惯相结合的，也是在思维实践中最容易凝固成为规则的。它们是思维的基本规律，而别的定理不是。它们既然客观地是思维的基本规律，我们就有理由把它们和别的逻辑定理分别开来作如实的处理。显然，数理逻辑的演绎系统不能改变普通形式逻辑里的真实情况。上述相当流行的看法，也是罗素所流露出来的看法，这显然是不正确的。

看来奇怪，形式逻辑的三条思维的基本规律不是先验的，而罗素却认为它们是先验的；它们是思维的规律，而罗素却认为它们不是。按照上面所指出的实际情况，三条基本的思维规律不只是有客观基础，而且正确地反映了一条相当根本的客观规律。所反映的客观规律是第一性的，反映是第二性的。这就是说三条基本的思维规律是经验的。罗素不这样想。相反地，他认为这些规律和别的逻辑定理一样是用纯逻辑的方式演绎出来或推论出来的，它们的正确性不是经验所能证明的，也不是经验所能推翻的。因此，它们是先验的。罗素有这

① 《哲学问题》英文版，第72页。

样一种见解:只要一个命题是纯逻辑的方式演绎出来的,它就不是经验所证明的。其所以产生这样的见解,是因为罗素把自己封闭在演绎系统里而出不来。一个演绎系统确实有这样的情况:我们可以用一套公理或原始命题把整套的定理演绎出来;我们也可以用另外一套公理或原始命题把整套的定理演绎出来。这样,一个定理的正确性就好像只是别的定理的正确性所滋生的。其实,这是不正确的。一个系统的演绎性可能是封闭在该系统以内的,如果该系统是完整的话。正确性是另外一回事,它不是系统以内的事情。它是如实的反映性,它是与客观事物及其规律的符合性,它不可能不是经验的。即以三条基本的思维规律而论,它们的正确性也不可能例外。

另一方面,罗素又认为,这三条基本的思维规律根本不是思维的规律而是客观世界的规律。上面已经指出:这三条规律不仅有客观基础,而且反映了一条相当根本的客观规律,因此,它们也是客观事物的规律。可是,我们所说的和罗素所说的仍然两样。在我们,一般不是脱离了个别的,而在罗素,共相是脱离个别的。他的所谓客观世界的规律,只是共相与共相之间的规律而已。而共相与共相之间的规律,并不反映客观事物,只是客观事物不能逃脱的规律而已。因此,当罗素说三条基本思维规律是客观世界的规律时,他只是在表面上作出唯物主义的样子,而骨子里他是在宣传客观唯心论。为什么罗素认为这三条规律不是思维规律呢?难道它们反映了客观世界,它们就不是思维规律了吗?显然没有这样的道理。罗素之所以说它们不是思维规律,就是因为他认为:如果它们

是思维规律，它们就不可能是永恒的。上面已经提到，按照罗素的看法，心灵是会变的，思维也是会变的，思维的规律不能够是永恒的。罗素把逻辑和数学定理看作永恒不变的真理。这样的真理，对罗素来说，代替了他年轻时已经不相信了的上帝；对这样的所谓永恒真理，罗素是寄有宗教式的情感的。罗素一直在宣传，要哲学家不要在哲学范围内要求满足他们的情感。但是，在逻辑和数学定理这一问题上，他自己正是从自己的情感出发来立论的。这样，他的论点就错误百出了。

在上章我们已经提到罗素的两种先验性：一种是逻辑和数学定理式的先验性，这是他的主要的先验性；另一种是归纳原则式的先验性。其实罗素还有第三种先验性，不过那不重要，我们不提出讨论批判。罗素以后不大谈归纳原则式的先验性。他的论点是否保留，情况不明。1955 年他又搞他所说的"经验的推论"，可是，他认为那不是归纳。关于逻辑和数学定理式的先验性，罗素的看法应该有很大的变化。他没有明确地说，可是，我们还是可以看出来或推论出来。关键问题是他关于逻辑和数学定理的理解有了很大的转变。这些定理既然后来被理解成为约定的东西，原先的先验性也就改为约定的先验性了。

对于逻辑和数学定理的看法的改变，罗素是受了维特根斯坦的影响的。后者是前者的学生。罗素这个先生在一时期内是很佩服这位学生的。维特根斯坦把逻辑和数学定理了解为重言式的或同语反复式的命题。这个理解看来没有什么不正确的地方。现在好些逻辑工作者都同意这一理解。问题不在这一理解本身，而在由这一理解就跳到一种哲学主张上的跳跃。有些唯心主义者就从这一理解一跳就跳到这样一种哲学主张:逻辑和数学定理不是什么共相与共相之间的真理,而是语言上约定俗成的章程。这一看法连同它所带来的哲学主张是流行得很快而又很广泛的。罗素也就接受了这一看法。照他的语气看来,他是不太愿意的。因为这一看法上的改变使得罗素非放弃他的客观唯心论不可。罗素的客观唯心论,就是建立在对逻辑和数学的某种看法上的。他一直认为:逻辑和数学的真理就是共相与共相之间的真理;而共相又是脱离了具体的个别的东西的,它们是像一尊一尊的罗汉似的一排一排地"坐"在什么地方的(不是占空间)。现在把逻辑和数学定理理解为语言上约定俗成的章程,一排一排的共相当然就倒塌下来了。从这时候起,罗素就完全成为主观唯心论者了。这是罗素哲学中很大的变化。可是,这一变化的痕迹是不太显露的。时间也很难确定。维特根斯坦对罗素的影响在 1914 年已经开始了。但是,维特根斯坦有关逻辑与哲学的书是 1922 年才出版的。如果要说出一个年限的话,我们可以说:1914 年到 1922 年这段时间内,罗素开始放弃他的客观唯心论。

放弃客观唯心论是不是也放弃了先验论呢?上面已经指出先验论在不同的时期是有不同的形式的。早期的先验论是以天生的观念那一形式出现的。以后就是康德式的先验论。罗素早期的先验论,虽然和康德的不同,然而它仍然是属于康德类型的。在现代条件下,先验论的形式不可能不有所改变。约定论就是现代的先验论。约定论比起旧的先验论更唯心主义得多。旧的先验论虽然是唯心的,然而它没有一种任意的

性质，没有一种随随便便的味道。约定论就不同了。按照它的说法，逻辑和数学方面的研究就好像这一方面的工作者在那里拟定什么章程似的。果然是辩证唯物主义地拟定章程，那章程还是有客观基础的。约定论不是那样地拟定章程。它把逻辑和数学的定理看作好像是象棋或围棋的规则似的。这样一来，逻辑和数学就成为非理性的东西了。

四、罗素的定义论

定义是给概念下的。每一个概念都应该有它的定义，没有定义的概念是随时可以偷换的概念，它是违背逻辑的。定义不一定是明确地提出来的，然而它应该是明确的。概念是反映客观事物的。概念不明确，它就不能正确反映。概念的真就是它的定义正确。如果一个定义正确，这个定义就是正确地反映了作为该概念的客观对象的本质属性。定义不是客观事物的定义，虽然它的正确性是要看它是否正确地反映了客观对象的本质属性来定的。概念总涉及语词，然而定义不只是语词的定义，而主要的是该语词所表达的概念的定义。这里所谈的就是形式逻辑教科书里所说的真实定义。坚持真实定义的存在是唯物主义的主张，而坚持这一主张又是贯彻唯物主义的工具。有些唯心主义者否认真实定义的存在。罗素就是其中的一个。

罗素的定义说法，主要见于他那本1910年出版的用符号写的《数学原理》。这个说法可以概括为三点：(一)定义是符号或语词的定义；(二)定义是无所谓真假的；(三)定义是自愿的,自由的,或任意的。我们就这三点分别地进行讨论。

我们首先要问:究竟是什么东西需要下定义。我们认为,需要下定义的不是我们所要认识的对象。对象是客观事物,是客观地存在的。这也就是说,它的存在和它的关系和性质是独立于我们的认识的,是不以我们的认识为转移的。认识是要反映它的对象的本质属性的。客观事物的本质属性,对象的本质属性,是客观地供给的,不是我们能够附加或删减的,也不应该是我们有所附加或删减的。认识的问题只是如实地反映而已。客观事物,认识的客观对象的本质属性,是跟着客观事物的存在而供给的,它没有下定义这样的问题。显然,定义不是对象的定义。这当然不是说,定义是可以脱离认识对象的本质属性的。它不但不能脱离认识对象的本质属性,而且还要严格地无所附加或删减地反映认识对象的本质属性。但是,反映是一件事,而下定义是另外一件事(虽然它们是密切地结合着的)。我们要反映客观对象,可是,我们不能给客观对象下定义。果然我们需要给对象下定义的话,那对象就不可能是客观的。

语词是有定义问题的。语词不是自然界的事物;语词是人类社会需要的产物,是人们用来表述事物的。但是语词不直接地表达,而是通过思维来表达的。名字,例如张飞、关羽的问题可能复杂些,它们也没有定义问题,我们可以把它们撇开。就一般的语词说,这一语词与这一思想的联系,那一语词和那一思想的联系,是约定俗成的。一语词所联系的思想,就是该语词的意义。把该意义定下来,就是该语词的定义。语词确实是有定义的。一部字典或词典就是一大堆的语词定

义。字典或词典的存在，就表明语词定义的存在。问题是：一语词和一思想联系起来了，是不是该语词的意义就已经确定了呢？显然，问题并不那么简单。很可能的情况是：一语词和一思想联系起来了，然而该思想并不确定。这就是说，联系确定了，而意义并没有确定。有的时候，我们不说意义没有确定，而说“不懂”。这种“不懂”就是没有定义。因此把一语词和一思想联系起来了，语词的定义并没有完成。就这一点说，语词和客观对象很不一样。客观对象没有定义问题。语词有定义问题。但是，话说回来，语词虽有定义问题，然而定义问题根本不是语词的问题。

上面已经说过，定义是给概念下的。在上一段我们只用了“思想”两个字，我们说一语词和一思想联系。那里所说的思想，就是属于概念这一形式的思想。在那里，我们实在是说：一语词和一思想有了一定的联系，该语词开始有定义了，问题是该思想是否确定。如果确定，定义完成了。如果不确定，定义还没有完成。定义的中心问题，是该思想确定与否的问题。这也就是说，定义的中心问题是概念确定与否的问题。这就是概念的定义问题。语词是有定义问题的，但是，语词的定义是要通过概念的定义来完成的。概念是需要定义的，这也就是说，需要明确的定义的。它的定义是否要明确地说出来或写出来，那是另外一件事。即使定义没有说出来或写出来，它仍然可以明确。明确的定义就是要使概念确定。只有确定的概念才能正确地或不正确地反映客观事物的本质属性。不确定的概念、模模糊糊混淆不清的思想，既不能反映客观事物的本质属性，也不能通过和语词的联系给语词下定义。

客观事物不需要定义,定义不是客观事物的定义;语词需要定义,定义虽然是语词的定义,然而它不只是语词的定义。定义是概念的定义。语词的定义,就是它所表达的概念的定义。没有概念的定义,表达这概念的语词也不可能有定义。定义不是什么别的东西的定义,它正是概念的定义。

罗素说定义是符号的定义。在《数学原理》那本书里,头一个定义(命题演算的头一条定义)是:$p \supset q \cdot = \cdot \sim p \vee q Df$,在这个定义里,给下定义的是“⊃”,而它是一个符号。命题演算是一个用符号表达的系统。这是它的特点。可是符号是语词,至少是广义的语词的一部分,因此当罗素说定义是符号的定义时,它的意思就是:定义是语词的定义。我们在这里有时说符号,有时说语词,意思是一样的。问题是罗素把定义限制到符号或语词上去了。这正是我们不能同意的主张。我们不否认在上面所引的定义中,我们确实给“⊃”下了定义。这不是问题的所在。问题是上述定义只是给“⊃”下定义吗?显然不是的。那定义只是一个语词定义或符号定义吗?显然不是。罗素确实给“⊃”下了定义,但是,更重要的是他给真值蕴涵下了定义。这里说的是给真值蕴涵下了定义,而不是说给“真值蕴涵”四个字下了定义。前者是概念,后者是语词。不给真值蕴涵下定义,我们就不会懂得原来那个用符号表示的定义。这就是说,我们懂得“⊃”,是因为我们懂得真值蕴涵,而“⊃”这一符号是真值蕴涵的符号。现在好些人不用这个马蹄子符号了,他们改用“→”这个符号。但是尽管符号改了,它所表达的仍然是真值蕴涵。我们把真值蕴涵写成“⊃”固然可以,把它写成“→”也行。所以,现在一些书里能

有 $p \rightarrow q \cdot = \cdot \sim p \vee q$ Df 这样一个定义。我们说，就符号说，它们是两个定义，可是，就实质说，它们是一个定义。说它们是一个定义，就是说它们都是真值蕴涵的定义。按照这个说法，问题又来了。上面引用的定义，既是“⊃”的定义，也是真值蕴涵的定义。究竟哪个是主，哪个是从，哪个重要，哪个不重要呢？我们根据前一段的阐述，认为真值蕴涵的定义是主，是重要的，而“⊃”的定义是从，是不重要的。有了真值蕴涵的定义，“⊃”或“→”的定义都能理解；没有真值蕴涵的定义，“⊃”或“→”的定义都是不能理解的。在上面引以为例的定义中，被下定义的主要是真值蕴涵这一概念，而不是“⊃”这一符号。罗素说法的第一点显然是错误的。

罗素说法中的第二点是，定义无所谓真假。它根本不是命题，它是删繁就简、以简单的公式代替复杂的公式的方法或工具而已，它甚至不是系统的必要部分，没有它系统照样进行等。这里的主要点，是定义无所谓真假，这是错误的。概念是要反映它的客观对象的本质属性的。我们不是为概念而概念的。我们要求它反映现实。我们不只是要求概念确定而已，不只是要求能够反映现实而已，而且我们要求它确实地反映现实。要求概念确定，从而能够反映现实，只是要求它满足形式逻辑的一般条件而已。更进一步，我们还要求概念能正确地反映现实。正确地反映了客观对象的概念就是科学的概念。正确与不正确，在认识前进过程中，是有辩证的关系的。不正确的可以转化为正确的。我们强调它们的分别。概念既然是要正确地反映客观事物的，它当然要确定。这也就是说，它的定义当然要明确。但是它不只是要确定，而且要正确。

这也就是说,它的定义,不仅仅是要明确,而且要正确。事实上有些概念是正确的,有些不正确。这就是说,相应于前一些概念的定义是正确的,而相应于后一些概念的定义是不正确的。这里说的正确和不正确,就是真和假。我们这里要明确地提出来的,正是事实上定义是有真有假的。因此,罗素的第二点是错误的。

上面我们已指出了罗素的定义理论第二点的错误。可是,我们还可以从另一角度来证明定义是有真有假的。罗素的命题演算里有 p⊃q·≡·~p∨q 这样一条定理。在这条定理的前面,罗素加上断定符号,这就表示他认为这一定理是正确的,或真的。但是,我们要问这一公式怎样能够是真的,或正确的呢?如果"⊃""≡""~""∨""p""q"等都只是符号,上述符号公式也不可能是真的或正确的。我们同意这一公式是真的,是定理。我们的问题是:假如上述符号只是符号,而作为符号,它们都没有真假问题,那么,上述公式怎样能够成为真的定理?罗素可能会说那个公式之所以为真,正是因为有"⊃"那个定义(也涉及"≡"的定义)。他可能会说在他的系统里,p→q·≡·~p∨q 不是定理。后一点我们同意。可是,在同意之后,我们要补上一句;后一公式在引用"→"这一符号的系统里也是真的定理,不但如此,而且我们还要进一步断定,不但罗素的那个符号系统是真值蕴涵系统,而且引用"→"这符号的系统也是真值蕴涵系统。这两个符号不同的公式之所以在不同的符号系统里都真,是因为这两个不同的符号都是真值蕴涵。因为真值蕴涵就是~p∨q(说的是~p∨q 本身不是它的符号"~p∨q"),因为真值蕴涵 p⊃

q·≡·~p∨q 是一条真的定理。原来两个符号“⊃”和“→”的定义都不只是符号的定义，都同时是真值蕴涵的真实定义。不然的话，就会变成 p⊃q·≡·~p∨qDf 这一定义无真假，而 p⊃q·≡·~p∨q 这公式却是真的。这是说不通的。不然的话，后者的真是无源之水，是无中生有地搞出来的。我们的结论是定义有真有假，同时关于“⊃”的那个定义是真的。

我们还要引申下去。以上两种意见的对立是原则性的。按照罗素可能的说法，p⊃q·≡·~p∨q 之为真的定理的理由（或理由之一），正是因为开始时罗素已经给“⊃”下了定义。没有那个定义，这个关于“⊃”的定理是不能出现的，也不可能成为这个系统的真的定理。罗素虽然没有提出过这个说法，但是，如果我们向他提出我们的问题，他会有这个说法作为答案。我们说这说法是罗素可能作出的，因为这说法是他的理论所蕴涵的。我们坚决不同意这个说法。我们的看法正相反。我们认为：“⊃”的符号定义是真的或正确的，因为真值蕴涵的真实定义是真的或正确的；而真值蕴涵的真实定义是真的或正确的，因为它正确地反映了客观事物的本质属性，它反映了客观规律；而它所反映的客观规律之一正是 p⊃q·≡·~p∨q 这一定理所反映的客观规律。这就是说，“⊃”的定义之所以为真的或正确的，是因为它正确地反映了客观事物及其规律。我们的看法是正确的，因为，按照这个看法，正确性是从客观事物客观规律客观世界来的。这看法是唯物主义的。罗素的看法是什么性质的呢？按照他的说法：“⊃”的定义是自由的任意的，但从这个自由的任意的定义却产生了 p⊃q·≡·~p∨q 这条真的或正确的定理。这是什么呢？这是约定论。上述定理的正确性是约定的定义所产生的。这是彻头彻尾的唯心论，并且还不是客观唯心论。《数学原理》那本书是罗素早期的作品，是他主张客观唯心论时代的作品。可是，就在他主张客观唯心论的时候，就在那个时候的作品里，他已经有了约定论的因素。

现在让我们看看罗素说法中的第三点。第三点说定义是自愿的自由的或任意的。在这里，一部分的意思是："⊃"这一符号的引用是自愿的自由的或任意的。当然，我们没有什么理由非用这个符号不可。事实上有些人不用它，而改用了"→"。语词也可以挑选；挑选语词虽然有某种程度的自由，然而自由性或任意性要小些。挑选符号的自由性或任意性大得多。对于这一点，我们没有什么争论。可是，所谓自由的定义只是引用符号的自由吗？显然不是。我们讨论的题目是定义，不是符号。是不是引用符号有自由，定义就自由了呢？这就是争论之所在。罗素好像是说：引用符号有自由；给一符号下定义时，该定义也是自由的定义。事实是这样的吗？显然不是。在"⊃"的定义中，$\sim p \vee q$ 根本就不是什么自由的东西；和 $\sim p \vee q$ 联系上了的"⊃"已经有了质变，"⊃"不只是符号而已，而且是真值蕴涵。真值蕴涵的定义不是自由的。正因为 $\sim p \vee q$ 是形成了的相对稳定的概念，正因为它是真值蕴涵，所以"⊃"或"→"才可以自由地引用。不然的话，如果 $\sim p \vee q$ 本身就是没有形成的不稳定的概念，本身就不是真值蕴涵，那么，这两个符号在定义之前和在定义之后都是飘飘然的，"自由"与否不管它，然而却是无法动用的了，或者虽然运用等于没有运用。定义根本不是自由的，尽管这一符号或那

一符号都可以同样地引用。我们的结论是：虽然有我们可以自由地引用的符号，然而没有自由的定义。罗素的第三点意见也是不正确的。

到此我们可以看出，罗素的整个的定义论都是不正确的。

五、关于文法上和逻辑上的主词

我们从这样一句句子开始："这张桌子是四方的。"从文法上说，桌子或这张桌子是这句句子的主词。这里所谓"文法"是有某些问题夹杂在里面的。古汉文是否有这样的主词就是一个问题。可能这一说法是有西欧文法隐含在内的。这方面的问题，我们在这里不讨论。大体上上面那句话我们还是懂得的。另外还有更复杂的问题，例如主宾词的看法，有没有夹杂希腊人的哲学观点在内。这样的问题我们也撇开。这样，问题就可以简单地提出了。普通的或者传统的形式逻辑也是以文法上的主词为主词的。这一事实是很容易肯定的。只要我们翻一翻形式逻辑教科书，我们就可以得到证实。"S—P"这一命题形式，就是和句子的文法结构完全一致的。按照普通的或传统形式逻辑的看法，不仅"桌子"在"这张桌子是四方的"这个句子里是这个句子的文法上的主词，而且在"这张桌子是四方的"这一命题里也是这一命题的主词。普通的或传统的形式逻辑的这个看法，究竟是它的长处或短处并不是一个简单的问题。

在罗素以前，已经有把文法上的主词转化为逻辑上的宾词或谓词的趋势。我们可以把问题简单化，我们只从罗素说起。他把上面那个问题,即这张桌子是四方的,分析成:a是桌子而且a是四方的。有一位语言学家看见这个分析之后,就问道:这是语言吗? 这个问题是存在的。罗素也没有主张把原来的句子形式改成他所分析出来的形式,他只是说原来的命题是他所分析出来的命题。可是,按照这个分析,原来文法上的主词转化为逻辑上的宾词或谓词了,这在习惯上是有些格格不入的。但是,我们要承认这个分析不是完全没有理由的。有一个很重要的理由,我们在下一章讨论。

我们现在只设想以下一情况。世界上有赵高那样的人,大家都知道他曾经"指鹿为马"。原来的历史事实,我们不清楚。他是一个很狡猾的人,他大概不会简单地指着一只鹿同秦二世(皇帝)说:"那是一匹马。"这样秦二世很可能直截了当地说:"胡说!"赵高可能受不了。他可能用狡猾一些的办法,指着一只正在快跑的鹿说:"那匹马跑得真快。"这样秦二世的问题就麻烦得多。秦二世不能直截了当地说,"胡说";赵高说得对,因为那只鹿确实跑得快。可是,赵高说了那只鹿是马没有呢? 原来的话是含糊的。赵高可以躲在这个含糊情况后面不负责任。秦二世可能鹿马不辨,那么赵高试探的目的已经达到。可是,如果秦二世知道那是鹿不是马,他也不好责怪赵高,因为赵高没有明确地说那东西是马。秦二世只能说:"你看错了。"由此可见原来的句子是有含糊不清的地方的。作为命题我们是要把含糊的因素去掉才行。原来的句子只是在形式上没有肯定那只鹿是马而已,实质上它是肯定了的。作为命题我们要把这一点明确化,我们把原来的句子分析成这样的命题:"那是马,而且它跑得真快。"这样,作为一

个命题，那个句子所要求的有两个条件：一个是那东西是马，另一个是那东西跑得真快。这两个条件都满足，那个命题才是真的。如果第二条件满足而头一条件没有满足，那命题仍然是假的。按照这个分析，原句子中的含糊因素就排除了。这岂不很好！我们应该说，这个分析是有合理成分的。这也就是说，把某些文法上的主词转化为逻辑上的宾词或谓词并不是完全不合理的。

上面的分析是不是完全合理的呢？这我们也要分析。"这张桌子是四方的"这样一个命题，是不是等于"a是桌子而且它是四方的"呢？（上面的"a"只是表示某一个"这"而已。）原来的句子隐含着两个命题，而且这两个命题又是以联结词联系着的。用形式逻辑的术语说，原句子隐含一个联言命题。我们不否认原句子隐含一个联言命题。我们的问题是：它是不是等于那个分析出来的联言命题？如果进一步分析，应该说原句子不等于分析出来的联言命题。至少有下面两点，使我们得出上面这一论断。

（一）分析出来的联言命题中的两个命题"a是桌子"和"a是四方的"，按照一般的理解是没有次序的。这就是说，哪个命题摆在前面和哪一个摆在后面，是和整个命题的真假值不相干的。这就是说，"a是桌子而且a是四方的"和"a是四方的而且a是桌子"这两个联言命题是真假值相等的。这样一来，我们也可以用以上两个联言命题中任何一个来分析"这个四方的东西是桌子"。果然如此的话，"这张桌子是四方的"也就等于"这个四方的东西是桌子"了。这两个命题的真假值虽然相等，而在日常生活中，在具体的条件下，它们并不相等。前一命题谈的是桌子,后一命题谈的是四方形。它们之间的分别在具体条件下是很大的。在教小孩的时候,一个小孩可能懂得桌子是什么,而不懂得四方形,前一命题帮助他认识四方形;另一个小孩可能懂得四方形,而不知道桌子是什么样的东西,后一命题帮助他了解桌子。在日常生活中,根据具体的情况,我们提出前一命题或后一命题。它们是有次序上的分别的,而且分别是很大的。上述罗素的那个分析就把这个分别抹杀了。但这个分别是不能抹杀的;文法上的主词并不是没有逻辑上的意义的。这也涉及所谓内包逻辑和外延逻辑问题,但是那是一个大问题,我们在这里不讨论。

(二)我们要指出,原命题是有重点的。"这张桌子是四方的"重点地肯定了这桌子的四方性。上述分析有好处,那好处就是指出原命题不仅肯定了那东西是四方的而已,而且它也肯定了那东西是桌子。但是,那个分析是不是也有不足的地方呢?有。原命题虽然作了两方面的肯定,然而它的重点或者它的主题是肯定那东西的四方形。它的两部分并不是相等的。有的时候我们说人要有主张,我们现在利用"主张"两个字来表达命题的重点。原命题虽然也肯定了某东西是桌子,然而它的主张是该东西是四方的。这个主张上述分析抹杀了。分析出来的联言命题的两肢是平等的,因而只能或者说这个联言命题有两个主张,或者说它没有主张。无论哪一说都是错误的。回到赵高,我们可以看出,指着鹿说它是马,和指着正在快跑的鹿说那匹马跑得真快,这是有很大的分别的。前者主张那动物是马,后者主张它跑得快。就后者说,只要那动物真的跑得快,该命题的主张已经证实了。至于那动物是鹿而不是马，错误虽然是错误，然而它是次要的了。

以上两个理由都使得我们说：上述分析虽然有合理的因素，然而它不完全是合理的。“这张桌子是四方的”和“这是桌子而且它是四方的”这两个命题的真假值虽然相等，然而它们不是相等的或等同的命题。同样，“这张桌子是四方的”和“这个四方的东西（与以上所指的东西是一个）是桌子”这二者的真假值也相等，然而这两个命题也不是相等的或等同的命题。由此可见，文法上的主词是不大容易转化为逻辑上的主词的。（普通形式逻辑中的换位是有问题的，我们在这里不讨论。）

现在再举一例。在讨论罗素的分析主义那一节里，我们已经提到他对“所有的人都是有死的”那一命题的分析。我们曾分为三点进行批判。在这里我们还要补充一点。这就是把文法上的主词转化为宾词或谓词的问题。罗素把这个全称肯定命题分析成：“对于任何 x，如果 x 是人，那么 x 是有死的。”原命题中“人”是主词，可是，在分析出来的命题中，“人”转化为谓词了。这个转化有没有上面指出的毛病呢？显然一部分的毛病是同样地存在的。原命题是对于人有所云谓，用上述的字眼，是对于人有所主张的；原命题不是对于宇宙间所有一切有所云谓或主张的。可是，分析出来的命题却是对于宇宙间一切有所云谓或主张的。至少在这一点上分析出来的命题就不等于原命题。可是，由 A 命题上升到的假言命题对于人是否一定无所云谓，无所主张的呢？假如我们认为那样的假言命题对于人无所云谓或主张，那我们也错了。古文中的“人则有死者也”既可以今译为“如果是人，那么是有死的”,也可以今译为“人是有死的”。显然,这里是对人有所云谓的。由全称肯定命题是可以上升到假言命题的。什么东西上升了呢? 认识上升了。具全称肯定形式的命题可能只是简单枚举的概括,而没有达到两类事物的必然联系或达到反映这两类事物的概念的必然联系;也可能不只是前者而且上升为后者。我们认为这是全称肯定命题的两个阶段。前一阶段的全称肯定命题是可以转化为假言命题的。这个说法对头与否,还有待于深入的研究。如果它对的话,它也影响到文法上的主词和逻辑上的主词问题。前一阶段的全称肯定命题的主词是不能转化为宾词或谓词的,而后一阶段的主词是可以转化为宾词或谓词的。我们认为文法上的主词不是一律地可以转化为逻辑上的宾词的,也不是一律地不可以转化为宾词的。

第四章　歪曲了形式逻辑导致形而上学(二)

六、罗素的存在论

按辩证唯物主义观点,客观现实世界就是物质的不断运动。物质运动的根本形式就是时间与空间。存在就是物质运动在时空两个根本形式上的集中表现。因此,存在也是极其根本的事实。物质不可能不运动,它的运动也不可能不表现在时间空间这两个根本形式上。时空是可以分位置的,表现在时空这两个根本形式上的存在也就表现在时空位置上。因此,占时空位置,也就成为存在的根本标志。这个标志是极其根本、极其广泛,也是极其深刻的。这是就客观世界的本来面目说的。

在认识论方面,我们不一定能够直接反映存在的这个根本标志。在宏观世界中,在可以官感的世界里,存在的这个根本标志比较简单,可以官感的世界里的事物就是可以看得见、摸得着等的事物。在看见摸着……客观事物的时候,在和客观事物打交道(即实践)的时候,特别是在辨别客观事物的时候,我们同时也感觉到不同的客观事物是占着不同的时空位置的。从我们的实践说,占时空位置是客观事物存在的根本标志。就绝大多数可以官感到的事物说,情况正是如上所述。有些客观事物涉及一些比较复杂的问题。时代或认识的历史水平就会影响这个问题。空气是可以官感得到的,在两三千年前,它是否占时空位置却不是容易回答的。现在由于科学水平的提高,我们知道空气并不例外。就宏观世界中的可以官感的客观事物说,官感得到和占时空位置是统一的。因此,可以官感得到,也就成为存在的标志。这一标志非常之重要。我们要承认官感得到是根本性的,因为感性认识是认识的第一阶段,理性认识是在感性认识的基础上通过认识的飞跃而得到的。

但是,可以官感到的虽然是占时空位置的,然而占时空位置的不一定是官感得到的。新近发现的类星体是占时空位置的,但是,它是官感不到的,我们只有利用最新最大同时也是最精的工具才能观察到它。病毒也是占时空位置的,但是它也是官感不到的。对于这样的对象,只要我们应用现代科学工具,我们就可以观察到它们是占时空位置的。微观世界的客观事物就更复杂了。一方面物质运动和时空位置是更加紧密地结合着的,另一方面我们的实验工具又干扰对象的时空位置。但是,这样的对象之有时空位置仍然是毫无问题的。

发生怀疑的是某些很特别的科学抽象,例如时点空点。这样的东西是一种抽象过程的极限。这个极限是过程所达不到的,它本身或者是无穷的小,或者只是无限制的小。后者问题可能简单些。假如时点本身就是无穷的小,那么它是无内的。它既然无内,它怎么能占时间呢?差不多所有的东西都是既有内又有外的。对内，我们说它们有所住或有所据；对外，我们说它们有所居。差不多所有的东西都是既有所据也有所居的。在这一点上，大到银河，小到电子都是一样的。在这种情况的影响下，我们习惯于把占时空位置了解为既要有所据也要有所居。这样的了解是很自然的。但是，也有例外。整个的宇宙是有所据而无所居的，无穷小的时点与空点是有所居而无所据的。前者的问题和我们的关系少，这里不谈。我们只谈后者。准确的正午 12 点（就在一个地方说）是一个时点。即使把时点看作无穷小的话，它也是占时间位置的。它无内，因此它无所据。但是，它有外，因此它有所居，并且它的所居（就在一个地方说）和别的时点是可以分别的。它是 11 点加 59 分 59 秒 9……和下午 1 点减 59 分 59 秒 9……的极限。它占的是这个时间位置。而这个位置不是别的时点所占的位置。时点也是占空间位置的，不然我们不必在括弧里老要提到“就在一个地方说”。即使看作无穷小的时点空点，也是占时空位置的。

客观事物占时空位置，是存在的标志。只要这一条满足，它的存在就没有问题了，但是，占时空位置并不都是官感得到的。看得见摸得着，是占时空位置的充分条件，也是存在的充分条件，但不是必要条件。由于科学的不断发展和深入，研究的对象越来越超出官感的范围。官感得到这一条件虽然充分，然而直接使用这一条件的机会越来越小。我们需要一个补充条件，使得我们能够间接地利用官感得到这一充分的条件。这个补充条件就是科学命题的正确性。一个科学命题正确，就表示它所肯定的对象是存在的。电子我们官感不到，但是，“有电子”这一科学命题是正确的。它的正确性不只是如实地反映了客观事物而已，而且是实验所证明证实了的。而证明证实的过程与工具，总是和官感联系着的。科学命题的正确性，也是它所肯定的对象的存在的标准。官感得到是客观事物存在的主要标志或标准，正确的科学命题之所肯定是次要的标志或标准。其所以如此，因为证明、证实总是要回到感性认识，而最后总是要回到实践上去的。

官感得到这一标准有局限性；而正确的科学命题之所肯定这一标准，看来没有同样的局限性。在这种情况之下，有些人就可能夸大后一标准。由于后一标准是在官感得到和官感不到两个范围都可以引用的，有些人可能就把正确的科学命题之所肯定看作存在的唯一或主要的标志或标准。应当指出这是极端错误的。认识是从实践出发，而又以实践为归宿的。没有实践的检验和官感的依据，科学就会成为无源之水、无本之木。任何科学知识都是在实践中，在和客观事物打交道中，在官感经验中得到证明、证实的。这一事实非着重指出不可，特别是对微观世界的科学知识来说。有些唯心主义的哲学家，把对微观世界的科学知识看作一个自足的近乎封闭了的科学体系，用来缩小，甚至抹杀官感世界和经验所起的极其重要的作用。罗素就是这样的哲学家。罗素的事物论、物质论、中立一元论，都有这一因素所起的作用。罗素的存在论，正是以正确的命题之所肯定这一标志或标准为主要标准的存在论。这样的存在论，是缩小官感世界和官感经验的作用的，是要利用对微观世界的知识来为形而上学的主观唯心论的哲学服务的。下面的讨论不是要否认罗素所承认的标准，而是否

认那一标准之为主要甚至唯一的标准的存在论。

一个重要的问题是对存在的看法。对“××存在”或者“××是存在的”这样的命题，我们怎样理解呢？在这里存在是性质呢还是关系呢？把存在看作性质或关系都有困难。显然，就客观事物说，存在是有或没有性质或关系的先行条件。这一条件不满足，性质或关系都无从谈起。谈不存在的事物的性质，所谈的是悬空的性质；谈不存在的事物的关系，所谈的是没有关系者的关系。把存在看作性质或关系，还会有意想不到的问题。就性质说就有过下面这样的问题。欧洲中世纪曾有所谓证明上帝存在的本体论论证。就我们的问题说，这个论证涉及到两点。一是用“完全”这一概念给“上帝”这一概念下定义，二是把存在看作完全的必要条件。这样，承认上帝是完全的，也就承认上帝是存在的。在这里存在是当作性质看待的。这里所谓“上帝”，有“完全”这一性质；而所谓“完全”又有“存在”这一性质。这样一来，单靠定义上帝就存在了。这显然是骗人的。耍的是形式逻辑方面的花招。性质是可以用来下定义的，关系同样。但是，存在是不能用来下定义的。明显得很，如果我们能够用存在下定义，那么按照定义，被下定义的事物就存在了。能够用存在下定义的话，唯心主义者就可以随心所欲地捏造事物了。因此，应该说存在不是性质或关系。有些人总有化存在为性质的倾向。罗素就有。这一倾向是最终会被宗教迷信和各种蒙昧主义利用的。作为辩证唯物主义者，要坚持物质是独立存在的，客观事物是有体的，它的存在是占时空位置的，它的性质与关系是个别与一般相结合的。相反，罗素是要取消物质的独立存在性的，这一点以后还要论述;他是要取消事物的体的,这一点以后也会予以评述。在上章的第二节里,我们分析了罗素要取消个别的想法。这个取消个别的企图和极力化时空位置为性质是紧密地结合着的。罗素为什么要取消个别呢?为什么要化占时空位置为性质呢?这都是在想方设法让一般吞掉个别,让共相世界无限制地扩大,使哲学家能够随心所欲用自由定义把迷信的东西捏造出来。存在这个概念,罗素当然要保留,正如他要保留物质那一概念一样。对罗素来说,后者既然可以阉割,为什么前者不能阉割呢?如果罗素能够把存在的重点、客观事物的直接存在、目能见、耳能听、手能摸……的存在,转移到真命题之所肯定这一标准上去,唯心主义的捏造就方便得多。罗素所实行的正是这个办法。

在《逻辑原子主义》那本书里,罗素所说的存在,不是对个别事物说的。他的意思好像是:说个别事物存在(例如指着一个个别事物,说它存在)是没有意义的。因为,一方面,存在的事物,或者可以指出的事物当然存在,用不着说;而另一方面,不存在的事物又指不出来。在这本书里,罗素没有提出什么正面的理由来论证他这个观点。在这本书里,罗素也没用看得见摸得着这样的标准来决定个别事物存在与否。在别的书里,他曾企图从感觉材料中构造出事物来。但是那和我们这里所谈的标准完全是两件事。这是一个头等重要的问题,而罗素是轻轻地漂过去的。关于存在是否占时空位置,罗素是有明确表示的。他不赞成把占时空位置看作存在的标志或标准。他说传统的玄学把实在、或真正的存在的东西,例如"上帝"看作是不在时间中的。罗素不愿替存在下那样的定

义，使得它直接排除了上帝那样的东西①。他接着说有不在时空中的东西。这无论如何清楚了：罗素的所谓存在不是占时空位置的。罗素没有否认个别事物的存在，但是，如果有人指出他事实上承认个别事物的存在的话，他会说它们的存在和脱离了时空的所谓一般的存在一样（这里已经有让“有”吞并存在的趋势）。他整个的想法是错误的。我们已经肯定，客观事物是存在的，它们的存在是以占时空位置为标志的；而在官感世界里和我们对于该世界的官感经验里，客观事物的存在或它们的占有时空位置是以看得见、摸得着等为标准的。我们肯定这一标准是主要的标准。在《逻辑原子主义》这本书的头一部分，罗素虽然没有明确地否认这一标准，然而后来事实上他等于否认了这个标准。显然，否认存在的标志或标准是占时空位置，当然也就否认了官感经验中看得见、摸得着等的标准。看得见、摸得着这一标准，在官感世界以外是不能应用的，但在官感世界里是不能否认的。至于占时空位置那一标志或标准，对任何世界的客观事物说，都是不能否认的。否认它是严重的错误。否认它实在就是否认科学实验，也实在是否认实践的检验。

按照罗素的说法，存在既不是对个别的事物说的，那么，存在是对什么说的呢？存在是对于命题函项说的。命题函项存在于命题里面，而命题又存在于我们头脑里面。命题函项的存在和一般的事物的存在不同，它是有特点的。除非表现于语言文字和符号，命题函项是看不见的。一般的事物的存

① 《逻辑与知识》英文版，第256页。

在,加上某些特点,可以概括命题函项的存在。但命题函项的存在,却不能概括一般的事物的存在。罗素显然不是就命题函项本身的存在说的。罗素的意思是:说桌子存在,实在是说"有x,而x是桌子"是真的。"x是桌子"中的x,是一个变项,如果这个变项的值是c,而c又实在是桌子,x是桌子这一命题函项就成为上述那个真的命题了。这样,个别事物的存在问题好像撇开了,存在好像就是命题函项的问题了,或者命题的真假问题了。其实,个别事物的存在问题并没有撇开,也不可能撇开。x的可能的值 $x_1x_2x_3$ 当中究竟有没有方才所说的那个c呢? $x_1x_2x_3$……是不是看得见或摸得着的呢?它们占时空位置不占时空位置呢?罗素根本不要求它们占时空位置,怕这样的要求会使"上帝"吃亏。x的可能的值,即 $x_1x_2x_3$ 等,就不一定真正地存在了。即使都存在,有没有c那样的值呢?这最后还是靠耳闻目见。事实上个别事物的存在问题是撇不开的。既然如此,我们就要如实地反映它。罗素正是在理论上把它撇开了。他为什么这样做呢?他要把具体的问题转化为抽象的问题,他要把个别与一般相结合的存在问题偷换成为单纯的一般的存在问题,他要把认识论中的存在问题偷换成为他所搞的逻辑或数学中的存在问题。这就便于他搞认识论的演绎系统了。他为什么要把文法上的主词转化为逻辑上的宾词或谓词呢?文法上的主词(也就是普通形式逻辑所承认的主词)是表示具体的事物的,它不只是表示性质而已。这样的主词使人直接想到具体的个别事物的存在。把这样的主词转化为宾词或谓词,原来的具体的个别事物的存在问题就偷换成为命题的真假问题了。

罗素的存在论和他的一般与个别论是紧密地结合着的，是交相为用的。有些新实在论者把一般与个别割裂开来之后，又把“有”和“存在”割裂开来。这样，“有”的世界和“存在”的世界就是两个不同的世界了。“有”成为形而上的世界，“存在”成为形而下的世界；或者，“有”成为“理”的世界，而“存在”成为“气”或“器”的世界。罗素在早期也是讲两个世界的。在1914年以后，特别在1918年他写《逻辑原子主义》以后，他是要让一般并吞个别的，他是要让“有”并吞“存在”的；而就存在问题说，他是要把个别事物的存在问题容纳到命题真假里面去的。这个办法是为他的中立一元论服务的，也是为他的认识论演绎系统服务的。这个办法显然也是用形而上学的方法去建立形而上学的哲学系统。

在建立这个形而上学哲学系统中，有一个重要的环节我们不得不提出批判。抹杀官感世界（宏观世界的一部分）和官感世界的经验中的客观事物的存在问题，也就是抹杀社会实践的检验的问题，抹杀感性认识所供给的根据、出发点或前提的问题。后者是不能抹杀的。它是所有的科学实验所脱离不了的根据。关于微观世界的科学知识，是通过科学实验才能证明证实的。这种科学实验作为一系列的事情看待是有两类的，一类固然深入到微观世界的客观情况，另一类又直接通到我们的官感世界和官感经验中去的。我们要用许许多多的精巧工具，但是，最后还是缺少不了耳闻目见，尽管耳所闻目所见的不直接是微观世界的客观情况。这就是说，关于微观世界的科学知识是以关于官感世界的知识为前提的。就认识论说,抹杀后者,前者也就成为无源之水、无本之木了。罗素是要利用微观世界来抹杀官感世界的,是要利用关于微观世界的知识来抹杀关于宏观世界的知识的,是要利用他的所谓脱离了个别的微观世界的一般来抹杀他所谓的脱离了一般的官感世界的个别的,这也就是说他要利用和歪曲关于微观世界科学命题的正确性来抹杀官感世界客观事物的存在性的。没有这样一个环节,罗素的中立一元论是搞不出来的,他心目中的认识论的演绎系统是无从搞起的。后者罗素没有搞出来,可是,前者他搞出来了。它的形成是和这个形而上学的环节分不开的。

在上面,我们并不否认,在某种情况下我们可以用命题的正确性来作为命题所肯定的东西的存在的标准。在好些场合上,我们要用这个标准来衡量客观事物的存在;在某些范围内,而且这是唯一的标准。但是,我们认为:客观事物存在的主要标准,却是它占有时间和空间的位置,也就是在官感经验中官感得到。这一标准在主要地位不能降低,更不能用别的标准来代替它。罗素的存在论,以命题的正确性来代替客观事物的存在性;这是不正确的。

七、罗素的指示词或摹状词论

罗素的摹状词论,是他的指示词论的一部分。所谓指示词是起指示作用的语词。我们一想可能就想到"这"、"那"。这里谈的不是它们。它们确实有所指出,但是,它指出些什么,是由当时当地的生活环境所决定的,必要时还需要用手来

指一指。这里所说的指示词，是这样一些语词："一个人"，"有的桌子"，"所有的国家"，"任何阶级"，等等。在"我昨天看见一个人，他……"这句话里，我昨天所看见的那个人是具体的特定的人，是一个张某或李某；但这句话没有指出张某或李某。这句话虽然没有指出张某或李某，然而张某或李某实在是我所看见的对象。张某或李某虽然是所看见的对象，然而这句话没有指出谁来，它只指示一个人而已。在上面提到的那些语词当中，"一个人"是一个单称的指示词，其余的都不是。可是这些例子，都是不确定的指示，都没有指出特定的事物来。另外有一种指示词是确定的；它所指示的，是特定的事物、唯一的事物。在英文里，这种指示词，是以"the"这个字来表示的。中文没有这个语言上的习惯。法国的国王，《离骚》的作者，诸葛亮的夫人，世界的最高峰等，都是罗素所说的摹状词（或形容词或叙述词）。摹状词只是指示词的一种。罗素有时把摹状词的外延增加，使它包括所有的指示词。但是大多数的时候，他把它限制到这种确定的唯一的指示词。下面的讨论主要地也是限制于这种狭义的摹状词。但是，提出的问题和论点，对于别的指示词同样地有效。

罗素认为，摹状词是有困难的。主要的困难是两个：一个是摹状词所指示的东西存在与否的问题；另一个是它如果不存在的话，不矛盾律是否因此就无效了。这两个问题，虽然对于别的指示词也是问题，却不像对摹状词那么明显和那么严重。因此，下面的讨论还是以摹状词为主。在上面的例子当中我开始就举了"法国的国王"。罗素曾举出"法国现在的国王是秃头”这个例子。法国现在的国王不存在了(又回到存在问题上了,可见这个问题在形式逻辑中是一个重要的问题)。但是,法国现在的国王既然不存在,我们怎么能够指示出他来,又怎么会指示出他来,而肯定他是秃头呢?不确定的指示词,也有这样的困难;但是,由于它不指示某一唯一的特定的客观事物,它的困难不同些。我们可以利用“这”或“那”这样的字眼来表示不同点。我们说“这类”或“那类”事物不存在,这样的话是有意义的;它的意义是:我们的思维对象有时具有某种属性,可是,这种思维对象没有具体的特定的事物作为该类对象的具体的特定的代表或例子或分子。这是可以理解的。可是,说“这个”或“那个”事物不存在,问题就不同了。不存在的东西怎么有“这个”或“那个”的分别呢?如果我们用手指的话,我们能够指出“这个”或“那个”不存在的东西吗?这是不可能的。罗素认为这个困难很难克服。第二个困难跟着头一个困难来了。不矛盾律不起作用了。在“法国现在的国王是秃头”和“法国现在的国王不是秃头”这两个矛盾的命题中,应该有一个是真的。可是,它们看来都是假的。因为,如果我们把所有的秃头和所有的非秃头分别地聚集起来,我们会发现:在这两个集团里都没有法国现在的国王。这也就是说,两个矛盾的命题都是假的。不矛盾律怎么可以失去效用呢?这也是一个严重的问题。

罗素采取的解决办法,是说指示词(包括摹状词在内)没有单独的意义,而包括指示词在内的命题是有意义的。所谓没有单独的意义,就是说指示词(包括摹状词在内),本身无所指,也无所谓。它本身没有内涵和外延。可是,包括它在内的命题有意义。① 我们用“《离骚》的作者”为例吧！按照罗素的这个说法，“《离骚》的作者”这个摹状词没有单独的意义，可是包括这个摹状词在内的命题，例如“《离骚》的作者是屈原”这一命题却有意义。这个办法背后的思想看来很明显。摹状词如果有单独的意义的话，上面提到的两个问题马上就来了，而避免那两个问题的办法就是否认它有单独的意义。它本身既无所指，当然就无所谓指出不存在的事物来。这个办法是否过火？罗素对此似乎并不考虑。在1910年前，他的兴趣主要是在数学和逻辑方面，因此，他的主要问题是给包括摹状词在内的命题寻找意义。至于在日常生活中，摹状词有单独的意义这事实，他好像并不在乎。我们的问题要全面一些。我们不只是有命题方面的问题，我们也有常识方面摹状词有意义这样一个事实不能抹杀的问题。

我们先看看罗素是如何理解“《离骚》的作者是屈原”这样一个命题的。上面已经提到存在问题，这是本章第一节的问题。现在，我们又要提到文法上的主词和逻辑上的主词问题，而这是上章最后一节提出的问题。这三个问题是紧密地结合着的。罗素的办法是把《离骚》的作者这个文法上的主词理解为逻辑上的谓词。“《离骚》的作者是屈原”就成为：“有x作了《离骚》，而且x是屈原，而且如果y作了《离骚》的话，y就是x”。显然就语言说，这不是日常生活中的语言，日常生活中没有这样的语言。可是，如果这个佶屈聱牙的公式的真假值确实等于原命题，那么，就数理逻辑说，原命题是可

① 《逻辑与知识》，第55页。

以作这样的理解的。同样“法国现在的国王是秃头”也可以理解为:有 x,x 在现在的法国担任着国王的任务,而且 x 是秃头(在这里我们忽略表示唯一的那一部分)。这样一来摹状词没有了,它转化为整个命题中的分肢命题了。原来所指存在与否的问题,转变成为命题的真假问题了。公式里的 x 总是存在的,它就是事物嘛!问题是“x 作了《离骚》而且 x 是屈原,而且如果 y 作了《离骚》的话,y 就是 x”是真的呢还是假的呢?如果是真的,那么原来摹状词的所指可以说是存在的;如果是假的,那么,它的所指可以说是不存在的。x 既然总是存在的,这个命题当然没有挑出一个不存在的东西,而对它又有所指示的问题。这样一来,头一个困难问题解决了。现在看看“法国现在的国王是秃头”和“法国现在的国王不是秃头”是不是矛盾命题呢?“法国现在的国王不是秃头”这一个句子是含混的,它可能表示两个不同的命题:(一)“有 x,x 在现在的法国担任着国王的任务,而且 x 不是秃头”;(二)“并非‘有 x,x 在现在的法国担任着国王的任务,而且 x 是秃头’”。如果那句含混的句子表示(一)这一命题,那么,它和原来的肯定命题没有矛盾的关系;如果那句含混的句子表示(二)这一命题,那么,它和原来的肯定命题是矛盾的。法国现在的国王既然不存在,(二)那个命题是真的。按照这个理解,第二个困难问题也解决了。

“《离骚》的作者是屈原”的真值是否等于上面提出的头一个佶屈聱牙的公式,这本身就是一个问题。显然,这个问题很重要。如果这两个句子不表示真假值相等的命题,或者这两个命题的真假值不相等,那么,整个的说法就垮了。对于这

个问题，有些人是有意见的。这个问题也不简单。但是，在这里我们不讨论这个问题。我们可以假设“《离骚》的作者是屈原”的真假值的确等于上面已经提出的那个公式的真假值。这也就是说，我们可以承认《数学原理》那本书关于摹状词那一部分的定理。因此，在这一方面我们和罗素没有争论。

但是，我们不承认摹状词单独地没有意义，或单独地无所指示。就拿“《离骚》的作者”为例。《离骚》是一本书，《离骚》的作者就是著作《离骚》这本书的人。我们对于《离骚》有概念，对于作者有概念，为什么对于《离骚》的作者没有概念呢？应该承认，我们有这摹状词所表示的概念。概念是有内涵有外延的。前者就是它的意义，后者就是它的指示。摹状词并不都相等，有的可能需要在命题中才得到明确的意义或明确的所指，但是，也有一些不需要命题的帮助就有明确的意义与指示。《离骚》的作者就是后一类的摹状词。它本身就是明确的。屈原这个人已经死去好久了，我们现在无法用手把他指出来，但是，我们还是可以用《离骚》的作者这样的摹状词把他指出来。可能的情况是：在“《离骚》的作者是屈原”这个命题中，《离骚》的作者这一摹状词更明确了；原来我们可能只有《离骚》这本书的概念，但是不知道它是那么早的时候的书，因此，“《离骚》的作者是屈原”这一命题又把原摹状词更明确化了。摹状词可以使包括它的命题明确化，命题也可以使它包括的摹状词明确化。无论如何，摹状词本身总得要有意义才行。“法国现在的国王”也是有意义的。有法国这一概念，有现在这一概念，有国王这一概念，为什么不能有法国现在的国王这一概念？这概念既有所谓，当然也有所指示。至于所指示的那东西不存在,那是另外一件事。按图是可以索骥的,按概念的所谓是可以索它之所指示的。至于得到所指示的东西与否,至于该东西存在与否,那是另外一个问题。这就是说,摹状词有或没有所指示,和所指示的东西存在与否是两个问题。摹状词有或没有所指示,并不靠所指示的东西存在与否。摹状词有或没有意义,也不靠它所指示的东西存在与否。至于不矛盾律之为有效或无效和摹状词是否单独地有意义,那就更不相干了。上面举的那个矛盾问题的例子发生在"法国现在的国王不是秃头"的不同的解释上。如果我们指着一个人说"这张桌子是四方的"又说"这张桌子不是四方的",我们有同样的矛盾问题。可见,矛盾问题也不是摹状词有无意义的问题。包括摹状词的命题之有意义我们并不否认。在上段所提出的公式中,摹状词的形式不存在了,相应的概念转化为命题了,这些我们也可以承认。但是,说摹状词单独地没有意义和指示,这是不正确的。我们是不承认的。

罗素可能说,还有别的困难。摹状词的意义和它的指示物,应该说是有分别的,可是又是分不清、抓不住的。罗素指出,包括摹状词的命题所谈的,是关于指示物的,不是关于意义的。他用了"整个太阳系的中心"作例子。这个摹状词使人一想就想到它的指示物,而不是它的意义。它的意义比较复杂;它的指示物比较简单,就是一个空点。我们听见了这个复杂的摹状词之后,一想就想到那一个空点。这好像不需要摹状词的意义似的。可是,罗素又认为,另一方面,意义也不能忽略。当一个人提出《离骚》的作者是不是屈原这一问题时,他所问的,根本不是《离骚》的作者是不是《离骚》的作者,

也不是屈原是不是屈原。后面这两个问题,这个人是不会提出的。如果这个人所问的只是指示物,前面的问题就会等于后面两问题中的任何一个。可是,他问的既然不是后面的问题,所以他问的不只是指示物而已。这就是说《离骚》的作者和屈原所指示的虽然是一个事物,然而它们还是有意义上的分别的。罗素继续下去说,分别虽然说出,可是,一下子就混淆起来了。罗素实在是说:意义和指示都需要;可是,果然承认这两个东西的话,它们又混而为一了。这个混淆好像是无法避免的,因此,最好的办法就是否认摹状词有单独的意义。

罗素所引用的分别意义与指示的办法,我们也可以引用。他提出了两句话,我们把它们改成中国的例子就是:(一)《长恨歌》的第一句话是一个命题。(二)"《长恨歌》的第一句话"不是一个命题。上面有引号的"《长恨歌》的第一句话"是语词,没有引号的罗素没有说它是什么,可是,我们可以补上,我们说它是概念。说它是概念也就是说它是有引号的语词的意义。我们先看看这两句话的分别。第一句话是真的,罗素的意见也是如此。《长恨歌》的第一句话所指示的,是"汉皇重色思倾国"那一句话,而那一句话是一个命题。第二句话也是真的,有引号的"《长恨歌》的第一句话"的意义是一个概念。它就是《长恨歌》的第一句话这一个概念。就第二句话的主词说,它的意义是概念而不是命题。而这正是第二句话所说的。直到这里,什么都清楚。可是,往下罗素就糊涂了。他接着又说:"《长恨歌》的第一句话的意义是汉皇重色思倾国那一命题的意义,而不是'《长恨歌》第一句话'的意义。"这就把问题搞混了。语词的意义,概念的意义和命题的意义并不是一件事情，虽然意义两个字是一样的。语词的意义是概念(有人把这个意义分成两类，一是词义，一是概念，我们在这里不分类)，概念的意义是它所有的含义，例如《长恨歌》是诗，第一句话是开头的那一句，不是中间的句子，也不是末尾的那一句，话是语言文字方面的东西，可以说出来或写出来的东西等。汉皇重色思倾国的意义是这一命题说了什么的问题。这些意义不是一件事情。汉皇重色思倾国这一命题，不是《长恨歌》第一句话的意义，而是《长恨歌》第一句话所指的事物。说《长恨歌》第一句话的意义是汉皇重色思倾国的意义是错误的。因此，是罗素把问题搞混淆了，不是"《长恨歌》的第一句话"、《长恨歌》的第一句话、汉皇重色思倾国这三者所固有的混淆。这一点搞清楚之后，那么，根据意义与指示的所谓混淆而否认摹状词单独地有意义这一说法就不能成立了。

我们和罗素之间可能还有一个比上述那些更为根本的分歧。

唯物主义的反映论认为命题是反映客观事物的情况的。肯定或否定都是对客观事物说的。但是，我们认为命题仍然是思想。以主谓词式的命题为例来讨论吧！它是对客观事物有所肯定或否定的思想。客观事物确实是它的对象。但是，客观事物不是它的内容。它的内容是反映客观事物及其属性的概念。"孔丘是人"这一命题中的主词的对象，确实是作为客观事物的孔丘；这一命题所肯定的，是这一客观事物有"人"那样的客观属性。但是，这个命题的内容(无论就主项与谓项说)都是概念，都是反映客观对象的概念。既然命题的内容是思想，我们就应如实地承认它是思想。罗素不同了。

他实在是认为:“事物”或对象就是命题的内容,在“孔丘是人”这一命题中,“客观事物”的孔丘是这一命题的主项。当然,1912年除外,罗素在以后的年月中的所谓“客观事物”并不是真正的客观事物,它与概念的分别和真正的客观事物与概念的分别不一样。可是,分别还是有的。罗素故意抹杀了那个分别,企图给人以“唯物主义”的假象。

这样一来,对他说来,那就糟了。“法国现在的国王是秃头”这一命题就有无法克服的困难了。一个不存在的国王怎么可以是命题的组成部分呢？他怎么可以成为命题的主项呢？是不是这个命题没有主项了呢？没有主项的主谓项式的命题本身就是一个矛盾呢！这不是罗素自己所提出的那个矛盾。显然,如果谈矛盾的话,罗素的看法本身就隐含着一个矛盾,不只是不矛盾律有效或无效问题而已。我们的说法没有矛盾,也没有不矛盾律有效无效问题。语词所指的客观事物即使不存在,语词所表示的概念总是存在的。因此,我们决不至于发生所谓没有主项的主谓项式命题的问题。对我们来说,法国现在的国王和《离骚》的作者都可以是命题的主项,它们是概念,它们具有脱离某些命题(即以它们为主词或谓词的命题)的意义。我们没有否认它们的单独意义的必要。对罗素说,问题就不同了。他所说的主项不是主词所表示的概念,而是主词所指示的指示物;这个指示物不存在,主项就不存在了,主项不存在,命题也就不成其为命题,因而也就不存在了。总而言之,不存在的法国现在的国王,对我们不是困难,它不是命题的主项的内容;法国现在的国王,这一概念才是命题的主项的内容。那个人不存在,这个概念还是存在。

对罗素说,那个不存在的人是主项的内容,是命题的组成部分,因此,他有困难,而且这困难很难克服得了。

我们已经表示,对于“有 x,x 作了《离骚》,而且 x 是屈原,而且如果 y 作了《离骚》,y 就是 x”这样一个公式是赞成的。我们也同意它的真假值等于“《离骚》的作者是屈原”的真假值。上面已经表示,我们不同意把“《离骚》的作者”看成为没有单独的意义。我们认为在日常生活中,在普通的形式逻辑里,这种摹状词是有单独的意义的。在这里我们也可以表示同意:命题对之有所肯定或否定的对象(如果分析到底)是 x、y、z 这样的个体词所表示的东西。但是,在哲学上、在认识论上,它们究竟是什么样的东西呢?

罗素好像是说在最基层(按层型论的层次说)的命题里,x、y、z 所代表的好像就是“事物”。可是,在认识论上它们是什么样的东西呢?罗素没有明确地解释过。它们不可能是感觉材料,例如红、硬、香、苦……这些东西很难说是有什么体。是不是知觉材料或对象呢?例如桌子椅子等占三度空间,好像是有体的。可是,按照罗素的说法它们只是感觉材料的集合,而它们所占的空间又是私有的空间。它们根本不像事物。罗素是极力反对实体的,按照他的说法,世界上根本没有什么实体,因此,他的所谓事物不可能是实体。罗素曾经以某种关系和关系者的组织结构,来等同和代替认识者这样的主体;同样的,他也会把别的事物理解为一种复杂的结构,而究竟是什么样的结构,他没有明确说。因此,其结果就是:在数理逻辑里,x、y、z 等是个体词,是明确的;可是,在认识论里它们所代表的究竟是什么,并不明确。辩证唯物主义者的答案很简单:

x、y、z 等所代表的就是客观事物，就是独立于我们的思维意识而存在的客观事物。我们在这里毫不含糊。是客观事物，我们就承认它们是真实的客观事物。可是，它们不是命题的内容，不是命题的组成部分。命题的组成部分是概念。是概念的东西，我们也是毫不含糊地承认它们是概念。罗素不是这样办的。他不可能有真正的客观事物，只有假的客观事物。他把这个假的客观事物，这个不是命题的内容和组成部分的假的客观事物，当作命题的内容和命题的组成部分看待，造成唯物主义的假象。结果，作为一种科学的数理逻辑，其理论反而成为主观唯心论的哲学了。这是极端要不得的。

八、罗素关于类的理论

在罗素的数理逻辑或形式逻辑体系里，类的出现是在许多别的东西已经出现之后的事情。罗素可能要说类的词的出现是在许多别的东西的词的出现之后。我们除有特别需要外，不作类与类的词的区别。罗素关于类词的理论，也就是他关于类的理论。开始的时候我们还是从许多东西的词着想。

在类词出现之前，x、y、z……这样的个别事物的词，φ、ψ、θ……这样的谓词，φx、ψx、θx……这样的命题函项已经出现了；值这一概念已经有了，x、y、z……φ、ψ、θ……φx、ψx、θx……的值这样的概念也已经有了；真假两值也已经有了。罗素是用这些东西来逻辑地构造类的。我们先把 φ 这一谓词或这一变项具体化，我们以“人”这样一个谓词作为它的值。“x 是人”就是一个命题函项。它还不是一个命题，因为我们还不知道 x 的值是什么。我们现在又把 x 这一代表个别事物的变项具体化。我们先让 x 指那个和刘备、张飞结为兄弟,和他们经常一起战斗、一起生活的个别事物,说他是人。我们很容易看出这也是一个命题,而且这一命题是真的。其次,我们让 x 指天安门广场西边那个大的个别事物,说它是人。我们也很容易看出这也是一个命题,不过这是一个假命题。另外还有些东西,如果我们让 x 指它们的话,结果不是命题,至多是没有意义或不能有真假的句子而已。我们把这些东西撇开不加以考虑。我们只注意上面或真或假的命题,特别是真命题。x 是人这一命题函项所可能包括的真命题可能有许多亿。我们把这些真命题所指出的个别事物聚集起来成为一集团,这一集团就是人类。罗素原来的符号是 $\hat{x}(\phi x)$。把 φ 具体化为人的话,$\hat{x}(\phi x)$就表示人类。$\hat{x}(\phi x)$是类的符号,我们也可以叫它做"φ"类。

现在看看罗素在上面做了什么样的工作。我们先把所有使得一个命题函项转化为一个真命题的客观事物,叫做"满足"一个命题函项的值或客观事物。罗素在实质上提出了这样一个主张:凡满足 φx 这一命题函项的值或客观事物,就是 φ 类。把许多别的问题暂且撇开,单就这一主张本身说,我们没有什么批评的意见。在形式逻辑教科书里我们可以介绍这一说法。

但是,有些其他的问题。第一,罗素在这里所讲的秩序是一个演绎的秩序或者演绎体系的秩序。在他的演绎体系里,他用了已经出现的东西,例如 x、y、z……φ、ψ、θ……φx、ψx、θx……去"介绍"新出现的东西 x(φx);或者说用已有了的因

素去“介绍”前此没有而现在就要出现的整体；或者用已经出现的符号去“介绍”新符号。这就是说，在罗素的演绎体系里，$\hat{x}(\phi x)$是在一个由先到后由简到繁的秩序中出现的。对于这个秩序，数理逻辑学家可能提出意见。我们对于这个秩序没有什么批评，可以同意这个秩序。罗素可能说，他是利用已有的符号去给新符号下定义。我们在前面已经批判了他的定义论，我们不承认，被定义的只是符号；我们坚持被定义的主要是概念，不是符号。除坚持这一批判之外，我们也不反对把上面说的“介绍”当作定义。罗素也可能说：他利用了 x、y、z……φ、ψ、θ……φx、ψx、θx……去逻辑地构造 $\hat{x}(\phi x)$。上面所说的“介绍”，就是一个很好的逻辑构造的例子。所谓逻辑构造，就是利用已有的工具——有的当作材料用，有的当作关系或运算用——去组织或形成一个“新”东西。这个东西，就它是一个整体说，是一个“新”的东西；但是，就它的组成部分或因素说，这个东西又没有超出固有的东西的范围。这个构造不是物质的，不是物理的或化学的，或任何工厂的产品那样的构造，而只是逻辑的。关于逻辑构造我们多说了几句话，因为在下面我们就要分析逻辑构造论，而在那里我们不预备举别的构造例子。这个例子在下面还要提到。把这里的“介绍”说成是逻辑构造，我们也没有什么批评。

我们同意的地方很多，是不是就没有批判了呢？不是的。

罗素关于类的词的看法和他关于摹状词的看法类似。他认为类词（即类的词）和摹状词一样也没有单独的意义。同样，它也只是在句子中或者在命题中才有意义。并且他进一步说，他没有肯定有类词所表示的那样的东西。这也就是说，他没有肯定有类那样的东西。首先我们要看看这是什么意思。罗素的逻辑系统是一个演绎系统,在这个系统里出现的主要是逻辑定理。假如罗素的意思只是他的系统没有肯定类的存在的定理,这我们认为是可以理解的。直到类词出现以前,所有的定理都是重言式的定理;而肯定类的存在,即使是真的,也不是重言式的定理。显然,罗素说的不只是这个意思。罗素是看不起普通形式逻辑的,数理逻辑是他所承认的唯一的逻辑。数理逻辑不肯定类的存在,也就是在逻辑上不肯定类的存在。这两点意见我们都不同意。我们既不同意类词没有单独的意义,也不同意在逻辑上不肯定类的存在。罗素否定类词有单独的意义,其理由和上节说的差不多。我们在这里不再提出批判。至于在逻辑上不肯定类的存在这一点,我们是反对的。我们反对的理由很简单:类是事实上存在的,因此是非肯定不可的,因此也是逻辑上非肯定不可的。事实与逻辑之间,事实是主导、决定因素。罗素把事实同逻辑割裂开来,把它们分为两个迥然不同的世界,是不正确的、有害的。至于让逻辑凌驾事实之上,那更是荒谬的。

上面用以构造类或类词的东西,在罗素的系统里出现,是有先后次序的。个体词 x、y、z…… 在先,其次是谓词 ϕ、ψ、θ……,同时是命题函项 ϕx、ψx、θx……,然后是类词 $\hat{x}(\phi x)$。这个秩序是数理逻辑的演绎系统的秩序。一个数理逻辑学家能够利用这个秩序去形成一个完整的演绎系统,该秩序应该有某一方面(或领域)的理由或根据的。这不是我们的问题。我们所要强调的是:这个秩序不是认识的秩序,也不是认识论的秩序。认识的秩序,是从实践来而又回到实践去,是实践、认识、再实践、再认识，循环往复，而在循环往复中又有所发明、有所发现、有所创造、有所进步。方才说的那个秩序是直线式的，而认识的秩序不是。认识的前进与深入是在循环往复中得到的。认识论只能如实地反映这个循环往复中前进的秩序。罗素不是这样想的。他确实没有说上面这个演绎秩序就是认识的秩序。但是，他是不是以这个秩序为他的认识论的蓝本秩序呢？第二章已经提到罗素是要搞认识论的演绎系统的。那个系统他没有搞成。可是，这也不是说一点影子或轮廓都没有。罗素在1914年事实上已经开始构造他的中立一元论，名义上是在1919年开始的，在1927年他完成了他的中立一元论。这个中立一元论是以感觉材料为基本原料或元素的。所谓“事物”，所谓“心灵”，所谓“物质”，都是用感觉材料去构造的。感觉材料，就是相当于x、y、……那样的东西；而“事物”等等的构造，是相当于类词的构造的。罗素的中立一元论里已经有了上面那个演绎系统的影子或轮廓了。当然，细节还没有想出来。其实，这也只是说演绎系统没有搞成而已。事实上罗素是以上面的那个秩序为认识论的秩序的，而这显然是错误的。

秩序问题可以具体到下面这一点。在一个数理逻辑的演绎系统里，用命题函项去构造类词，看来是可以的。对于这一构造有没有数理逻辑方面的批评，我不知道。但是，假如我们把这个构造了解为在命题函项的基础上才有类，那就是严重的错误了。“ϕx”只是一个变词，它表示一个命题函项。命题函项也只是一个形式，它还没有具体化为此形式下的这一或那一命题。我们可以用一个主宾式的命题来考虑。命题是什么呢？它是对于客观事物有所肯定或否定的思想。命题的主宾词都是概念。概念是反映客观事物的本质属性的。概念是反映性质的。由于一性质的全部外延就是类，概念也是反映类的。就反映说，类是第一性的东西，概念是第二性的东西。反映是由第一性的东西到第二性的东西，它是物质变精神。这是辩证唯物主义的基本原理之一。显然是第一性的东西在前，第二性的东西在后。就认识的秩序说，关于性质的概念是从类那里得到的，而不是相反。的确，在认识发展过程中，当科学知识达到某种深度或某种系统化的程度，我们有时也可以通过概念去发现事物，例如海王星的发现。但是，一般地说，认识的秩序是以第一性的东西在前，第二性的东西在后的。理由很简单，第一性的东西是基础，是对象，概念只是它的反映而已。即以海王星而论，它的发现后于概念，它的存在仍然在前。即使在数理逻辑的演绎系统里，我们可以用命题函项去构造类——我们并不肯定这一点——我们决不能认为在认识论上类是在命题函项的基础上产生的。后一看法是赤裸裸的唯心主义。这实在是说类是在概念的基础上产生的。这不是存在决定意识，而是意识决定存在。辩证唯物主义者是承认意识的极其重要的反作用的。理论掌握了群众就变成物质的力量。但是，这是通过实践去达到的，概念本身无法产生存在。是类决定概念，不是概念决定类。我们决不能承认命题函项产生了类。

类既然决定概念，空类的问题就不能不提出讨论了。

空类是数理逻辑所承认的，现在有的普通形式逻辑的教科书也承认它了。我们认为空类是类的类。空类有没有子类呢？如果子类不存在的话，空类是否说得通呢。空类有没有客观物质基础呢？在认识论上，应该承认类是因它的分子的存在而存在的。根本的存在，是个别客观事物的存在。性质的存在，是依附于个别客观事物的存在的。在个别客观事物中，一性质不存在的话，相应于该性质的类也不存在。作为类的类，应该说空类是没有子类的。没有子类的类本身是否存在呢？很自然的想法是：它也不存在。这个自然的想法是有道理的。科学的抽象是可以逐步地深入的。在逐步地深入过程中，科学的抽象可能离开具体的个别的客观事物越来越远。如果不承认那个自然的想法，在深入的过程中可能产生无中生有的情况。这是一个危险，为了避免这个危险，我们应该承认那个自然的想法。作为类的类，我们应该承认空类是不存在的。

那么，作为概念，空类是不是有客观基础呢？我们认为它有客观基础。

科学发展的过程是由不知到知，由知的少到知的多，由知的不太多到知的很多的过程。在科学还不甚发达的时代，人们还不懂得自然和社会的某些客观规律。人们受制于某种自然和社会的力量。对于这些力量，人们曾作出错误的反映。在认识的过程中，一方面科学发展了，另一方面错误的思想，包括宗教迷信，也产生了。直到现在，在科学空前发达的时期，宗教迷信依然存在。辩证唯物主义者提倡科学、反对宗教迷信，一直和宗教迷信作斗争。在反宗教迷信的斗争中，有两条原理或原则是我们非承认不可的。一条原理是承认错误的概念在我们的头脑里是存在的；另一条原理是这些概念所指的“事物”或“对象”是不存在的。如果以为概念所指的“事物”或“对象”不存在，概念也就不存在了，那么斗争就用不着了。如果以为概念存在，它所指的“事物”或“对象”也存在，那就是承认了宗教迷信，还谈什么斗争呢？对错误概念的斗争之所以可能，正是因为这些概念确实存在，而它所指的“事物”又确实不存在。宗教迷信中的概念正是这样的。以“上帝”为例吧！我们要承认上帝这一概念是存在的，它存在了两三千年，现在还在某些人的头脑里存在着。但是，它所指的“事物”是不存在的。我们所以能和这一迷信作斗争，就是因为我们能够按照“上帝”这一概念的所谓，引用大量的事实去证明上帝这一概念是无所指的。

这些错误的概念是对客观世界的错误的反映。它们的共同点是它们都是错误的，但它们本身并不都是一样的。我们仍以宗教迷信为例。“上帝”不是“灵魂”，“蛇神”不是“牛鬼”。作为概念，它们都是不同的概念，有些分别。宗教迷信者还很坚持很着重地说，这些是不同的概念。没有错，它们确实在宗教迷信者头脑里存在着，而且又确实是不同的。既然如此，难道我们就能够跟着肯定“上帝类”“灵魂类”“牛鬼类”“蛇神类”吗？显然，这不只是不行而已，而且是荒谬的。我们要坚持的正是这些概念没有它们所指示的东西。在客观世界里，这样的事物是不存在的，这样的类也是不存在的，我们可以把这一情况概括一下。概念是有内包有外延的。这些错误的概念也有内包。显然，如果它们没有内包，我们不可能发现它们的错误。但是，它们没有外延，或者说它们的外延是不存在的。因此，这些概念有特点：就内包说，它们可以分门，就外延说，它们无从别类，这一情况在认识发展史上是一直存在的，或者说一直产生的。宗教迷信中的概念是这一情况的典型的例子。我们认为上述情况就是空类这一概念的客观基础。一概念的客观基础和它的对象一般地说是一致的。正确概念的对象也就是它的客观基础。但是，有时这二者很不一致。就空类这一概念说，它有客观基础，可是，它没有和它一一相应的对象。它的客观基础就是产生它的客观原因。如果我们把反映这两个字的意义放宽一点，我们也可以说空类反映了概念内包上可以分门，而外延上又无从别类的类。

九、罗素的逻辑构造论

这里要批评的是逻辑构造论，不是逻辑构造。

可是，为了批评逻辑构造论，不能不涉及逻辑构造。以后用构造两字来代替逻辑构造。什么是构造呢？上面说的引进那个类或类词就是一个构造的例子。本章第八节已经说过，罗素是用 x、y、z……，φ、ψ、θ……φx、ψx、θx……变词的值——真假——等等来构造 $\hat{x}(\phi x)$ 这一类词或类的。罗素表面上讲的是类词，我们这里讲的主要是类。这两者是有分别的，但是，就我们的论点说，这分别不重要。实质问题是类，而不是类词。罗素在构造之后，马上又用了 A、B、C……这些字母来代替 $\hat{x}(\phi x)$ 那个复杂的符号；显然，实质问题不是词。在罗素的系统里，定义也可以说是构造。头一个定义就是真值蕴涵的定义，就是“⊃”这个符号的定义。我们也可以说，在那里，罗素就以 p、q、~ 和 v 来构造“⊃”的。不过，在那里问题简单一些，我们可能没有构造的感觉。我们还是以类词或类的构造为例。

罗素喜欢构造，是和他喜欢演绎分不开的。演绎是不可缺少的工具，但是，它有一定的范围，超过那个范围，它就是有害的。对罗素说，演绎是他形成唯心主义形而上学的哲学体系的工具。他经常是从演绎着眼的。从演绎着眼，构造有以下两个特点。一个特点是：在构造中所引用的材料和工具都是演绎系统所已经有的东西；就组织成分说，构造出来的东西（罗素有时用构造两个字来表示构造出来的东西）不是什么新的东西；可是，就结合说，它又确实是新的结合。另一特点是：如果组织成分是存在的，而结合又是事实，那么构造出来的东西也是存在的。这两个特点在真正的演绎系统里都是优点。可是，在真正的演绎系统之外，它们都可以成为偷换概念的工具。事实上，罗素正是利用构造这一工具来进行偷换的。这在下面分析罗素认识论的时候会比较详细地提出。

作为数学和逻辑的方法或工具，构造似乎没有什么可以批判的地方。即使有应该批判的地方，那一方面的批判也不是本文的任务。关于类词或类的构造本章第八节已经论到。那个构造是否需要改进也不是本文的问题。

本文所要批判的是罗素的构造论。这里所说的构造论，也不是关于构造本身的论点，而是以构造来代替推论的说法。这个说法罗素曾以下面这句简单的话来表达：凡是可能的地方，要用逻辑构造来代替推论出来的东西①。这里说的逻辑

---

① 《神秘主义与逻辑》英文版，第155页。

构造，也就是逻辑地构造出来的东西。头七个字好像是作了科学的限制。罗素好像是说：有的地方，构造出来的东西可以代替推论出来的东西；有的地方，前者不能代替后者。这个限制好像是把不可以代替的地方都排除了。事实是这样的吗？究竟有没有可以用构造来代替推论，用构造出来的东西来代替推论出来的东西呢？我们可以把推论分作演绎推论和非演绎推论，把由演绎推论推出来的东西叫做推演出来的东西，把由非演绎推论推出来的东西叫做推论出来的东西。

我们先讨论演绎方面的问题。首先，讨论一下罗素的命题演算或谓词演算那样的演绎系统。在那样的演绎系统里，构造是不是可以代替推演，构造出来的是不是可以代替推演出来的东西呢？我们认为不可以。大家知道在那样的系统里不仅所有的定理都是推演出来的，而且所有推演出来的都是那样的定理。我们用一个最普遍的推演原则：如果一个命题是真的，而且它真的蕴涵第二个命题，那么第二个命题也是真的。我们还是用符号表示如下：p·p→q·→·q 或者我们这样写：p→q·p·→·q。我们把 p→q 当作第一前件，把 p 当作第二前件，把 q 当作后件。这一原则是说：如果第一前件而且第二前件都是真的，那么后件也是真的。这个原则在命题演算里是一个定理，在那个系统里它是推演出来了的。尽管如此，在那个系统里，我们不能断定 p→q 这样的前件，也不能断定 p 这样的前件，从而断定 q 那样的后件。在那个系统里我们不能推演出 q 那样的命题或那样的东西来。原因是第一前件不是一个重言式的定理，第二前件也不是，在这个系统里我们不能断定它们。我们既然不能断定它们，当然也不能断定后件 q 了。同时后件 q 也不是一个重言式的定理,我们也不能单独地断定它。可是,在这个系统里,我们可以有以下的推演。

断定:p→q · q→r · → · p→r:→: · p→q · →:q→r · → · p→r(一)

断定:p→q · q→r · → · p→r(二)

从而断定:p→q · →:q→r · → · p→r(三)

这个推理所根据的是:(一)而且(二)→(三)(不重复地写出来,因为太长了)。可是,这个(一)而且(二)→(三)就是那个定理 p→q · p · →q。就原理说,它们是完全一样的。为什么前面那个推演在命题演算里不能出现,而后面这个推演在命题演算里可以出现呢?原因就在于 p→q 和 p 本身都不是重言式的定理,q 也不是,而(一)(二)本身都是重言式的定理,它们都是在命题演算里可以断定的。通过断定它们,我们可以断定(三)作为结论,(三)本身也是重言式的定理。这也就是说,在命题演算里,只有重言式的定理才能是推演出来的东西,而推演出来的东西都是重言式的定理。现在的问题是构造出来的东西是不是一个重言式的定理呢?答案很清楚,它不是。这个答案罗素是不能否认的。他不但不认为构造出来的东西不是重言式的定理,而且认为这个东西存在与否他都不敢肯定。(这本身也是错误的想法,我们现在的兴趣不在这一点上。)罗素既然承认,他所构造出来的东西不是重言式的定理,那么,在他自己的命题演算里,构造出来的东西显然就不能代替推演出来的东西。

其次,我们要讨论一下一般演绎中的构造问题。上段说

的是命题演算那样的演绎系统。现在要讨论的是一般的演绎。所谓一般的演绎是不限于演绎系统的演绎，或一门科学的演绎，它是日常生活中出现的演绎，普通逻辑教科书所谈的有各种不同的前提的演绎。在这样的一般的演绎里，构造问题是不同一些的。显然，它没有上段说的那样的限制。前提和结论都不是限制到重言式的定理的。在这里，构造出来的东西是不是可以代替推演出来的东西呢？大家知道，任何演绎推演都有这样一种情况：前提和结论之间的关系或联系是必然的；或者说，在前提中没有的，在结论中不能出现，在结论能出现的，在前提中已经有了。这和演绎供给我们以新的知识与否是两个不同的问题。后一问题我们在这里不讨论。构造是一种安排到前提中去的行动。对于可以推演出来的东西，前提中已经有了，在这种情况下，构造是不必要的，多余的。而不可以推演出来的东西，前提中是没有的，构造是不可能的。在这两种情况下，构造怎么能代替推演，构造出来的东西怎么能够代替推演出来的东西呢？唯一的可能似乎是这样的：前提有了，有的东西是可以推演出来了，但是，我们不去推演，这就是说，可以推演出来的东西我们不去推演出来，而是在前提中构造出来，这样构造出来的东西就代替了推演出来的东西了。这就是说，对于某些东西我们不用推演的方式去安排它们，而是用构造的方式去安排它们。这个安排是可能的，但是，有没有什么优点呢？可能有简单与复杂的分别，可能是推演起来复杂，而构造起来反而简单，果然如此的话，构造比起推演来就有删繁就简的优点了。搞演绎的人欣赏一种所谓演绎的“美”。也许在某种情况，推演是疙里疙瘩的，而构造顺便通畅,它也许有“美”的优点。也许还有别的情况使得我们有时以构造去代替推演。但是,这些不是罗素的理由。他的理由是构造比推演靠得住些。这就奇怪了!演绎推演是靠得住的。只要前提真,推演的形式正确,那么结论一定是合乎客观现实的。恩格斯早就说过类似的话。构造怎么能比推演更靠得住呢?这是不可能的。其所以不可能的理由是:无论推演也好,构造也好,它们都是限制到前提中已有的东西(当然包括潜在的)。遵守这个限制,二者同样都靠得住;违背了这个限制,构造不成其为构造,推演也不成其为推演。就一般的推演说,情况就是这里所说的情况。从这种情况看,罗素的构造论,以构造去代替推演的构造论是说不通的。

问题是:罗素说的究竟是演绎的推演,还是非演绎的推论呢?他是不是口头上或笔墨上说一般的推论,而心目中想的只是非演绎的推论呢?从他提出构造论后就马上进行的构造来看,罗素心目中想的应该说是非演绎的推论。

我们现在看看在非演绎的推论里,罗素的构造论是否站得住脚些。首先我们谈谈非演绎推论的性质。罗素有时引用归纳推论,有时引用经验推论,有时又干脆引用非演绎推论的名称。他的所谓经验推论和归纳推论是有些分别的,但是,无论如何,它们都是非演绎的推论。非演绎的推论不是必然的推论;这就是说,前提到结论的过程不是必然的,还可以说,推论出来的东西不是前提中所已有的。后面这一情况是非演绎推论的性质所产生的。在这种情况下,构造如何进行呢?我们已经指出过,构造是安排什么进入前提的行动。如何安排呢?用什么工具和材料来构造呢?用以构造的东西的某种结

合（实际构造）和构造出来的东西是等同的。这就产生了问题。如果用以构造的工具和材料是前提中已经有的，那么构造会成功。但是，构造出来的东西不会是推论出来的东西，因为后者不是前提中所已有的。但是如果用以构造的工具和材料不是前提中所已有的、有新增加的材料或工具，那么，这样的构造只是名义上是构造而已，实质上是增加前提。前提是增加了，问题是：结论是不是就不超出前提的范围了呢？现在讲的是非演绎推论，结论还是要超过前提的范围。因此，就是这样地构造出来的东西仍然不是推论出来的东西。

我们用一个具体的例子来说明。比如，小孩看见闪电，马上用手去扪耳朵。这是一个很简单的非演绎的推论。小孩的行动就表示推论的存在。他推论到雷响。我们能不能用闪电去构造雷响呢？不能。闪电不等于雷响。很可能闪电之后没有雷或天空中有雷而雷不响。单用闪电不行，那么加入一些条件，而这些是前提中已经有的、事实上已经存在的，例如下雨，乌云，等等，行不行呢？还是不行。这些条件加在一起也不等于雷响。那么，再加一些吧！再加一些没有经验到的，因此是前提中所没有的，可是事实上存在的某些必要的条件，行不行呢？不行。加进去这些并不构成雷响的充分条件，从而推论到雷响，这仍然超过了这些条件的总和。客观事物要比我们的认识丰富得多。我们虽然是彻底的可知论者，我们并不是自我满足的已知论者。即使对于一个简单的事物我们也不认为已经达到完全的绝对的知识。但是，我们可以退一步着想，可以假设雷响的所有条件包举无遗地都安排到前提里去。在这一假设之下，我们总可以构造出雷响来吧！可以是可以,但是,这一假设使得非演绎的推论转变成演绎的推演了。这不是本段的题目了。就非演绎的推论说,我们仍然不能用构造出来的东西来代替推论出来的东西。

就演绎推演说,在某种意义下,构造的东西是可以代替推演出来的东西,但它并不比推演出来的东西更可靠。就非演绎推论说,构造出来的东西根本不能代替推论出来的东西。罗素在他的构造论里所要求的是:构造出来的东西可以代替推论出来的东西,同时前者要比后者更可靠。这是不可能的。上面的讨论证明了这一点。上面已经说,罗素心目中所想的是非演绎的推论,这一点我们要承认。但是,他的问题是认识论的问题,而他是要把认识论组织成演绎系统的。他一脚踏在一个虚构的演绎系统上,他要进行的构造是演绎的或演绎系统里的构造,而他所要代替的是非演绎的推论。这有事实上的证明。第二章已经提出,罗素要把认识论组织成一个演绎系统,在《感觉材料与物理学》那篇文章里,他要构造出“物质”或“物质的”事物,以代替由感觉材料推论出来的物质的客观事物。这是以感觉的东西去偷换物质的东西,以第二性的东西去偷换第一性的东西。这里要批判的是罗素的构造论,而不是某一个具体的构造。可是,因为我们要批判构造论,也不能不涉及上面提到的那一个具体的构造。

感觉材料和客观事物是不同性质的东西。从感觉材料推出客观事物的推论,对罗素说,无论叫它做经验推论也好,或者归纳推论也好,总不是演绎的推演。在这里,我们根本不讨论这个推论是否可以被代替,是否可以避免。我们的问题只是:用罗素的构造方法能不能代替它、避免它。在这里也不讨

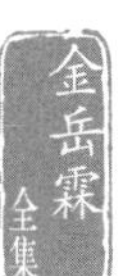

论认识论是否可以被搞成一个演绎系统。在更高的科学水平上，对认识论是否可以组成为一个演绎系统的问题，可能有和现在不同的答案。我们的问题只是：罗素所要搞出那样的系统能不能够反映认识论？回答是不能。罗素的认识论是封闭在感觉材料范围之内的，是唯心主义的、形而上学的。演绎化也好，不演绎化也好，它不可能正确。罗素甚至还要构造出一个唯我论的演绎系统。他自己或许不承认，事实上他所进行构造的正是一个唯我论的系统。在这样一个系统里，用感觉材料构造出来的"物质"或"物质的事物"怎么能够代替真正的物质或客观事物呢？显然不能。因为，这样地构造出来的"物质"或"物质的事物"，都只是感觉材料，根本不是什么独立于我们而存在的东西。

那么，罗素为什么要提出构造论呢？

首先是要用假的"物质"、假的"客观事物"的概念，来代替真的物质、真的客观事物的概念。他是以唯心主义的方法去形成唯心主义的哲学。他是主张科学的哲学的，他的数学式的逻辑式的思想方法造成了一种"科学"的气氛。然而，在本质上他的哲学只是唯心主义形而上学的哲学。

其次是罗素喜欢演绎。他要把认识论搞成一个演绎系统。他曾说过：他很乐意把物理学建立在唯我论的基础上；但是，人们的普通情感比要求逻辑上的节约要强烈得多，因而人们不能追随他把唯我论搞成科学的企图①。罗素说这句话的时候，字里行间流露出自我欣赏的味道。唯我论怎么能被人

---

① 《神秘主义与逻辑》英文版，第158页。

搞成科学呢?物理学怎么能够建立在唯我论的基础上呢?罗素用的办法就是演绎、构造。他把自己看成是逻辑专家演绎能手,他有点像小孩摆七巧板似的,说:"不信,我摆出一只鸭给你看。"小孩得意的是他能"摆"出来,罗素得意的是他能演绎能构造出"物质"和"客观事物"来。罗素好像是说他不在搞唯我论,事实上他搞的正是唯我论。

上面两点只是在这里提一提而已,头一点以后还要提到,第二点前面已经提过。下面还有两点我们在这里要多说几句话。

第一点,罗素的构造,一般地说,有任意成分。他没有明确地提出过这个任意成分,可是,我们应该指出这个任意成分的存在。罗素所说的构造,是有点像他的所谓定义的。他的所谓定义是用已有的符号来介绍新符号,而新符号是任意地选择的。在这里罗素标榜他的定义的任意性。我们曾经指出,符号的选择有任意性,可是,符号所表示的概念没有任意性。"⊃"这个符号有任意性,"→"这个符号也有任意性。可是,真值蕴涵没有任意性。真值蕴涵可以用前一符号去表示,也可以用后一符号去表示,它们所表示的仍然是同一的真值蕴涵。(ϕx)、(ψx)等等有任意性,A、B等等也有任意性,可是,这些符号所表示的类没有任意性。类可以用前一组符号表示,也可以用后一组符号表示,但这两组符号所表示的仍然是类。在罗素的逻辑系统里,真值蕴涵的定义没有错,类的构造也没有错。但是对于二者的理论错了。罗素实在是把构造和定义都看成是自由的任意的。罗素把符号的任意性了解为符号所表示的东西的任意性。我们要着重地指出后一任意性是不存在的。客观事物是不能任意构造的。罗素居然把它当作可以任意构造的东西看待。结果是他构造来构造去甚至要构造出“这”、构造出“那”、构造出“你”、构造出“我”。“我”的定义，也就是构造出来的“我”，是：“这所属的个人历史”。这岂不荒谬吗？按照罗素关于“这”的说法，使他无法分别这个“这”和那个“这”，在几秒钟之内的三十多亿以上的“这”岂不属于在六大洲同时进行的个人历史，而这个历史主体的“我”岂不成为一个占住六大洲的硕大无比的胖子吗？不顾事实任意构造，根本谈不上哲学，更谈不上科学的哲学。正常经验中的这、那、你、我，都是非常之明确，非常之直接，非常之实在的东西。对于它们，我们根本就没有什么推论。即使有推论的话，也用不着用什么东西去代替它们。更不用说我们不能以上面那样的构造去代替它们。不错，罗素曾说过他要先了解所要代替的东西的性质，然后去构造出那样的东西来。但是，在事实上他既然构造出荒谬的东西来了，可见那句话只是说说而已。罗素的某些构造虽然不是任意的，然而大部分的构造是任意的。

第二点，我们要附带地提到罗素的所谓经济原则或奥卡姆剃刀。如果构造论是剪刀叉的一面，奥卡姆剃刀则是另一面。奥卡姆是中世纪的英国哲学家。这个原则说：不必需的东西不得增加。这里所谓东西是思想方面的东西。如果我们把东西了解为概念或命题，这个原则说的就是不必需的概念或命题不得增加。所谓剃刀是说多余的概念或命题都得剃掉。在辩证唯物主义指导下，在适当的范围内，根据具体的情况进行了具体的分析之后，这把剃刀可能是有用的武器。但是，这把刀绝不是在任何范围内都能引用，也不是在可用的范围内不管具体条件便能引用的。

在认识论上，罗素是乱用这把剃刀的。在一个演绎系统里，如果我们能够用六个前提或公设得出原来用八个前提或公设所得出的所有的定理，那么在别的条件相等的情况下，可以用这把剃刀剃掉八个前提或公设中的两个。就在这里，条件仍然重要。如果八个前提的证明简单明了，而六个前提的证明复杂冗长而又滞涩，那么六个前提反而不及八个前提。在演绎系统里，确实有选择原始概念或前提的问题。在有选择的条件下，方才的问题才会产生。在一般的哲学或认识论里，我们没有类似的选择问题。如果一个概念正确地反映了客观事物及其规律，我们决不能用这把剃刀把它剃掉；如果一个概念不正确地反映客观事物及其规律，这个概念保存不了。当然，大多数的概念不会完全正确或完全错误，因此保存或淘汰不会是笼统简单的事情。要点在于保存与淘汰的标准是客观的，没有什么选择问题。罗素正是在不可缺少的正确的概念上做文章。这个问题就不简单了。他所特别要剃掉的概念是“事物”或“东西”或“实体”。“实体”问题复杂一些，我们在这里不提。“事物”或“东西”都是不可缺少的概念，它们大体上也是正确的概念。客观事物或东西的存在不容抹杀；“事物”或“东西”这两个概念，即使仍然不够圆满，也是不可缺少的。罗素却硬要千方百计地去掉它或它们。在这一点上，罗素继承了唯心主义的路线。至少从休谟起，反对“事物”或“东西”，是主观唯心论动摇唯物主义基础的手法之一。主观唯心论所最怕的是“体”这样的东西，而“事物”“东西”

或“实体”都是有“体”的。就罗素的唯心主义体系说，“体”也是非去掉不可的。这一点非常之重要，这是理解罗素的整个哲学体系的带关键性的问题。这一点在第二章已经提到。现在的问题是，罗素如何排除“事物”或“东西”呢？在这里，与其说他用了奥卡姆剃刀，不如说他利用了这把剃刀。他是利用这把剃刀来达到他所固有的目的的。他给人以这样一种假象：他好像是在遵守经济原则的条件下，剃掉“事物”或“东西”的概念而代之以一系列的构造。爱因斯坦曾经表示过他不同意罗素那么坚决地反对“事物”或“东西”①。其实罗素并不是简单地反对这些东西。罗素利用了经济原则去取消“事物”或“东西”之后，他就利用构造论来构造代替品。这样，他就构造“这”、构造“那”，构造“你”、构造“我”。在1921年罗素还写了一整本书来构造认识主体。经济原则果然是为了删繁就简吗？显然不是。罗素所构造出来的东西比起他所精简掉的或剃掉的东西来，要复杂得多。

构造论和经济原则或奥卡姆剃刀是两个互相为用的工具，罗素利用这两个工具去排除唯物主义的东西，捏造唯心主义的东西。在批判罗素的构造论的同时，我们不能不批判他的经济原则或奥卡姆剃刀。罗素是利用这把剃刀，去排除他所不愿意承认的东西而为他的构造论开辟市场的。构造虽然是一个可用的工具，然而罗素的构造论是要不得的。

① 《在世的哲学家丛书·罗素的哲学》英文版，第289页。

第五章　对罗素感觉材料论的批判

感觉是人人都进行的日常活动。看见苹果、听见鸟声这样的感官活动是我们所熟悉的。常识对于这种活动的了解，大体上是正确的，它吸取了历史上的科学成果。我们提出下面的三点作为本章的引言。

首先，我们指出，感觉是正确的官觉。官觉是客观物质事物作用于我们的感官而引起或产生官觉映象的官感活动。由于感觉是正确的官觉，感觉就是客观物质事物作用于我们的感官而引起或产生正确的官觉映象（即感觉映象）的官感活动。感觉有正确的，也有不正确的。不正确的官觉就是错觉。错觉问题在第四节再谈。当我看见一只苹果时，你把它拿走，我就看不见了；当你把它拿回来，我又看见了。显然，所谓看见一只苹果，就是那个客观物质事物即苹果作用于我们的视官而引起或产生正确的视觉映象的视觉活动。所谓作用并不简单。从生物学、动物学、生理学、心理学等科学来考虑这个作用，问题是很复杂的。本章当然不作这些方面的考虑。所谓作用在认识论上，也有一些比较细致的问题；它们当中的某些问题，在本章适当的地方我们会提出讨论。感觉中的作用是当前的作用。这种作用在将来还会有，但是，那只是可能的感觉而已，不是现实的感觉。这种作用也可以长期保存下来，这就是说，影响可以长期存在。例如“十年前我看见过某某，我还记得……”这里说的“看见”，在当时（即说十年前）是感觉，在现在则不是感觉，而是记忆的对象。作用既然是当前的，它的影响也只能是现在的。现在的影响叫做感觉映象。这里所说的感觉和罗素所说的感觉是不一样的。我们和罗素虽然都用“感觉”这个名词，但含义却不一样。我们所说的感觉映象和罗素的所谓感觉材料也不是一样的东西，这二者只是在感觉或认识中有相同的或相应的地位或身份而已。除此以外，它们很不一样，感觉映象是对客观物质事物的正确的反映，感觉材料只是一大堆杂七杂八的东西的总名词而已。

其次，我们要区别感觉活动（以后简称感觉）与感觉映象。有感觉就是有感觉映象，有感觉映象也就是有感觉。它们构成一个统一体，是彼此不能分割的。但是，这并不抹杀它们的区别。正如有夫必有妻，有妻必有夫，并不抹杀夫妻的区别一样。在某些场合上，感觉与感觉映象是不必分开来谈的。在本文我们非分开来谈不可。我们要讨论的问题虽然涉及感觉，然而主要是感觉映象（或者说，相应于感觉映象的东西，即罗素的所谓感觉材料）。我们着重地谈感觉映象。

最后，我们要严格地区分感觉的对象与感觉的内容。作用于我们的感官的客观物质事物是感觉的对象；感觉对象所产生的影响（即感觉映象），是感觉的内容。这正如同判断的对象是客观事物的性质或关系或规律，而判断的内容是思想。这也正如同化学的对象是物质的某一方面的规律，而化学的内容是容纳到教科书里去了的、正确地反映了这种规律的思想。常识是承认并且理解这个感觉中的对象的。“你在菜场上看见了什么?”“很多西红柿。”问看见了什么,也就是问所看见的是什么。显然,问的就是看见(这一感觉)的对象。答得非常之明确:“很多西红柿。”这里说的是独立于答者的视觉而存在于菜场上的客观物质事物即西红柿。显然,答者说的不是菜场上的西红柿作用于他的视官而产生的感觉映象。日常生活中谈到内容的时候少些。但也有。“这块布我看起来有点发红,你看看是不是?”这里问的就不只是感觉对象,而且是感觉内容了。

为什么强调作用于感官的客观物质事物和该作用所产生的感觉映象这二者的区别呢?为什么强调对象与内容的区别呢?在日常生活中或在认识论上,我们是比较强调这二者的一致性或符合性的,是比较强调它们在性质或关系上的一致性的。但在本章我们要强调对象与内容的区别。因为它们在感觉中地位不同,身份不同,而它们不同的地位或身份是不能混淆、不能偷换、不能颠倒的。有所混淆,有所偷换,有所颠倒就会在认识论上、在哲学上产生原则性的错误。现代许多唯心论者正是通过这个混淆、这个偷换、这个颠倒来反对辩证唯物主义的。

一、用感觉内容替换感觉对象

唯物主义的根本原理之一是:物质是第一性的,意识、思维、认识、精神是第二性的。这个原理很重要,因为许多别的原理是从它引申出来的,它并不限于认识。

辩证唯物主义不只是着重在了解世界，而且着重在改造世界。但是，单从认识世界、了解世界这一方面着想，上述原理特别重要。辩证唯物主义的认识论是反映论。上述原理就是唯物主义反映论的基础。关于反映，唯物主义首先要明确的是究竟什么反映什么。是物质反映精神呢？还是精神反映物质呢？是第一性的东西反映第二性的东西呢？还是第二性的东西反映第一性的东西呢？辩证唯物主义的答案是：就了解世界、认识世界这一方面说，是精神反映物质，是第二性的东西反映第一性的东西。在这一方面，第一性的东西硬是第一性的，第二性的东西硬是第二性的。它们是不能混淆、不能偷换、不能颠倒的。把它颠倒起来，就会导致唯心主义。

把这个原理引用到感觉上去，结果就是本章引言里所强调的第三点。在那里我们说作用于我们感官的客观物质事物是第一性的，它是感觉的对象，而由此作用所起的影响，即感觉映象是第二性的，它是感觉的内容。这二者也是不能混淆、不能偷换、不能颠倒的。这个原理是客观规律的反映。作为行动的指南，它又是原则，而原则是要贯彻的。就实际的感觉说，我们差不多没有这个问题。关于感觉的理论，问题就两样了。感觉不能不从对象出发。正像你给你的朋友拍照，你非把你的朋友领到照相机前不可一样。但是，关于感觉的理论，有些人却硬是不从对象出发。出发点的问题是头等重要的问题。从什么东西出发意味着以什么东西为源泉、为根本，用罗素的话说，即硬的材料，或者用某些唯心主义哲学家的话说，为与料（被给予的我们所不能左右的材料）。这其实也就是说从什么东西出发就是以什么为第一性的东西。正确的出发点不是感觉映象,而是作用于我们感官的客观物质事物。它本来怎样,我们就感觉它怎样,这也就是说,它本来怎样我们就得到怎样的感觉映象。罗素是从什么东西出发的呢?罗素哲学里没有本章所说的货真价实的感觉映象,他不可能谈到它。但是,他有在地位上或身份上相应于感觉映象的东西,那就是他所说的“感觉材料”。罗素是以他所谓的感觉材料为出发点的,这个出发点是错误的。实际上这个出发点也不是罗素所独创的,他只是继承了贝克莱和休谟的传统而已。

我们可以看看下面的问答。问:“你看见了什么?”答:“桌子。”问的是什么呢?问者所要知道的,是答者所看见的对象,是究竟什么客观物质事物作用于答者的视官。这是事实吗?很明显,这是事实。在问答之前,问者可能曾经要求答者先去看:有什么东西,有什么可以作为感觉的对象,有什么客观物质事物可以作用于我们的感官。在问答之后,问者也可以跟着就表示他自己也要去看看。这就是说,问者所要知道的,是既可以作用于答者的视官,也可以作用于问者自己的视官的客观物质事物。一句话,我们所看见的、所摸着的、所听见的、所尝到的、所嗅着的,都是客观物质事物。在这一点上,常识吸取了人类远古历史上已经发现、已经证实了的科学成果。长期的经验使我们习惯于这种成果。习惯成自然,在现在我们已经自然而然地认为,感觉的对象就是客观物质事物。这一认识是正确的。

罗素的答案,是和上述的看法完全对立的。你指着那张桌子问他:“你看见了什么?”他会回答说:“我看见‘红’、‘四方’、‘四只脚’……”等。那所谓“红”是不是客观物质事物

桌子的红呢？或者相应于那个“红”的客观属性，好像苏东坡所说的“目遇之而成色”的那个“之”呢？不是。罗素自己说不是①。同时按照他对于感觉材料的看法，红也不可能是作用于感官的客观物质事物的属性。他这里所说的“红”或“四方”，是在感觉者头脑中的。罗素说过：一个生理学家观察一个活的脑神经系统时，我们或许以为这个生理学家所观察的是在那个头脑里面，其实不是；他所观察的是在他自己头脑里②。这样的所谓“红”或“四方”等，不可能是存在于我们身体外面的客观物质事物或它的属性。显然，罗素的答案是不正确的。

罗素的答案，不只是不正确，而且是荒谬。上面已经指出感觉和感觉映象是有分别的。前者是一项活动，一件事情；后者是该活动或事情的内容。但是，它们不能分割。因为绝不会感觉发生了而感觉映象没有产生，或者感觉映象产生了而感觉没有发生。罗素所说的感觉材料与感觉，和我们所说的感觉映象与感觉有原则上的不同，因此不能混淆。但是，这两者就活动与内容的不可分性来说，又是相似的。对罗素说，他也不可能发生没有感觉材料的活动。“你看见了什么？”这一问题是以发生了视觉活动为前提的。你可以否认这个前提，你可以说：“我根本没有看。”或者，“我根本没有睁开我的眼睛。”在这一条件下，根本没有什么看的对象的问题。但是，在承认“看了”之后，你决不能说：你看见了你的感觉材料。

① 《哲学问题》英文版，第9—12页。

② 《哲学大纲》英文版，第140页。

感觉材料是感觉的内容,如果你说看见了感觉材料,你实质上只是说你有感觉而已,因为不可能发生无感觉内容的感觉。至于感觉了什么,你一点儿都没有说。当回答上面那个问题时,罗素说:他看见“红”、“四方”等感觉材料;这实质上等于回答说,他看见了看见。这当然是不能成立的。

在1912年以前和在1912年的《哲学问题》那本书里,罗素反对贝克莱主教的哲学。在该书的第四章,他曾经分别感觉和感觉的对象。他利用了这个分别来驳斥贝克莱。在那里,罗素好像是承认客观物质事物是感觉的对象。其实罗素并没有说感觉的对象是客观物质事物,他只说感觉的对象不是心灵的或在心灵之中的东西。也就是说,他并没有认为感觉材料是心灵的或在心灵之中的①。在1912年以前,罗素曾认为感觉是心灵的或在心灵之中的,而感觉材料之为对象则不是。在1912年以后,他把感觉和感觉材料的分别取消了。在那以后,说感觉材料是感觉的对象,对罗素已没有什么意义了。但是,在那以后,知觉代替了感觉,而知觉的对象或直接认识的对象仍然是感觉材料。无论如何,就罗素的整个一生说,无论是感觉也好、知觉也好,或直接认识也好,对象都是感觉材料。这根本是不正确的。

揭露上述错误的产生是无所谓的吗?是没有目的的吗?本章的主题是批判罗素的感觉材料论,讨论的对象集中在感觉材料。罗素的感觉论以感觉材料为出发点。感觉材料的地位或身份是相应于感觉映象的。感觉映象不是作用于我们感

① 《哲学问题》英文版,第42页。

官的客观物质事物，它不是感觉的对象，而只是感觉的内容。故罗素的所谓感觉材料，也只能是感觉的内容。在论感觉时，罗素没有谈到对象与内容的分别。在特定的场合上，他还反对关于对象与内容的分别。不管他反对也好，不理会也好，这个分别是客观地存在的。罗素竟然抹杀了这个分别，而以感觉材料为感觉的对象。他以感觉材料为感觉的出发点也就是以内容为对象。这就是把只有内容地位或身份的东西替换成为有对象地位或身份的东西。按照本章引言中所提的三点，这个替换是严重的错误。罗素的替换是在感觉论或感觉材料论里进行的，但是，他的严重错误的影响不限于感觉论或感觉材料论。上面已经说过，感觉是认识的大门，它是客观物质事物与意识之间的桥梁。感觉的对象问题，也就是认识的对象问题。认识的对象是客观物质事物。用感觉的内容来代替感觉的对象，也就是把感觉的内容偷换为认识的对象。可见罗素的所谓感觉材料，不只是感觉的对象而已，而且是认识的根本对象，认识的硬材料和无可怀疑的与料。照罗素的说法，感觉材料是认识的源泉，它是直接认识的原始对象。对于这个对象的知识是原始知识。别的知识都是从这个原始知识引申而来的。科学也是建立在这个原始知识的基础之上的。这就是说，科学来源于对存在于我们头脑里的感觉材料的直接认识！他的整个哲学，就是要从这个所谓“直接认识”推论或构造出他的所谓“科学的哲学”来。这同科学是相悖的，罗素不可能不意识到这个结果。罗素一直遇到困难，也一直感觉到困难。他的错误应该说是明知故犯的，他的上述替换不可能是无所谓的。

提到哲学的根本原理的高度来考虑，上述替换即以感觉材料去代替感觉对象的替换，是把第二性的东西替换成为第一性的东西。这一替换本身就是唯心主义。同时，由于这个替换是在感觉或感觉材料范围之内进行的，而感觉或感觉材料按照罗素的说法只是感觉者个人的事，因而这个唯心主义就不能不是主观唯心论。列宁早已指出，主观唯心论不可能不是唯我论。在用感觉材料（不同的哲学家用了不同的名词）去代替感觉对象这一点上，罗素没有任何创造性。他只是继承了贝克莱、休谟而已。贝克莱和休谟也是以感觉的内容去代替感觉的对象的。通过这个方式，他们各自形成了他们的唯心主义。唯心主义最终是要维护宗教而背离科学的。不同的唯心主义者的着重点可能是不同的。贝克莱的重点，看来是在于维护宗教；而休谟的影响，主要是使人把科学看成为非理性的。这二者实在是一件事情的不同方面。至于罗素，在早期，他维护宗教的要求要迫切些。中年以后，他特别称赞科学方法，他号召哲学家以科学的方法去研究哲学。但是，在他这种所谓应用“科学方法”的哲学体系中，科学却成为没有真正的客观物质基础的主观认识了。这就动摇了科学的基础，而以感觉内容去代替和替换感觉对象是动摇这个基础的最根本的一步。

二、脱离了社会实践的感觉

上面谈到罗素用感觉内容去替换感觉对象，这是唯心主义的。而罗素的唯心主义是和他的形而上学方法紧密地联系

着的。

本节要提出对感觉或感觉材料的看法。罗素所谓的感觉，是形而上学的、抽象的，是和具体的环境脱节的，特别是和社会实践割裂开来了。这种感觉不能由理性认识加以丰富，它是没有历史影响的、不具体的，因而也是不存在的。资产阶级的政治经济学家曾经搞出所谓“经济人”来。这种“经济人”似乎是独立于任何别的方面的制约，完全遵守这些经济学家的所谓经济规律的人。资产阶级的学者曾经搞出没有社会的“自然”人，他们对于这种“自然”人的看法彼此也不一致。有的认为这种“自然”人自由自在，美不可言；有的又认为这种“自然”人弱肉强食，朝不保夕。罗素所谓的感觉看来也是这种“自然”人的“感觉”。不要以为“自然”人是原始人，我们的祖先无论如何原始也没有脱离过社会。也不要以为罗素所谓的感觉是原始的感觉。婴孩的感觉可能是原始的。罗素所谓的感觉不是婴孩所有的那种感觉。罗素的这种抽象的感觉是很难理解的，我们只能像理解“经济人”、“自然”人那类的概念那样去理解它。

罗素所谓的感觉是脱离了社会实践的感觉，这是这个抽象的感觉论的致命缺点。事实上，感觉从来没有脱离过社会实践（以后我们只说实践，指的依然是社会实践）。这是极其明显，也是极其重要的。原始人的主要实践是生存斗争，它既包括生产斗争也包括和危害人类的野兽斗争。他们的感觉显然是和这种实践分不开的。石器时代的石斧是上述两方面斗争的重要工具。原始人对石斧的感觉主要是运用石斧的感觉，运用石斧就是参加实践。关于“实践”的看法，也有唯物主义与唯心主义的斗争。实践虽然涉及目的和意图,然而这个目的和意图在远古的时候主要是本能的要求。在本能要求的支配之下的行动,全是客观物质事物之间彼此打交道。显然,拿石斧去砍野兽,所砍的对象是客观物质事物;所用的工具是客观物质事物;就是我们的手也是客观物质事物。这是辩证唯物主义的实践观。利用实践来反对唯物主义的人不多,但是也有。杜威就是一个。他也着重"实践"。但是,他所谓的"实践",是那种在否认了客观物质世界的条件下的、被他的所谓"经验"笼罩着的盲目行动。杜威这种看法,显然是错误的。首先,这种实践不是客观的,客观物质世界的存在已经被杜威否认了。其次,他的所谓"实践"不可能是真实性的标准,真正的客观物质世界都没有了,怎么能有和客观事物及其规律的符合问题呢? 最后,这种"实践"只是对个人有"用"而已。它和宗教迷信可以是完全一致的。只有辩证唯物主义的实践观才是正确的。在实践中,客观物质事物的存在是不成问题的。实践是不断地证实了这个存在的。恩格斯曾经说过类似这样的话,有些理论上的困难问题是实践早已解决了的。客观物质世界的存在就是这样的困难问题之一。它是几万年前实践所已经解决了的问题。可是在主观唯心主义者手里,从他们的错误的形而上学出发,这个已经解决了的问题反而成为莫大的困难。实践本身就是和客观物质事物打交道,这是头一点我们要着重讲清的。

实践是社会实践,这是要着重的第二点。实践从来就不是个人的实践。就社会实践中的感觉说,唯我论的借口是不存在的。打猎很早就出现了,在没有马骑没有猎狗去找对象

的情况下,打猎人要多,眼要明,手要快,鼻子要灵,腿要能跑,有的时候要形成包围圈,这个包围圈可能要逐步缩小,等到猎取的对象完全出现而又完全被包围的时候,各人的眼睛、耳朵、鼻子等都集中在一个野兽上。这就是说,这群人的感觉对象是一个共同的客观物质事物,这就是社会实践或集体实践中的感觉。即使这群人当中有一个人受了伤,退出来了。他看不见那个野兽了,他会不会有那野兽继续存在与否的问题呢?不会有。他虽然退出来了,其余的人还在那里打。主要点是:在集体实践中,感觉的对象就是在实践中我们和它打交道的那个客观物质事物。这就是说,这个对象本来就是独立于感觉而存在的事物。这个事物的存在与这个人或那个人看见了或没有看见有什么关系呢?很明显,感觉对象的存在从来就不是什么个人的问题。就具体的人的具体感觉来说,它是和实践和集体紧密地结合着的。如果哲学家要如实地反映这样的感觉,他就不能让他的所谓"感觉"和实践割裂开来。罗素正是把感觉和实践割裂开来了。这个割裂是不正确的、违背科学的。

上面好像把这个割裂只是看作认识问题。它当然是认识问题,但它不只是认识问题。它涉及阶级偏见。我们已经说过:常识吸收了历史上已经发现了的科学成果。常识认为我们的感觉对象就是客观事物。常识也认为,我们的感觉是和实践分不开的,不然,上述成果是很难吸收的,而资产阶级的哲学家看不起实践,在他们的认识论里实践是没有地位的。在他们看来,实践只是粗里粗气的东西而已,不能在哲学上登堂入室。罗素把感觉从实践的紧密联系中割裂开来,不仅是认识不清,而且是为了适应他的阶级偏见。

把感觉和实践割裂开来之后,感觉就成为孤立的活动了,感觉者就不是社会的人而成为孤立的人了。这样一来,客观物质事物作为感觉的对象就成问题了。客观物质事物的存在,是实践早已解决了的问题。但把实践撇开之后,客观存在却成为尚未解决因而需要重新证明的问题。用什么方法证明呢?在什么领域证明呢?把认识的源泉即实践排除出去之后,余下的只有感觉。而罗素所谓的感觉,又是形而上学的、脱离了具体条件的,从而是根本不存在的"感觉"。封建士大夫以"天下本无事,庸人自扰之"这句话去掩盖他们的矛盾,那当然是错误的。但是,如果把这句话引用到罗素身上,却是很恰当的。所谓客观存在是什么呢?就一般的认识说,它是独立于意识、思维、认识、精神而存在的。就感觉说,它是独立于感觉而存在的。所谓独立于感觉而存在,就是物质事物的存在是不依赖于感觉的,不因感觉的存在而存在,或者说,在不感觉到它时,它仍然存在。请注意,在我们所说的感觉中,这个问题不成问题,答案也简单,上面的讨论已经回答了这个问题。问题是在罗素所谓的"感觉"里。在那里可不可能有答案呢?一句话,不可能。因为问题本身是一个逻辑矛盾。罗素自己也知道,他一直说"存在"是一个困难的概念,独立也是一个困难的概念。实践撇开之后,存在的标准只能是感觉。感觉得到的就存在,感觉不到的就不存在。既然如此,物质事物的独立存在的问题就被改换成为:我们在不感觉到物质事物时感觉到物质事物。这岂不成为逻辑矛盾吗?我们能够看见那看不到的东西吗?能够听见那听不到的东西吗?在这里我们可以清楚地看出:排除实践,就要排除物质事物,就排除它的客观存在。我们也可以清清楚楚地看出:实践上早已解决了的问题,在形而上学的理论中却成为理论上不可解决的困难。

对于上面提到的那个理论上不可解决的困难,罗素怎么办呢?他的办法很简单。他认为:人们既然"感觉"不到客观存在性或独立存在性,人们当然就感觉不到客观存在的物质事物。"感觉"的对象不是客观物质事物。当人们看见一张桌子时,人们看见的只是"红""四方"等感觉材料。这个答案显然是错误的。罗素是不是也觉得它错误呢?在批评纽拉特和某种语义学看法时,罗素曾谈到当他在饭馆里叫菜时,他的兴趣只在于饭菜①。这时你若问他是不是要吃感觉材料,他可能回答说:哲学和实际行动是两件事。在哲学范围内,罗素跟着贝克莱、休谟走。在英国的唯心主义哲学家当中,形而上学的感觉论已经成为传统。罗素积极地维持这个传统,特别是维持休谟的传统。

三、没有变化发展的感觉

在远古时代,实践不丰富,科学不发达;而现在,实践空前丰富,科学空前发达。在远古时代感觉是简单的、肤浅的、粗疏的,而现在它已经成为复杂的、深刻的、精细的。从远古到现在,感觉是起了变化的,有所发展的。感觉是受历史的影响

① 《意义与真理》英文版,第148页。

的。大体说来,这个影响一方面来自实践,另一方面来自科学。下面我们从这两方面讨论。

我们先从来自实践方面谈起。上面也是谈实践,在那里主要是批判了罗素排除客观物质事物的感觉论。那是极其重要的。但是,实践有另一方面的作用,而这一方面也是重要的。我们的感觉器官和神经组织都是工具,都是愈用愈灵的。我们的手的发展是许多的科学家早就注意到的,原始人的手和现代人的手不但是运用的方式和效力不一样,就连外形也不一样。神经组织也是有发展的;不过,由于不是专家,我们不容易谈它而已。制造精密工具和使用精细工具的手和一般没有训练的手就很不一样。眼科大夫在做手术时,用某种线把病人的伤口缝起来。病人好了之后,他又用一把锋利无比的小刀去切断那根线。那根线是紧靠着眼睛的。大夫的要求是既切断那根线又不伤害眼睛。这个要求只有高超的手术才能满足。这种手术本身就是准确的动作,而这动作又是和视觉以及触觉的敏感分不开的。这种敏感只有长期的锻炼才能达到。感觉的发展,不只是限于不同官能本身的发展而已,而且导致综合的影响。一个钢琴家不只是锻炼他的触觉而已,而且也锻炼他的听觉。通过对触觉上轻重分寸的掌握,他可以掌握钢琴发出的声音。触觉上很细致的轻重分别,可以导致声音方面精确的分别。要把钢琴的音弹得准确,对手指上触觉的灵敏、精细、准确程度要求非常之高。这是讲触觉与听觉的密切联系或统一。也有通过一觉而间接地享受另一觉的影响的。有一个懂音乐的人,在一间静寂无声的房子里,躺在床上欣赏音乐。这好像不可能。原来他在读乐谱,通过乐谱他在间接地欣赏无声的音乐。在不断发展中，感觉已经成为复杂的错综的活动。这种情况并不限于音乐，在工农业战线上，在戏剧表演上，到处都有。这种复杂错综的情况是不断地锻炼出来的，是实践所产生的。它不只是远古的人所没有，现在的人才有而已，而且就在现代人当中也由于不同行业而有所不同。感觉的具体情况正是这样。罗素所说的感觉就完全两样了。他所谓的感觉，实际上是不存在的，是很难想象的。它究竟是一个什么样的东西很难说，甚至是像佛家所说的那样"说不得说不得"的。当罗素说他看见"红"这一感觉材料时，不要以为它是我们看见石榴花时所看见的红那样。我们所看见的红，是包括以往实践的影响的。罗素的所谓感觉材料的"红"，是没有这个影响的，是光溜溜的，严格地说，是不能说"红"的，只能勉强地称为"那么一块颜色"而已。其所以说勉强者，因为那六个字实在是给罗素所谓的感觉材料的"红"起个名字而已。那六个字不能理解为名词。罗素所谓的感觉材料，有时似乎是脱离了一般的个别，他曾以为材料是感觉者之所私；有的时候，感觉材料又似乎是脱离了个别的一般，他也曾认为"我看见'红'"就是"'红性'在这里"。这岂不是很错误的吗?

对感觉另一方面的影响，是理性认识的影响。毛泽东曾指出，实践证明：感觉到的东西我们不能立刻理解它，只有理解了的东西才更深刻地感觉它。科学是理性认识，是系统的知识。科学的发展能使感觉日益深刻化。对于一块砖我们这些不搞考古的人也许只看出它是一块砖，一位考古学家却可能看出是一块汉砖来。对于一幅画，我们只能看出它是一幅画,一个美术史家却可能看出是一张宋画来。认识显然是影响感觉的。至于古生物学家在看见几块化石的时候,能看出北京人或蓝田人来,那简直是奇迹。就连看见"2"或"8"而得到的感受,情况也可能相当复杂。抽象的东西,一般地说,是感觉不到的,但是,在科学发展中,通过符号的引用,抽象的东西也可以间接地看见或感觉到了。无论如何,这里所说的情况是事实。问题是:从这些事实里我们可以得出什么结论呢?我们认为,不仅实践影响感觉而已,认识也影响感觉。感觉影响认识是毫无问题。感觉是认识的大门,它是客观世界和思想意识之间的桥梁,感觉对认识的影响是毫无问题的(在1912年以后,罗素并不同意)。现在我们看到不只是感觉对认识有影响而已,而且返回来认识对感觉也有影响。不仅在实践的发展中感觉是发展的,而且在认识的发展中,感觉也是发展的。同时在实践与认识的互相作用互相影响中,它们对感觉的影响也是互相影响互相作用的。在加速了的历史发展过程中,感觉的发展也是愈来愈快的。

罗素也许会反驳说:你说的是知觉,而不是感觉呀!"是知觉"那半句话不重要,"不是感觉"这半句非常之重要,它是罗素建立中立一无论的一个重要环节。知觉与感觉是可以区别的,然而它们是不能分割的。知觉的底子仍然是感觉。知觉有很发达和不太发达的分别吧!我们问:在很发达和不太发达的知觉里,感觉是一样的吗?是没有变化发展的吗?不可能一样,钢琴家指头的触觉和我们一般人的指头触觉就不一样,古生物学家对某些化石的视觉和我们的视觉也不一样。知觉的发展是以感觉的发展为基础或根据的。在1919年前,罗素的所谓“感觉”和“感觉材料”是有分别的，二者都起认识作用，在1919年后，这二者的分别取消了，所谓“感觉”或“感觉材料”都不起认识作用了。在1919年以后，罗素所要求的是让感觉（或感觉材料）脱离实践的影响，脱离认识的影响，使它成为既非心又非物的所谓“中立一元”的东西。在1921年以后，罗素在认识论方面用知觉代替了感觉，他不大谈后者了。可是，另一方面，他的本体论又从来没有离开感觉，只是不大用感觉这个名词而已。

上面曾说过：在1919年前，或者更具体地说，在1912年，罗素的所谓“感觉”是起认识作用的。它不只是起什么间接作用而已，它就是认识，并且还是直接认识。那时候，罗素所谓的“感觉”和“感觉材料”是分家的。“感觉材料”是直接认识的对象，它是罗素所承认的根本源泉，“硬的材料”或与料。现在的问题是：罗素既然承认感觉是直接认识、感觉材料是直接认识的对象，那么，罗素的感觉和感觉材料是不是就避免了形而上学呢？没有，它们还是形而上学的。在罗素看来，感觉（不必每一次都提感觉材料）只是对间接认识起作用而已，认识对感觉并不起什么作用。感觉的这种作用有点像单行道，像北京的西堂子胡同或金鱼胡同那样。就受别的东西的影响说，感觉仍然是孤立的。也许有人会说：“不，感觉本身就是客观物质事物的影响，罗素不是认为客观物质事物是感觉的因素吗？”这里的因果问题复杂，以后还要讨论。现在要指出的是：这个因果关系所企图解决的是感觉或感觉材料之所以产生的问题，不是产生之后孤立与否或变化发展与否的问题。本节所谈的是后者。就后一问题说，即令是在1912年罗素所谈的感觉或感觉材料也是孤立的、不变化不发展的。当然,在1919年后,罗素的感觉论是更进一步地形而上学化了。

本节和第二节都是着重地指出,罗素的感觉或感觉材料论是形而上学的,其所以着重地提出这一点,因为它和罗素的主观唯心论有密切关系。他是通过这个形而上学的感觉论把客观物质事物排除到感觉之外去的。这个形而上学的感觉论让感觉脱离了实践之后,也让感觉代替了实践作为认识的基础,而感觉材料也成为认识的根本源泉、"硬的材料"或与料。问题是感觉材料是不是认识的根本源泉、"硬的材料"或与料呢?它能不能成为这样的东西呢?

四、封闭的感觉材料体系

在第二节中我们谈到实践,我们也指出:罗素所谓的感觉是脱离了实践从而也脱离了客观物质事物的感觉。在第三节中我们也谈到实践,我们还指出:罗素的所谓感觉是脱离了实践对感觉的影响的。这两节的主题都是指出罗素感觉论的形而上学性质。本节的主题是:这种形而上学的感觉论是封闭了的感觉论,它不可能不是唯我论,或唯感觉材料论,因为,在这种感觉论中,个人感觉代替了社会实践,成为认识的基础。

我们还是要从实践谈起。就认识论说,实践是头等重要的事情。它是认识的基础,又是检验认识的标准。认识的过程是实践,认识,再实践,再认识……的循环往复的过程,而在不断的循环往复中有所发现、有所发明、有所创造、有所前进。感觉是这个认识过程的重要环节,它是认识的大门,它是客观物质和主观精神之间的桥梁。但是,它不能脱离实践,更不能代替实践。脱离了实践,也就是脱离了出入,脱离了行走。没有出入,等于门虽设而常关;没有行走,等于桥虽有而常断。脱离实践,就是关门,就是断桥,而关门断桥就是拒绝客观物质世界。把客观物质事物排除在感觉之外,就会把应当只是内容的感觉材料改换成为感觉对象。这样,不只是感觉的对象被改换了,认识的直接对象也被改换了。由于上述的改换,感觉也代替了实践作为认识的基础了。

在实践的基础上,感觉是反映。在这里,头一句话非常之重要,不承认头一句话,第二句话是不能说的。承认了头一句话,客观物质事物和感觉映象才能包括在感觉活动中,前者成为感觉的对象,后者成为感觉的内容。前者是作用于感觉的客观物质事物,后者是由该作用的影响而来的感觉映象。感觉如何反映呢?在感觉中,感觉映象反映作用于感官的客观物质事物。为什么要强调感觉是反映呢?一个理由是,这个反映本身重要。另一个理由是,它明确地指出感觉映象不是第一性的东西,而是第二性的东西。罗素的所谓"感觉材料"是在地位或身份上相当于感觉映象的,它不可能是第一性的。如果它存在的话,它只可能是第二性的东西。前面几节都是指出,罗素通过形而上学的感觉论把感觉材料改换成为感觉的对象,那是极端错误的。现在的问题是:感觉材料是不是认识的根本材料,是不是所谓"硬"的材料,或者"与料"。解放初期,有人对于与料这个词发生过问题。所谓与料有供给或给予的意思。拿一个演绎系统来作例吧!在欧几里德几何系统里,点、距离、长短,都可以说是供给或给予那个系统的。这些东西在那个系统既不需要下定义，也不需要加以证明。这些东西应该是实在的或真的，但是，那个系统没有管它们的真实性，而只是从它们出发看能演绎出多少定理来。把这样供给或给予的思想引用到认识论上来，所谓与料就是认识的源泉，认识的根本材料，认识论的出发点。可是，引用到认识论上来后，所谓与料有它的特点：它是完全靠得住的，无可怀疑的。其所以如此，理由很简单：作为认识的源泉或根本材料、与料，不可能不实在或不真实，因为别的认识的真实性或可靠性是从它这里来的。问题是：感觉材料能不能成为这个理解之下的与料呢？答案很明显，不能。因为感觉是反映，感觉映象就是作用于感官的客观物质事物的映象。感觉映象是第二性的东西。它虽然不是思维认识那样的认识，然而它是主观方面的、内容方面的，不是客观方面的、对象方面的。罗素所谓的感觉材料不是我们所说的感觉映象，但是，就在感觉中的地位或身份说，感觉材料是相应于感觉映象的。它只可能是第二性的。它是反映方面的，不是被反映方面的。

作为反映，感觉是有它的特点的。它与概念、判断、推理那样的反映不同。前者是形象的；后者是抽象的，不是形象的。感觉映象是有象的，它是图画，是复印，是模写。列宁曾强调这一点。感觉是照相式的反映。说它是照相式的，并不等于说它是照相。触觉上的"硬"，很难说是像片那样的东西。但是，客观物质事物是四方的，感觉映象就也是四方的；客观物质事物是像火车那样走动的，感觉映象就也是走动的。概念、判断、推理上的反映不是这样的。有四方的客观物质事物，但是，反映四方的概念不是四方的，它无所谓四方或不四方。概念和物质事物一样，也是运动变化的，但是，反映正在走动中的火车的概念并不是走动的。这里所着重的是：感觉是形象的反映。这就是说，感觉映象在形色状态上和作用于感官的客观物质事物的形色状态是一致的或符合的或相应的。在1912年，罗素利用了洛克的看法，把性质分为第一性的和第二性的。好像那时他认为感觉材料和客观事物在某些第一性的性质上是符合的，而在第二性的性质上没有符合与否的问题。但事实并不是如此。因为罗素的所谓感觉材料并不限制在感觉范围之内，感觉材料也可以是梦觉与幻觉方面的。这已经是不正确的。从1914年起，感觉材料根本不是反映了。原来只是错误的东西就转化成为荒谬的东西了。感觉之为形象的反映是很重要的。我们对客观物质事物的形象的知识，是通过感觉这个大门这条桥梁才得来的。

在这里我们要重复地提到官觉这个名词。官觉就是当前客观物质事物作用于感官而产生映象的活动。官觉是反映。它有正确与否的问题。正确的官觉，就是前面说的感觉。谈感觉的时候，我们不提它的正确性，是因为在日常生活中我们已经不知不觉地承认了它的正确性。不正确的官觉是错觉。唯心主义哲学家大都把感觉、错觉、梦觉、幻觉看成是属于"觉"类的不同的"种"。在唯心主义的条件下，这是说不通的。其实感觉和错觉都是官觉的子类。一类正确，一类不正确而已。和梦觉幻觉并列的是官觉，不是感觉或错觉。罗素和一般的主观唯心主义者不能不承认错觉的存在。可是，它为什么是错的，他们无法说明。基本的原因是：罗素所谓的感觉是形而上学的，是脱离了实践的，是把作用于感官的客观物质事物排除在感觉之外的,从而感觉被改换成为没有客观事物作用于感官而产生感觉映象的活动。感觉或错觉是有上面所说的特点的。在 1912 年的《哲学问题》那本书里的头几章里,罗素是假设了这个特点的。但是,在以后的讨论中,他又忘记了这个特点。没有这个特点的所谓“感觉”就无法和别的“觉”分开了。我们在后面还要谈到这一点。这里的问题是:没有这个特点的错觉怎么能够是错误的呢?罗素和一般的主观唯心论者一样,不可能承认错觉是错误的。罗素只得承认:就感觉材料说,错觉中的感觉材料没有错。

只有辩证唯物主义才能正确地说明错觉。错觉是官觉,但是,它是没有如实地反映作用于感官的客观物质事物的官觉。这就是说,作用于感官的客观物质事物是一个样子,而错觉中的官觉映象却是另一个样子。错觉和它的对象不符合,因而错觉是错误的。辩证唯物主义认为:在官觉中既官觉到客观物质事物,又产生了官觉映象;官觉映象与客观物质事物符合与否,是实践可以验证的。一根直的棍子,一半在空气中,一半斜插入水中,看起来该棍子的空中部分和水中的部分成为钝角。棍子(客观物质事物)是直的,而官觉映象不是。显然,映象没有如实地反映客观物质事物;作为反映,它是错误的。罗素会说:这是“感觉”不出来的。按照他的感觉论,他当然“感觉”不出来,因为他的感觉论本身是错误的。罗素的所谓“感觉”既然是脱离了实践的,他就不能根据实践来证明该棍子是直的。一根箭不只是能射空中的鸟,也可以射水中的鱼。可见那根箭始终是直的。历史上,这个错觉问题,成为了不可克服的困难。因为多数唯心主义哲学家都是主观唯心论者。其实，只要尊重实践的话，这个问题是很简单的。但简单不等于不重要。

在我们现在讨论的场合上，错觉是重要的问题。我们用它来表示官觉是反映，错觉是错误的反映，感觉是正确的反映。感觉既然是反映，针对于被反映的东西说，它只能是第二性的。这就是说，作为客观物质事物的反映说，感觉映象只能是第二性的。罗素的感觉材料，就地位和身份说，是相应于感觉映象的，它也不可能是第一性的。这是一方面。另一方面，感觉映象是不是认识的源泉，“硬”的材料或根本材料或与料呢？感觉映象是正确的反映或正确的映象。从深入的研究着想，它当然是很好的材料和资料，它确实也是深入研究的不可缺少的前提。但是，感觉映象既然是正确的映象，并且我们也已经认识到它是正确的映象，它就有实践的检验作用在它里面的。这就是说，实践的证明作用是它的不可缺少的因素。这就是说，它不可能是原始的，不可能那么“硬”，不可能只是供给的与料。它不是供给的，因为它已经有了实践的加工。它是不是不可怀疑的呢？对官觉映象我们是持怀疑态度的。在一百公尺的距离上，我看见我的朋友，人们不能说我没有对朋友的官觉映象，但是，我说，“是他吗?”这就是怀疑。等到实践证明他确实是某某人时，我才不怀疑了。对感觉或感觉映象我们并不怀疑。我们不怀疑它，并不表示它是原始的或供给的，而恰恰是因为实践已经起了作用。罗素所谓的感觉材料既然是相应于感觉映象的，它也不能是原始的或供给的。只有客观物质事物才是客观物质世界所供给的，只有作为感觉对象的客观物质事物才是供给的原始的。感觉映象不可能是认识的与料，相应地罗素所谓的感觉材料也不可能是认识的与料。我们提出错觉问题，正是要通过它来表示感觉材料不可能是认识的与料。

但是，罗素坚持把感觉材料当作认识的源泉、根本的材料或与料看待。他在“理论”上好像能够这样坚持，因为他应用了形而上学的感觉论，撇开了实践，从而就把客观物质事物排除在感觉之外了，他的所谓感觉就没有它本来应有的对象了。于是，他好像很有理由把感觉材料当作感觉对象了。这样，罗素就以感觉代替了实践，感觉被改换成为认识的基础了。上面说罗素在“理论”上好像能够坚持把感觉材料当作认识的源泉、根本的材料或与料，这就是表示事实并不是这样，因为他的形而上学的感觉论是极端错误的，是对事实的根本歪曲。罗素自己也知道。他的 1912 年的说法（见本书第六章）说不通，1914 年以后的说法（见本书第七第八章）也说不通，他为什么不改正错误呢？罗素为什么要坚持感觉材料是认识的源泉、根本材料或与料呢？他之所以要坚持这个论点，是因为他要维护贝克莱、休谟的传统。休谟的影响特别大。我们习惯于把休谟形容为不可知论者。他确实是不可知论者，但是，他主要是唯感觉论者。唯感觉论不可能不是主观唯心论，也正如列宁所指出，不可能不是唯我论。把物质排除之后，把实践撇开之后，把实体取消之后，主体与客体也就取消了（见本书第七第八章），余下的只是感觉或感觉材料而已。罗素的整个哲学把感觉者封闭在他的感觉材料之中。这个封闭了的感觉材料系统，是一个水泄不通使人闷气的小天地。这个小天地有点像罗素所喜欢的莱布尼兹讲的完全封闭了的单子。还是列宁说得好:“唯心主义哲学的诡辩就在于:它把感觉不是看作意识和外部世界的联系,而是看作隔离意识和外部世界的屏障、墙壁;不是看作同感觉相符合的外部现象的映象,而是看作唯一的存在。”①罗素正是用感觉或感觉材料这个墙壁把感觉者封闭起来的。严格地说,罗素不只是把感觉者封闭起来而已,而且也取消了作为主体的感觉者。代替感觉主体的,是所谓一系列的用某种特别的因果关系组织起来的历史的事情,这只是用疙疙瘩瘩的语言来表示个人而已。

罗素是不是曾经要求过冲破这个封闭了的感觉或感觉材料体系呢?从罗素的整个哲学看来,应该说,他没有这个要求。不错,在1912年的《哲学问题》那本书里,他似乎要冲破这个封闭了的体系,这是该书前几章给读者的印象。其实,就在该书别的地方,罗素的所谓感觉材料已经有独特的用法,例如他认为在梦觉和幻觉中都有感觉材料。从在这些地方的感觉材料,是不能推出客观物质来的。在这两个不同的用法中,以哪个为主呢?显然后一用法是罗素的主导思想,主导用法。在1914年以后,前一用法罗素已经放弃了。后一用法是贯串着罗素的整个哲学的。这一点,下面的讨论会继续加以说明。

五、罗素不承认蓝本因

我们回到引言中的那句定义式的话:感觉是客观物质事物作用于我们的感官而引起或产生正确感觉映象的官感活

---

①《唯物主义和经验批判主义》,第38页。

动。感觉是一种当前的活动。当前这一要求非常之重要。作用是正在进行的作用,起作用的客观物质事物是当前的事物,不在当前的客观物质事物也可以产生长远的影响,例如某种病毒产生了某人怕冷的影响,可是,现在的怕冷不是该病毒现在的作用。有些客观物质事物正在作用于我们的身体,但是,并不特别作用于感官,因而没有产生感觉。例如别人照相不知不觉地把我也照进去了;在这里,不能没有微观世界的物质作用,可我并没有什么感觉。有些客观物质事物(此刻不在当前)过去曾经作用于感官,可是,这不是当前的感觉,例如梦觉、幻觉、联想、记忆。这些事情都有客观物质事物的作用,这就是说,都有客观物质事物方面的原因,但它们都不是感觉。当前这一要求很重要,不过并不充分。幻觉有时也是有当前的作用的,而它不是感觉。

所谓起作用就是产生影响,这也就是因果关系。客观物质事物和感觉映象之间是有因果关系的。感觉中的这一关系在第二章已经讨论过,下一章还要谈到。本节着重地谈一谈这个因果关系的特点。罗素在 1912 年也认为感觉材料是有客观原因的,在 1927 年又认为是有“客观”原因的。

《哲学问题》中,罗素对于“感觉材料”好像是有两种不同的用法。一种是广义的,各种“觉”都有的感觉材料;另一种是狭义的、感觉所独有的感觉材料。罗素没有把这两种不同的用法区分开来,造成了概念的混乱。相应于这两种不同用法的感觉材料有不同的原因。根据一种“原因”的含义,好像是可以由感觉材料推出客观物质事物;根据另一种“原因”的含义,则不能由感觉材料推出客观物质事物。对这两种原因罗素也搞混了。在《哲学问题》那本书里，罗素心目中想的主要是正常的感觉；因而他很自然地认为，他可以从感觉材料推出作为原因的客观物质事物。其实他的这个“认为”是偷偷地根据常识而来的“认为”，不是根据他自己的哲学。按照他自己的哲学，这个推论是说不通的。只有在辩证唯物主义的基础上，只有根据实践，只有承认客观物质事物是感觉的直接对象，这个推论才能说得通。在罗素的形而上学的感觉论里，客观物质事物的存在是不予肯定的。既然不能一般地肯定物质事物的存在，难道在具体的推论中能够推出它的存在吗？罗素既然不能肯定客观物质事物的存在，又怎么能够肯定客观物质事物和感觉材料之间的因果关系呢？在这一点上，不只是罗素的论点说不通，休谟的论点也是说不通的。休谟连印象与印象之间的因果关系都感觉困难，又怎么超出印象能肯定有不知道的因呢？辩证唯物主义可以肯定客观物质事物是感觉的因，同时肯定这个因也是我们能够知道的。不只是能够知道的，而且是直接感觉到的和直接认识到的。

我们现在不谈罗素的广义的感觉，只谈狭义的感觉。就罗素的狭义的感觉来说，客观物质事物也是感觉不到的。既然如此，客观物质事物和感觉材料之间的因果关系也是感觉不到的，因此也是不能肯定的。这个因果关系尚且不能肯定，罗素又怎么能够根据这个关系去作推论呢？这个推论说不通，在这里我们要稍微多谈一些。我们要着重地指出：假如我们不可能直接地感觉到客观物质事物的存在，那么，它的存在是推论不出来的；假如我们对客观物质事物不可能有直接认识的话，那么我们对它也不能有间接的认识。这不是说没有感觉到的客观物质事物不存在，事实上，这样的事物多得很，只是我们没有感觉到它们而已（但它们都是可以感觉得到的）。对客观物质事物的间接认识，都是从对客观物质事物的直接认识来的。没有对客观物质事物的直接认识，就不可能对它有间接认识。在1912年，罗素是不承认对客观物质事物的直接认识的，直接认识的对象是感觉材料。他是企图通过对感觉材料的直接认识推论出对客观物质事物的间接认识的。罗素这个企图是实现不了的。按照罗素的说法，客观物质事物既不能感觉到又不能直接认识到。既然如此，他就不能直接肯定客观物质事物的存在，他就不能把它当作感觉材料的因，并由因推果地推出感觉材料如何如何来。1912年，罗素的所谓由感觉材料推论到客观物质事物的推论，只是由果到因的，只是朝着一个方向走的，因为只是单行道。这个单行道的推论是形而上学的，说不通的。在这个问题上，由果推因的正确性是和由因推果的正确性分不开的。实践正是用由果到因、由因到果的来回反复的推论，来证明官觉的正确性或感觉对象的存在的。我看一块布，对它的颜色发生怀疑；显然我并不怀疑我的感觉映象本身，而是怀疑它是否符合那块布的颜色。这是由果到因的怀疑。我请我的朋友帮忙，我并不要他凭空表示意见，我请他去看那块布，这是坚持由因到果的过程。他看了之后向我报告结果，这又是由果到因的报告。如果我和他所得的结果一样的话，官觉的正确性便证实了。在和实践密切结合着的感觉中，我们经常是不用推论的。如果在具体场合上需要运用推论的话，由因推果、由果推因的推论是反复地应用的。但是，我们能够这样做，是要求一定的条

件的。条件就是：要承认客观物质事物是可以感觉得到的；要肯定这个感觉得到的客观物质事物和它所产生的感觉映象在形色状态上是相应的或符合的。罗素的形而上学的感觉材料论不具备这个条件，因此由因推果（由对象到内容）推论是说不通的。这个推论说不通，罗素的单向的由果推因的推论也是说不通的。这里说的主要是：不承认客观物质事物是感觉的对象，是感觉得到的对象，由果推因的推论是说不通的。

本节要提出客观物质事物和感觉映象之间的因果关系。这种因果关系当然具有一般因果关系的共同性。但是，它也有自己的特点。客观物质事物与感觉映象之间的因果关系是蓝本因——复制果的关系。建筑师画蓝图，建筑工人按着蓝图把房子盖出来。蓝图是蓝本，盖出来的房子是复制品。当然在这件事情或活动中，是精神转化为物质。感觉是物质变精神，至少它是物质变精神中的一个桥梁。这两种活动的性质不一样，但是，蓝本和复制品的关系是一样的。这是感觉中因果关系的特点。这一特点是非强调不可的。列宁之所以强调映象、图画、复写，也就是强调感觉中因果关系的这一特点。强调这一特点也就是强调感觉是反映，也就是强调客观物质事物的形色状态在感觉映象上得到反映。罗素反对这个看法。在他的狭义的感觉中，他虽然承认有因，然而他不承认有蓝本因。罗素只承认在某些第一性的性质上（洛克的说法）感觉映象和客观物质事物是相似的，例如，空间位置。但是，在所谓第二性的性质上（洛克的说法）它们是没有相似与否的问题的。很明显，罗素不承认蓝本因。他的所谓感觉材料在地位和身份上是相应于感觉映象的。不承认蓝本因也就是不承认感觉材料是图画,是复写,是客观物质事物的形色状态的反映。上面说过,如果不直接感觉到客观物质事物,不肯定它的存在,由感觉材料推到客观物质事物的推论是说不通的。本段要说的是:不承认蓝本因,这个推论也是说不通的。显然,不承认蓝本因,也就是不承认感觉材料是像它的原因的。这就是说,如果不承认蓝本因,我们就不能指出当前作用于感官的客观物质事物。对当前起作用的客观物质事物我们连指都指不出来,又怎么能够断定感觉材料和客观物质事物的空间位置相似呢?我们可以退一步着想,我们可以暂且用洛克或罗素的语言,我们也可以表示我们的论点如下:不承认第二性性质上的相像,就不可能承认第一性性质上的相似。这就是说,不承认蓝本因,是不能推出作用于我们感官的客观物质事物的。客观物质事物和它所产生的感觉映象之间的蓝本因是非承认不可的。

罗素既然不承认蓝本因,但又认为好像从感觉材料可以推出相应于它的客观物质事物来,这里显然有逻辑矛盾。事实是:当他谈到从感觉材料可以推出客观物质事物来的时候,他心目中想的是常识所承认的正常的感觉,而和这混在一块的是上面说的狭义的感觉。这个狭义的感觉是不是正确的感觉论里所承认的感觉呢?不是,因为罗素不承认客观物质事物是感觉的对象,也不承认蓝本因。事实是罗素改换了概念。当他谈感觉的时候,他有时好像是谈正常的感觉,当他心目中想到正常的感觉时,他所谓的感觉材料是近乎正常的感觉映象的。这里有两种不同的看法,它们是不能拼在一块的。拼在一块，它们就产生混乱。为了批判贝克莱式的主观唯心论，罗素在1912年曾区分过感觉和感觉材料。我们已经指出过这个区分是正确的。但是，难道这个区分是使感觉和感觉材料分家的根据吗？罗素不只是区分它们而已，而且他让它们分家了。在1912年，在《哲学问题》里，当他谈推论到客观物质事物的时候，他的所谓感觉是狭义的，他心目中想到的是正常的感觉，但是，这个狭义的感觉又不是正确的感觉论所承认的感觉，因为在这个狭义的感觉里又夹杂着相应于感觉材料的一般的“觉”。从相应于感觉材料的一般的“觉”是推不出在形色状态上与之相符合的客观物质事物来的。当我看见我的某个朋友的时候，我看见了他的客观的形色状态，如果需要推论的时候，我是可以推出他的形色状态的。但是，当我梦见唐太宗的时候，我能够推出李世民的客观的形色状态来吗？罗素把这个所谓感觉和一般的“觉”混在一起，结果就导致从感觉材料既可以又不可以推论出客观物质事物来。这岂不清清楚楚地是逻辑矛盾吗？当罗素心目中想到正常的感觉时，他会很自然而然地以为他可以推论出客观物质事物来，这可能只是自欺。但是，当他把这个正常的感觉和所谓一般的“觉”混在一块而又不明确地指出这一点的时候，他不只是自欺而已，而且是在欺人了。

对罗素来说，在同正常感觉混在一起的狭义感觉和等于一般的“觉”的广义感觉这二者之间，哪一个是主导的呢？我们已经指出过，后者是主导的。在1914年，罗素放弃了推论，这就表示了前者不是主导的。按照罗素的认识论，情况不能不是这样。就他的整个的认识论和整个的感觉论着想，即使在1912年,客观物质事物也不是感觉的对象;它和感觉材料的关系不是蓝本因和复制果的关系。因而真正正常的感觉或者正确的感觉论所能承认的感觉的特点就被抹杀了。抹杀这个特点就是抹杀感觉的本质。而抹杀感觉的本质,就会导致更多的谬误。

六、把感觉和梦觉、幻觉混淆了

关于感觉的本质,上节我们提出了三点:(一)客观物质事物是直接感觉得到的,它是感觉的对象;(二)作用于我们感官的客观物质事物在形色状态上是感觉映象的蓝本因;(三)作用是当前的作用,对象也就是当前的对象。我们可以归结为一点:当前的对象(起作用的客观物质事物)是感觉映象的蓝本因。

抹杀了上述感觉的本质就是抹杀它的特点。这个特点抹杀之后,感觉和许多不应该混在一块的东西也混淆起来了。罗素所谓的感觉是和梦觉、幻觉、错觉混淆不清的。错觉问题特别一些,上面已经提出讨论过,此处不谈。问题主要是感觉和梦觉、幻觉的混淆。为什么有这个混淆呢?是不是因为它们都涉及意识呢?都有"觉"呢?看来不是。果然那样的话,感觉也会和记忆、想象混淆起来。罗素没有把感觉和这些事物混淆起来。感觉和梦幻的混淆,可能是因为在梦幻中,梦幻者都自以为正在感觉着什么。杜甫梦见李白,在梦中杜甫以为他看见了李白。从梦幻者的主观认识着想,梦觉和幻觉是经常和感觉相混的。这个主观标准不是客观的认识。在正常

的感觉中，感觉者从来不自以为在做梦，“人生如梦”只是颓废的世界观在文学中的表现而已。有这种世界观的人，也没有真的认为他整天在做梦。这个主观的标准是不能引用的。罗素为什么引用它呢？因为他既然抹杀了感觉的本质特点，客观的标准他就不能用了。

也许有人会说：罗素没有把感觉和梦觉混淆起来，他不是还花了一些力量去分别感觉与梦觉吗？在《哲学问题》中，罗素就曾提出感觉和梦觉的分别。事实也确实是这样。罗素所提出的分别本身是荒谬的，这在下面还要讨论。现在的问题是：这个分别是在混淆之中或混淆以后的费力不讨好地找出来的分别。罗素确实从来没有混用过感觉、梦觉、幻觉这些字眼；当他用感觉两个字的时候，他好像真的在谈感觉似的。单从感觉这两字着想，问题是不太容易看出来的。我们从感觉材料四个字考虑，问题可能清楚了。在正确的感觉论或感觉映象论中，感觉映象是对作用于感官的客观物质事物在形色状态上的正确的反映。按照这个正确的说法，只有在感觉中才有感觉映象，在梦觉、幻觉中不可能有感觉映象。罗素的所谓感觉材料，在地位或身份上是相应于感觉映象的，它也应该只是在感觉中才存在的。但是，罗素没有这个限制，也不可能有这个限制。这个限制是根据感觉的特点而来的，罗素既然抹杀了感觉的特点，他也抹杀了这个限制。梦觉是有梦象的，幻觉是有幻象的，它们都不是感觉映象。罗素所谓的感觉材料没有感觉映象的本质特点，它和梦象幻象就分别不出来了，它们都是悬空的“象”了。这样一来，梦觉和幻觉的内容都是感觉材料了。感觉材料是感觉、梦觉、幻觉所共有的。它们原来应有的本质区别被罗素抹杀了。混淆就在这里。罗素把这些本质上不同的、不应该混为一谈的事情混为一谈了。罗素是要找这些事情的分别的,这在下面我们还要讨论。可是,罗素在抹杀本质区别之后再去找分别,根本不可能得出正确的认识。

罗素要为他的混淆辩护。这个辩护是违反常识的,而这也是反对唯物主义。因为,在这一问题上,常识是和唯物主义一致的,虽然它是朴素的。常识是有这样的看法:梦觉和幻觉的象都不是实在的。意思好像是说,只有感觉实在。这个看法使感觉与梦觉、幻觉不能混为一谈。罗素既然要把它们混为一谈,他就不能不反对这个看法,他就不能不坚持梦觉、幻觉和感觉同样地实在。显然,常识从来没有认为梦觉、幻觉不存在,或者作为梦幻,它们不实在。但是,感觉和梦幻确实不一样。在感觉中,感觉映象是对当前作用于感官的客观物质事物在形色状态上的正确反映。而梦幻都不是这样的;梦幻两觉中的象都不是对当前作用于感官的客观物质事物在形色状态上的正确反映。上面已经说过,一个人梦见唐太宗,他绝不能认为他的梦象是李世民形象的反映。幻觉同样。当然,说梦幻不实在是就反映说的,不是就它们本身的存在说的。同样明显,在这一点上,常识是正确的,它抓住了感觉的本质特点,而罗素所要求的正是抹杀这个本质特点。

这个问题又回到因果关系上来了。罗素是不是真的抹杀了感觉的本质特点呢?在《哲学问题》英文版,第22页里,他不是分别了感觉和梦觉吗?梦觉虽然有因,然而它和感觉的因不一样，后者的因当中有与感觉材料相符合的客观物质事物。这确实很像是承认蓝本因似的。我们已经指出：在早期，当罗素谈到感觉时，他心目中是有正常的感觉的。这情况虽然存在过，但它却不是罗素的感觉论或感觉材料论的一部分。按照他的感觉论或感觉材料论，客观物质事物是感觉不到的，它没有洛克说的第二性性质那样的属性。因此，感觉材料不可能是客观物质事物在形色状态上的反映。既然如此，罗素不可能承认什么蓝本因。像透支的银行支票似的，方才那句像承认蓝本因的话是一句透支的话，它超出了罗素的感觉论或感觉材料论的范围。问题不在于口头上或语言文字上是否承认蓝本因，而是在于整个哲学体系上能不能承认蓝本因。罗素不能承认蓝本因，所以感觉中的感觉材料和梦觉中的梦象、幻觉中的幻象分别不出来了。它们混淆起来了，梦幻都是有因的。消化不良可能是梦觉的原因之一，发高烧可能是幻觉的原因之一。罗素好像是承认了梦觉是有客观的原因似的。承认原因是一件事，承认客观的原因是另外的事。罗素不能承认蓝本因的理由之一，是他不能承认真正客观的原因。感觉的真正客观原因，罗素尚且不能承认，梦觉和幻觉的客观原因他能承认吗？他能冲出感觉材料的范围吗？不可能。就因果说，罗素的所谓感觉和梦幻两觉，虽然在表面上好像有分别，实质上也是没有分别的。

分别总还是要找的。本质上的分别罗素抹杀了，非本质上的分别还是可以找到的。罗素用的也是资产阶级哲学家经常用的方法。他从感觉、梦觉、幻觉各自的内部去找。一找就找出来了。梦觉内部的一致性“小”。他举了梦游美国的例。

在梦中他到了美国[1],醒来发现,他没有坐船横渡大西洋。到美国的梦觉材料不像感觉中到美国的感觉材料那样和横渡大西洋的感觉材料那样一致。后者的一致性"大"。我们不否认,单就一致性情况说,感觉的一致性是最大的。问题不在这里。问题是把这个一致性的"大"或"小"来作区别感觉和梦觉的标准。为什么罗素不真的从内部看问题呢?为什么他不从梦觉内部去看它的一致性的大小问题呢?梦觉内部一致性"小"的结论显然不是从梦觉得出的,这个结论是醒来时得出的。这就是说,这个结论是从感觉得出的。从感觉得出这个结论来,是不是根据感觉的一致性大呢?罗素不但没有研究过梦觉的一致性,也没有研究过感觉的一致性。区别感觉和梦觉的标准,只是表面上摆在一致性上而已。实际上则不是。一致性实际上不是标准,因为它不可能是标准。按照罗素的想法,感觉和梦觉的内容都是感觉材料。在性质上我们无法决定哪些感觉材料是属于感觉的,哪些是属于梦觉的。我们要从一致性把它们对比起来,一致性大的感觉材料归在一起,从而得出结论说:它们是感觉的内容。一致性小的归在一起,得出结论说:它们是梦觉的内容。按照这个说法,我们要作很多对比研究的工作,才知道我们是感觉还是在做梦。罗素说他"醒来发现"如何如何,他好像是把"醒来"当作感觉看待似的。问题怎么会这样简单呢?有些人经常在梦中做梦,也就经常在梦中醒来了。显然,这个在梦中的醒来,仍然是在梦中的。这就是说,醒来不必是梦觉、感觉的界限。按照罗素的说

① 《哲学中科学方法的运用领域》英文版,第93页。

法，所谓醒来应该是对比研究的结论，不是对比研究的前提或论据。事实上罗素不是按照自己的说法去认识“醒来”的。事实上他自然而然地把醒来当作已经离开梦觉、进入感觉的标志。有了这个标志，他好像很理直气壮地说：你看感觉的一致性大，梦觉的一致性小！事实上这个标志是感觉的本质特点所供给的，是常识中的、正确的、即唯物主义的因素所供给的。在这里，罗素利用了感觉与梦觉的本质差别去宣传他自己的说法，并且又利用了自己的说法去抹杀这个本质上的差别。他这样一搞，感觉和梦觉幻觉的差别似乎就有了，而感觉的本质特点也就抹杀了。

罗素的说法既然是错误的，为什么我们花这么多的时间来讨论呢？就广大的辩证唯物主义者说，这里的讨论可能是冗长的，不必要的。但是，就批判主观唯心主义的哲学说，这个讨论不是多余的。正确的感觉映象（按照本书的用法，感觉映象本来是正确的，正确两字是多余的，但是，有些读者可能不习惯，加上这两个字以免误会）是认识和知识的大门，它是认识和知识这个工厂的原料来源。认识论要重视它是理所当然的。罗素的所谓感觉材料不是限于感觉的。梦觉中的梦象，幻觉中的幻象都是感觉材料！这样的感觉材料我们能够重视吗？在第五节我们已经提到罗素把感觉者封闭在感觉材料之中。当然，我们不可能把感觉者封闭在自己的正确的感觉映象之中，因为感觉映象是大门、是桥梁，它本身就是使主观与客观之间成为四通八达的。我们试一试朝着不可能的情况设想，设想感觉者封闭在自己的感觉映象之中。这够糟糕的了吧！但是，用以封闭感觉者的东西是正确的感觉映象，它总还有相当的代表性吧！但罗素的感觉材料是包括梦象和幻象的呀！如果感觉材料成一个系统的话，那个系统是不通风的，是窒息死人的。即令感觉者在那个系统里能够计算不同的感觉材料的不同的一致性，能够指出一致性的大小来，那有什么用呢？

七、把感觉材料说成是私有的

客观事物之间的因果关系一旦被我们所掌握，就成为提高认识、推进知识的重要武器。这个关系是和一些根本的概念或范畴特别是一般与个别这一对范畴密切地结合着的。我们知道一般与个别是不能分割开来的。在一般与个别密切地结合着的条件下，因果关系当然是提高认识、推进知识的锐利武器。在这个条件下，我们可以从一般推论到一般，也可以从一般推论到个别，反过来，我们也可以从个别推论到一般和从个别推论到个别。一个人一时一地所看见的“红”，本来是一般与个别结合着的；它既是一般也是个别，个别之中本来就有一般。罗素却使一般和个别分离开来。罗素有时把这个“红”只当作一般看待。在《真理与意义》那本书里，他曾经把“我看见红”（或类似的情况，不一定限制到“红”）当作“一般的红在这里”看待。有的时候，例如早期罗素谈感觉材料的时候，他又是把它当作只是个别看待的。一般与个别分家之后，即令我们发现了因果关系，但根据这样的因果关系的推论受了很大的限制。有时甚至于说不通了。

罗素在早期承认有独立于感觉而存在的客观物质事物，

但是，这个承认是空头的承认。按照罗素的说法，客观物质事物不是感觉的对象，因而是感觉不到的。既然如此，客观物质事物的存在就不是从感觉来肯定的。就感觉说，它只能是假设。它既不能根据感觉来肯定，它也不可能是根据感觉所作出的推论的前提。另外，罗素也不承认蓝本因。因此，即使所假设的客观物质事物是感觉材料的因，他也不能根据客观物质事物的形色状态推出相应的感觉材料。根据这些，我们就能清楚地总结出下面三点：第一，因为客观物质事物不是感觉的对象，它的存在就是不能从感觉肯定的，我们只能假设它。第二，按照罗素的说法，我们也不能肯定客观物质事物是感觉材料的因，而只能假设它是。第三，即使我们假设客观物质事物是感觉材料的因，我们也不能推出如何如何的感觉材料来。我们已经指出过，按照罗素的感觉论或感觉材料论，即令我们承认客观物质事物是感觉材料的因，我们也不能由因推果，只能由果推因。即使就由果推因来说，也只能说事出有因而已，却推不出什么样的客观物质事物来。在本节主要的问题，还是罗素不能由因推果，更不能由因推出什么样形色状态的果来。在大多数的感觉中，我们没有推论问题。但有时对映象发生了怀疑，则我们可以从实践通过由果推因，由因推果，再由果推因来证明该映象究竟是正确的还是错误的。我们能够这样做，因为，我们可以指出一个客观物质事物如何如何来表示感觉映象如何如何。罗素既然不能由因推果，他就也不能推出什么样形色状态的果来，他就不能（按照他自己的说法）指出一个客观物质事物的如何如何从而推出他的感觉材料如何如何来。

现在提一提所谓“别人”问题。就感觉说，所谓别人，首先是独立于感觉者而存在的客观物质事物。别人的存在并不涉及任何推论。别人本身就是感觉的组成因素。从和实践密切结合着的感觉说，感觉不只是个人的事情而已，而且也是集体的事情。实践本身就是社会实践，实践本身就离不开别人。官觉映象是否正确是可以用实践来证明的。在证明中我们经常来回反复地运用由果推因，由因推果，然后又由果推因的推论。在这个推论过程中，别人的贡献是很明显的。在罗素，问题显然不同了。按照他的感觉论，感觉者所感觉到的别人，不是客观物质事物，而是感觉者的感觉材料。按照罗素的说法，感觉材料是在感觉者头脑中的[1]，感觉材料中的别人当然也是在感觉者的头脑中的。在这样的感觉论里，实践从何谈起呢？你问售货员：这匹布多宽？他用尺量量说，两尺半宽。你总是和独立于你而存在的售货员打交道吧！他的动作总是客观物质的动作吧！他的话，就声音说，总是客观存在的声音吧！按照罗素的感觉论，直接感觉到的售货员是在你的头脑中的，因为直接的对象都只是感觉材料，都只是在感觉者头脑中的。作为客观物质事物的别人，罗素在1912年还是要千方百计地推论出来的。在那以后，他放弃了这个推论。现在的问题是：别人、别人的动作、别人的声音，既然都只是在感觉者的头脑中的，别人的感觉材料怎么办呢？它在哪里呢？按照罗素的说法，别人的感觉材料，应该是在别人的头脑里的。别人的头脑作为感觉材料既然是在某个感觉者（即那个感觉别

① 《哲学大纲》英文版，第138、140页。

人的感觉者)的头脑里,别人的感觉材料也应该是在这个感觉者的头脑里的。把别人的感觉材料安排在感觉者自己的头脑里,听起来好像是很方便似的。其实不然。别人的感觉材料是感觉者本人所感觉不到的。那么,推论能行吗?总之,罗素不能由因推果,并且,即令能推的话,他也推不出别人感觉材料的形色状态来。按照罗素的说法,一个感觉者是不能拿别人的和自己的感觉材料互相对比的。各感觉者都只有各自的感觉材料。

以上讲了罗素说法中的三个特点。这三个特点结合起来,产生了一个看法。就罗素的感觉论或感觉材料论说,这个看法是避免不了的。第一,罗素让一般脱离了个别。在很长一个时期内,他把感觉材料看作是个别的东西,并且是脱离了一般的个别。这就是说,自己的和别人的感觉材料是没有类型的,没有共同点的。第二,罗素虽然要求由果推因,然而他是不能由因推果的,更不能由某种形色状态的因推出某种形色状态的果来。这就是说,由共同的客观物质事物,罗素是推不出各不同感觉者的类似的或共同的感觉材料来的。第三,根据上段所提出的"别人"问题,罗素只能承认各感觉者的各自的个别的感觉材料,而这个感觉材料和别人的感觉材料是不能对比的。罗素的看法是:感觉材料是私有的。罗素没有把这个看法和他的感觉论或感觉材料论联系在一起,从而表示这个看法是他的感觉论或感觉材料论的一部分。本书把它们联系起来,表示罗素是必然有这个看法的。

说感觉材料是私有的,就是说它是一个感觉者之所独有,不是不同的感觉者所能共有的。一句话,感觉材料是不能够展览的,是不能做对比研究的。对此罗素还可以进一步神秘化。不过,他没有那样做,因而避免了由神秘化而来的更大的荒谬性。

这个看法本身已经是错误的了。产生这个看法的思想根源,是上面已经提出的三个前提。显然,那三个前提都是站不住脚的。这三个前提在前面都已经驳斥过。我们为什么又要提到它呢?我们已经表示:按照罗素的感觉论,感觉者是封闭在他的感觉材料里面的。感觉材料的范围究竟如何呢?说它小它好像又不小。至少它不只是限制到我们了解的感觉映象。感觉映象是限于感觉的。罗素的感觉材料不限于感觉,梦觉、幻觉中都有感觉材料。单就感觉材料的性质说,我们不知道我们是正在做梦还是正在过清醒的生活。谈不到一块的东西,罗素把它们堆在一块了。从这个角度来说,范围好像不小。但是,在本节我们又看出罗素的所谓感觉材料只是一个感觉者所私有的,而不是不同的感觉者所共有的。这可以说是感觉论中的唯我论。这样,感觉的范围又小得无以复加了。范围的大小不是一个重要的问题,假如它是一个四通八达的场合。在一个四通八达的场所里,认识活动总是可以进行的,天地广大的客观总是可以收到主观里去的。但是,罗素的感觉者是封闭在感觉材料里的,整个感觉材料系统又是不见阳光不通空气的。而这却正是罗素的认识论的出发点。他所谓的感觉材料是认识的根本材料、硬的材料、资料或与料。他正是要从这个感觉材料出发去建立他的整个的认识论的呀!

我们总结一下:罗素的感觉论或感觉材料论,是以第二性的东西去偷换第一性的东西,以感觉内容去偷换感觉对象;它

是形而上学的，是脱离了实践的，从而它把客观物质事物排除在感觉范围之外；罗素所谓的感觉是没有实践和认识的影响的，是静止的、不发展的；它不是反映，而是根本的与料；它没有蓝本因，因此不具有正确的感觉所有的本质特点的；它的本质特点被抹杀之后，它和梦觉、幻觉就混淆不清了；感觉材料是感觉者个人所私有的。总之罗素的整个感觉材料论不仅是错误的，而且是荒谬的。

罗素的著作非常之多，著作名单就有厚厚的五十多页，这还不包括近二十年的作品。他的感觉材料论值得花这么大的力量去批判吗？罗素的著作虽然多，然而主要是两部分：一是关于形式逻辑的理论，另一是认识论。感觉论或感觉材料论是罗素的认识论的核心。就罗素说，感觉和认识的对象或直接对象都是感觉材料。罗素是要以感觉材料为基础去建立他的认识论的。在1912年，罗素曾经想从感觉材料推论出关于客观物质事物的间接知识来。但是，由于他的感觉论或感觉材料论的特点，这个推论不能成立，间接知识是得不到的。在1914年，他已经放弃了这个推论，企图构造出“客观物质事物”来，如果搞得成的话，1912年的困难就撇开了。在1919年和1921年，罗素不只是要构造出物质，而且要构造出并且已经构造出了心灵。在1927年在重新构造出物质后，他也完成了他的中立一元论。在1912年，罗素还是想冲出感觉材料的范围的，但是，1914年后，他已经放弃了冲出那个范围的要求，龟缩到感觉材料里面去了。从1914年到1927年所形成的中立一元论是龟缩的结果，整个过程是龟缩的过程。罗素的中立一元论是本体论，也是认识论；但是，就它的最本质的特点说,它只是复杂化了的感觉材料论。罗素整个的哲学是把感觉者和认识者都封闭在他自己的感觉材料之中的感觉材料论。形成这个“理论”的方法是形而上学方法,这个“理论”本身是唯我论。

第六章　从感觉材料的直接认识能推出客观事物的间接知识吗

上章着重批判了罗素的感觉论或感觉材料论，我们已经知道他的所谓感觉材料是什么样的东西。在上章的第二、第三两节中，我们强调了实践或社会实践，它是和现实直接打交道的活动，虽然是有目的的，但它本身就是物质的活动。在这样的实践中，客观物质事物是直接的对象、材料或与料(data)。因此，在和实践密切结合着的感觉中，客观物质事物是直接的对象、材料或与料，它的存在不是假设，不是推论出来的。这一点非常重要。只有能够作为感觉的直接对象或与料的客观物质事物，才能真正成为认识上第一性的东西；也只有这样的客观物质事物，才是真正的反映论的基础。在罗素的感觉论里，这样的客观物质事物是没有的。他的认识论是什么样的认识论呢？在1912年，罗素的办法是从对感觉材料的直接认识推出对客观物质事物的间接知识来。他推得出来吗？请注意，这不是一般地能否由直接认识推出间接知识来的问题。对于后一问题，在某些场合上我们的答案是肯定的，在另一些场合上，它又是否定的，我们的问题是：从罗素的所谓对感觉材料的直接知识能否推出对客观物质事物的间接知识。

本章的结论可以先举出来。上一章揭露了罗素的感觉材料的性质。感觉材料既然是上章所说那种东西,从它能推出什么呢?从对它的直接认识能推出什么间接知识呢?我们的答案是什么也推不出。这是一方面。另一方面,上章也提到蓝本因问题。罗素能够肯定客观物质事物与感觉材料之间有因果关系吗?不能。即使能够肯定,他能不能根据这个关系来进行推论呢?也不能。他推论不出客观物质事物,也推论不出对客观物质事物的间接知识来。

其实,罗素自己也知道他的推论说不通。这应该说是他的自我批判。但是他是从右边去批判的。他的批判不是使他的哲学离开唯心主义,而是使之更接近唯心主义,他的批判是不正确的。正确的批判应该导致他放弃感觉材料论。但是,在1914年以后,他只是作了一些无关紧要的修改,直到现在,罗素还没有放弃他的感觉材料论。在本章我们暂时不讨论这一方面的问题。

下面我们先提出对感觉材料的直接认识问题,然后提出推论问题。

一、所谓对感觉材料的直接认识

首先,我们要指出,对于认识,罗素没有一个一般的定义。认识究竟是什么,他似乎一直没有一个明确的看法,在《哲学问题》那本书里,他提到知识是否就是真理的问题。在这里

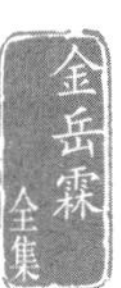

我们也提一提真理的问题。罗素的真假学说变动不大，他一直是坚持符合说的。单就这一点说，他好像无可指责。他既批判了杜威和其他实用主义者的有用说或有效说，也批判了英国黑格尔派的一贯说；这些也似乎是正确的。但是，不能单就符合说这一点看问题。罗素的所谓符合，究竟是同什么符合呢？在1912年，他虽然承认客观物质事物，然而却把它看成是直接经验得到的东西。与这样的东西符合与否的问题就很不简单。无论如何，罗素所讲的符合的对象，不是事物，而是事实。听起来这也好像不错。就普通的感想说，事实似乎有种搬不动的客观性，大多数人的所谓事实确实是客观的。在1912年，罗素所讲的事实，也还是有客观味道的，可是在《逻辑原子主义》里，所谓"事实"就奇怪起来了。在这本书里，事实并不是第一性的，而是第二性的。所谓事实是第一性的，就事实和命题的关系而言，是说命题反映的是事实，因此命题的分类是根据于事实的分类。但是这本书里情况恰恰相反，事实其实成为命题的反映，事实的分类反映了命题的分类。相应于普遍命题，有普遍事实；相应于否定命题，有负事实；而相应于所谓分子命题，有分子事实；相应于原子命题，有原子事实。罗素也知道世界上没有所谓相应于分子命题的分子事实或相应于原子命题的原子事实，可是他仍然把文章这样做下去了。这不是按照命题的分类来对"事实"分类吗？"事实"的客观性到哪里去了呢？和这种"事实"符合，符合有什么积极意义呢？正确的符合说应和辩证唯物主义相联系，而和唯心主义的哲学结合在一起的符合论是要不得的。

罗素是不是认为所有的命题只有符合客观事实才能是真

的呢？不是的。他没有用康德的名词,他并不经常地引用所谓分析命题和综合命题,但是,事实上他接受了康德的说法。有些命题是罗素所谓经验的命题或关于事实的命题。这种命题有和事实相符合的问题。这种命题是有内容的,如果与事实符合的话,是有真实内容的。但是,从本书第二章可知,罗素认为这种命题是没有必然性的。一方面,在经验上或事实上有真实内容的命题没有必然性。另一方面,有必然性的命题却没有同样的真实内容。所谓有必然性的命题,就是命题演算里逻辑定理那样的命题。罗素早期认为,这样的命题是有符合问题的,也是必然的;但是,它所符合的不是这个具体世界的具体事实！在他受了维特根斯坦的影响后,这种命题就没有符合与否的问题了,甚至能否成为命题也难说了。无论如何,并不是所有的命题或陈述句子都有符合问题。这样看来,罗素虽然坚持符合说,但他的符合说并不是正确的。

认识或知识是不是真的信念呢？罗素对这个问题的答案是否定的;罗素说:认识或知识不就是真的信念。他用类似下面的方法进行论证,一个人可能认为,“唐朝有个女皇帝”。他所断定的命题是真的,事实上唐朝确实有一个女皇帝。但是,如果在他的心目中,他所想的是慈禧,而同时又把清朝和唐朝搞混了,那么,他虽然断定了一个真的命题,也还不能说他有相应的知识。罗素得出的结论是,真理和知识是不同的事情。他进一步说,由假的前提推出真的结论,结论虽然是真的,也仍然不是知识。如果一位记者由于过分的热忱,主观主义地报道了我们在一次战役中打了大胜仗,读者信以为真,而事实上后来又确实打了一个大胜仗,读者虽然得到了一个真

的结论，然而他还是没有知识，因为他的结论是从假的前提得出来的，就是说，是从假的报道中得来的。另一方面，如果推论方式是错误的，结论或所谓“结论”即使是真的，但也不是知识。如果一个人认为所有希腊人都是人，苏格拉底是人，从而得出“结论”说苏格拉底是希腊人，他的所谓“结论”虽然是真的，然而他不能说有知识。罗素往下说，从真的前提推出来的结论也不能看作知识，虽然它是真的命题。知识只能从已经知道的前提推论出来。这样，所谓间接知识都是得自直接认识的。无论如何，直到现在，对认识或知识罗素还是没有一个总的看法。

在提出直接认识和间接知识以前，我们还要分别一下罗素在对真理（不必是真理体系，照罗素的观点，一个真命题也是真理）的知识和对东西的知识之间所作的区别。按照罗素的说法，真理既然是符合于事实的命题，对真理的知识也就是对事实的知识。这种真理的知识有一个特点，它可能是真的，也可能是假的。有些信念的对象是事实，这些信念是真的；有些信念的对象不是事实，这些信念是假的。这就是说，有些信念的对象是不存在的，这一点以后还要提到。对真理的知识有直接的，有间接的，有直观的，有推论出来的。推到最后总有些信念是自明的，这就是说，它的真实性不是从别的信念推论出来的。对真理的自明知识，有些是逻辑定理，有些是像归纳原则那样的命题，另外一些是和感觉或知觉结合着的。这些知识兼有感觉或知觉的自明性，或者说兼有直接经验的自明性。上面说的是罗素所说的对真理的知识。

下面我们谈谈罗素所说的对东西或事物的知识。罗素承认对东西的知识总会涉及对真理的知识。尽管如此,这二者的性质还是不同。对东西的知识有两种,一种是对东西的直接认识,另一种是对东西的间接认识。前者认识的是东西的形色状态(如感觉材料所呈现的那样);后者认识的是独立于我们而存在的事物。这二者也是有分别的。这里所谓认识,是汉语常识中的所谓“认识”。我们可能说这样的话:“我们虽然能够辨别老张和小李两同志的声音,然而我们不认识他们;我们虽然不认识他们,然而我们知道他们都是广播工作者中的能手。”所谓辨别这两位同志的声音,就是我们能够听出所听到的声音是他们的声音。所谓不认识他们就是说不认识他们的形象,在他们所在的地方不能指出他们来。不能指出他们来,是不是就对他们一无所知呢?也不是。最后的“知道”两字是间接知识。直接认识涉及感觉或知觉上的接触。请注意,这里并没有说明认识究竟是什么。罗素给人的印象是:只要有感官上的直接接触,就是直接认识。事实并不是这样。视而不见、听而不闻的时候是经常有的。认识不只是要视听而已,而且要有见闻。感觉不只是感官活动而已,就认识说,重要的是觉,而罗素并没有解释觉。以后有一个时期,罗素似乎受了詹姆士的影响,不再把感觉当作认识。但是,他一直没有搞清楚认识究竟是什么。在1959年出版的《我的哲学的发展》里,他仍然没有研究出认识究竟是什么样的事情。大体上说,在1912年,他是以感觉为认识的。以视觉为例,视觉就是见,而见就是认识。视而不见的情况撇开了。在1912年以后,罗素不以感觉为认识,而以知觉为认识,理由这里不谈。无论是感觉也好,或知觉也好,它的与料和对象都是感觉

材料。这一点很重要，就所谓对东西的知识说，直接认识的与料或对象不是客观物质事物，而是感觉材料。对东西的间接知识是通过摹状得到的。关于摹状词，上面已经有了介绍和批判。我们承认有摹状词，但不承认摹状词没有独立的意义这一论断。在这里我们又提出摹状词，这是作为对东西的知识的工具而提出的。上面说过，对东西的直接认识，只是直接接触到它的感觉材料而已。这里有张桌子，我们所直接接触到的是它的颜色（它是浅绛的）和它的形式（它是四方的）等。就直接认识说，按照罗素的说法，我们所直接认识的也只是这些感觉材料的形色状态，而并不是这张桌子这个客观的东西。对于这个东西的知识是间接的。我们根据所得到的感觉材料组成摹状词或提出一个有该摹状词内容的命题。说该命题是真的，就是说在感觉材料中有相应于该摹状词的东西或事物，或者说这样的东西或事物是存在的。说该命题是假的，就是说相应的东西或事物并不存在。按照这个说法，对于东西或事物的间接知识是从对于感觉材料的直接认识"得来"的。在这里所谓"得来"是极其重要的概念。我们以后所要讨论的主要问题就是：上述的间接知识是否能够从上述的直接认识得来。我们回答是：得不出。

其次，我们要指出，罗素讲的对真理的知识和对东西或事物的知识，并不是我们讲的理性认识和感性认识。理性认识，是在实践的基础上产生的，也是在感性认识的基础上突变而来的。它是对客观事物的本质、全面、内部联系的反映。头一点，理性认识所反映的是客观物质事物，不是客观物质事物的表面上的形色状态，而是它的本质、全面、内部的联系。罗素所讲的关于真理的知识是这样的反映吗？显然不是。他所讲的知识不是在实践的基础上产生的。他所讲的客观物质事物不是直接的与料，不是直接的对象，更谈不到客观物质事物的本质、全面、内部的联系。因此，这种“知识”不可能是科学的，这种“对真理的知识”不可能是辩证唯物主义者所了解的理性认识。罗素所讲的对东西或事物的认识，是不是辩证唯物主义者所了解的感性认识呢？我们的所谓感性认识虽然是对客观物质事物的现象、片面和外部的联系的认识，然而它确实是对客观物质事物的直接认识。它不是什么通过摹状词对事物的间接知识。通过摹状词的知识的对象虽然是事物，然而它不是直接认识。我们所了解的感性认识既然是直接认识，那么，它是不是就等同于罗素的直接认识了呢？显然也不是。罗素的所谓直接认识是对感觉材料的认识，不是对客观物质事物的认识，因此，这种直接认识也不可能是我们所了解的感性认识。罗素所谓的对真理的知识只是在表面上稍微有点像理性认识，他所谓的对东西或事物的知识只是在表面上有点像感性认识而已；他的直接认识和间接知识也只是在表面上有点像感性认识和理性认识而已。本质上它们不可能是同类的东西。因为罗素所讲的对真理的知识，对东西或事物的知识，或者直接认识和间接知识都不可能是正确的。这一点是以下各章所要证明的。

在罗素的系统中，这个直接认识和间接知识问题非常重要。它是从对感觉材料的认识达到对客观物质事物的知识的问题，它也是从对心理的认识达到对物理的知识、从对宏观世界的认识达到对微观世界的知识的问题。这些是不同的问题。在1912年的《哲学问题》那本书里，罗素的主要问题，是从对感觉材料的认识达到对客观物质事物的知识。上面所谈的分类法是从这个角度提出的。在这个时期，罗素是承认有类似于常识所承认的客观物质事物的。这样的客观物质事物有点像康德的物自体，而又不同于康德的物自体。它不是直接认识的对象，但是，它是可以间接地知道的。到了1914年，罗素开始搞中立一元论的时候，他对这样的客观物质事物就开始没有兴趣了。他就开始构造物质，也就是构造客观物质事物了。这里至少有两方面的问题。一方面，构造出来的客观物质事物不是独立于我们而存在的，它是假的客观事物，这是唯心主义；另一方面，罗素开始抹杀宏观世界的客观物质事物了。他从来没有直截了当地取消宏观世界的客观物质事物，但是，他确实抹杀了这样的事物。常识中的客观物质事物都是宏观世界中的官感世界的客观物质事物，抹杀这样的事物也是抹杀常识中的客观物质事物。显然，这就是偷运唯心主义。宏观世界的客观物质事物既然抹杀了，由对感觉材料的认识达到客观物质事物的知识，就成了由对感觉材料的知识达到微观世界的知识。对罗素说来，物理学好像只是微观世界的物理学似的。因此，原来的问题就变成由感觉或知觉的认识达到物理学的知识。同时，宏观世界的客观物质事物既然抹杀了，从对宏观世界的客观物质事物的知识达到对微观世界的客观物质事物的知识，也就成了由对感觉或知觉材料的认识达到对微观世界的客观物质事物的知识。这样在1914年后，罗素关心的问题就和1912年大不一样。在1912年，他还有一点点的唯物主义因素，而在1914年后，他就成了十足的唯心主义者。这是很值得我们注意的。但是，无论前一阶段或后一阶段，罗素都没有提从直接认识达到间接知识的问题。这里说“达到”，有时我们也说“得到”，这当然是简单的说法。罗素的问题是要从直接认识推论出或构造出或演绎出间接知识来。推出、构造、演绎都是重要的过程，可是，显然我们也不能忽视这过程的出发点，即罗素的所谓直接认识。就罗素的认识论系统说，直接认识是关键性的问题。

罗素自己是极其重视直接认识的。他坚持认为用摹状词方式得到的间接知识最后都是能够还原为直接认识的，无论所涉及的是个别的东西，还是普遍的共相。他提出一条分析包括摹状词在内的命题的原则：每一个我们可以理解的命题，它的所有成分一定都是我们所直接认识的。罗素知道困难可能很多，但是，罗素认为它们都得克服，也是可以克服的。罗素用了一个关于恺撒的命题为例。恺撒早已死了。对于他，我们没有，也不可能有直接认识，但是，我们可以通过摹状词去了解一个关于恺撒的命题：例如“在三月十五日被人杀死的那个人”或者“罗马帝国的创始人”，或者简单地“名字叫恺撒的那个人”。在最后的摹状词中，“恺撒”这个名字是我们所直接认识的。当然这句句子里的字都是我们所直接认识的样式，而这些样式又表示个别的东西或普遍的共相。这些也是我们直接认识的。通过这些直接认识，我们了解一个关于恺撒的命题，虽然，对于恺撒我们没有直接的认识。摹状词在这一问题上的重要性。按照罗素的想法，就在于通过它，我们可以突破我们的私有经验的限制（这是办不到的，详见本章下一节中）。这表示间接知识的重要性。但是，反过来，这也表示了直接认识的重要性。本段开始时所说的那个原则就要求我们所能理解的命题的所有成分都是我们所直接认识的。间接知识要能够还原为直接认识①。但是，要间接知识能够还原为直接认识，就要直接认识能够达到间接知识。所谓“达到”，在1912年罗素等同于推论出（在1914年后，罗素的问题是构造出或演绎出间接知识来），能不能推论出间接知识来，总是和直接认识的性质密切结合着的。下面就来看看罗素的所谓直接认识的性质。

再次，我们在前面讲过：对于认识，罗素没有明确的概念，对于直接认识，他当然也没有。他所讲的认识有点像常识中的认识。当我们说我们认识老张和小李两同志的声音时，意思是说在许多不同的声音中，我们能够辨别出这两位同志的声音来。这是罗素所用术语的字面意思。这好像是感觉加了一点什么东西似的。但是，在《哲学问题》里②，罗素又说感觉就是直接认识。这也好像相当清楚。其实并不清楚。上一章已经提出，罗素在谈感觉的时候，好像是谈真正的感觉似的；可是，当他谈感觉材料的时候，他又的确不是谈真正的感觉映象。在罗素那里有狭义的感觉和广义的感觉的区别。在罗素心目中，前者是正常的感觉，是相当于真正感觉的感觉，后者是相应于广泛的感觉材料的感觉。按照罗素的感觉论或感觉材料论，其主导思想以后者为主。相应于狭义的感觉的直接认识是一件事情，相应于广义的感觉的直接认识完全是另外

① 《哲学问题》英文版，第58、59页。

② 《哲学问题》英文版，第46—47页。

一件事。罗素的所谓的直接认识应以后者为主。因为直接认识的对象是感觉材料。显然直接认识的性质是和对象的性质密切地结合着的。罗素的所谓直接认识既然就是感觉,而感觉又产生了感觉材料,直接认识就没有是否正确地反映了感觉材料的问题。感觉材料有什么性质,直接认识就不能超出那个性质的范围。

上一章把感觉材料的性质都摊出来了。那些性质对于整个认识论说都很重要。但是,针对于本章的问题说,我们只提出罗素的感觉材料的以下三个特点:(一)感觉材料虽有原因,然而,没有客观物质事物方面的蓝本因。(二)就产生感觉材料说,感觉、梦觉和幻觉是一样的。(三)感觉材料是感觉者所私有的。

直接认识的对象是感觉材料,例如"红"、"方"、"香"、"甜"、"硬"等。我们已经把这些叫做感觉材料的形色状态。我们对于这些形色状态有直接认识。问题是它们有没有代表性。在这一点上,正确的感觉映象和罗素的所谓感觉材料是完全对立的。感觉映象有代表性。感觉映象的形色状态,代表那个正在作用于感官而产生了该映象的客观物质事物的形色状态。这就是说,作用于感官的客观物质事物不只是因而已,而且是感觉映象的蓝本因。首先,我们要肯定直接认识是对于客观物质事物的直接认识,这也就是对于感觉映象的直接认识。这二者是一件事情,不是两件事情。但是,我们可以退一步着想,既然感觉映象有代表性,即令直接认识只是对于感觉映象的直接认识,我们还是可以推出客观物质事物的形色状态来。到北京来的外国元首很多,我一个都没有看见过。

但是我看见了他们的照片，我对于他们的照片既然有直接认识，对于他们本人的外表我也有了间接的认识。我用得着推论，但是，就亲自看见过他们的人说，推论根本用不着。罗素的所谓感觉材料不是感觉映象，它虽然有因，然而它没有客观物质事物方面的蓝本因，理由在上一章已经指出。感觉材料既然没有蓝本因，它也就没有代表性。直接认识的对象本身没有代表性，直接认识怎么能有代表性呢？五十年前曾有一本中国历史教科书，书里有楚霸王的画像。该像显然是参考了文献画出来的，样子很勇猛，很粗暴，主要是用眼大须多来表示。这就是说该画像是有因的，但是很明显它没有蓝本因。看了那张画像之后，我们（小孩除外）决不至于说："原来项羽是这个样子呀！"看过那张画像的人对该画像有直接认识，但是，由于该画像没有蓝本因，它没有代表性。该画像没有代表性，对它的直接认识怎么会有代表性呢？罗素的所谓直接认识既然是对于感觉材料的认识，感觉材料既然没有代表性，他的所谓直接认识，就没有代表性。

上章曾指出罗素抹杀了感觉的本质特点，从而混淆了感觉和梦觉、幻觉。就它们都产生了感觉材料说，感觉和梦觉、幻觉是一样的。罗素企图用一致性的大小来区分感觉、梦觉和幻觉，但是一致性的大小不是感觉材料各自的性质，而是一群感觉材料彼此间的关系。这就是说，在作出比较研究之前，对于任何单一的感觉材料，我们都不能肯定它是感觉中的感觉材料（感觉映象），还是梦觉中的感觉材料（梦象）或者幻觉中的感觉材料（幻象）。这就是说，任何单一的感觉材料都没有性质上的特点。但是，它们有共同点：它们都是看见的或听到的或摸着的或嗅着的或尝着的。按照罗素的说法，下面的问题就无法避免。在作比较研究之前，看、听、摸、嗅、尝是不是直接认识呢？罗素可能说：不是。他可能说，在比较研究之后，在感觉从梦幻分开来了之后，在感觉中的看、听、摸、嗅、尝才是直接认识。这个回答说不通。它对比较研究作何理解呢？不是认识吗？如果是认识的话，它或者是直接的认识或者是间接的认识。是直接的认识说不通，因为在根本的直接认识之前，罗素还得承认更根本的直接认识。说它是间接的认识也说不通，因为在直接认识之前，罗素还得承认间接认识。罗素是不是可以说，在比较研究之前，感觉者已经有认识了呢？这又回到头一问题上去了。这就是说，在比较研究之前，看、听、摸、嗅、尝都是直接认识。这可荒谬了！感、梦、幻都成为直接认识了。这样，我梦见唐太宗，对于唐太宗有了直接认识了。这岂不很荒谬吗？感觉的本质特点是不能抹杀的，在不抹杀这个本质特点的条件下，感觉的确是直接认识或直接认识的基础。但是，在这里直接认识的对象是客观物质事物，不是什么感觉材料，更不是什么梦象或幻象。按照罗素的感觉论或感觉材料论，感觉材料本身是荒谬的，对它的直接认识也是荒谬的。

现在看看感觉材料的私有性，这是一系列形而上学思想方法的结果，包括一般与个别的割裂这一形而上学的思想方法。按照罗素的说法，感觉材料是私有的、是不能公开展览的。问题是对感觉材料的直接认识是不是私有的呢？罗素没有提出这个问题。当然，感觉材料和对于它的直接认识都不可能是私有的。问题是在肯定了感觉材料的私有性之后，直

接认识能不能是可以公开讨论的呢？我们认为按照罗素的说法，他的所谓直接认识是不能公开的。他自己可能不同意，有时似乎还认为直接认识是可以公开的。他经常引用别人的证据或别人的话作证。如果我的直接认识能够得到别人的证明，它当然是公开的。但是，罗素也经常指出所谓“别人”是一个困难问题。这个困难问题他虽然提出了，然而并没有予以正视。罗素的所谓“别人”不是独立于一个感觉者而存在的客观物质事物，而是该感觉者的感觉材料。“别人”背后的客观存在，在1912年是需要推论才能得到的；在1914年后，是需要构造的，但构造出来的“别人”又不是独立于一个感觉者而存在的别人。“别人”既然只是一感觉者的感觉材料，别人的证据或别人的作证，无论是说出来的声音还是写出来的文字，也都是该感觉者的感觉材料。这样一来，证据或作证的性质改变了。在正确理解下的别人，他的证据是独立的证据，他的作证是独立的行为。所谓独立就是指不受原感觉者所支使或不受原感觉者的影响。如果直接认识能够得到独立的证据或作证，直接认识确实是公开的。但是，罗素所讲的别人的证据或作证没有这种独立性。如果它增加什么的话，它只是增加一个感觉者感觉材料的内部一致性而已。直接认识也只是增加了内部一致性而已。既然感觉材料是私有的，那么对感觉材料的直接认识也是私有的。

前面讲过，罗素的所谓直接认识是没有代表性的，是不分感觉、梦觉、幻觉的，是私有的。这样的直接认识能够作为推论的根据吗？从它那里我们能够推论出对于客观物质事物的间接知识来吗？上章已经指出，就感觉说，罗素在1912年曾提出所谓狭义的感觉。当他谈感觉时他心目中想的是正常的感觉。但是,当他谈感觉材料时,他又不能想到正常的感觉映象。所谓狭义的感觉是矛盾的概念,它既以正常的感觉作为其内容的一部分,也以非正常的感觉作为其内容的一部分。广义的感觉是和感觉材料一致的。按照整个的感觉论或感觉材料论,罗素的主导思想是讲广义的感觉。上面说的直接认识的性质,是就广义的感觉说的。显然,无论罗素引进了什么概念,直接认识的对象总是感觉材料,而就感觉材料说,相应于感觉材料的感觉总是广义的。这样罗素的所谓认识,就避免不了上面所提出的性质。

从有这种性质的直接认识能够推出间接知识来吗?下面所要讨论的就是这个问题。

二、从直接认识到间接知识的推论行得通吗

首先,从直接认识到间接知识的推论所根据的关系是因果关系。因此,先要讨论一下罗素关于因果关系的言论。如果要对罗素进行详细的批判,因果论应该是一个专题。我们在这里只是附带的提一提而已。

在因果关系上,罗素基本上是继承休谟的。罗素认为,因果关系有经常联系性,没有必然性,也没有所谓因"致"果的"致"。当然罗素和休谟也有不同的地方。因果之间的时空关系就很不一样了。休谟要求因果在时空上是联接的或连续的;罗素不作这样的要求。他的连续性是数学式的。数学式连续性的一个特点是,两数之间,无论两数的间隔多么小都有

无穷的数介乎其间。用这样的连续概念来衡量因果，显然是不适合的。罗素和休谟对时间的看法也不一样。在一篇文章里，罗素曾认为因果不需要有特别的时间关系，如果说因可以“致”果的话，我们同时也得承认，果也可以“致”因。这样，因必在前的看法就好像是多余的。罗素原来以为在因果之间去掉时间这一因素是有科学根据的，他好像是说科学中的因果关系就是没有时间夹杂其间的。可是，在自然科学中出现了热能量转化不可逆转的说法后，罗素的意见好像也改变了。休谟虽然没有明确地提出因果关系是函数关系，但是，他那样的看法与20世纪的所谓函数关系的看法实质上是一致的。罗素与休谟的看法是唯心主义的，是错误的。因果关系是必然的关系，有因致果的特点，因是在果之前的，因对果的产生是起决定性的作用的。

罗素对因果关系的看法是有矛盾的。一方面，他看不起因果关系。他经常说科学，特别是真正发达的科学，是不用因果关系的；不懂科学的哲学家主观地以为科学不能缺少因果关系，把它强加于科学（罗素所说的科学就是自然科学、并且仅是物理的）。可是，另一方面，在哲学中，罗素又非用因果关系不可，而且用得非常之多。他以科学的哲学相号召，但又经常地引用他自己认为科学所不引用或不屑引用的工具来研究哲学，这岂不是自相矛盾吗？在1912年，他所引用的因果关系是和常识所了解的差不多的。那时他说的是客观物质事物和感觉材料之间的因果关系，也就是本文所讨论的那种因果关系。这一方面的问题不在关系本身，而在关系者。这就是说，问题不在因果关系，而在罗素的所谓客观物质事物和感觉材料这两项关系者。这可以说是罗素对因果关系第一次重要的应用。第二次重要的应用是在《心的分析》中。这本书谈到了有时间间隔的因果关系。罗素给这个因果关系取了一个新名字,可见他也认为这个因果关系很特别。它是否成为因果关系并不是简单的问题。在《物的分析》中,客观事物和感觉材料或知觉材料之间还是有因果关系。可是,这本书里的因果关系和1912年所说的又不同了,罗素所谓的客观物质事物已经和1912年所说的不同,已经是唯心主义地构造出来的了。

罗素所谓的感觉材料既如上章所述,他的所谓直接认识又如上节所述,那么他能够通过因果关系来达到对客观物质事物的间接知识吗?

首先我们重申一下前面已经说过的话。我们讨论的是罗素所讲的感觉材料,而不是正确的感觉映象。感觉映象是客观物质事物作用于我们的感官而产生的影响,它是有客观物质事物作为它的蓝本的;在形色状态上,这种感觉映象和它的蓝本有差不多相应的性质与关系。这样的感觉映象也有非蓝本因,它也是客观物质事物。但是,蓝本因和非蓝本因的分别非常之清楚,前者同时是感觉的客观对象,后者不是。罗素所说的感觉就不同了。以前我们也提到过蓝本因和非蓝本因的分别,可是谈得不多,现在也只简单谈谈。作者曾经因为发高烧而产生了幻觉。幻觉当然还有别的原因,但是,按照大夫的说法,发高烧总是原因之一。我的幻觉是一个人把枪口对准我作开枪状。当时我确实“看见”了这个形象。按照罗素的说法,这形象也是感觉材料。显然,发高烧虽然是原因,然而

不是蓝本因。它与“看见”了的形象没有什么相应的形色状态上的情况。人们也可以因夜半钟声而梦见打海战。钟声虽然是因，然而不是海战的蓝本因。由对感觉材料的直接认识推论到对客观物质事物的间接知识所需要的因是蓝本因，不是非蓝本因。感觉映象之有蓝本因是毫无问题的。感觉映象，一般地说，是不需要推论的。假使需要推论，推论的可行也是毫无问题的。

就罗素所谓的感觉材料说，首先就有这个问题：它究竟有因还是无因？这个问题罗素是应该提出的。可是他并没有提出。罗素既然要利用因果作为他的推论所根据的关系，他总得先肯定感觉材料是有因的。很清楚他作了这个肯定（虽然他没有明白地说过）。这个肯定的根据是什么呢？罗素没有说。他不可能像我们那样公开承认因果的普遍性。就我所知，罗素没有公开地承认过因果的普遍性。但就他的一般的议论说，他好像是默默地假设了因果的普遍性，因为他是经常利用因果关系的。罗素既然没有公开承认因果的普遍性，他也就没有公开的理由承认感觉材料非有原因不可。在没有公开承认因果的普遍性的条件下，感觉材料之有因与否两者都有可能。把无因这一可能排除掉并没有原则上的理由。事实上罗素选择了有因的说法，而同时又好像没有意识到他曾经作了这种选择。他似乎很自然而然地作了这样的选择。其所以如此，因为罗素偷换了概念。这个偷换下一段还要提到。

既然罗素选择了有因的说法，那么这个因是什么样的因呢？这个问题并不简单。辩证唯物主义者没有这个问题。这是一个主观唯心论者的问题。罗素是个唯心论者，他应该知道有这个问题,他是了解唯心主义哲学史的。然而他好像没有这个问题似的。贝克莱为了给这个忽生忽灭的感觉材料(借用罗素的名词)以一种稳定性、连续性,曾肯定它是上帝的感觉材料。贝克莱认为:当人们停止感觉的时候,人们的感觉材料停止了。可是,上帝没有停止他的感觉,因此他的感觉材料依然存在。这是极其荒谬的想法。贝克莱是要否认客观物质事物的存在,否认它是感觉材料的因的。贝克莱提出这个荒谬的说法,就表示他是有这个问题的。休谟的哲学我们提过好几次。他也有这个问题,他的答案是“不知道的因”。这就是说因是有的,只是我们不知道它是什么样的因而已。休谟因此而成为不可知论者。有些人,包括我自己,曾以为这个不可知的东西是物质。休谟并没有这样说。他只说这个东西是我们所不知道的。这是荒谬的,也是矛盾的。他既然不知道这个因是什么样的因,你怎么知道有它这个因呢?贝克莱主教本来是宣传宗教的,本来就要利用感觉材料来反对物质。他的问题和目的都很明确。休谟是一个唯感觉论者,这一立论本身就排除了物质。他既然把物质排除在感觉经验之外,怎么能够肯定感觉材料(仍然利用罗素的名词)的因是物质呢?他不能肯定这个因是物质。休谟没有意识到所谓“不知道的因”是说不通的。然而应该承认他已经意识到:肯定那个因是客观物质事物,在他的唯感觉论的体系里,是说不通的。至少在1912年,罗素没有意识到贝克莱、休谟这样的问题。他既没有抬出上帝来作为感觉材料的因,也没有抬出什么别的假想物来作为感觉材料的因,也没有认为感觉材料的因是我们所不知道的。他一跳跳到客观物质事物,认为它就

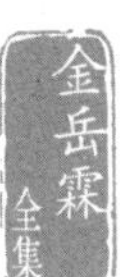

是感觉材料的因。说罗素跳到客观物质事物这个看法，就是说他不是一步一步地走到这个看法的。接受这个看法应该有理由、有根据。可是，他没有提出任何理由或根据来。他似乎很自然地就得到这个看法。按照罗素的感觉论或感觉材料论，如果一致地维持下去的话，他是不应该感到自然而然的。其所以感到自然而然，正如上段所说，是因为罗素偷换了概念。罗素的所谓感觉材料是感、梦、幻、错都有的；就感觉材料的性质说，它是不能分别感、梦、幻、错的。可是，他所谓的感觉，又是和梦、幻、错等觉有分别的。分别就在于感觉中的感觉材料彼此关系的一致性大。这就是上章所提到的狭义的感觉。这个狭义的感觉观是错误的，它不是正确理解之下的感觉。对它的批判，上章已经提出。现在的问题是：当罗素提到感觉时，他心目中想的是正常感觉，而在这个时候，他的所谓感觉材料也就近似于感觉映象了。这就是偷换概念。但是这也不是干干脆脆地偷换概念，因为罗素没有放弃他的感觉论，而按照他的感觉论，感觉所具有的本质特点被抹杀了。他早期（1912 年，在《哲学问题》的最初讨论中）的所谓感觉是有矛盾的。按照罗素的感觉论，他不应该也不能够认为客观物质事物是感觉材料的因，但是，他既然暗中引进了正常的感觉，他就很自然地认为客观物质事物是感觉材料的因了。

综上所述，罗素既然没有承认因果的普遍性，他便没有原则上的理由来肯定感觉材料是有因的。按照罗素的感觉或感觉材料论，他是不能跳到客观物质事物是感觉材料的因这样一个结论的；其所以他很自然地得出这个结论，是因为他偷换了概念。

罗素的目的是从感觉材料的直接认识推出对客观物质事物的间接知识。推论所根据的关系，是客观物质事物和感觉材料之间的因果关系。对前者罗素不承认有直接认识，对后者他才承认有直接认识。因为前者和后者有因果关系，对后者的直接认识意味着对前者的间接知识。在1912年，罗素认为间接知识可以从直接认识推论出来。但是上面已经指出，这个因果关系是罗素的感觉论或感觉材料论所不能肯定的，它是偷运进来的。单就这一点说，推论已经是说不通的。除因果关系外，推论的另一根据是对感觉材料的直接认识。这个推论实在是说：我们直接地认识了感觉材料的形色状态，就可以推出对客观物质事物的形色状态或者性质关系来。办得到吗？这个推论要说得通，需要的不只是因而已，还需要蓝本因。罗素的所谓感觉材料是无分于感觉、梦觉、幻觉、错觉的。根据上一章的讨论，我们可以把错觉撇开。感觉的本质特点被抹杀后，感觉材料也没有感觉映象的特点了。在性质上或形色状态上感觉、梦觉、幻觉是没有区别的。我们先摆事实吧！有一个人曾经梦见他的朋友之一变成了一匹马。梦是有原因的，其中之一是这个做梦者是一个经常做梦的人。这可能只是现象，现象背后可能还有本质的原因。无论如何，我们不能说“变成了马的朋友”或“由朋友变成了马”这个梦中的形象有什么蓝本因。本节开始时所提到的发高烧时的幻觉也有原因，可是那个“枪口对我”的形象是没有蓝本因的。就货真价实的感觉说，情况就不同了。当我走进养马场的大门之后，我看见了一匹枣红马。那匹马就是我的感觉映象的蓝本因。当然还有许多别的原因，“走进大门去”就是原因之一。

显然不走进大门去是不会看见那匹马的。后者虽然也是原因，然而它不是蓝本因。梦觉、幻觉和真正的感觉的分别是非常之大的。真正感觉里的感觉映象是不能和梦觉、幻觉里的形象混为一谈的。混淆之后，把这些形象都看成感觉材料之后，要从感觉材料得出有关客观物质事物的关系性质方面的结论，就成为不可能的了。我们还可以退一步设想：假设罗素的所谓感觉材料中某些是有客观物质事物作为它的蓝本因的（上面已经指出这是罗素所不能肯定的），那么，是否就可以通过直接认识把有蓝本因的感觉材料挑选出来呢？不行，办不到。所谓直接认识就是“看见、听见、摸着……”感觉材料。感觉、梦觉、幻觉中都有“看见、听见、摸着……”，因此，它们也都有“直接认识”。我们用什么标准来衡量哪些感觉材料有蓝本因，哪些没有呢？就以上所举的三个实例说，它们没有哪一个一致性大或哪个一致性小的问题，因此不能用这个方法来决定哪一个是感觉。假如罗素不偷运进真正或正常的感觉作为标准的话，一致性的大小也决定不下来。这一点在上一章已经指出。常识没有这个问题，因为感觉的本质特点没有被抹杀。提供辨别梦觉、幻觉的标准的正是实践，正是和实践紧密地结合着的感觉。在抹杀感觉的本质特点之后，感觉映象的本质特点也被抹杀了，从而蓝本因也被抹杀了。这样，从对感觉材料的直接认识就推不出对客观物质事物的间接知识。

也许有人会说，在某些地方罗素的讨论是入情入理的，例如在《哲学问题》英文版第23页的讨论。在那里，罗素认为，假设了独立于人们而存在的客观物质事物，就可以把复杂的感觉问题简单化、明了化。如果一只猫一瞬间在一个地方出现,而在不连接的另一瞬间在另一地方出现,我们就假设那只猫(那只作为物质事物的猫)从头一地方跑到第二地方去了。这很自然。但是,如果"猫"只是一束感觉材料,它就不能存在于我没有看见它的中间瞬间和中间地带,而只是在第一瞬间和第一地方存在,我不看见它的时候,它灭亡了,然后在第二瞬间第二地方突然又存在了。罗素接着提到以下关于饥饿的问题。如果猫是存在的,它的食欲会在两顿饭之间逐步增加,这很自然,但是如果猫只是一束感觉材料,它的食欲在存在时和不存在时都同样地增加。这岂不怪哉!在同书的第20页,罗素又提到这样的问题。用一块布把一张桌子完全罩上,如果桌子只是一束感觉材料的话,那么它不存在了,而那块布就悬在空中了。这岂不荒谬!这可能就是某些人所说的入情入理的讨论。我从前也欣赏过这个讨论。把作为感觉对象的客观物质事物当作感觉材料,确实是荒谬的。不过,客观物质事物的存在并不是假设,它的存在也不是为了使复杂的感觉问题简单化。况且,罗素真的认为那块悬空的布,那张忽然灭亡了的桌子荒谬吗?按照他的感觉论或感觉材料论,它们都不荒谬。梦见朋友变成了一匹马的人,在他做梦的时候,并没有认为人变马的形象是荒谬的,相反地他认为他的朋友可怜,他醒来的时候才大笑起来。对罗素来说,人变马的形象也是感觉材料,而当它是感觉材料的时候,罗素没有理由认为它荒谬。作为罗素的所谓感觉材料,那块悬空的布为什么不能悬空呢?为什么悬空起来就荒谬呢?上述的讨论是很好的,它应该导致的结果是要求罗素放弃他的感觉材料论。罗

素既然坚持了他的感觉材料论，上述的推论对罗素说，就是说不通的。

其次，有无蓝本因的问题也就是有无代表性的问题。本节主要从代表性着想。在前面，我们已经指出，对感觉材料的直接认识没有代表性。问题是：从有代表性的直接认识能否推出关于客观物质事物的间接知识来呢？就罗素的所谓感觉材料说，是不是所有感觉材料都没有代表性呢？这些问题都需要详细一点的讨论。

按照罗素的感觉材料论，感觉材料一般地说是没有代表性的。感觉映象的本质特点被抹杀之后，感觉者不能在性质上把感觉映象和别的觉的形象分别开来。在感觉、梦觉、幻觉中所有形象都是感觉材料，哪些有代表性，哪些没有，是分别不出来的。对于这些感觉材料的直接认识，也没法加以分别。显然，从这样的直接认识作出推论是不行的。要举例来说明的话，所能举的也只能是非常之不正常的。据说曾经有一个疯子，认为自己是拿破仑。他发现有人不相信，其中有的还虐待他。他学会了证明自己是拿破仑。他看见同情他的人时，就说心里话，把他所经历的一切都归纳到他是拿破仑这一点上。这个疯子的官能所及，显然有些不是感觉映象，但是按照罗素的理论，它们都是感觉材料。这个疯子对他的感觉材料也有罗素的所谓直接认识。并且根据这些直接认识，这个疯子作了许多推论。其主要结论是，他是拿破仑。对这个推论用不着加以分析。如果按照罗素的理论，把感觉、梦觉、幻觉中的形象都当作感觉材料看待，只要是感觉材料都加以直接认识，并且主要是直接认识，在这种基础上进行推论所得到的结论只能同这个疯子所得到的一样。这个疯子之所以为疯子,正表现在这些推论和这个结论上。很明显,就罗素所谓的一般的感觉材料说,就对于它们的一般的直接认识说,推论是不能进行的,对于客观物质事物的间接知识是推论不出来的。

我们可以退一步着想,照罗素的说法,让感觉者把他们的感觉材料按一致性的大小分成感觉材料集团。其中有一致性最大的。这样,感觉就从梦觉、幻觉分别出来了。这就是罗素的狭义的感觉。这个狭义感觉中的感觉材料,似乎是有它的特点的。这个特点表现在两方面,一方面是感觉材料有形色状态。如果这些形色状态像感觉映象的形色状态一样,它们就有代表性,因为它们正确地反映了客观物质事物的性质与关系。不过,罗素所讲的感觉材料的形色状态没有代表性。它们背后有因,但这些背后的因并不像它们所产生的形色状态,我们可以利用洛克的术语,把感觉材料中的形色状态叫做第二性的性质。第二性的性质是没有代表性的。这就是说,我们不能根据感觉材料中的形色状态如何,就说客观物质事物的性质与关系也如何。另一方面,罗素认为感觉材料的时空位置(第一性的性质)有代表性,它代表客观物质事物的时空位置。既然第一性性质的情况如此,对感觉材料的这一方面的直接认识应该可以推出一点点的间接知识来。我们要比较详细一些地讨论这个问题。

所谓第二性性质的问题,主要是从声色(特别是从色)这一方面产生的。在中国哲学史上,曾有人说“目之于色也有同视焉”。这里有两点我们应该注意,一是视的对象是色,色是目之所视。用上章已经引用的语言说,色不是视的内容,它

不是客观物质事物通过我们的感觉所产生的影响。这也就是说，色是客观地存在的。另一点是，不同的人们看颜色是同样的。这加强了颜色的客观性的看法。到了苏东坡，看法就两样了。他说"目遇之而成色"。色是目遇之而成的。他虽然没有明说目不遇之就不成色，然而这个含义应该说是有的。这就是说，色不完全是客观物质事物的性质，对于色之所以为色，目遇是有贡献的，可是苏东坡的话里有一个重要的因素"之"。这个"之"是目所遇的，不是目所创造的。因此"之"是客观的。苏东坡没有说"之"在什么地方，有什么组织结构。罗素把颜色了解为光颤动的频率，但是，后者不等同于目之所见。他认为，先天失明的人可以理解光颤动的频率，而红、黄、蓝、绿则是盲人所不能理解或抓不着得不到的。但是，这个红东西的红，那个绿事物的绿，罗素就不理会了。他把感官世界中的客观物质事物的颜色问题撇开了。这样一来，事物究竟有颜色没有呢？罗素认为它们没有感觉材料中所有的那样的颜色。耳、目、鼻、舌，各有感觉材料，这些感觉材料中的形色状态没有代表性。在这里，罗素不过是重复了洛克的说法。这就是说，对第二性性质的直接认识没有代表性。从这样的直接认识是推不出关于客观物质事物的性质与关系来的。

另一方面，罗素又认为，感觉材料的或感觉材料中的时空位置有代表性，它代表客观物质事物的时空位置。假如所谈的是感觉映象的话，我们同意这个意见：感觉映象中的时空位置有代表性，它正确地反映了客观物质事物的时空位置，但罗素谈的是他的所谓感觉材料。感觉材料的或感觉材料中的时空位置能有代表性吗？它能够代表客观物质事物的时空位置吗？我们认为不能。感觉材料的或感觉材料中的时空位置是有分别的，现在我们分别地看看吧！先看感觉材料的空间位置。按照罗素1914年以后的看法，感觉材料在感觉者头脑里，感觉者头脑在客观的公共空间的某一地点，而产生了感觉材料的客观物质事物则在该公共客观空间的另一地点。很明显，感觉材料在头脑里，而产生了它的客观物质事物不在头脑里。同样明显的是，前者的空间位置不代表后者的空间位置。再来看看感觉材料中的空间位置。在1912年，罗素的所谓感觉材料中的空间是感觉者的私有空间，而产生了它的客观物质事物是在客观的公共空间里。感觉材料和产生了它的客观物质事物不但不在同一个空间，而且不在同种空间。私有空间代不代表公共的空间呢？如果它代表的话，它为什么是私有的呢？“私有”两字是不是要作根本性的修改，甚至于放弃呢？至于时间问题就不必提了。

我们还要从第一性的性质和第二性的性质之间的关系来看罗素的问题。从对前一种性质的直接认识，既然推不出什么间接知识来，从对后一种性质的直接认识，能够推出关于时空位置的间接知识来吗？首先要问，时空位置是什么东西的时空位置？罗素会说，是客观物质事物的时空位置。很明显，这个答案是不够的。罗素自己也知道这只是回答有无客观原因而已，或者说客观原因有无时空位置而已。很明显，原问题问的是，感觉材料的或者感觉材料中的时空位置代表什么样的以及哪一个客观物质事物？所谓什么样的客观物质事物，就是有什么样性质与关系的客观物质事物；所谓哪一个客观物质事物，就是这一或那一客观物质事物。这之所以为这，那之所以为那，是靠性质与关系的。要能够指出这一或那一客观物质事物来，就要我们对于客观物质事物的性质与关系有所认识。这就是说，要能够答复第二方面的问题，就要求我们对于头一方面的问题作出肯定的答复。但是，罗素对于头一问题的答复是否定的，即感觉材料的或感觉材料中的形色状态不代表客观物质事物的性质与关系。这就是说，我们对于客观物质事物没有间接的知识。这就是说，从对形色状态的直接认识里，我们不可能知道它们背后有什么样的客观物质事物或指出这一或那一客观物质事物来。在这种情况下，谈时空位置是没有意义的。

我们知道，照相能够照出一个客观物质事物的颜色或某些颜色来。就这些颜色说，这种照片证明了客观物质事物是有感觉映象所有的那样的颜色或者是有目遇之而成色那种客观的"之"的。所谓客观的颜色，这里有两种不同看法。一种看法是，客观物质事物本身是红的，我们就看出它是红的。这是有道理的。感觉的对象是客观物质事物，视觉的对象是有某种颜色的事物。也许有人会说上面肯定的似乎是过多了些。难道人的眼睛没有任何贡献吗？你又没有把你的眼睛去掉，换上牛的或马的眼睛，来看一看一个原来用人眼睛时所看出的红东西，现在成为什么样的颜色了。没有这样的实践，上面的肯定似乎就太多了。另一种看法（即苏东坡式的看法）认为对原来颜色的照相只证明了目遇之而成色的"之"是客观的，是客观物质事物所固有的。就"红"说，客观物质事物本来就是有某种"之"的，它有了这种"之"，所以目遇"之"就看见了“红”。为什么说原颜色照相只证明了这一点呢?有苏东坡思想的人,可能会说,对原来颜色的照相所照出来的像片是需要看的,而看起来确实和看原来那个客观物质事物时所看见的颜色是一样的,这就充分地表示了我们的视觉是客观的。这一点非常之重要,它证明了唯物主义观点。但是,照片的颜色也还是需要看才能看出颜色来。离开了看,无论是原来的客观物质事物,或者是它原来的颜色的照片,都不能说它们本身就有看时所看见的颜色。二者的客观共同点是它们都有某些性质,用眼睛看时,这些性质都成为颜色,这就是把苏东坡的“之”理解为客观物质事物所固有的性质。上面两种不同的说法都以光的存在为条件。这两种说法究竟谁是谁非是另一问题。它们在哲学上的共同点是,它们把颜色看作或者全部、或者部分地是客观物质事物所固有的。这就是说感觉中的颜色或感觉得到的颜色不只是光线的影响而已。在1912年,罗素认为看得到的颜色只是光线颤动频率对视官的结果而已。

是不是存在有颜色的客观物质事物呢?辩证唯物主义的答复是肯定的。而按照罗素在1912年的议论,他的答案应该是否定的。在他看来,客观物质事物既没有感觉中那样的颜色,也没有目遇之而成色的“之”那样的颜色或性质。但是,在1912年,罗素则承认有一种占时空位置而又没有所谓第二性性质的客观物质事物。这是很怪的事物,它有点像康德的“物自体”,但又不完全相同。罗素以为我们对于它没有直接认识,只有由直接认识推出来的间接知识。我们认为,这种间接知识是推论不出来的。因为直接认识,无论从所谓第二性

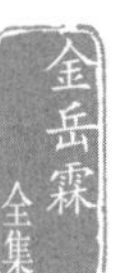

质说也好，或从时空位置说也好，都是没有代表性的。

但是，联系到罗素1914年后的思想发展来说，还有另一问题，这一问题不能不在这里提一提。假如我们借用康德的名词，把罗素在1912年所承认的客观物质事物叫做“物自体”，我们可以问，这个“物自体”是哪一世界的事物呢？现在大家都习惯于宏观世界和微观世界的分别。我们讨论的问题既然是感觉，就可以从宏观世界中分出感官世界，把它和望远镜和显微镜下的世界分开来。很明显，在1912年，罗素的“物自体”是在感官世界中的。常识中的客观物质事物，主要地是在感官世界中的。罗素的“物自体”有点像这样的事物，但是奇怪的是，它没有所谓第二性的性质，而又占时空位置。按照常识的要求，占时空位置的，是要有感官世界客观物质事物所具有的体的。没有这样的体，所谓占时空位置是说不通的。罗素所承认的“物自体”既然占时空位置，当然是有体的。可是，罗素的所谓“物自体”，并没有他的所谓第二性的性质。看来，“物自体”又是光溜溜的。它怎样占时空位置呢？光溜溜的体是无法占时空位置的。感官世界的客观物质事物当中，有些是我们尚未知道的，这从来没有人否认过，但是，感官世界却没有不可以知道或不可以直接知道的客观物质事物。“物自体”无论是康德式的也好，或罗素式的也好，都是不正确的。在1912年，罗素还是承认有体的，虽然，这个“体”是光溜溜的（说有光溜溜的体是荒谬的）。但是，承认有体还有一点点唯物主义因素。体一直是使唯心主义哲学家头痛的东西。对社会实践说，体并不是什么问题，更不是什么困难问题。但是，从形而上学的脱离了实践的感觉来说，它就成为不可克服的困难。在1912年，罗素可能没有意识到这个困难。休谟意识到这个困难，他很快就把这个体排除了。罗素既然要走主观唯心主义的道路，他总是要否认体的。

在1912年，罗素的所谓感觉材料是没有代表性的，因此对于它们的直接认识也没有代表性。从对感觉材料的直接认识，推论到对客观物质事物的间接知识，是说不通的。罗素是以哲学中的科学方法相号召的。这个推论说不通，应该导致他放弃他的出发点。但他的办法恰恰相反。他不放弃他的出发点，而是放弃这个推论。放弃这个推论的办法是在上述的所谓"物自体"（和康德不一样，但仍借用旧名词）上做文章。这个体已经是光溜溜的、骨瘦如柴的，为什么还保留它呢？为什么不砍掉它呢？在1914年，罗素就开始砍掉这个体。1912年以后，微观物理学的概念愈来愈广泛地流传起来，不久这些概念就进入思辨的哲学里来了。这也给了罗素一个机会。砍掉感官世界客观物质事物的体是不容易办的事。对绝大多数的人说，体的存在是根深蒂固的。为了便于砍掉这个体，罗素以后就利用了微观世界，制造借口，干脆把感官世界的客观物质事物砍掉了。他干脆否认了这种事物的实在性。所谓中立一元论的最中心论点，就是把客观物质事物偷换为感觉材料。这是以后的事，在这里我们只不过提一提而已。

再次，我们从感觉材料的私有性来看这个推论问题。感觉材料是感觉者所私有的，对感觉材料的直接认识也是感觉者所私有的。既然如此，要从对感觉材料的直接认识推出对客观物质事物的间接知识来是不可能的。

知识总是有客观性、社会性的。无论是直接的知识或是间接的知识，它必然是公开的，而且只能是公开的。知识在社会实践的基础上产生，也在社会实践中得到证明、证实。在历史上，在知识的积累过程中，某些个别人会显得突出一些，他们的确有很大的贡献，但他们仍然是站在别人的肩背上突出的。知识既脱离不了它的社会性，也脱离不了它的公开性。罗素一直错误地认为感觉材料是私有的，把直接认识当做私有的看待。但是在1912年，他仍想推出关于客观物质事物的公开的知识来。他虽然没有明确地说过他所要推出的知识是公开的，但是，因为它是关于客观物质事物的知识，它不可能不是公开的。

罗素想以什么方式把这个间接知识推论出来呢？他说是摹状。这个摹状涉及第四章所论过的摹状词。罗素的摹状词这类的东西，有时使读者踌躇不前。在这里我们可以撇开不管。摹状词虽然和文法上的形容词不一样，然而摹状可以理解为形容。罗素要从直接认识通过形容得到关于一个没被直接认识的东西。罗素反对美帝侵略越南，他说了公道话，赢得了世界爱好和平的人们的赞赏。他没有会见过约翰逊，罗素对他没有直接认识。但是从他的直接认识例如看报、听广播、看文件、听报告，他可以推出约翰逊是个什么样的人来，同时他可以把这个“什么样的”、虽然他没有直接认识的人形容出来。他说，约翰逊是到现在为止，美国总统中最残忍、最拙劣的人。这话说得基本正确。表现了罗素具有朴素的唯物主义精神，他能够得到基本上正确的思想，这个思想也是可以证实的。但是，我们赞赏他反对美帝的行动，却并不赞同他的哲学理论。问题是按照罗素的感觉材料的私有论和他对直接认识的看法，他是不是能够得出间接的、然而是公开的知识来呢？

举个简单的例子，“屈原是离骚的作者”这一命题就是罗素所讲的带摹状词的命题。对于屈原，现在的人根本就不可能有罗素所说的直接认识。对于屈原的知识显然是间接的。罗素会说他的直接认识是从古书中得到的。或者说是从剑桥大学课堂里得到的。可是古书和课堂所有的是语言文字。古书里所有的是文字，课堂里所有的是语言，前者是需要看的，后者是需要听的。这二者的问题一样，我们可以把下面的讨论限制到文字，文字是印在或写在纸上的图样或形象。它是需要用眼睛去看的。对于唯物主义者，这里没有任何困难。图样或形象都是客观物质事物。作为文字，它们也都是思想或思维的“物质外壳”。它们都是视觉的对象。这个对象对于不同的感觉者是共同的公开的对象。感觉是正确的反映，感觉映象就是对这个对象的映象。这个映象显然也是共同的，虽然就不同的感觉者说，它不免有各自的特点。有时有的感觉者长期有毛病，有时有的感觉者又偶然不正常，因此错觉时而产生。对于辩证唯物主义者，这也没有什么困难问题。通过实践，错误是可以发现的，也是可以纠正的。通过实践的纠正，错觉虽错，而认识并不跟着也错。罗素的问题完全两样。首先，无论作为纸上印出来或写出来的图样或形象，或者作为复杂一些的思想或思维的“物质外壳”、客观物质事物的文字都不是罗素的所谓感觉的对象。这个客观地存在的对象、文字是感觉者所感觉不到的。感觉者所感觉到的只是感觉材料。这一下就把共同的东西排除出去了，代替的是感觉者所私有的感觉材料。古书中可能有这样一句话：“屈原作离骚。”这五个印在书上的字，很明显是客观物质事物。按照罗素的说法，这五个客观存在的字是感觉不到的。“你”看见的是“你”的感觉材料；我看见的是我的感觉材料。“你”看不见我的感觉材料，我也看不见“你”的感觉材料，它们都是私有的。语言文字有一个极其重要的作用，就是它可以把主观的思想客观化。写出来或说出来的语言文字是客观化了的思想。这种思想（包括认识在内）是可以交流、研究、批判、肯定或否定的。上述古书不止是有上面的五个字而已。在读完了那本古书之后，罗素的所谓感觉者是不是可以开一个读书会呢？是不是可以讨论讨论呢？不行。尽管古书里白纸上印了黑字，这些感觉者都只得到各自的私有的感觉材料，连古书上的客观存在的文字都是他们所感觉不到的，他们根本没有共同的出发点。

这并不是说一个感觉者不能读书，不能从所看见的私有的感觉材料得到直接认识，并且从直接认识中推论到间接知识。他可以这样做。假如我读了古书之后得出结论说：屈原是那个自沉于汨罗江的楚国伟大诗人。我们可不可以开个会请同志们讨论呢？上面的答案是不行。也许有人会说可以讨论。因为这个结论是一个具有摹状词的命题。这个命题是用了一个有十七字组成的句子表达的。摆在头脑里的思想，无论概念或命题，都感觉不到。但这个写出来的句子把命题客观化了，我们可以讨论。我们设想两个人讨论。我们看看这个讨论的性质。上段里提到“你”时，我们都加上了引号（“我”字也应该加上引号，但是，为简单起见，我们不提出“我”的问题）。为什么呢？在客观世界，在生活中，和我说话的那个你,是独立于我而存在的人,是有血有肉的张三或李四。按照罗素的感觉论或感觉材料论,“你”不是客观地存在的你,而是在我头脑里的感觉材料。这个“你”的思想我无法接触到,但是,“你”还是有意见,还是可以发表。这个发言是什么呢?是客观的声音吗?不是。它是我的感觉材料。这个发言可以是赞成我那十七个字的结论,也可以是反对那个结论,也可以是从不同方面既有所肯定也有所否定的批评意见。我们现在看一看这三个不同态度的性质。它们既然是在发言中表示的,它应该是客观化了的。它们是在什么东西里客观化了的呢?因为“你”的发言是我的感觉材料,这三个不同的态度是在我的感觉材料中里“客观化”了的。这三个不同的而又客观化了的态度是在我的头脑里的。“同意”不是那个独立于我的人的同意,“反对”也不是那个独立于我的人的反对,“批评”当然也不是那个独立于我而存在的人的批评。“同意”是我的直接认识内部的一致,“反对”是我的直接认识内部的逻辑矛盾,批评是我的直接认识内部的思想斗争。即令我们开讨论会,那个会场的“讨论”只是一个感觉者在那里自我议论而已。真正的讨论是办不到的。

我们还要提一提罗素哲学中关于语言文字本身的问题。罗素在早期对语言文字的兴趣并不太大,后来在逻辑实证论的影响下,在语义学流行的情况下,他对语言文字也发生了兴趣。语言文字确实是极其重要的事情。思想,无论是概念、判断或命题或推论,都是头脑里的事情,都是感觉不到的。同时它又需要交流、了解、传达、印证、证明、证实等。这些事情的实现,非要有语言文字不可。这一点上面已经提到。语言文

字是思想的“物质外壳”和直接现实,它能够把思想客观化。语言文字对思想、对生活、对哲学、对科学都极其重要。对语言文字没有一个正确的理论,哲学是说不通的。现在,语义学在西方非常之流行,而推动这门学问的,最主要的看来是逻辑实证论者。但逻辑实证论者没有解决这个问题。语言文字的一般规律不是本书的问题。这里要提一提关于语言文字的客观基础问题。不承认写出来或印出来了的形象或样式是客观的物质事物,不承认所说出或听到的声音是客观物质事物,语言文字是说不通的。不承认这些事物是感觉得到的对象,语言文字同样是说不通的。这两点是语言文字之所以能够表达思想交流思想的两个必要条件。罗素的感觉论或感觉材料论否认了这两个条件,在他的哲学里语言文字就说不通了。逻辑实证论者把这两个条件看作“形而上学”而排除在他们的哲学范围之外,因而在他们的哲学里语言文字也说不通了。语言文字既说不通,语义学又怎么能够说得通呢?语言文字既然说不通,思想怎么能够客观化呢?不客观化,思想的表达和交流又怎么能够进行呢?

罗素在1912年的企图——从对感觉材料的直接认识推论到对客观物质事物的间接知识的企图——说不通、实现不了,主要的原因在于罗素的感觉论或感觉材料论。这个理论是极其荒谬的。按照这个理论,感觉者封闭在他自己的感觉材料之中。罗素的所谓直接认识既然是对感觉材料的直接认识,感觉者的认识也被封闭在这个感觉材料之中。罗素的所谓感觉者,是冲不出他自己的感觉材料范围的。不冲出感觉材料的范围,关于客观物质事物的知识的客观性与共同性也就得不到。推论就必然说不通。在1912年，罗素在哲学上还有一股闯劲，他想寻找出路。《哲学问题》那本书虽然说不通，虽然是一条死胡同，然而它给读者的印象是罗素在拐弯，正在进入死胡同，他有点稚气，还有点新鲜味道。到了1914年，在无穷性或连续性这样一些问题上，罗素也还是有新鲜味道的。但是，从那时候起，死胡同越走越深，路也越走越窄了。

罗素是以科学方法相号召的，他号召哲学家以科学方法来研究哲学。如果他真正实行他自己的号召，在他意识到上述推论说不通的时候，他应该研究这为什么说不通。研究之后，就应该发现类似上章和本章提出的理由。他应该发现，他的感觉材料论和要求得到对客观物质事物的知识这二者是不能并存的。他应该在二者之中选择后者。这是实行他自己所提出的号召的道路。在1914年后，很明显他不是走这条道路的。他选择了维持感觉材料论的道路。这充分表明他的科学方法的号召是虚伪的，是连他本人都不准备执行的。为什么要提出这一号召呢？从客观上说，这个号召是一个掩饰；它使得罗素能以科学之名来反对科学之实。从主观上说，罗素把形而上学的方法当作科学方法，也体现了英国资产阶级的哲学传统，把贝克莱、休谟以来的出发点当作科学的出发点。在1912年，罗素还有一种往客观方面冲的冲动，随后他发现他冲不出去。故从1914年到1927年，他就躲在感觉材料范围之内来构造世界了。1927年后，穿了一件薄薄的20世纪外衣的主观唯心论或唯我论就形成了。这以后，罗素还写了很多的书，但是，他的根本哲学并没有改变。

第七章　逻辑构造能代替推论吗

上一章已经证明，罗素所提出的推论——从对感觉材料的直接认识到对客观物质事物的间接知识的推论——是说不通的。罗素自己对这个推论也不满意。但罗素不满意的理由和我们不满意的理由在本质上完全不同。

首先，我们认为，客观物质事物根本就不是推论出来的，而是直接感觉到的。感觉材料的对象就是客观物质事物。客观物质事物和感觉之间有因果关系，感觉映象就是客观物质事物作用于感官而产生的影响。但是，我们并不根据这个关系而一般地进行推论。只有在特殊情况下，在感官活动发生问题时，我们才需要试验，并为此而进行一连串的由果到因和由因到果的反复推论。这种例子在第五和第六两章都曾举出，这里不谈。在官觉不发生问题时，推论是用不着的。罗素所提出的推论问题，根本是多余的。从这个角度来考虑，罗素关于推论的论点是错误的。

其次，即使按照罗素的感觉材料论，推论也作不出来。在罗素那里，感觉者被封闭在他自己的感觉材料之中，同时客观物质事物又被安排在感觉经验之外。无论感觉者如何横冲直撞，他都冲不到感觉材料范围之外，因而对客观物质事物就不可能有直接的知识。感觉材料没有代表性,对客观物质事物也不可能有间接知识。不推论的话,对客观物质事物根本不可能有知识;要推论的话,推论又说不通。在进行了第五、第六两章的分析之后,明显的结论是罗素的感觉材料论不可能作为哲学或认识论的出发点。它本身是说不通的,推论也是说不通的。

但与我们的批判相比,罗素的不满意是另一个方向来的。下面让我们来看看它的具体内容。

关于因果关系,有许多观点罗素继承了休谟。他也要求在因果关系中,关系者都是在经验中的。这就是说,如果甲乙有因果关系,甲乙都是在经验中的。按照休谟的因果论,他无法肯定他的所谓印象背后是有人们所不知道的因的。因为这样的因不在他的经验之中,它满足形成因果的条件与否是不知道的。罗素也有这个问题。他说的因果关系的关系者之一是感觉材料,这是感觉的对象,它是感觉经验中的,这一头,即果这一头的关系者是没有问题的。但是客观物质事物呢?按照罗素的说法,它是感觉不到的,因此也是经验不到的。它不属于感觉经验范围之内。可是他成为另一头的关系者。这里两个关系者的情况不一样,一个在经验中,一个在经验外,这对于罗素是一个困难。我们没有这个问题。对我们来说客观物质事物虽然独立于我们的意识和感觉而存在,然而它们是可以经验得到的,而经验到了的客观物质事物当然同时在经验之中。这个问题不是真正的问题,是唯心主义者捏造出来的假问题。尽管如此,我们还是要承认罗素有这个问题。

上面的问题导致下面关于推论性质的问题。这里说的推论是由果到因、由感觉材料到客观物质事物的推论。因果关系的情况既如上述，这个推论便是由经验范围内推论到经验范围之外的推论。因果关系的形成既然发生问题，推论的根据当然也就发生问题。推论靠得住与否也发生问题。靠得住吗？这个问题既然提出，就得检验。因既然是感觉不到、经验不到的，如何检验呢？休谟对于归纳有这样一个困难，即推论是由已知推未知，由已往推未来，由已经经验到推尚未经验到的。根据什么原则使我们有把握进行推论呢？休谟认为没有。出名的太阳明天是否会上升的例，就是表示这一困难的。这是所谓归纳推论的困难。罗素没有说他的由感觉材料到客观事物的推论是归纳推论，也没有说他这个推论的困难和归纳推论的困难一样。其实，他除此之外还可以说他的这个推论和上面所说的归纳有显著不同。归纳推论中所涉及的未来是尚未来而可以来的未来，所涉及的未知是尚未知而可以知的未知，所涉及的未经验到的是尚未经验到而可以经验到的未经验到。这个困难好像还没有由感觉材料推论到客观物质事物的困难那么大。因为，按照罗素的说法，客观物质事物是感觉不到、经验不到的，不只是尚未感觉到或尚未经验到而已。这个困难罗素没有这样明确地提出过，但是，就他关于归纳的言论看来，他一定认为他的这个推论有这样的困难的。他对于这个推论不满意，部分的理由看来就是这里说的。罗素虽然没有说他这个推论是归纳推论，然而他显然认为这个推论是有归纳性质的或者说有归纳的困难的。这也是一个假问题。其实，归纳并没有这样的问题。尽管如此，我们也还是要承认罗素有这样一个问题。这个困难虽然不是客观的，然而在继承了休谟的条件下,它也是很难撇开的。

罗素曾提出过这样的疑问:能不能把这个推论转化为先验的东西呢?① 在科学的不断前进中,由于知识的积累,前一时期的归纳在后一时期可以转化为演绎。地球之为球形原来是从许许多多的经验归纳出来的,它从经验得到假设,然后再从经验得到证明。而现在它则可以从天文物理演绎出来。但是,在我们看来,这只是归纳转化为演绎而已。归纳出来的东西怎么可以改变成为先验呢? 罗素也只是设想了一下而已,他没有作这一方面的工作。他说,这个设想无论能够成立与否,都是要不得的,因为它会把物理学转化为非经验的科学。这是他所不能赞成的。他的问题正是要阐明物理学何以在经验中能够得到证实,因此非维持物理学之为经验的科学不可。既然这样,罗素就放弃了把从感觉材料到客观物质事物的推论改变为先验的推论的企图。

那么,到底如何对待这个推论呢? 这个推论的困难根源在于感觉材料论和客观物质事物的独立存在的观点这两者在逻辑上的互相矛盾。罗素不愿放弃感觉材料论,因此他对从感觉材料到客观物质事物的推论的不满就集中在对客观物质事物的独立存在性的不满上。他以后的办法正是取消客观物质事物的独立存在性。罗素的不满的另一个原因,是他力图搞出一个认识论的演绎系统。他搞了十多年的演绎的形式逻辑,他欣赏一种干干净净的形而上学,在他的1912年的认识论里,上面头两段所说的那种情况对他来说是拖泥带水的。

---

① 《神秘主义与逻辑》英文版,第146页。

他的问题是，能不能搞出一个比较整齐干净的演绎系统呢？在1912年他还看不出方法，找不着工具，当他从怀特海那里学习了构造这一方法或工具时，他就看见了搞认识论演绎系统的前途。在罗素的心目中，这个问题是重要的。从1914年起，罗素就开始搞认识论的演绎系统。在这个过程中，他一方面排除对他来说是碍手碍脚的东西；另一方面又构造出方便于建立唯心主义体系的东西。喜欢演绎，把概念和命题安排成一个演绎系统，就罗素说，是一个很强烈的要求。这也是他对1912年说法的不满的另一个原因。当然，单就演绎说，罗素也可以企图从客观物质事物演绎出一个系统来。但他却非要从感觉材料出发进行演绎，这表明，他不愿放弃唯心主义的基本立场。

根据以上几点，罗素非放弃1912年的认识论不可，而且非朝着更加主观唯心论的方向走去不可。

一、以感觉材料为基本原料的构造论

关于构造论，我们曾经指出，作为工具或方法，构造似乎是无可批判的。在数学方面，在数理逻辑方面，它可能是很好的工具。在第四章里，我们曾举类词的构造为例，看起来那个构造没有什么毛病。当然，具体运用起来，会有恰当与否的问题。这就是说，在具体的场合下，进行某种构造会有正确与否的问题。但是，那还是具体的构造问题，不是对于这一工具作一般的考察。尽管这样，这里也不想对它作一般的讨论。

要批判的是罗素的构造论。罗素本人曾用一句话表示他的构造论:只要可能,我们就要用逻辑构造来代替推论出来的东西。罗素说这是哲学活动中的最高原则。因此,我们对它也要格外重视。在第二、第四两章中曾涉及过构造论,下面在此基础上对它作深入的分析批判。先讨论构造论方面的一些一般情况,然后分析罗素进行的具体的构造。

罗素的目的是通过构造论从感觉材料演绎出事物来,或者说演绎出"客观物质事物"来。构造当然有成功与否的问题,假如成功的话(实际上不可能成功),所谓事物就成为很奇怪的事物,它的本性竟和感觉材料的本性完全一样了。显然,感觉材料是和感觉分不开的,是和有感觉器官的人分不开的,它不是独立于人而存在的。构造出来的"客观物质事物"既然在本性上同感觉材料一样,它也就被构造成为不独立于人而存在的事物了。从而客观物质事物的最基本的特点也就被构造掉了。这一特点被构造掉了之后,别的情况也就随之改变。客观物质事物本来是可以直接经验得到的,把它排除在经验之外是唯心主义者的歪曲。但是按照罗素在 1912 年的看法,它是感觉不到经验不到的。而之所以如此,正是由于它独立于人而存在。现在客观物质事物成了有某种结构的感觉材料,当然也就是可以感觉得到、经验得到的事物了。如果感觉材料与事物之间仍然需要某种推论的话,推论的性质也改变了。罗素的困难问题——它实际上并不是什么困难问题——也就取消了。在罗素的 1912 年的看法里,客观物质事物不是直接认识的对象,对于它可以有间接的知识,可是,这个知识须要从对感觉材料的直接认识推论出来。直接认识和间接认识这个分别也是建立在客观物质事物的独立存在性上

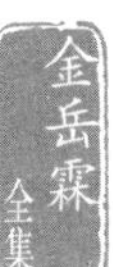

面的。客观物质事物的独立存在性既然取消了，这个分别（说的是原来那种分别）也就取消了。推论不但没有困难，而且也用不着了。这是罗素的目标。这个目标显然是主观唯心主义的。

目标不正确也就是方向不正确。不但方向不正确，朝着这个方向走的步骤也是不正确的。从原则上来说，朝着不正确的方向行进的步骤不可能是正确的。肯定了这一点之后，退一步再看：罗素是不是能够朝着这个方向构造呢？这就是问，他的构造是否符合他的构造论的要求？构造论说：只要可能，我们就要用逻辑构造来代替推论出来的东西。罗素在这里提到的“可能”不是空泛的，他本人就加上了必要的条件。这条件就是：如果推论出来的东西有某些特点，构造或构造出来的东西也要具备那些特点。真正的客观物质事物有些什么特点呢？特点可能很多，但是，主要的特点是它的独立存在性，是它独立于人的意识与感觉而存在的特点。推论出来的客观物质事物——它不是推论出来的，只不过罗素说它是推论出来的而已——就应当是有独立存在性的。罗素的构造，是否具备这个特点呢？如果具备这个特点，代替还不一定是可能的，因为别的条件可能还没有满足。可是，如果构造不具备这个特点的话，代替就是不可能的，它本身就违背了构造论的要求。显然，罗素的构造并没有具备这个特点。他所构造出来的“客观事物”，只是有某种结构的感觉材料而已。它虽然有某种结构，然而仍然是感觉材料。就它之为感觉材料说，它是依赖于感觉、依赖于感觉器官，因而是依赖于感觉者的。它不是独立于人的意识和感觉而存在的。在构造中，罗素取消了这个特点。因此,即令按照罗素自己的理论,对客观物质事物的构造也是说不通的,不一致的。

上面是说客观事物的构造和构造论不一致。这不是说二者有逻辑的矛盾。果然有逻辑上的矛盾的话,二者之中还有一面是真的。它们只是不能同真而已。事实上它们都是假的。构造出来的客观物质事物是有某种组织或某种结构的感觉材料,它不是独立于我们的感觉而存在的。不独立于感觉而存在的客观物质事物是不存在的、没有的。无论他所说的组织是什么样的组织,结构是什么样的结构,客观物质事物不可能只是感觉材料(或罗素的所谓感觉材料)。罗素所构造出来的"客观物质事物"正是感觉材料。显然,他的这个构造是不正确的。其实,不只是客观物质事物的构造不正确。在罗素的认识论这个领域里,同样的构造还有好多。我们已经提到,据一个西方哲学家计算,罗素有二十多个构造。这个数目不一定准确。问题不在数目。问题是这许多构造的性质。这许多构造的特点是从感觉材料或压缩了的感觉材料(像以后说的"事素"那样的东西)构造出在本性上不同于感觉材料的东西来。构造论确实提到可能,说什么只要可能,我们就要用构造来代替推论出来的东西。罗素好像真的考虑可能似的。事实上,他根本不考虑可能。绝大多数的主要的构造都是不可能的。

二、在感觉材料上做文章

构造论说不通,构造荒谬,罗素会不会知难而退呢?当然不会。为了使某些荒谬的论点说得过去，他提出许多别的荒谬的论点来支持原来的论点，以便自圆其说。他的构造是用假物质代替真物质的工作。罗素既然要从感觉材料里构造出"客观物质事物"来，他一方面要把客观物质事物的某些碍手碍脚的东西去掉；另一方面，他也要把感觉映象所不可能有的特性硬包括在感觉材料的属性之中。前一方面的问题我们在下一节讨论。我们先从后一方面谈起。

读者可能已经想到，罗素一定还会在感觉材料上做文章。在第五章我们已经集中批判了他的感觉材料论。按照这个感觉材料论，所谓感觉材料已经够荒谬的了。为了准备利用感觉材料来构造客观物质事物，罗素在 1914 年硬着头皮肯定感觉材料是物质的、非心灵的或不在心灵之中的，而又随着感觉而忽生忽灭的。这里的主要点，当然在于肯定感觉材料的物质性。显然，只有用"物质的"感觉材料方能构造出客观物质事物来，用正常的感觉映象，构造则无法进行。但是，同样显然的是，这个办法是说不通的。理由很简单，它违背了事实。况且，问题还不在于肯定感觉材料是"物质的"。更重要的是什么样的"物质"。说物质有生有灭是有语病的，但是，肯定客观物质事物有生有灭总是正确的吧！但问题也不在生灭，而在随感觉的产生而生、随感觉的中止而灭的生灭，这样的生灭是不独立于感觉的生灭。在罗素作出这个肯定之后，感觉材料成为"物质"了。但是，什么样的"物质"呢？不独立于感觉而存在的"物质"，天下哪有这样的物质呢？

肯定感觉材料是物质的，就罗素说，也不是突然的。1912 年的《哲学问题》里，罗素已经把感觉的内容，即感觉材料偷换成感觉对象。罗素经常把这内容叫做感觉的(形容词)对象,或者感觉的(表示所有)对象。虽然在1912年,罗素说的对象不是客观物质事物,然而读者心目中想的却是客观物质事物,甚至罗素自己也可能不知不觉地把它当成客观物质事物了。

罗素在1912年,是把感觉和感觉材料加以区别的,这二者是有分别的。感觉指的是整个活动,由客观物质事物通过感官直到产生感觉映象的整个活动。感觉材料指的是这个活动中产生的影响。这二者之有分别是一回事;把它们分割开来当作两件事看待,却是另外一回事。罗素正是利用这个分别来反驳贝克莱主教的存在就是被感觉这个论点的。罗素的意思是,感觉(或直接认识)是属于心灵的或在心灵之中的事情,感觉材料不是属于心灵的或不在心灵之中的。这样,感觉和感觉材料有根本不同的属性。它们二者不仅分别,而且分家了。显然,这是不正确的。贝克莱主教的说法是错误的,但是,罗素对这个错误的批判也是错误的。感觉材料既然不是属于心灵的或不在心灵之中的,那么它究竟是什么呢?在1912年,罗素实际上已经说了感觉材料是物质的,不过他没用明文来表示而已。

有一种幼稚的想法,认为把许多东西包括在物质范围之内就会加强唯物主义。因此,罗素把感觉材料肯定为"物质的"也就加强了唯物主义。三十多年前,我就曾经有这个看法。其实,这是错误的。在这一点我们又要向列宁学习。巴札罗夫曾肯定:"感觉表象也就是存在于我们之外的现实。"这里所说的感觉表象,所指的就是罗素所谓的感觉材料。针

对这一论点，列宁说："不管巴札罗夫在回避这些棘手的问题时怎样转弯抹角，怎样狡猾，怎样玩弄外交手腕，但他终究还是说滑了嘴，暴露了他的全部马赫主义真相！说'感性表象也就是存在于我们之外的现实'，这是回到休谟主义，或者甚至是回到隐藏在'同格'的迷雾里的贝克莱主义那里去。巴札罗夫同志，这是唯心主义的谎话或不可知论者的狡辩，因为感性表象不是存在我们之外的现实，而只是这个现实的映象。"①列宁这个批判是很锐利的，他一下子就指出这是回到休谟主义和贝克莱主义。罗素正是用这个方法回到休谟主义和贝克莱主义的。

上面已经提到，罗素是不能从感觉材料中构造出独立于感觉、思想、认识而存在的客观物质事物的。要构造这种事物就非取消它的独立存在性不可。但是，开门见山地把物质的独立存在性取消，即使对唯心主义者来说也是很难办到的。罗素的办法是把感觉材料提升到物质，而又保存它的随感觉的发生而生、随感觉的中止而灭的特点。这样一来，所谓"物质"就没有独立存在性了。构造出来的所谓客观物质事物也就没有独立性了。这个办法虽然武断，虽然给幼稚的读者以似是而非的满足，然而就罗素的目的说，就构造出"客观物质事物"说，它还是不够的。罗素的所谓感觉材料只是一大堆形色状态而已，或者一大堆性质与关系而已，它们和休谟的感觉映象一样，没有体，没有物体或实体所有的那样的体。但客观物质事物恰恰是有体的。罗素怎么办呢？在第二章我们已

① 《唯物主义和经验批判主义》，第104页。

经提到他的办法是用奥卡姆剃刀把实体剃掉，然后把没有体的“客观物质事物”构造出来。

三、用奥卡姆剃刀剃掉实体

实体是客观地存在的。可是，历史上反映它的实体论却有极端不正确的成分，例如，永恒不变论。实体这个概念也一直有问题。把这个概念提出讨论，进行批判，吸收其中正确的成分，这是正当的。但罗素的问题并不是这样的问题。他是要通过反对实体来反对唯物主义。在这里我们分以下几点讨论。

在《唯物主义和经验批判主义》这本书里，我只注意到列宁至少在两处提到实体。一处是在第 163 页上在批判“思维经济原则”时，列宁写道：“阿芬那留斯的著作《哲学——按照费力最小的原则对世界的思维》(1876 年)是这样运用这个‘原则’的，为了‘思维经济’，宣布只有感觉才是存在的。也是为了思维经济，又宣布因果性和实体(教授先生们‘为了表示自己非同小可’，喜欢用这个名词来代替更确切明白的名词：物质)被废弃了。”另一处是在第 190 页上。在这里，列宁写道：“阿芬那留斯要清洗掉康德主义对实体的承认(第 95 节)，即对自在之物的承认，因为，在他看来，这个自在之物，‘不是存在于现实经验的材料之中，而是由思维输送到这种材料中去的’。”我从前不懂这两句话，特别是头一句。实体和物质是两个不同的概念，彼此不能代替，阿芬那留斯不至于用实体来代替物质。为什么物质这个名词更确切明白些呢？

现在我有一个看法,提出供大家参考。罗素的办法之一是通过反对实体来反对物质性或物质的独立存在性。我们可以对罗素说:在名义上你反对的是实体,事实上你反对的是事物的物质性。因此,与其把你所反对的东西叫做实体,倒不如把它叫做物质,后者更确切更明白些。如果这个看法对的话,上面的引文都不表示列宁对于实体有任何积极的主张,而只是表示他对唯心主义者的偷换手法进行了原则性的批判。下面我们要揭露罗素的偷换手法。

罗素反对实体的借口有两方面。一方面,从体这一方面反对;另一方面,从同一体或统一体这方面反对。这两方面的问题是一样的,它们实在是同一个问题。尽管如此,我们还是要分别地讨论,因为理由并不一样,而无论哪一方面的理由都是需要批判的。

日常的感觉到的事物总是实体,总是有体的。大多数的体是直接感觉得到的。这是事实,是我们的实践和我们的感性认识不断地证实了的事实。事物的体是我们感觉得到的,这也是每一个人的经验都证实了的。这里所说的感觉,不是唯心主义者所说的那种根本不存在的抽象的感觉。具体的感觉是和实践紧密地结合着的,是有历史影响的,是通过理性认识而日益深刻的。在这样的感觉中,事物的体是可以感觉得到的。在日常生活中,事物的体也是每天都感觉到了的。罗素的所谓感觉,不是具体的感觉,而是和实践割裂开来的感觉,没有历史影响的感觉,不因理性认识而变得深刻的感觉。这是抽象的、不存在的感觉。从这种抽象的感觉出发,事物的体就被抽象掉了。眼睛所能看见的是颜色,耳朵所能听见的是声音，触觉所能触到的是软硬，鼻子所能闻到的是香臭，舌头所能尝到的是甜酸等。五官之中没有一个是能够感觉到体的。就这种抽象的感觉说，事物只是一大堆感觉材料而已，事物的体是不存在的。这种抽象的感觉不仅脱离了社会实践，而且也脱离了日常生活中的简单的实践。例如拿起梨来咬它一口，把这样的实践割裂开来，片面夸大，偷换成为触觉与味觉，使得感觉到了的体在形而上学的分析中被分析掉了。至少从休谟以来，事物的体或实体就被一些哲学家形而上学地从感觉中排除出去了。罗素继承的就是这种形而上学。事物的体或实体，就成了哲学上的困难：它在客观上存在而在经验上又不存在。就罗素的所谓感觉材料说，问题更突出一些。他的所谓感觉材料是不限于感觉的。在梦觉和幻觉中都有感觉材料，而在梦觉和幻觉中的感觉材料是可以没有体的。在梦中一张桌子可以分化为颜色、四方形、桌腿等，而这些又可以在空气中飘飘荡荡，飞来飞去。从罗素的感觉材料着想，事物的体或实体更是烟消云散了。这是形而上学地制造出来的假问题，可是对罗素说，它仍然是一个问题。

上面是从各分析器官分别地立论的。这是就每一器官只管一类事情这一方面说的。是不是各器官合作便能综合地感觉到事物的体或实体呢？唯心主义者认为这也办不到。各器官合作只能综合出一个“堆”来。形而上学者大都认为综合不能超过原有因素在数量上的总和。这实在是否认质变，否认突变。但突变是事实，是不可否认的。在化学现象的基础上可以突变出原始生物来，在原始生物的基础上可以突变出动物来，在动物的基础上可以突变出人和人的思维意识来。

形而上学者既然一般地否认突变，在感觉问题上也就否认各器官合作可以综合出新的东西来。如果有新的东西，形而上学者至多也只承认那是一个总和即一个“堆”而已。所谓“堆”就是聚集在一起的一大堆感觉材料。按照这个看法，桌子就是而且只是一大堆感觉材料。单就各器官说，古人所谓“离坚白”的情况是容易想到的。就桌子说，目所看见的橙黄色，手所触的硬，也像“离坚白”一样地离开来了。在形而上学者看来，所谓综合也只是把这些性质结合成一“堆”而已。就各器官分别地看，“堆”是新的，是原来所没有的。但是就“堆”的性质说，它仍然只是感觉材料的“堆”，虽然它不是任何一个感官之所能得到的。有的时候，罗素似乎以为“堆”是有困难的。他曾经提到，触觉的空间和视觉的空间不是一个空间。果然如此的话，连“堆”也就成为综合不出来的东西了。因为没有共同的空间，形成不了一个堆。“堆”都有困难，实体或事物的体就更不用说了。这就是说，各器官合作我们也综合不出事物的体或实体来。这显然是形而上学对事实的歪曲。通过这样的歪曲把困难制造出来之后，就要克服它。最容易的方法就是干脆否认实体或事物的体的存在。这当然不是克服困难的方法而是取消困难的方法。从感觉材料出发，实体或事物的体是得不到的，因此，坚持从感觉材料出发，以它为根本的存在，实体或事物的体就非取消不可了。

以上是从实体事物的体这一角度来提出非难的。另一角度是所谓客观事物的统一或同一问题。这也是历史上长期争论的问题。远的不说，休谟就花了很大的篇幅讨论这个问题。英国的黑格尔主义者早就提出了差异中的同一或统一的问题。罗素是反对差异中的同一的。这显然是他的形而上学在作祟。任何事物都是有内部矛盾的,因此,也就是有内部差异的。同一或统一中有差异是最根本的客观规律之一。从罗素的某些论点说,他也不是否认这一根本规律。他虽然不大谈事物的发展,然而他是承认事物的变化的。他既然承认事物的变化,看来他应该承认差异中的同一或统一。但是,事实并不如此。他的所谓同一,是不能分别差异或者干脆说是没有差异的;看来同一的定义就是如此。这涉及一系列的问题。差异是就什么说的呢?如果单就性质说,可以有两个完全相同的东西,例如两辆红旗牌小汽车。对于这两件东西,我们可能分别不出性质上的差别来,然而它们是两个东西。可是,如果性质包括时空位置,或者虽不包括时空位置,而时空位置上的差异也为同一所排除的话,那么,同一的东西只能是一个不能是两个。这样,"两个完全相同的东西",就成为不通的词汇了。这些问题罗素当然知道,也影响到他对同一事物的同一或统一性的看法。但是,就罗素的认识论说,这一方面的问题不是主要的。

罗素的主要问题是同一事物和同一性质在感觉上如何能得到的问题。对一个主观唯心论者来说,昨天看见一片四方的橙黄色、四只腿、木头做的东西,今天又看见了,他能够得出一个结论说他昨天和今天所看见的是一个东西吗?读者可能难于理解。一般地说,辩证唯物主义者和尊重常识的人没有这样的问题;在他们的感觉经验中,没有这里所说的那样的前提。也没有这里所说的那种结论。可是,对于一个主观唯心论者,这里说的问题是避免不了的,而且是极其重要的问题。

从他的出发点说，昨天的感觉材料（橙黄色等）是昨天的，今天的感觉材料是今天的，很明显地它们不是同一的。这两次感觉中间有间断。如果说是同一个感觉，我们可以说前一部分与后一部分有同一性，这个同一性不产生困难，因为这个同一性本身是感觉。它虽然有一些问题，然而它没有超出感觉这个范围。上面说的是两次感觉，这两次感觉相隔有一天。如果这两次不同的感觉有同一性的话，这个同一性（不是记忆中的相似）一定是独立于感觉而存在的同一性。对主观唯心论者说，这是致命的困难。如果他承认这两次感觉有同一性的话，他就不得不承认在没有感觉的时候，这个同一性仍然存在。这岂不是说同一个客观物质事物被两次感觉到了吗？这岂不是放弃主观唯心论吗？上面已经说过，辩证唯物主义者没有这样的问题。这样的问题是形而上学地歪曲事实，特别是歪曲感觉和感觉材料方面的事实而产生或制造的。要真正地解决这个问题，只有一个办法，这就是放弃原来的出发点。对于这个问题，休谟没有办法，他不愿意放弃他的不可知论。对于这个问题，罗素也没有办法，他不愿意放弃他的主观唯心论。他采取的办法是取消同一性。这当然不是办法，因为这不是解决问题而是取消问题。

罗素要取消实体，取消同一性，当然要有个理由。他所提出的理由，也还是有一种冠冕堂皇的味道的。客观事物本来是运动变化发展的，这是无可否认的。罗素也坚持事物的变化。他不谈运动，也不谈发展，这是错误的。但是，坚持事物之有不断变化则是正确的。在历史上有些实体论否认变化，认为实体是永恒不变的东西。这样的实体论是错误的。根据事物的变化来批判这种实体论,显然是正确的。在历史上,也有认为事物不变才有同一性的同一论。这也是不正确的。根据事物的变化来批判这种同一论,也显然是正确的。罗素在这方面的某些论点是可以博得读者的赞同的。可是,再研究一下,问题就出来了。某种实体论应受批判,并不是要推翻所有的实体论,更不是要否认实体的客观存在或取消实体这一概念。某种同一论应受批判,并不是要推翻所有的同一论,更不是要否认同一性的客观存在或取消同一这一概念。可是罗素正是否认实体的存在而代之以某种性质的结构;他正是否认同一性的存在而代之以某种关系。他所批判的实体论是错误的。然而这种实体论并没有否认实体的存在;他所批判的同一论也是错误的,然而这种同一论并没有否认同一事物的同一性。罗素自己所提出的作为替代的理论,应该说是更加错误的,因为它不只是歪曲事实而已,而且它还否认了无可否认的事实。

罗素不只是在理智上反对实体,而且还在情感上痛恨实体。有人说他这个态度是从他的老师怀特海那里学来的。其实这个问题不只是怀特海的问题而已。它是许多唯心主义者所共有的问题。实体或客观事物的体的存在,对辩证唯物主义者并不是什么困难的问题。可是对主观唯心论者来说,它确实产生了一些离奇古怪的问题。从罗素那样的感觉论或感觉材料论出发,实体是他的哲学体系的莫大障碍。实体有一种唯心主义者所难以想方设法去歪曲的“硬”性。我从前也感觉到这种“硬”性,并且曾把它神秘化。其实这个“硬”性就是物质性。罗素在他的所谓感觉或感觉材料中所得到的,正

是实体的独立存在性。他虽然没有提到，可是很明显在排除实体时，他所要排除的正是独立存在性。这一点，结合到同一性来看，就更清楚些。我昨天看见的和今天看见的形色状态，怎么能说是同一张桌子的形色状态呢？如果它们是同一张桌子的形色状态的话，那个同一性至少一直从昨天绵延到今天，而在我没有感觉的时候它也一直存在。显然，承认这个同一性，也就是承认事物的独立存在性，同一性是同一个实体的同一性。排除同一性和排除实体是一个问题的不同提法，所要排除的都是独立存在性，也就是物质性。但是客观事物之有独立存在性是唯物主义认识论的最根本原则之一，也是科学的根本前提之一。某些实体论是不正确的，因此，批判这些实体论是合乎科学的要求的。可是，在这个借口下，来实行排除客观事物的独立存在性则同样是背离科学的。

罗素的办法有一种武断的味道，至少是在揭露了之后使我们有这样的感觉。但是，罗素何以如此武断呢？在第二章，我们已经指出罗素想搞一个认识论的演绎系统。他的演绎系统是以感觉材料或感觉材料那样的东西（以后的"事素"）为出发点的。在那个系统里出现的东西，或者直接是感觉材料，或者可以分析成感觉材料，或者分析之后可以还原为感觉材料。认识论系统里总不能没有物质吧！总不能没有客观事物吧！这些东西是不容易受演绎系统摆布的。怎么办呢？罗素一手拿了奥卡姆剃刀，另一手拿了构造。他用前者把不肯就范的东西剃掉，用后者把剃掉的东西构造出来。这是偷梁换柱的办法。名义上罗素保存了许多东西，事实上要紧的东西都剃掉了。实体或事物的体就是一个例子。罗素是要构造出事物来的。他的认识论演绎系统的原始材料或元素,是感觉材料或感觉材料那样的东西,以后的事素也是这样的东西。实体或事物的体,是不能从这样的原始材料构造出来的,它们都独立于感觉而存在。独立于感觉而存在的东西可以被感觉到,但是,它怎么能够只是感觉材料那样的东西呢?它既然不是那样的东西,它怎么能够被构造出来呢?罗素面临着矛盾:他的系统里不能没有事物这样的东西,而这样的东西他又不能如实地安排进去或构造出来。罗素以科学家自居。可是他并没有采用科学的解除矛盾的办法,这就是如实地反映客观事物,放弃他企图搞的演绎系统,放弃他的出发点,放弃他的主观唯心论的哲学。他情愿把客观事物的主要特点砍掉,来适应他的演绎系统的要求,来维持他的主观唯心论。

根据上面的讨论,罗素为什么反对实体,应该清楚了。爱因斯坦也看到了这一点。他批判了罗素由于"害怕玄学"竟导致反对事物("玄学"的原意为 metaphysics,这个字可以译成形而上学,也可以译为玄学。对我们,形而上学已经有了比较确定的意义,为了避免与这个意义相混起见,我们把这个字译为玄学)。我们知道,现代唯心主义哲学家是把承认物质的存在当作玄学看待的。所谓害怕"玄学"就是害怕承认物质的存在。罗素所反对的实体就是物质。名义上罗素只是反对实体论而已,事实上他所反对的是唯物主义。

事物的客观性或物质性排除了之后,罗素就可以进行构造了。

四、所谓“公共空间”的构造

为了构造事物，罗素需要一种“公共空间”。他要构造这个“公共空间”。可是，他所构造出来的不是真正的公共的空间。只有客观的、独立于感觉而存在的空间，才真正是公共的空间。罗素没有花大的力量去排除空间的独立存在性，他好像是把空间看作没有这个客观性问题似的。这是错误的。没有客观的空间也就没有公共的空间。罗素的所谓“公共空间”是和他的所谓“私有空间”对立的。他不可能不知道，从“私有空间”出发他构造不出“公共空间”来，他不能不暗中更换他的出发点，假设了与他哲学不相容的常识作为出发点之一。这一部分的常识显然是唯物主义的。唯心主义哲学家经常利用常识而又不尊重常识。马赫走进实验室，他就利用唯物主义，罗素走进饭馆，他也利用唯物主义。但是，他们又都不买常识的账，把常识看作“普通人”的粗俗思想。其实这是彻头彻尾地偷换概念。下面我们就可以详细地看出罗素是如何地偷换概念的。

就空间说，从视觉提出问题是很自然的。我们对空间的知识可能以视觉为最主要的来源。无论如何，对空间问题的讨论，最方便的是从视觉这一角度出发。显然从触觉或味觉出发，好些问题提不出来。可是，说这样的话是有前提的。前提之一是各官之所觉的是同一个空间，而不是不同的空间。可是，按照罗素各不同官能的感觉对象或内容或材料是不同的东西的看法，视觉空间和触觉空间就应该是不同的东西。

因此，视觉的空间就不能概括其余的空间。由此可见，罗素以视觉的空间去概括其余的感觉对象或内容或材料，事实上承认了不同官能感觉之所得是同一的空间。这本身就是偷用常识。为什么说偷用呢？因为关于这一点的常识是和罗素的感觉论不相容的。他利用了常识去把他的问题简单化了。不然的话，他的所谓五官就空间说各有三维空间，因而一共就有互不相通的十五维空间，问题麻烦多了。只有利用常识，他才能把问题简单化。常识在这一点上是正确的。下面我们也从视觉来介绍与批判罗素的想法。

我们要提出所谓视觉方面的透视点来讨论。我们以视觉上的一个四方桌子的四方桌面为题材来介绍所谓透视点。在视觉上，这个桌面具有因感觉者的地位变更而不同的形象。从有的地方看，桌面是□（正方形）；从另一地方看，它是▭（扁长方形）；从第三个地方看，它又是▱（平行四边形）。每一个这样的地方，我们都叫它作透视点。这种形象的变化是无穷的。总起来说，所有的形象加起来也是无穷的，透视点的数目也是无穷的。在视觉上，这种透视点的存在是毫无问题的。但是，我们实际上能够辨别的透视点是不多的。有一点我们要注意。上面所讲的是极端简单化了的情况。这不是一个透视点的全面的情况。当一个人看见▱桌面时，它东边的书架，它西边的条桌，下面的椅子，上面的电灯，都有透视点的问题。上面只是就桌面提问题而已。同时这里说的只是一次感觉。多次感觉的问题要复杂得多。如果把这些复杂的情况提出来，罗素的感觉和感觉材料论的荒谬性会更清楚些。

透视点上看到的空间就是视觉空间。在任何一个透视

点，我们都可以感觉到左右前后上下的东西，它们按照罗素的说法都是感觉材料。这些材料又有左右前后上下之间的虚虚实实的关系。这些总起来构成视觉空间。这个空间本身也是感觉材料，它和桌面上的空间是一样的。视觉空间按照罗素的说法是在头脑里面的。因为它是感觉材料，它就有感觉材料的特点，而感觉材料是感觉者头脑里面的。它也和别的视觉材料一样。睁开眼睛它就来了，闭上眼睛它就灭了。视觉空间是三维空间，它有宽窄长短厚薄。和别的感觉材料一样，它是私有的。它就是罗素所说的私有空间。有好些问题罗素没有提出。如果提出的话，这些问题可能会进一步暴露他的论点的漏洞。这个视觉的私有空间是只相对于透视点呢，还是同时也相对于感觉次数呢？如果在一次感觉中感觉者由看到▭（扁长方形）桌面走向看到□（正方形）桌面，他就是不断变换了他的透视点。问题是他是否同时也不断地改变了他的透视空间呢？如果他没有改变空间，那么在同一个空间之内，有▭（扁长方形）和□（正方形）两个很不同的桌面，并且还有一系列的介乎二者之间的不同桌面，亦即在不同的空间出现许多不同的桌面，这在理论上又怎么解释呢？如果说在一次感觉中，在不断地更换透视点的情况下，有无穷的空间重叠在一块，那也难于置信。如果在三次不同的感觉中，头一次看见▱（平行四边形）桌面，第二次看见▭（扁长方形）桌面，第三次看见□（正方形）桌面，那么三次感觉中的空间是一个空间还是三个空间呢？说前后有三个空间，一听就觉得荒谬。如果说前后的空间是一个空间，那么有什么根据呢？感觉不是同一的感觉，感觉材料不是同一的感觉材料呀！每一次的感觉是在不同的透视点上进行的。这些不同的透视点当然没有同一性,可是,有没有某种连续性呢?这些问题是荒谬假设之下的荒谬问题。它们充分地表示了罗素的感觉材料论和私有空间论的荒谬性。无论如何,罗素的问题是要从这种随感觉的来去而来去的私有空间中构造出公共的空间来。这显然办不到。

上面说透视点的视觉空间是私有空间。现在介绍一下罗素构造的头一步。头一步就是断定透视点与透视点之间有透视空间。这是没有问题的。所谓透视点显然是和桌面的形象联系着的,然而它也是和感觉者的所在地联系着的。仍以桌面为例。有时它的形象是□(正方形),有时是▭(扁长方形),有时又是▱(平行四边形),但是,相应于每一个这样的形象都同时有一个感觉者的不同的所在地。因此感觉者的所在地就是一个透视点。透视点与透视点之间确实是有空间的。问题不在这个空间的存在,而在于它的性质。它的性质又和所谓“感觉者”或感觉者的“头脑”的性质是密切地结合着。感觉者是具体的人,还是一大堆感觉材料呢?罗素没有提这个问题。他之所以没有提这个问题是因为提出来对他的理论不太方便。如果感觉者只是一大堆感觉材料或者他的头脑只是一大堆感觉材料,也就是说,如果它是没有体的东西,那么感觉者或他的头脑所占的空间只是私有的空间,无论这是视觉空间也好,触觉空间也好。如果感觉者或他的头脑是有体的事物或者是实体,也就是说,如果它是独立于他自己或别人的感觉而存在的事物,那么它是客观事物,它所占的空间是客观的空间。只有客观的空间,才能是公共的空间。罗素虽然没有提出那个对他甚为不方便的问题，然而他已经挑选了他的答案。他的答案暗中假设了感觉者或他的头脑是独立存在的事物。这实在就是偷用常识。为什么说偷用呢？常识是人人得而用之的东西，难道罗素就不能用吗？其所以是偷用，因为他不提问题而假设答案。如果他把问题提出来，答案只能是感觉者或他的头脑都只是感觉材料而已，它所占的空间只能是感觉中才存在的空间。这也就是说，感觉者或他的头脑所占的空间，只能是罗素的所谓私有的空间。如果罗素用他的一贯理论，他是得不到公共的空间的。罗素用隐藏的方式得到他的理论所得不到的东西，这就是偷用。

罗素有时也承认他的所谓透视的或公共的空间是感觉或知觉不到的；如果要知道这样的空间的话，只有把它推论出来①。但罗素的主要论点是，这个推论是靠不住的，此所以他要构造论，要用构造来代替推论出来的东西。在说上面那句话的时候，他似乎临时忘记了他的构造论。在上述场合下，说需要推论就是说构造不出来，也就是说感觉不到或知觉不出。其所以感知不到，正是因为他偷用了客观空间。如果他的所谓透视空间没有偷用客观空间，为什么它是感知不到的呢？为什么他需要推论出来呢？在这里罗素显露出他偷用了客观空间。但在此书下一页之后，他还是进行构造。

罗素的所谓公共空间（有时他把这个空间叫做透视空间，有时叫做物理空间，有时叫做公共空间）是一个私有空间的体系。这个体系是如何构造的呢？它是用感觉材料来构造

---

① 《哲学中科学方法的运用领域》英文版，第96页。

的，因而也是用私有空间来构造的。仍以桌面为例。有▱这样的桌面，也有◇（菱形）这样的桌面，并且还有由前一桌面逐渐转变为后一桌面的中间的桌面，这个转变过程，形成一条不同的透视点所组成的线。这是一条直线。有▭（扁长方形）桌面，也有□（大正方形）桌面，而且有由前一桌面转变为后一桌面的中间桌面，这些桌面都是愈来愈接近四方。这个转变过程也形成一条直线。有□（小正方形）桌面，也有□（大正方形）桌面，而且有由前一小的桌面逐渐变大的中间四方桌面。这个过程也形成一条直线。这些直线上的每一点都是一个透视点，每一个透视点上都有相应的私有的视觉空间。这个公共或透视空间是许许多多有某种秩序的私有空间体系。显然这个体系里有线也有面。它是空间，它是许许多多的私有空间组织成的。但是就公共或透视空间说，在这个空间里私有空间都只是在一个点上而已。这是因为私有空间是在感觉者头脑里的。照罗素的说法，私有三维空间是在公共空间的一点上的。公共空间不是私有空间。它虽然是一大堆私有空间的体系，然而它本身不是私有空间。

公共的或透视的空间不是私有空间，这也可以从所谓六维空间这一论点上看出来。一个感觉者的私有视觉空间是三维的。这个说法虽然荒谬，可是，假如我们以日常生活中的情况为模型的话，这还是可以理解的；去掉了的是客观存在性而已，三维性并没有去掉。可是，一个感觉者在他的透视点，同时又占领了公共的空间。如果这空间真是公共的，那么，它就是客观的，而客观的空间当然是三维的。但是，按照罗素的说法，这两个空间合起来是六维的。这就很难理解了。“合”是怎样的合法呢？两个三维加起来当然是六维能够这样简单相加吗？我们的经验中没有六维的空间，客观的空间也不是六维的。根据客观事实，经验中的三维空间就是客观的三维空间，根本就没有两个三维空间。罗素既然肯定了六维空间，可见公共的空间不是私有的空间，透视点上的空间不是透视空间。在透视空间的点上，或透视点的空间上，私有的视觉空间不是三维的，它只是一点而已。或者说它无所谓三维，它没有了，不存在了。罗素好像承认了两个不同的立场，而他自己则站在不属于这两个立场上的第三个立场。在视觉立场上，他只有三维的私有空间；在公共的或透视的空间立场上，他也有三维的公共的透视的空间。这就是说站在上面两个立场中任何一个立场上，空间只是三维的。罗素这个哲学家是悬在“空”中的，在那悬“空”的立场上，他可以看出六维空间来，因为这样，前两个立场他都可以承认。可是，这也就是说，在前面两个立场中任何一个立场上，六维空间是得不到的。

罗素的整个构造明显的是错误的。罗素只是把透视点与透视点之间之有空间肯定了下来，把透视点上视觉空间的感觉材料之间的秩序定义为透视空间。他继续把这个空间肯定为公共的。他的这个看法说得通吗？我们先看一看私有的视觉空间的感觉材料。仍以桌面为例，▭（长方形）、◇（菱形）、□（正方形）等桌面形象都是私有的感觉材料，它们都是私有的。和这些感觉材料相适应的感觉者是什么呢？上面已经说过，罗素在这里是偷运了客观事物。如果他不偷运进客观事物，而只用他自己所能有的工具去构造，感觉者是什么就容易看出来了。感觉者虽然是人，然而他仍然只是感觉材料。

感觉者的头脑呢？它也仍然只是感觉材料。这就是说，它们都是没有体的，都不是实体。这就是说，它们所占的空间——假如它们占空间的话——仍然是私有的空间。当感觉者看见他的地点和桌子书架等的关系时，他所占的空间既是视觉空间也是触觉空间。如果他闭着眼睛移动，他所占的空间是触觉空间。视觉也好，触觉也好，这个空间只是私有空间。透视空间和透视点上的空间，按照罗素的说法，根本不可能是两种不同本性的空间。本性是指独立存在说的。透视空间客观而透视点上的视觉空间不客观是不可能的，透视点上的视觉空间主观而透视空间不主观也是不可能的。假如罗素真的从客观物质事物出发把感觉映象看作客观物质事物的客观反映，把它看作客观物质事物与主观意识的桥梁，那么，什么困难问题都终归可以解决。但是，这就要求他批判和放弃主观唯心主义的感觉材料论。如果他坚持感觉材料论，那么，所谓感觉者和他的头脑都只是感觉材料而已。它们所占的空间也都只是视觉和触觉的空间而已，或者说，只是私有的空间而已。这个构造出来的空间，从本性说，就是私有的空间，它怎么能够是公共的或者物理的空间呢？罗素给读者的印象是他构造出公共的空间来了。我们已经指出这是因为他暗中更换了概念，把感觉者和他的头脑都改换成有体的或是实体的客观事物。他其实是在暗地里利用常识。由于罗素偷运常识，读者就很自然地跟着他跑了。

有的读者也许会问：为什么罗素不能构造出公共的空间呢？罗素的所谓感觉材料虽然是私有的，然而他承认各个不同的感觉者所得的感觉材料是可以相似的。相似点就是公共点。公共的空间只是相似的空间而已，不必是同一的空间。如果我们要求公共的空间之为同一的空间，我们的要求太多了。我们确实认为：要各个不同的感觉者感觉到同一的空间，也就是客观的空间，我们才能有公共的空间。可是，要求不能说是太多或太高。感觉材料果然相似，它们也可以说是有共同点。这一点我们可以暂时承认。但是，按照罗素的感觉材料论，这个相似点是经验不到，也证明不了的。罗素自己也利用过相似点①，他曾经说过：两个人用同一的词汇来表达他们的感觉材料时，也表示了他们的相似。其实这也是偷换概念。罗素的意思可能是这样的：对于一个四方的东西，甲在一个透视点上看见长方形，乙在相似的透视点上，也看见长方形，两人同说“长方形”，那么，两人的透视点就相似。这也就是说，两人的感觉材料相似。偷换概念在什么地方呢？就在这“长方形”三个字上。罗素在这里实在是假设了这三个字是独立存在的客观物质事物。他没有理由作这样一个假设，因此，他实在是偷运了客观物质事物。如果他不偷运客观物质事物的话，“长方形”三个字，按照罗素的感觉材料论，不是独立存在的客观声音，它们只是甲乙彼此的感觉材料，他怎么能说甲所说出和乙所听见的是同一的声音、同一的字呢？怎么能说乙所说的和甲所听见的是同一的声音、同一的字呢？“长方形”三个字，就它们之为感觉材料说，都是甲乙之所私有，它们并不表示甲乙对于那个四方的东西有相似的视觉材料。总而言之，没有客观的空间，也就没有公共的空间。只承认私有的空

---

① 《哲学中科学方法的运用领域》英文版，第95—96页。

间，公共的空间是构造不出来的。而对于私有的空间是不是可以相似这个问题，罗素这样的感觉材料论者无法答复，因为这是经验不到证明不出来的。就罗素说，提出相似点作为公共的感觉材料，仍然是偷换概念。罗素在表面上好像把公共的空间构造了出来，其实仍然是把私有的透视空间偷换成为客观的空间而已。

从罗素非求助于偷换概念不可这一点可以看出，客观物质事物的独立存在性是不能用奥卡姆剃刀剃掉的。罗素想要搞出一个没有客观物质事物的认识论也是办不到的。承认客观物质事物的独立存在性是科学的哲学的必要条件。否认它，认识论就不可能一致。一致性尚且得不到，正确性就不用说了。

以上讲的“公共空间”的构造，可以说是构造事物的一部分。下面就来讨论罗素所谓的“事物”的构造。

五、所谓“事物”的构造

第三节曾经指出，罗素把事物的体排除出去了，而他要构造出来的是在公共空间里的没有体的而又是公共的事物。对于事物，罗素没有用公共这样的字眼。他可能认为这种字眼是多余的。因为它本来就不是私有的。他所要构造的，不是公共的感觉材料，而是事物。他从来没有提到过私有的事物，他只是从感觉材料中构造事物而已。事实上这样的事物只是在公共空间中的没有体的感觉材料类而已。可是，一类感觉材料仍然是感觉材料，并不是客观事物。真正的事物，是客观

的独立于感觉而存在的，是不能从感觉材料中构造出来的。罗素要给人的印象正是从感觉材料中，在公共的空间里，构造出客观物质事物来。这样做他又要偷换概念。在下面的讨论中我们可以看出这一点。

我们从视觉上的铜钱说起。从某些透视点看，铜钱是圆的，圆的大小不一样，可是由小到大成一个系列，这个系列也成为一条直线。从另外一些透视点看铜钱，看见的是一条很长很薄的长方形，开始时可能是一条有厚度的线而已，后来它成为很薄的长方形，这个长方形由小到大也形成一个系列和一条直线。到铜钱碰鼻子的时候，这两条线就交叉了。罗素确实说了碰鼻子，其实严格地说，他只能承认这两条线都有一个最后点，在这个最后点上，视觉没有了，而代替的是鼻子上的触觉。这个触觉发生的透视点也就是两条线的交叉点。交叉点是在透视点上的，按照上面公共空间的说法，是在公共的空间的。这些系列的存在，这个交叉点的存在是毫无问题的。这是任何人都可以在他自己的经验中证实的。问题是对于这些东西的解释。按照罗素的感觉材料论，这些都是感觉材料中的事情。交叉点特别的地方，只在于两线到了某一阶段的交叉而已，交叉点没有也不可能改变它的本性，它的本性仍然是感觉材料的本性。这是按照罗素的感觉材料论的说法说的。正确的说法是：对于一客观物质事物，我们可以有不同角度的看法；在不同的角度上，我们会得到不同的感觉映象；等到我们的鼻子碰到该客观物质事物时，这不同的角度合而为一了。就铜钱说，它本来是有圆面和侧面的。这里本来没有什么困难的问题。但是从罗素的感觉材料论出发，问题就成为不可解决的。

罗素首先就有这样的问题:一个事物只在"一个"地方,何以它又是圆的又是长方的呢?仍以桌子为例,它只在一个地方,何以它是四方的又是长方的呢?针对于这个问题,他提出两个地点问题。一个是所谓事物所在的地方或透视点,另一个是事物所从(所从而感觉到的地方,以后简称所从的地方)的地方或透视点。先谈头一个地方或透视点。在上面我们已经介绍了罗素的所谓交叉点。事物的所在地方就在这个交叉点上。按照以上的讨论,这个交叉点就是一个透视点。它是透视空间的点,因此,它也是"公共空间"的点。这样,事物就要排在"公共的空间"里去了。上面已经指出,通过偷换概念,罗素把某部分的私有空间说成是"公共空间"。其实,按照他自己的感觉材料论,他的所谓"公共空间"仍然只是私有的空间而已。这个交叉点罗素虽然把它看作"公共空间"里的交叉点,然而他们仍然只是私有空间的交叉点而已。

这个交叉点,罗素有时说它是事物的所在点,有时他又说是事物的中心所在点。按照他以后的说法,他应该说是事物的中心所在点。这一点以后还要提到。现在我们只说事物或事物的中心所在点。

罗素把事物或事物的中心所在地方定义为透视交叉点。被定义项是事物或事物的中心的地方。定义项是透视交叉点。上面已经指出,透视空间实在不是什么公共的空间,它实在只是私有的空间。透视点是私有空间的点,透视交叉点也仍然只是私有空间的交叉点。在这个交叉点上的事物或事物中心,仍然只是感觉材料。定义项所表示的,是感觉材料的交

叉点，是私有空间的交叉点。被定义项的本性，只能是定义项的本性。定义项所表示的东西既然是感觉材料中心的东西，私有空间的东西，被定义项当然也是。罗素想要给人以一种印象，仿佛他所构造出来的事物或事物中心所在地是公共空间的地方，这是虚构的。公共的空间既然构造不出来，这个地点当然也不能。罗素好像是把事物或事物中心安排到公共空间里去了，其实他没有。他根本没有公共的空间。

罗素是要搞两个地点的。上面说的是所谓"事物或事物中心的所在点"。现在要提出所谓"事物的所从点"。这就是"这"的所在点或感觉者的所在点，或感觉者的头脑的所在点。这是一个奇特的地方，也是一个极其荒谬的所谓"地方"。这个事物或事物中心所从点，是一个透视点。视觉是在这个透视点发生的。我现在坐在书桌边，朝北一望，看见书架。书架是视觉材料，书架与书桌之间有私有空间。按照罗素的说法，书桌与书架都在我的头脑里。我的头脑只是透视空间或他所谓的公共空间里的一点或一个地点。但是如果我站起来走向书架去取书，我究竟在什么地方呢？一方面，我是从透视点到透视点，因此，是在公共空间中由一点或一个地点到另一点或另一个地点。另一方面，我所看见的书架是感觉材料，是在我的头脑里面的，空间是私有的空间。因此，我的移动是由一个私有空间的地点到另一个私有空间的地点。这岂不是说，当我走向书架时，我是在我自己头脑里走动吗？这岂不奇特，岂不荒谬！罗素说视觉空间或私有空间是在透视空间或公共空间的一个点或一个地点上，可是，反过来公共的空间又在私有空间里面了。

话还是要说回来。罗素提出了这个所谓事物的所从点，这是感觉者或感觉的头脑的所在点。视觉或感觉是在这一点上发生的。视觉空间和这个空间的感觉材料都是随这个视觉的发生而存在着的。按照罗素的说法，感觉材料是在感觉者的头脑里的。因此，私有空间也是在感觉者的头脑里的。它们既然都在头脑里，它们也在头脑所在的空间里。罗素没有直接肯定心灵在什么地方，但他说过，如果心灵是在头脑里的话，它也在感觉者的所在地。普通所谓“这儿”或“这里”就是这个地方。他当然就是指事物或事物中心的所从点。

“这儿”或“这里”，或事物或事物中心的所从点，或感觉者或他的头脑的所在点，也是一个透视点。它是在透视空间里的。因此，也是在公共空间里的。视觉空间或私有空间虽然是三维的空间，并且在这个三维空间里远近纵横的距离差别可能很大，然而就感觉者的头脑说或就这个透视点说，这个三维空间又压缩成为只占领极小的或公共的空间了。罗素虽然承认压缩，可是并没有说这个空间已经压缩成为一个几何点。私有空间虽压缩了，然而它的三维性没有被取消。按照罗素的说法，公共的空间是三维的，显然这个空间加上三维的私有空间就是六维的空间了。

我们曾说，罗素要搞两个地点，现在他搞出来了。一个是事物所在的地点，一个是事物所从的地点（即所从而感觉到它的地点）。这两个地点都被安排在公共的空间里。这样就好像给它们以客观的味道。如果有人问：一张桌子在一个地方何以既是四方的又是长方的？罗素的回答是：它不在一个地方。在事物的所在地，它是比较稳定的，看来这个所在地只

是一个地方。所从的地点就不同了，应该说它是无穷的。翻译出来就是说事物可以从无穷的角度去观察。

下面这一点比较重要。罗素继续说：物理学家比较地着重在事物的所在点，或在所在点上的事物，心理学家比较地着重在事物的所从点或在所从点上的事物。这里说的不只是物理学家或心理学家，或物理学和心理学而已，而且也隐含了物质与心灵。假如我们把两个地点用一条线去联系起来，这条线的一头是（或有）物质的东西，另一头是（或有）心灵的东西。在1914年，罗素已经肯定在事物所在地那一头有所谓“物质”。这已经暴露他的所谓“物质”是什么东西了。

但是，按照罗素的感觉材料论，以上的“安排”是说不通、办不到的。这个安排，是把所在点和所在点的事物，以及感觉者和他的头脑都当作客观物质事物看待的。罗素只有假设了一种独立于我们的感觉的延续性或同一性或存在性，才能作出以上的“安排”。假设了这些，也就假设了客观物质事物。不假设客观物质事物，所谓公共空间构造不出来，透视点的空间仍然只是视觉上的私有空间。感觉者和他的头脑都是感觉材料。头脑作为感觉材料，是没有“里面”的。事物的所从点，也只有假设了独立存在的事物和空间才能提出来。感觉材料的内部分别只在一次感觉中有效。在多次感觉中，从这些分别引申不出以上的“安排”来。这也就是说，在构造事物的过程中，罗素偷用了客观物质事物。

现在简单地谈谈事物的构造。罗素在构造事物的时候，总是用“侧面”或“现象”两个字，其实所谓侧面就是感觉材料。在这里，我们也不妨用“侧面”两个字。上面已经提到两个地点，一是事物所在点，一是事物所从点。在前面，这两个地点已经提出，好像罗素是以它们为先决条件似的。其实不然，他不必先推出这两个地点。在解释上，先提出两个地点来是有好处的。罗素认为侧面有两种分类法。一种是以事物的所在点为着重点的。这个分类法会从各不同透视点之有一个侧面出发，达到透视交叉点。另一种是从事物所从点出发的，着重点摆在一侧面所属的透视点上。物理学家着重在前一种分类法，心理学家着重在后一分类法。

其次，罗素要把侧面组织成系列。但他没有明白地表示如何组织系列的方法。按照上面说的不同的分类法，也可以有两种不同的系列组织法。一种是把事物所在点组织到系列里去。这一种组织法涉及不同的直线的交叉点。另一种组织法不包括交叉点在线路之内，线路可能只是围绕着交叉点的曲线而已。罗素没有说系列是如何组成的。无论如何，系列是侧面的系列，这也就是说是感觉材料的系列。

最后罗素说，遵守物理规律的侧面系列就是事物。这是给事物下定义，也是把事物构造出来了。这个构造是荒谬的。可是，就罗素说，有一点是可取的。他的所谓感觉材料无分于感觉、错觉、梦觉、幻觉。这个定义至少把感觉中所产生的材料和其他的觉所产生的材料分开来了。其他的感觉材料也是遵守规律的，例如生理方面或心理方面的规律。但是，它们可能不直接遵守物理规律。尽管如此，这个定义或构造，本质上是唯心主义的。我们知道侧面就是感觉材料，所谓系列也只是感觉材料的系列。感觉材料的存在是以感官活动为转移的。事物怎么能够只是感觉材料的系列呢？感觉材料如果是正确的感觉映象那样的东西的话，它当然是遵守物理方面的规律的。但是，遵守物理规律这一条件并不充分地构成事物，事物不是依赖于感觉的。把它说成本身就是感觉材料，正是把它说成为依赖于感觉的。这显然是唯心主义，并且还是主观唯心主义。

上面已经揭露所谓“空间”的荒谬性，这里要揭露所谓“事物”的荒谬性。罗素所构造出来的“事物”是如何的东西呢？我们仍以一个四方的桌面为例。在感觉中，它有由▭（扁长方形）到□（正方形）的侧面系列。感觉者可以由前面一侧面向后面一侧面移动。前面已经提到罗素的所谓空间的荒谬性，现在的问题不只是“空间”而已，而且是系列本身的问题。感觉者先面对前一侧面，后面对后一侧面，因此，他是在“事物”中移动。感觉者自己在他所感觉到的事物中移动，这岂不荒谬透顶吗？按照以上的定义，“事物”根本就不是普通生活中的具体的东西，而是向不同方向无限地伸延的东西。如果一个感觉者既带着望远镜又带着电子显微镜，事物不知道要加大到几百倍。从罗素的“理论”说，“事物”、任何“事物”都弥漫着整个的空间。罗素有时说“事物的中心”，他的所谓“事物”确实需要一个中心。有中心的说法比没有中心的说法，是比较可以设想一些。但是，有中心的“事物”仍然要不得。根本的理由是：罗素所构造出来的“事物”根本不是客观物质事物，不是独立于我们的感觉而存在的事物。它只是侧面而已，只是感觉材料而已。加上所谓“系列”的要求或者所谓遵照物理规律的要求，并不能改变这个所谓“事物”的本质，它的本性仍然是依赖于感觉的存在而存在。罗素所构造出来的东西,正是他所要构造出来的东西,正是没有实体或没有体或没有独立存在性的所谓“事物”而已。

上面四、五两节所批判的构造,是荒谬、烦琐、枯燥无味的。批判本身也就有些枯燥无味。本书不能不提出这些构造加以批判,因为就罗素哲学的发展和他的主观唯心论的形成来说,这些构造是极其重要的。这是 1914 年的构造,它表现出一个方向,罗素是朝着这个方向全力以赴的。1912 年的《哲学问题》已经是一本建立唯心主义认识论的书,但是,它还没有给人以一种武断的印象。对于他在 1912 年所提出的推论,罗素并不满意。他要坚持他的形而上学的感觉材料论和主观唯心论。在得到逻辑构造这一工具之后,罗素就千方百计利用它来建立 20 世纪的主观唯心论。1914 年以后的某些文章和书就表现出他的这种努力。方向既然是错误的,努力愈大,荒谬性也就愈来愈多。

在 1914 年,罗素已经放弃了 1912 年的主要论点,但是,他还没有搞出他的中立一元论。后者是 1919 年才正式开始的。尽管如此,1914 年的构造对以后的中立一元论不只是开辟了道路而已,而且可以说已经做了一半的工作。

第八章　对中立一元论的批判

罗素的中立一元论在 1919 年正式提出，在 1927 年或 1930 年才基本成形。在 1930 年后，罗素还写了些大部头的认识论的书。这些书，就某些论点说，是重要的。它们反映罗素也被卷入到英国哲学后来的动态里去了，语言方面的考虑比从前多了。1948 年出版的《人类的知识，它的范围与它的限度》这本书又重新提出了非演绎推论问题。这些书也应该是研究、分析与批判的对象。但是，就罗素的中立一元论说，它们并不重要。罗素现在还是一个中立一元论者，对中立一元论他也没有作什么重大的修改。中立一元论是罗素哲学和认识论的定型。批判中立一元论也就是从总体上批判罗素的认识论和哲学。

一、中立一元论与《物的分析》、《心的分析》

第七章已经提到中立一元论的一半。在那一章里，我们已经提出罗素是如何构造“公共空间”的，并指出了这是假的“公共空间”；我们也提出了罗素如何构造“事物”的，并指出那是假的“事物”。这些东西的构造也就是“物质”的构造。

不错，在第七章我们还没有提出“物质”的构造来，但是，我们以后会看到“物质”的构造和“事物”的构造没有什么本质的区别。我们可以说第七章已经提到中立一元论的一半，但是，第七章没有提出另一半，即心灵的构造。

“心灵”的构造是在《心的分析》这本书里进行的。有人也许会想到，《心的分析》顾名思义是对有关心灵的材料加以分析，而分析的结果是把组成心灵的因素推出来。分析的过程是由合到分，而构造的过程是由分到合。因此，分析不是构造。《心的分析》是分析。罗素在这本书里把他认为和心灵不相干的东西撇开了，连意识都撇开了。他利用了美国人华特生的行为主义来排除许许多多的东西。剩下来的就是心灵的中坚成分。把这个中坚成分分析出来也就是把它构造出来。把它构造出来也就是把他的所谓“心灵”构造出来。《心的分析》是 1921 年出版的。中立一元论的这一方面的构造是 1921 年完成的。

也许有人又会想到“物质”的构造是在《物的分析》那本书完成的。这句话就客观情况说，是笼统的。它需要分析。斯特斯先生论罗素的中立一元论没有把《物的分析》包括在他的研究材料之中。他认为在这本书里，罗素已经取消了中立一元论，因为罗素又恢复了物质与心灵之间的因果关系。这是错误的，罗素没有取消中立一元论。在答复斯特斯的批评中，罗素自己就指出《物的分析》仍然是中立一元论的一部分。就《物的分析》继续了中立一元论说，罗素的话显然是对的。但是，如果认为，像“心灵”的构造是在《心的分析》那本书里完成的那样，“物质”的构造也只是在《物的分析》那本书里才完成的，那就不对了。上面已经指出，第七章已经提到中立一元论的一半。那一章所谈的是1914年到1921年这段时间罗素的认识论思想。到了1921年，好像中立一元论已形成了，因为不只是“物质”已经构造出来了，“心灵”也已经构造出来了。斯特斯正是这样想的。

尽管这样，我们并不能忽略《物的分析》的影响。在这本书上，罗素是花了工夫的。当时好些人等这本书的出版，总以一读为快，而这本书的出版总是延期。这就很不像罗素所写的其他的书。看来罗素是以这本书自豪的。这本书的第一部分，讲的完全是物理学，讲得对否是另一问题。第二部分讲的是物理学与知觉。第三部分讲的是物理世界的结构。这本书章节繁多，议论复杂，罗素所要构造的东西很多，时点空点他当然要构造，就连电子，他认为也是需要构造的。主要点是他引申出“事素”来。罗素给人的印象，好像所谓“事素”是单纯地由物理学引申出来的。因此这一概念好像也就把物理学的权威带到哲学里来了。但在1914年，罗素用以构造“事物”的，是感觉材料、现象、侧面这样一些东西。这样的东西是没有物理学的权威的，构造好像只是哲学上的主张或建议。用事素去构造物质，这个构造就好像是物理学的知识似的。这分别很大。如果我们停留在1927年，停留在《物的分析》这本书上，这个分别可能保存下来了。但在1930年，在《哲学大纲》那本书里，罗素又表示所谓“事素”就是感觉那样的东西。这样一来问题就清楚了。就中立一元论说，就“物质”的构造说，《物的分析》这本书起了换汤不换药的作用。在表面上，这本书好像是改变了中立一元论，实质上它并没有改变。

下面我们首先提出物心的同元与分别，其次讨论和批判心灵的构造，再次简单地提出物质的构造，最后提出对中立一元论的批判。

二、物心的同元与物心的分别

物质与心灵同元。物质是世界的本质，它是第一性的东西，心灵只是高度发展了的物质所派生出来的东西。这是事实。正确地反映这个事实的就是辩证唯物主义。唯心主义者总想把物质从这个地位推出去。罗素也是这样。他的基本想法是把物质看作不那么基本，而就材料说，物质与心灵都是从更基本的材料构成的。读者已经知道，罗素所说的基本材料是什么，但是我们现在且不谈这个材料究竟是什么。无论如何，这个材料是“元”，而物质和心灵都不是。“元”非常之重要。罗素是不赞成“本质”的，表面上他没有“本质”这一概念，但是事实上他就是以这个“元”为世界的本质的。就罗素的认识论说，也就是从他的一般的哲学来说，这个“元”就是世界的最根本的材料或原料，这是一方面。另一方面，罗素的目的是要把认识论组织成为一个演绎系统，而这个“元”就是该演绎系统的最原始的元素。欧几里德几何是一个演绎系统。在那个系统里，“点”、“线”那样的东西就是最基本的元素。命题演算也是一个演绎系统，在那个演绎系统中 p. q. r……这样的命题就是最基本的元素。就罗素所要搞的演绎系统说，上面说的那个“元”就是最根本的元素。当然罗

素没有搞出这个系统来。作为原料，这个"元"是实在的基础、本质；作为元素，它是演绎系统的出发点。这二者的统一，是罗素的非常特别的一元论。

这个"元"早就准备好了。不过罗素在不同的时期有不同的看法，因而也用不同的名词去形容它。事实上它就是感觉材料。名词或形容词不同，也引起西方哲学家一些争论。第七章已经指出，罗素在1914年勉强宣布：感觉材料是"物质的"。着重文字的人会说，在1914年，罗素还没有中立一元论。因为按照方才所说，感觉材料被认为是"物质的"，同时，在1914年，罗素是反对中立一元论的（见《逻辑与知识》中的"直接认识的本性"）。这是事实。但是，对1914年的罗素来说，"物质的"只是奇怪的字眼而已。世界上哪有随感觉的来去而生灭的物质呢？实质问题是用以构造客观物质事物的原料是感觉材料。在罗素接受了中立一元论之后，这个所谓中立的一元的东西仍然是感觉材料。他是在1919年接受中立一元论的①。这时，罗素把感觉材料（他说的是感觉，其实就是感觉材料）说成是亦心亦物，非心非物的东西。有的读者读到这里也许就没有耐心了。这个亦心亦物、非心非物的东西，是不存在的，那么，为什么还要提出它来呢？罗素提出它来是要用这个所谓亦心亦物、非心非物的元来代替物质，从而取消物质本来有的作为客观世界的本质的地位，同时也取消物质本来有的在认识论上第一性的对象的资格。显然，在这样的偷梁换柱条件下的物质是假的物质。这样，物质的名义

① 《逻辑与知识》英文版，第299页。

保存了，物质的实质取消了。我们以后会知道，这所谓亦心亦物或非心非物的元一半是真的，一半是假的。说这个元不是物质，这真实地表达了罗素的思想。可是，说这个元不是心灵，并不是罗素的思想实质。罗素后来搞出"事素"来作为他的基本元素或原料，这也就是元。可是，这个"事素"是什么呢？在1930年，他也承认了这个"事素"就是感觉。如果我们真的只看实质不看名词，所谓亦心亦物、非心非物的元或"事素"就清楚了，它只是心灵的东西而已。我们不要看不起这个事素，假如承认它并且承认它在罗素哲学中的地位，那么，作为认识论上第一性的东西和作为本体论上最本质的东西的物质就被取消了。

物质与心灵有分别。罗素在用假物质取代了真物质之后，假的物质与假的心灵也还是要有分别的。分别不在于原料或元素，而在于组织物质与心灵的关系不同。按照罗素的说法，构成物质与心灵的关系很多，也很复杂。但是，其中最主要的是不同的因果关系。

罗素是非常之看不起因果关系的。他对因果关系有好些批评，其中之一就是认为真正的科学根本用不着什么因果关系。可是，在罗素哲学里，却经常利用因果关系。在物质与心灵的分别上，他又用上了因果关系。罗素大体上接受了休谟的因果关系思想；在具体运用上，他把因果关系看作微分方程式类型的因果关系。一般地说，罗素要求因果之间有连续性或连接性。关系既然是事物之间的关系，所谓连续就不可能是数学式的。把原料或元素构成为物质的因果关系，正是这种有连续性的因果关系，或者说没有间隔的因果关系。当然，

物质的结构中，还有许多别的东西或关系，例如地点、透视点、时间上的统一性，等等，但是，那些都是不重要的。物质之所以为物质，它之所以异于心灵，就在于它的结构中有这种无间隔的因果关系。罗素所说的因果关系，显然不是客观事物之间的因果关系，而正是列宁在《唯物主义和经验批判主义》中所批判的那种因果关系。在这里我们只提一提而已，并不预备多花时间来批判。

显然，罗素没有把连续性作为因果关系的要求或必要的条件。他承认有间隔的因果关系。例如，我今天看见了而且认识了我昨天在百货大楼看见过的人。分析起来，这情况里面就有间隔的因果关系。我昨天看见了那个人，可是，在昨天我不认识他。今天我又看见他了，今天的看见只是今天的事情而已。如果我昨天没有看见他，今天我不能认识他。昨天看见他和今天看见他，单就这两件事情本身说，没有因果关系。显然，我今天看见他，并不是因为我昨天看见他。可是，除看见他之外，我今天还认识他，认识他就是昨天所看见的那个人。这情况就不同了。我今天认识他这件事情，是有我昨天看见他那件事的影响的。这两件事情有因果关系。我们可以说，我今天认识他因为我昨天看见了他。这里的因果关系就是有间隔的因果关系，因果之间隔了一天。当然，在这里今天看见这件事情很重要；没有这件事，我不会认识他。当我今天看见他的时候，昨天的印象就重新出现在我的头脑里。这也很重要。没有印象的重新出现，我也不会认识他。但是，最根本的还是我昨天看见他那件事产生了今天的影响。我们可以有下面这样的抽象表示：如果 A 发生之后，B 并不发生，可是，在C发生之后，B跟着就发生，同时C又不能单独地产生B，而必须和A结合起来才能产生B。那么A和B之间就有间断的因果关系。心灵结构中的主要的因果关系，就是这里所说的有间隔的因果关系。这样，物质与心灵就有明确的分别了。

中立一元论用的就是以上两种手法。通过物心同元说，罗素把物质安排在次要的地位去了。占主要地位的，当然不可能是他表面上所承认的心灵，只能是他骨子里所承认的心灵，那就是他所心爱的“事素”。通过物心分别说，罗素又把物质和心灵安排在平等的地位上来了。你问他是否否认了物质，他可能说没有呀！只是物质的结构和心灵的结构不同而已。你问他是否抬高了心灵的地位，他也可能说没有呀！只是心灵的结构和物质的结构不同而已。这种可能的堂而皇之的话当然不表示事实。事实上，假的物质代替了真的物质，表面上的心灵代替了实质上的心灵。

三、心灵的构造

心灵的构造是在《心的分析》这本书里进行和完成的。二者的关系没有物质的构造和《物的分析》那么复杂。《心的分析》也是一本三百来页的书。罗素自己的兴趣不只是在于构造出心灵而已。我们的兴趣不在这本书，不在心灵的分析，只在它的构造。因此这本书的大部分材料我们都可以略而不论。

在这里，我们要回顾一下前面已经提到的两件事或一件事的两个方面。这两个方面是：一方面，罗素极力反对实体，他不只是要排除物的体，也要排除心的体；另一方面，他要用某种原料或元素的结构来代替这个体，这两方面都是中立一元论所要求的。在《心的分析》中，罗素好像仅仅是把心灵的结构分析出来了。其实，在把心灵的结构摊出来时，心灵也构造出来了。下面我们先讨论心灵的结构。

罗素所说的心灵的结构，是在《心的分析》那本书里阐述的。因此，我们还是要从那本书说起。

首先，在这本书里，罗素一开始就把某些东西排除出讨论的范围。第一个被排除的就是意识。罗素指出了“意识”的不同意义，它究竟应如何理解好像很不清楚。讨论不能从它开始，虽然讨论结束时，我们可以回到它身上来。罗素曾赞赏过美国心理学家华特生的行为主义。在《心的分析》一书里，他也表现了一定程度的行为主义。按照行为主义，好些心理的东西都是生理的东西或事情，连思想也都是某种肌肉的伸缩。在这种思想指导下，所谓内省也就不在讨论范围之内了。有些现象属于本能与习惯。这些显然不能是心灵的主要因素。欲望的情况可能复杂些，但是，罗素认为欲望可以用行为来解释。因此，也不能作为心灵的特点。其他被罗素撇开的东西很多。在这里我们只是指出这一件事实而已。

这一事实是有哲学方面的影响的。读完了《心的分析》之后，有的读者可能感觉到没有什么心灵似的，或者心灵被挤到一个极不重要的角落上去了。一种模模糊糊的感觉——罗素似乎成为一个“唯物主义”者似的——不自觉地产生了。我从前就曾经有这个印象。我曾经以为，《心的分析》有化心为物的趋势。

其次,在心灵的构造里和在《心的分析》这本书里,感觉的地位很特别。它不是心灵方面的事情,可是,它是心灵结构中和心灵构造中不可缺少的条件。我们要注意在《心的分析》中,感觉和感觉材料没有分别了。早期的罗素是坚持二者的分别的。在这一点上罗素可能受了穆尔的影响。那时,罗素认为感觉是一件事情,是一件心灵方面的事情,而感觉材料是在这件事情或类似事情(说类似的理由是感觉材料不限于感觉)中的情况或东西,它不是心灵方面的事情。罗素的这个分别在当时还起过反对唯心主义的作用。罗素的意思大略是:在瞪着眼睛而又视而不见的情况下,没有感觉,可是,在网膜上还是有映象,这就是说还是有感觉材料。贝克莱不是说过事物就是被知觉吗?当时罗素不赞成这说法。罗素认为,只有感觉靠感觉,"被感觉的"不靠感觉。根据感觉与感觉材料的分别,罗素一直大谈而特谈感觉材料,而后者也确实给罗素很多麻烦。我们在第五章已经着重地讨论了和批判了他的感觉材料论。在1921年以前,罗素在《论命题》这篇文章里已经开始放弃感觉和感觉材料的分别。在书里面放弃这二者的分别还是在1921年。

在1921年的《心的分析》里,罗素只谈感觉。这个感觉是非常之怪的。我们不妨回到感觉和感觉材料有分别的时候,提出这样一个问题:后来的所谓感觉是以原来的感觉为主体呢?还是以原来的感觉材料为主体呢?这样一问之后,就不至于认为后来的感觉就是原来的感觉。相反地,我们会发现所谓感觉(即后来的感觉),主要的是原来的感觉材料。在这本书（就是《心的分析》的英文版第124页）里，就有这样的话："当我看见一片颜色的时候，所谓感觉就是那片颜色。"类似的话不少。这不是把感觉材料融化到感觉里去而是把感觉融化到感觉材料里去了。这一点可以从另外一个角度来看。罗素所要构造的事物是没有体的事物，他所要构造的心灵也是没有体的心灵。在感觉上他竭力避免把重点摆在感觉者身上去。要是重点摆在感觉者的话，心灵的主体也就成为重点了。在某甲看见了一块红色的时候，如果分析这件事情，某甲总自然地成为重点之一。罗素要避免的就是这一情况。这样，某甲看见了一块红色，就被理解为在某处红色发生了。这样所谓某甲，就成为不必要的成分了。所谓"看见"也就融化到红色或红色的发生里去了。所谓重"红色"或"红色的发生"，就是重原来的感觉材料。这个理解抹杀了"看见"。抹杀了"看"还无所谓，抹杀了"见"就给人以某种"唯物主义"的印象。大多数的读者想到红颜色的时候，想的是客观事物的红颜色，抹杀"见"好像就是把心灵摆在次要的地位，因而得到上述的印象。其实情况根本不是那样。罗素所谓"红颜色"根本不是客观事物的红颜色，它只是感觉材料而已。所谓"见"，罗素也没有抹杀，而是把它转移到另外一个活动里去了。事实上罗素偷换了概念，他把客观事物的红颜色偷换成为感觉材料了。就大多数的人说，看见红是看见客观事物的红，因此，看见红和红根本不一样。就看见客观的红说，看见是根本不能忽略的。只有感觉材料的红本身，才包含了看见在内。不包含看见在内的就不是感觉材料了。在口头上省掉"看见"两个字，并不是事实上没有看见这个成分。

《心的分析》一书中的所谓感觉还有另一特点，它不是认识。这一点和上面讲的完全一致。如果感觉只是感觉材料的话，罗素可以说它不是认识。在第124页上，罗素表示上述意见之后，马上就说感觉不是知识。一块红颜色怎么可能是知识呢？在20世纪30年代，我也曾经有这想法。我当时曾认为感觉可以不“觉”。我记得任华同志曾表示他不同意这个说法。文字有点关系，说感觉可以不“觉”，好像是逻辑上的自相矛盾似的。当时的意思是这样的：当我睡着了的时候，眼睛可能是朝着光的，光线对眼睛产生了影响。而由于这个影响，我可能翻转身来避免这个影响；这就是说我可能有感觉而不意识到它。这是荒谬的。我们怎能把这种本能的近乎机械的运动当作感觉呢？可见，当时我受了罗素的影响，以为只要光线对眼睛的作用存在，我虽然不觉，仍然有了“感觉”。这显然是错误的。无论如何，罗素既把感觉和感觉材料等同起来，感觉就不是认识了。同时它也不是心灵方面的事情了。罗素把许多事情排除在心灵之外，对于那些事情他都不大重视。对于感觉，他虽一方面把它排除在心灵之外，另一方面他又非常之重视它。其所以重视的理由就是：感觉实在就是构成心灵的原料或元素。在下面我们也要重视它，不过我们不必用感觉这个名称而已。

再次，我们现在回到罗素所说的现象或侧面上去。这些既然都是感觉材料，当然也就是上面说的感觉了。可是现象两个字是大多数读者所习惯的，用起来便当，写起来也简单。在下面我们也用这两个字，有一点必须记住，所谓现象只是感觉材料，只是在感觉中存在的，不是客观事物本身的属性，它

是随感觉的来去而来去的。按照罗素构造事物时所提出的两个地点即事物所在点和事物所从点，现象可以分作两类。以事物所在点为主，各种不同的透视点或角度有不同的现象，这些现象成为一个体系。罗素曾说，这个体系本身就是事物。以所在点为主，从各种不同的透视点或角度去考察的现象是物理方面的现象。这里，当前有张桌子，我们可以从不同的角度去考察它，我们可绕着它走一个圈子去看它，而我们所得到的是不同的现象。这样的以所在点为主的现象，就是物理方面的现象。我们也可以用所从点为主去考察现象，这就是从一个透视点或角度去考察现象，而不管其他的透视点或角度。这样的现象就是心理方面的现象。当前有一座山，在从几个不同的角度或透视点看了之后，我们挑出一个透视点或角度，并且还叫人从这个透视点去欣赏那座山，这是以那个角度为主的现象。这里的现象是属于心灵方面的。一个科学家在研究他的对象时，他要从各不同的角度或透视点去观察，这样做是要排除一些角度和透视点的特点，从而取得某种程度的客观性。每一个透视点或角度的特点，也就是该透视点或角度的主观性。罗素这里所谈的主观性，不只是感觉有个人的主观性，而且同时是一个透视点的主观性。这种主观性，罗素说照相机也有。在这个场合上，罗素虽然不谈感觉者，然而感觉者已经包括在论点里面了。感觉者总是轮流地以一个透视点跟着另一个透视点为主的。当罗素谈到透视点或角度上的“传记”（或历史）时，他所谈的，事实上已经是感觉者了。单纯地从透视点着想，任何透视点本身的“传记”，按照罗素的说法，应该是物理方面的现象。我客厅里的某张椅子，好些感觉者在那里坐过。它是一个透视点。这个透视点的现象所产生的影响,就感觉者说,可能是心灵方面的。但是,就椅子所在的透视点说,却又不是。一个透视点的相对性不能看作它的主观性,把它当作主观性看待的时候,我们已经在谈感觉者了。我们为什么要提出这一点呢?罗素是要取消心灵的主体的,是不愿意谈感觉者或知觉者的。提出这一点,就是指出他实在是一直在谈感觉者或知觉者的。罗素强调心灵方面的某种主观性,如果真的只有透视点没有感觉者的话,主观性是不能强调的。透视点或角度当然有相对性,可是,如果重点不摆在感觉者或知觉者的话,主观性是谈不上的。这一段我们主要的意思是:心灵之所以为心灵是有某种主观性的。而罗素认为主观性是以透视点或角度为主的主观性;我们指出这种主观性事实上仍然是感觉者或知觉者的主观性。

最后,就心灵之所以为心灵说,历史的影响非常重要,它的存在是无可怀疑的。这种影响,别的动物也有。耗子取食物的试验,就显示了耗子是接受了历史的影响的,因而它取食物的时间越来越短,能力越来越大。对人来说,历史的影响特别丰富。习惯便是一种历史的影响。记忆中的表象也是历史的影响,它是在感觉的重复中保存了下来的。我离开了昆明龙头村已经二十多年了,可是,对这个村尽头的那两所房子,我现在还有它的表象。记忆本身就是历史的影响。我记得在昆明宿舍里生病,这就是二十多年前的事情而一直保存到现在的影响。认识是有历史影响的,最好的例子是遇见多年不见的老同学。平常并不想到他,可是看见他就认识他。以前是在特别的环境看见他的。这些环境在当前并没有重现,可

是，当你看见他的时候，原来的情况也就“涌上心来”。这就是原来的情况在当前起作用。我之所以认识他是有历史的影响的。这里所谈的历史影响就是上面已经提出过的有间隔的因果关系。罗素曾用这样的公式表示：ABC…x 产生 y；ABC…x 是复杂的事情，x 只是 ABC…x 的一部分；当前只有一个 x′，可是 y′仍然发生了。仍以那个老同学为例，原来和他在一块的是许许多多的 ABC 那样的事情，他自己只是一个 x。现在当前的只是他一个人，可是，产生了 y′，你认识了他而且想起了许多从前的事情。认识一个老同学不只是看见（或感觉到）一个某某形象的人而已，后者不需要上面说的那种具体的情况，而前者非有不可。前者是有历史影响的。在这里我们要提醒一下，这里说了“环境”，说了“事情”，说了“情况”。用这种字眼，我们可能容易懂些。其实这些都是现象，都是感觉材料。这一点很重要，下面就要看到它的重要性。心灵之所以为心灵，按照罗素的看法，重要的特点就是这个有间隔的因果关系。

在这里我们说得比罗素本人要肯定一些。他曾经考虑过这样的问题：这个历史的或有间隔的影响，是生理方面的还是心理方面的呢？他把这个问题当作没有解决的问题看待。《心的分析》是 1921 年写的，离现在已经有四十多年了。在这四十多年中，这个问题是否解决，我不知道。据说协和医院曾经有一个懂英文的病人，在医治过程中把英文忘了。果然如此，学习或其他的历史过程可能会产生生理上的影响。罗素的意思好像是：如果这影响是生理的，它就不是心理的。我们并不认为前者一定排斥后者。同时，罗素虽然有时把间隔的关系当作假设看待，然而他经常不是把它当作假设看待的。事实上对于有间隔的因果关系之为心灵的特点，罗素还是非常肯定的。

有间隔的因果关系既然是关系，当然有关系者的问题。北京在天津的西北是一个关系事实。在这个事实中，北京和天津都是关系者。在上述有间隔的因果关系中，究竟什么是关系者呢？也可以问，究竟什么是这个关系中的因，什么是这个关系中的果呢？罗素可能很直截了当地说：现象。按照他的说法，他应该这样回答。如果我们用上面提到的公式，罗素会说：ABC…x 和 y 都是现象，它们是已往的现象，当前的 x′的现象发生，y′也发生了。后者也是现象，不过它们是当前的现象而已（当然这里所谓现象只是感觉材料）。我们回到我的客厅里那张对着钱南园的画的椅子，那是一个透视点（粗略地说），开头是姓张的坐在那里看画，以后是姓李的。头一个现象，即张某的感觉材料，可能是第二个李某的感觉材料的因吗？显然不行。罗素也会认为不行。张某的现象，对李某的现象不可能产生影响。我们现在把张某和李某都撇开，那个透视点本身可不可以有历史呢？可以。“好些人曾经坐在那张椅上看过画”这样的话还是有意思的。这就是说，好些现象曾经在那个透视点上产生。那个透视点可以有历史，并且还是现象与现象产生的历史。同时这些现象是有间隔的。可是，显然，它们之间没有因果关系。它们不是因果关系中的关系者。罗素所说的因果关系的关系者，不可能是任何现象。事实上它们只可能是一个感觉者的前后现象。所谓历史是一个感觉者的历史，所谓“传记”是一个感觉者的“传记”。在这

里我们又可以看出前面一段说过的意思：罗素是强调主观性的，但是主观性不是透视点或角度的主观性，它只是在透视点或角度上感觉者或知觉者的主观性。本段所谈的是：因果关系中的关系者，不可能只是某透视点或角度上的现象，而只能是该透视点或角度上某感觉者或知觉者的现象。罗素事实上认为有间隔的因果关系是心灵的特点。心灵之所以为心灵，是否主要就靠这个因果关系作为它的特点，我们现在不必讨论。如果这个关系果然是心灵的特点的话，它是在感觉者或知觉者身上表现出来的，不单单是透视点或角度上表现出来的。

上面所说是按照罗素的说法用最简单的方式把心灵的结构摊开来。这也是按照罗素的说法把心灵构造出来。《心的分析》一书很复杂，我们只有把许多东西撇开，才能得出以上的说法。

我们再来讨论关于心灵的主体。

事实上，罗素是不能撇开感觉者或知觉者的。可是，他一直显得他可以谈心灵而不必涉及感觉者或知觉者似的。为什么呢？罗素不是为分析而分析，也不是为构造而构造。他的分析和构造都是为中立一元论服务的。罗素是反对实体的，他要构造出只有结构而没有凝固的体的物质。就心灵说，他也是要构造出只有结构而没有凝固的体的心灵。他以后还要构造感觉者或知觉者，还要构造“我”、“你”、“他”。这些东西也要成为有某种结构的原料或元素。我们不能忘记罗素要搞认识论的演绎系统，他要把“你”、“我”、“他”、感觉者和知觉者从原料或元素出发推演出来。以这样的想法为背景，在

《心的分析》中，罗素极力避免感觉者和知觉者的理由就很清楚了。谈感觉者或知觉者，心灵的主体的问题马上就出来了。这个主体究竟如何了解呢？如果把它看作实体那样的体，罗素不赞成；如果把它看作只有某种结构的原料或材料，罗素赞成。可是，那一工作是以后的事情。“我”、“你”、“他”的构造也是以后的事情（在以后《意义与真理》那本书里“我”、“你”都构造出来了）。上面第三、第四两条已经表示感觉者或知觉者是不能撇开的。撇开它们，罗素的议论就是不可了解的、说不通的。事实上，罗素的说法已经涉及了它们，不过在演绎的程序里，它们还没有出来而已。我们现在分别讨论心灵的主体问题。

首先，我们并不反对心灵是有体或主体的东西。心灵的体就是人的头脑这个高度发展了的物质或物体。心灵是这块物质或这个物体的属性，它是物质的派生物。这是真理，也很平凡。人们早就知道这个真理。要消灭一个人的心灵，从前的人早已经发现了很有效的办法，这就是砍头。头一砍，心灵也就消灭了。头脑这样的主体是不是实体呢？叫它做实体，并没有什么坏处。它是不是一成不变的实体呢？不是，它有很明显的生长或衰灭的过程。头脑是不是有结构呢？显然有结构，这个结构是生理学家所研究的，而且研究是有成绩的。这个结构和现象、透视点、角度等无关。同时它有结构，并不妨碍它是一个有体的东西。从微观世界的情况说，头脑可比作像天安门广场那样空阔，其中电子质子等像汽车一样在那里活动。可是就宏观世界说，我们也不能否认，我们的头脑像天安门城墙那样占住了空间，而且对好些东西说都是不可入

的。为什么我们的头脑不能既像广场又像城墙呢？事实上它两者都是谈到感觉世界或知觉世界，头脑正是心灵的主体，心灵正是这个物体的属性，正是依赖这个主体而存在的。

其次，我们认为心灵所从属的体不是一成不变的，也不是不受别的事物的影响的。历史上有过这样的说法：心灵和物质都是实体，它们都一成不变，它们不但像《道德经》里所说的，邻国相望，老死不相往来，而且从来就彼此不受影响。这是二元论，它根本不符合客观事实。按照这个说法，认识成为不可能（先天符合说也解决不了问题），认识论当然更说不通了。如果罗素只是反对这种二元论，我们可以同意。但是，罗素的主张并不在这一点上。同时，就心灵说，如果罗素所反对的是认为心灵本身就有心灵的体，那么我们也赞成他的这一反对。有些人相信心灵本身是有体的，或心灵本身是有它本身的体的。按照这种说法，世界上好像有一种存在，它不是一般的事物那样的东西，它仅仅是心灵。这实在就是把宗教里不灭的灵魂偷运到哲学里来了。如果罗素所反对的是这种悬空的、不依赖于物质的、从宗教中偷运过来的不灭的灵魂那样的心灵体，那么，我们也同意他的反对。但是，罗素的主张也并不在这一点上。罗素要取消心灵的主体，是次要的思想，是一种对称的要求。他的主要思想是反对物质有体的说法。因为要对称就连心灵有体也非反对不可。同时，反对心灵有体，也是中立一元论所要求的。有体的物质，罗素构造不出来；有体的心灵，他同样也构造不出来，至少他构造时是有困难的。罗素反对心灵有体，只是从这样一些理由出发，那我们就不能同意了。

再次,历史影响是很重要的。首先,我们要指出历史的影响是普遍的。世界上哪有什么东西没有历史、因此也没有历史影响呢?泰山总算相当坚硬的东西吧!它有历史,它本身就是历史的影响。它原来是在海底的,正因为这样,海底古生物的化石还可以在泰山找到。太阳系对我们来说总算是非常之根本的东西吧!它也有历史的影响,它本身也是历史的影响。历史影响的存在是极其普遍的,可是,影响的具体方式是特殊的;就个别的事物说,又是个别的。就心灵说,历史的影响只能是特别的。对于这种影响,罗素概括为有间隔的因果关系。这种关系确实是历史的影响。但是,无间隔的关系也是。故宫围墙如果不刷新的话,它的颜色会一天一天的淡下去。那里的关系是不间隔的,难道它不是历史影响吗?罗素自己也承认,有些有机体也有这种有间隔的因果关系,而这些有机体并不是心灵,或没有心灵。这就是说,要把这种关系和心灵联系起来,需要进一步的特殊化。提到有机体已经进了一步。无机体和这种关系应该说是不相干的。至少透视点作为一个透视点,是有历史的,可是没有这种关系。在透视点上不同的人也没有,或至少不必有这种关系。在一个透视点或角度上,姓张的所得到的现象对一百年后姓李的所得到的现象也没有这种关系。谈到历史影响,谁的影响或什么的影响,和对谁的影响或对什么的影响,是避免不了的问题。罗素也没有避免得了。当他谈历史影响的时候,他实在是就知觉者说的。当他就知觉者说的时候,他不是就知觉者的肺肠脾胃说的,而是就知觉者的头脑说的。罗素不是坚持感觉材料是在感觉者的头脑里的吗?假如罗素直截了当地说,人的头脑

有这种有间隔的因果关系，我们同意。假如罗素进一步说，有这种关系的头脑就表示了它是有心灵的头脑，这可能把心灵说得宽了一些。但是，这没有很大的毛病。可是，罗素的表面文章不是这样做的。我们要回到上面讲的“最后”那一点上去。在那点里，我们提出有间隔的因果关系的关系者问题。这个关系的关系者不可能只是现象（感觉、感觉材料或知觉材料）。用已经引用过的公式说，ABC…x 产生了 y，当前 x′发生了，y′也产生了。这里的 ABC…xyx′y′等都不只是现象。如果它们只是现象的话，它们没有或不必有因果关系。它们能够成为这个关系的关系者，主要的一点在于它们都是一个感觉者、或一个知觉者、或一个头脑的现象，罗素所谈的历史影响，不可能是一般的历史影响，它是一个头脑的历史影响或一个心灵的主体的历史影响。这就是什么或谁起影响和对什么或对谁起影响的问题。这个问题撇不开，也抹杀不了。这就是说要构造心灵而不承认心灵的体是办不到的。分析心灵而不把头脑摆在主要的位置是办不到的。

根据以上的讨论，心灵的要点是有机体在透视点上的现象之间的有间隔的因果关系。从物质与心灵的分别在于它们的关系不同来说，这个有间隔的因果关系是心灵之所以为心灵的主要特点。这是就不同的关系说的。就原料或元素来说，物质与心灵都是现象或感觉或感觉材料。这就是罗素搞出来的一部分的中立一元论。

四、物质的构造与中立一元论的本质

上面我们分析了心灵的构造,并指出,就罗素的中立一元论说,那是次要的思想。主要的思想是物质的构造。因此,本节的讨论是特别重要的。

我们先从《物的分析》来讨论罗素的物质的构造的思想。

第一,物质的构造虽然是重要的题目,然而在我们这里,问题的提出和讨论都是比较简单的。并不是物质的构造本身是简单的,它不简单。从罗素的书和他自己的讨论着想,物质的构造要比心灵的构造复杂得多。在本章,我们之所以能够简单,因为上一章已经给我们作了准备。罗素是从感觉材料出发的,是从所谓私有空间出发的。从私有空间构造出假的"公共空间"是重要的一步。我们已经指出这一构造是说不通的。但是,就罗素的理论说,这一步缺少不了。罗素要从感觉材料构造出"客观物质事物"来。如果不把感觉材料安排到"公共空间"里去,假的"客观物质事物",不超出感觉材料本性的事物,是构造不出来的。对物质和心灵的构造说,两种地点的构造也是不可少的。这些构造都是根本的。罗素思想的变化,表面上相当大,但是实质上并不大。有些只是名词的问题。有的时候罗素谈现象(出现的象),有的时候,他谈侧面(限于一个透视点的现象),但指的显然都是感觉材料。在1921年后,他不大用"感觉材料"而用"感觉"了,其实那时以后所谓感觉就是感觉材料。第七章的构造是基础,下面的构造是在这个基础之上的构造。

第二，物质的构造不是在1927年《物的分析》那本书里才开始的。从1914年起，罗素一直在进行这一工作。在《哲学中的科学方法的运用领域》一书中①，罗素就说一刹那的事物就是在该刹那上所有侧面的体系。看样子这不够。在同书的第110页上，罗素进一步说：事物是遵守物理规律的那些侧面系列。这里说的侧面就是感觉材料。这进了一步，因为罗素说的感觉材料不只是感觉中的材料而已，有些可以说是不遵守物理规律的（例如梦觉中的感觉材料）。但是，这还只讲事物。在《神秘主义与逻辑》那本书里②，罗素就直接提到物质了。他说："在一个给定的事物里，它的物质就是它的现象的极限，当这些现象到该事物的距离逐步减少。"这句话相当佶屈聱牙。用第七章的话说，这里的"事物"是就现象的所在点说的，这里的"现象"是就现象的所从点说的，如果我们从所从点出发走向所在点，距离会逐步减少，距离减少的极限就是物质。用普通的话说，远看只是一个人，近看看见他是张三，可是，再往前走，越走就越接近物质。当然，罗素的思想我们可以利用普通话来表示，可是他的思想不是常识所有的思想。在常识中你接触到张三，你固然撞碰了那个人，同时你也直接接触到独立于我们而存在的物质。罗素的意思不是这样的。他的物质还是现象或侧面或感觉材料，不过它是占独特地位的感觉材料而已。在同书的第173页，罗素又说："物理事物是那些现象的系列，它们的物质是遵守物理规律的"。

① 《哲学中科学方法的运用领域》英文版，第96页。

② 《神秘主义与逻辑》英文版，第165页。

按照这个说法，物质是遵守物理规律的现象系列的极限。《心的分析》①重复了上面的定义。它表示：愈近于事物的现象系列，这也就是说，愈近于事物所在地的现象系列，媒介质——雾、望远镜、显微镜、蓝色眼镜、感官等等——的影响也愈少。物质还是现象系列的极限。《物的分析》虽然是一部近四百页的厚书，然而对哲学观点的实质没有增加什么。讲物理的地方确实很多，讲得对否，一个不学物理学的人很难估计。就中立一元论说，前此——这本书是1927年出版的——常见的名词不常见了。感觉、感觉材料、现象、侧面、透视点、所在点、所从点等等不见了，或不常见了。经常出现的是事素。这是构成物质的原料。它也是构成时点空点的原料。但是，中立一元论是不是有了根本上的改变呢？看样子并不如此。1930年的《哲学大纲》那本书总结了以前的议论，也特别总结了《物的分析》的说法。在这本书的英文版第289页上，罗素表示对于物质有两种看法，一种是由研究原子结构而来的，另一种是由广义相对论而来的。前一种又有两个说法，一种是把物质看成发光的中心点。可是，罗素在这本书的第163页又表示，我们可能想到，在这个中心点上会有一块什么硬的东西，其实，我们并不知道中心点上发生了什么，也许它是空的。在别的地方，罗素还肯定过这个中心点是空的。另一种说法是：物质就是波的运动。罗素说：就我们所习惯的形象说，这两种说法是不一样的。但是从数学公式说，它们是一样的。从广义相对论来的看法，引力中心是时空中的疙瘩。

---

① 《心的分析》英文版，第107页。

无论如何物质也不是什么“东西”那样的东西，而是事素的复杂的逻辑结构。总而言之，在 1927 年以后，事素代替了感觉材料或侧面或现象了。上面说的是从 1914 年到 1930 年的物质的构造。如果这个构造的说法有发展的话，这个发展在于构成物质的根本因素由感觉材料或侧面或现象改变成为事素了。在这十几年中，某种变化当然是有的。问题是从实质着想，物质的构造有没有发展呢？

第三，上面所说的关键在于“事素”。所谓事素（以后不加引号，说的就是罗素所说的事素）究竟是什么呢？它是独立于我们的感觉、独立于我们的意识而存在的实在吗？如果是的，那我们非常之欢迎。当然在欢迎之余，我们不会巧立名目，我们会简单明了地把它叫做物质。这可以避免许许多多的混乱。但是，如果事素确实独立于我们的感觉，独立于我们的意识而存在的话，我们用不着构造什么物质了。但罗素既然要用事素来构造物质，事素当然就不是物质了。这也就是说，它不是独立于我们的感觉或意识而存在的实在了。事素究竟是什么呢？在《物的分析》那本书里，罗素确实花了相当大的功夫来解释事素。他把事素缩得很小，但是，又不到无穷小，它是可以彼此渗透，彼此重叠的。如果它是无穷小的话，那它没有什么用了。罗素之所以规定它不是无穷小，就是要用它和某些关系（例如重叠）来构造许许多多的东西。罗素用了事素来构造时点、空点，甚至还要用事素来构造电子、质子。罗素硬把事素看作是从物理学得来的。这在《物的分析》一书中到处都可以看见。果然如此吗？在《哲学大纲》那本书的英文版第 287 页，他说：他所说的事素并不是什么奇怪的东西,看见闪电是事素,听见车胎爆炸也是,嗅着坏鸡蛋也是,感触到青蛙的冷也是。这不是很清楚了吗?每一件事素都是和一个感觉联系着的,眼睛、耳朵、鼻子都涉及了。这还有什么话说呢?物理学难道真的以这种事素作为它的对象的最根本的原料吗?这显然是不可能的。当然,罗素也说了一些别的话,例如,他说事素不只是我们自己的材料,它可以是别人的材料,并且也可以不是任何人的材料。最后一句话本身就是一个逻辑矛盾。充其量也不过是1914年提出过的,可以感觉到而没有人感觉到的可能的感觉材料。这样的材料罗素后来也不提了。即令它存在的话,它的本性仍然和感觉材料的本性一样。《哲学大纲》这本书可以说是对《物的分析》那本书的说明。原来,后期的所谓事素,就是前期的感觉材料、侧面或现象而已。上面提出的罗素基本哲学立场有无发展的问题也可以简单地答复了。这个答复就是:没有发展。此所以本节一开始就肯定了第七章的构造的根本性。这些构造之所以根本,因为它们正确地表达了罗素的这一思想情况,他是以感觉材料为他的哲学的出发点的。他认为感觉材料是认识论的基本原料,也是他的认识论演绎系统的基本元素。在这一点上,他不但在1927年、1930年没有改变,以后也没有改变。

最后,那么,《物的分析》起了什么作用没有呢?前面我们已经提到过斯特斯先生论罗素的中立一元论时没有把这本书包括在他的材料里去。他的理由是这本书又重新承认了客观事物是知觉的因,二者之间的因果关系没有取消或者说又请回来了。因此,这本书已经不属于中立一元论的范围了。

这个理由是不正确的。罗素自己就曾说过：为什么中立一元论就不允许这种因果关系呢？罗素表示《物的分析》仍然是中立一元论的一部分。在这一点上，我们不能不说斯特斯先生错了。但是，如果他说这本书可以忽略，因为就哲学观点说，它没有超出1914年到1921年的范围，那又是有理由的。《物的分析》在哲学观点上对中立一元论的确没有作出大的贡献。但是，这也不是说这本书一点东西都没增加或减少。对中立一元论它还是有影响的。这影响是什么呢？就西方的哲学家说，特别是就老一辈的哲学家说，1927年以前的中立一元论是人人可得而议论之的哲学主张。首先的问题是说得通与否的问题。说得通的话，还有能成立与否的问题。说不通，根本就没有成立与否的问题。1914年到1927年的中立一元论是没有近代科学的权威的。它究竟是通还是不通，正确还是不正确，老一辈的哲学家还可以讨论。1927年《物的分析》改变了这个情况。它好像得到了物理学的权威的支持。年轻的资产阶级哲学家当中可能还有些懂得一点物理学的，老一辈当中就没有了。《物的分析》出版的时候布拉德雷已经死了。如果他没有死的话，他怎么办呢？米尔海德还没有死，他就只好不说什么了。这部书吓倒了好些人。罗素也极力给人以印象，好像他的物质论确实是从物理学来的。根据上面所说，我们知道事实不是这样的。物质的分析不是从物理学引申出来的。罗素只是利用物理学来维持他的哲学而已。《物的分析》的贡献仅仅是给中立一元论披上一层科学外衣而已。

我们再来讨论罗素的中立一元论的本质。

第一,在这里,我们要说得远一点。唯心主义形而上学的哲学家对于具体的客观事物一直是有困难的。但辩证唯物主义者对于具体的事物没有困难。因为对它来说,感觉与实践本来是紧密地结合着的。就和实践紧密地结合着的感觉说,坚与白虽然不同,然而没有离坚白的问题。提起一把斧头,它的坚也起来了,拿走一本红书,它的红也拿走了。坚是摸的对象,但是它也可以提起;红是看的对象,但是它也可以拿开。这是平凡的真理。在这样的感觉里,具体(暂时理解为具备体积)的事物是感觉得到的。而唯心主义形而上学的哲学家的所谓感觉却是和实践割裂开来了的;事物或事物的体和事物的属性因而也就分家了。这一割裂,体或事物的体就被割裂到五官范围之外去了。体本来是非常之平凡的东西,可是,到了唯心主义者形而上学者手里,它就神秘起来了。对于一个事物,用感官去接触它,它只是一堆属性的个别的表现,用概念去把握它,它只是在平面上摊开来了的属性的一般。这个接触不到把握不住的体,当然就人为地变得神秘起来了。远的不说,休谟已经有这个问题,我以前受了他的影响也有这个问题。我在《论道》那本书中所谈的"能",就是从这个问题来的。这是一个假问题,是把感觉从实践割裂开来而单纯地从感觉出发所产生的问题。

第二,本章所谈的罗素的中立一元论形成于 1914 年到 1927 年或 1930 年。我们看一看这个时期是什么样的时期。首先,第一次世界大战就是在 1914 年开始的,十月革命也是在这个时期发生和得到胜利的。这些事件的爆发冲击了每一个人的生活和思想。罗素在政治方面显然受了很大影

响。它一定也要影响到罗素的学院哲学或书本哲学。后者虽然有相对独立性，但绝不是独立王国，因而一定是受了影响的，当然影响多少就很难估计。同一时期的学术情况如何呢？我们看看与本节有关的物理学吧！在列宁写《唯物主义和经验批判主义》时，物理学已经是发展很快的科学。在那以后，物理学更是突飞猛进。从 1913 年起到 1929 年，就有原子结构方面的学说的猛进，有广义相对论的证实，有量子力学和波动力学，有量子场论的出现。物理学经受了伴随这种突飞猛进而出现的理论"危机"。马赫和彭加勒的理论本来就没有中断。唯心主义者又得到了反对唯物主义的新机会。他们当中有些人本来是科学家，他们可能在科学方面占便宜，可是在哲学方面又可能吃亏些。有的则是单纯的哲学家，对科学毕竟生疏，隔着一层抓不到痒处。怀特海和罗素在这方面的条件是特别好的。他们既懂科学又懂哲学。对罗素来说，他本来就有感觉和事物的体的关系的问题。在《哲学问题》那本书里，他是用因果关系和半截不可知论去解决的。那个解决办法他本来就不满意。看着物理学危机，他很自然地认为机会来了。旧的实体论本来是有毛病的，尽管具体的事物、有体的事物确实是客观地存在着的。何不把实体狠狠地批判掉呢？何不把事物的体取消呢？他从怀特海那里学到了逻辑构造这样一个工具，是不是可以把取消了体的事物构造出来呢？这样做，看来是可以利用物理学的权威的。开始的时候，他可能没有看到他会走到中立一元论。在他企图构造物质或事物的同时（1914 年），他还在反对詹姆士的中立一元论①。到了 1919 年，特别是 1921 年，在《心的分析》一书，他才正式走上了中立一元论。就在这时候，罗素也还没有大量引用物理学的权威。直到 1927 年，直到《物的分析》一书，罗素才让中立一元论挂上了物理学的招牌。总而言之，从 1912 年到 1930 年的 18 年中，罗素已经转变成为一个中立一元论者。这转变是有客观原因的。

第三，在这里，我们不能不提到物理学的危机。物理学我不熟悉，我当然不能直接地谈物理学。只是指出：唯心主义者如何从前进中的物理学中找到种种借口。一种借口是说物质消灭了。对于这一点，列宁已经作了经典的批判。尽管如此，还是有人在这一借口下重新展开对唯物主义的攻击。另一借口是从因果关系方面，好像新的物理学修改了因果关系。特别是在测不准原理提出之后，有些人认为，自然界像资产阶级一样，也是自由散漫的。另一个借口是把相对论理解为相对主义从而否认客观真理。罗素有什么借口呢？他的主要借口来自物体这一概念的发展。对唯心主义哲学发生困难的感官世界的物体，即上面所说的具体事物，在老的物理学里不发生什么困难，它们都遵守古典力学的规律。那时科学还没有深入到微观世界的复杂情况。这种复杂情况，我们既不清楚，在通常情况下也可以忽略。后一点很重要。有一位物理学家曾说过这样的话：当一只猫瞪着眼睛看着一位国王的时候，就微观世界说，那个国王已经受了一些影响。但是就宏观的感官世界说，那些影响是可以忽略的。在微观世界里，这样的影响

① 见《直接认识的本性》一文。

就不能忽略。微观世界里，客体并不遵守古典力学规律，而是遵守量子力学（即波动力学）的规律。感官世界的物体，这些比较凝固的物体，像茶杯桌椅，就如前面举例所说的天安门广场那样空阔了。这种物体所原有的比较明确的内，明确的外，比较明确地占住某一定的空间，比较明确的某种程度的不可入性，似乎都取消了。有人曾把日常生活中的所谓物体，或者物或东西，很戏剧性地看作只是电子跳舞的场合而已。英国大文学家约翰逊曾用脚踢石头来证实石头的客观存在。贝克莱主教则坚持认为，石头对约翰逊存在，只是因为他踢了。罗素觉得这还不够，他还要利用微观物理学，认为约翰逊的脚和石头根本没有碰上，这二者只是波浪运动的复杂体系而已①。在感官世界里，脚和石头都是物体或东西或事物，它们都有明确的内外界限，都占一定的空间，彼此都不可入。石头没有到脚里面去，脚也没有到石头里去。就微观世界说，上面的说法可能就得修改了。无论微观物理学究竟是如何看的，罗素认为凝固的、一块一块的物体已经说不通了。他曾引用海森堡所说（正确与否是另外的问题）的这样一种看法，认为一块物质或一个物体是辐射的中心。我们可能会想到在那个中心里有一块什么硬的东西，但是那是多余的②。在罗素看来，他的哲学中有困难的物体问题，微观物理学给他解决了。

第四，微观物理学是否在微观世界范围内取消了物体，或认为物体这一概念已经不能引用了，我们不作肯定的主张。

① 《哲学大纲》英文版，第290页。

② 《哲学大纲》英文版，第163页。

我们认为这是物理学家的事情。这也就是说,如果罗素把他的议论限制到微观世界,他的议论是否正确,只有物理学家才能答复。在这里我们要坚持的是,微观世界和感官世界是不同的。我们不能把它们混为一谈。无论微观世界有没有那种内外分明、占住空间、具有某种程度的不可入性的物体,感官世界里确实是有的。我们不能以前一世界的情况来概括后一世界。爱丁顿曾说过这样的话:桌子看起来是红的,摸起来是硬的,我还可以坐在上面,其实它只是许许多多的电子往上顶,我们的手和身体也只不过是许许多多的电子往下压而已。这样的话给人的印象是感官世界的情况只是假象而已,它不真实,真实的是电子活动。看来说话的人也确实有这个意思。不只是印象而已。在上文已经引用过的罗素的话,也有这个意思,即感官世界的物质或事物或东西,只是表面上那么内外分明,那么扎扎实实地占住空间,那么不可入而已,其实它们都是事素的活动。这是完全错误的。我们并不否认在茶杯、木料、腿、脚、石头里有电子、质子和其他基本粒子的活动。我们承认微观物理学,但是,我们不承认微观物理学否认了感官事物或物体的客观存在,否认了它们的真实性。尽管与贝克莱争论的约翰逊的脚和它所踢的石头在微观世界里都是电子、质子等的活动场所,在感官世界(它是宏观世界的一部分)里,它们还是货真价实的、内外分明的、不可入的、占住空间的物体或事物。这是事实。对这种事实,唯心主义者想加以歪曲,并且有些人还一直在歪曲。但是,这是歪曲不了的。他们自己也知道他们不能按照他们的歪曲去行动。这很重要。这已经给利用微观物理学来否认感官世界物体或事物的

人以克服不了的困难。就唯心主义者说，这里还不只是言行不一致而已，理论本身也是说不通的。人们没有直接看见过或用其他的器官感觉到过电子、质子、中子、介子等，对于这些东西的知识是间接的。这一方面的知识的来源之一是实验。实验中所用的工具都是感官世界的物体或事物。如果这些东西都不存在或都不真实，实验本身能是存在的真实的吗？当然不能。但是如果实验本身不是真实的，那么由实验而得到的关于微观世界的知识能够是真实的吗？假如这样的知识不真实，电子、质子、中子、介子等又怎样被肯定为存在的呢？总而言之，如果感官世界的物体或事物是不真实的话，关于微观世界的知识也就是不真实的。反过来说，如果关于微观世界的知识是真实的话，感官世界的物体或事物不能不是真实的。认为微观物理学取消了感官世界物体或事物的真实性的说法，是自相矛盾的。这个说法，无论是在事实上或是理论上都是错误的，都是应该批判的。这一点很重要。以后还要提到它。

第五，物质与物体是不同的概念，可是，它们在历史上又经常混在一起。物质是独立于我们的意识和感觉而存在的实在。它是极其根本极其广泛的范畴。在认识论上它是头等重要的。物体的要点在体，而体的表现在事实上和常识上都很简单，在于占住空间和某种不可入性。在上面我们好几次都提到内外分明。这主要是针对微观世界的情况说的。在微观世界里，边沿问题可能麻烦些。内外分明和占住空间可能有分别。就感官世界说，占住空间的东西大都是内外分明的。一般地说，只提占住空间就够了。不可入性之有相对性，是人们早就知道的。大体说来,物体是有这一方面的问题的。物质与物体虽然有分别,然而很容易相混。有人提过,罗素自己也说过,古希腊人对于空气就感到为难。看来原来的所谓体是限制到现在所谓固体的。科学发展,所谓体也就慢慢地不限制到固体了;液体、气体现在都承认为体了。这也就是说,对占住空间和不可入性这样的属性的理解也就改变了。现代微观物理学对物体这一概念可能又大大地发展了,因此可能又产生了困难。所谓物体这一概念有这样两方面的困难,一方面是科学前进中,概念发展中的困难;另一方面是唯心主义所制造的困难。就认识的辩证发展说,前一方面的困难是真困难,是可以解决的。后一方面的困难是假困难,它不是需要解决的问题,而只是批判的对象。罗素故意把这两个问题混淆起来,利用科学发展中的问题来证实他的唯心主义观点。唯心主义需要否认物体,否认客观事物的体,罗素就硬说微观物理学否认了物体。第四点讨论的和批判的是利用微观物理学来否认感官世界的物体。这里的问题是罗素混淆了两种不同的困难。现在的问题是他为什么要这样做呢?罗素之所以这样做,问题不只是物体而已,而且是物质的问题。罗素和许多其他的人一样,也混淆了物体与物质。

第六,上面已经指出物体的问题在于体。物质的特点就是独立于思维、独立于感觉而存在。我们把后者叫做独立存在性。我们已经说过,微观物理学是否在微观世界范围内取消了物体,我们不作肯定的答复。这是事实问题,这是物理学家的问题。可是,我们否认微观物理学取消了感官世界的物体。为了便于提出论点,我们可以退一步着想:即令微观物理

学取消了物体，是不是它同时也就取消了物质呢？所谓取消物体是取消了有体的东西。所谓取消物质就是取消事物的独立存在性。显然取消了事物的体是一件事，取消事物的独立存在性是另一件事。罗素在头一点上大做其文章。在第二点上，他没有说什么，他的这一方面的工作是偷偷地进行的。罗素反对实体是明确地提出来的。他所谓构造的事物是没有体的，这也是清楚的。他使人不注意的是：他所构造出来的事物不只是没有体而已，而且是没有独立存在性的。罗素所构造出来的物质是具备极其复杂的逻辑结构的事素。事素是什么呢？它就是感觉，虽然它是极其缩小了的感觉那样的事情。无论结构复杂到如何的程度，也无论事素缩小到什么程度，构造出来的物质的本性就是感觉的本性。不错，罗素曾搞出过没有被人感觉过的但可能感觉得到的感觉材料，也搞出过事实上不是任何人的感觉材料的事素。但是这样的东西的本性，仍是感觉的本性或感觉材料的本性。这就是说，事素不是独立于感觉而存在的。事素没有独立存在性。关于这一点，罗素是从来没有明确地提出来过。人们只知道他要取消事物的体，不知道他也要取消事物的独立存在性。但我们要指出，后者正是通过前者来进行的。罗素为什么那样急于要反对实体呢？为什么那样急于取消事物的体呢？原来他要取消的正是独立存在性。但是，物质和物体是两个不同的概念，物体的体和物质的独立存在性也是不同的事情。即令微观物理学取消了微观世界的物体（我们并不肯定这一点），它也没有取消它的对象的独立存在性。无论电子、质子、中子、介子等是微粒性的也好，波动性的也好，无论它们的中心点是一块硬性的不可入的东西也好,或者只是一个空白点也好,难道它们不是独立于我们的思维而存在的?难道它们不是独立于我们的感觉而存在的?不可能不是。很明显的事实是:这些东西,电子、质子等都是感觉不到的,它们虽然都不能直接感觉到,然而它们都存在。这两点都是事实。只要承认这两件事实,电子、质子等就都是独立于感觉而存在的。它们就是物质。微观物理学怎么可能、怎么会否认独立存在的物质呢?不可能的。无论微观物理学对于物体的看法有些什么发展,但是对于物质,它不可能否认。肯定这一点不需要对于新的物理学有什么高深的知识。

第七,上面谈到否定物质。罗素当然可说他没有否定"物质"。前面已经指出,他构造出不是物质的"物质"来了。这就是有某种复杂逻辑结构的事素。这就是罗素否定独立存在性的方式,这也就是否定物质的方式。这个方式,在 1927 年以后和在 1927 年前,在本质上是相同的,不同点只是在 1927 年以后他说的是事素,而在这以前他说的是感觉材料、侧面或现象而已。在 1927 年的《物的分析》那本书里,事素这个概念,物质是有某种复杂的逻辑结构的事素或事素集团这样一个结论,好像是从新的物理学那里得来的。果然如此的话,这个结论的权威性可大了。无论如何,好些西方哲学家是不敢碰《物的分析》这本书的。他们是不是心悦诚服呢?不见得。可是,真的提出批评,似乎又太没有把握了。斯特斯没有把这本书包括在他的中立一元论的讨论之中。除他举出的那些理由之外,不愿意去碰这本书也是一个理由。我从前也不敢碰这本书,现在认识到,关键问题是:罗素对于"物质"

的看法，是否从新物理学得来的？所谓从新物理学得来，有两个意义。一个是它本身就是新物理学的一部分，罗素只是把这一部分搬到哲学里或认识论里来了而已。我们认为情况不是这样。物理学不会包括这么多的认识论。认识论是世界观的一部分，而物理学，无论是新的或旧的，都不是世界观的一部分。另一个意义是：罗素的结论是新物理学所蕴涵的哲学方面的结论。果然如此的话，只要物理学正确，这个结论一定也正确，而且物理学家们不会不同意。是不是在这个意义之下，罗素的结论得自新物理学呢？显然情况也不是这样的。新的物理学是正确的，然而罗素的结论并不正确。这一点我们在上面已经证明了。罗素的结论不可能是新物理学所蕴涵的。这一点无须作更多的证明。

第八，但是，我们还是听听物理学家的意见。爱因斯坦总是20世纪的物理学大师吧！他的意见总应该有相当大的分量吧！他开宗明义地说："关于独立于知觉主体的外部世界的信念是所有科学的基础。"显然，这就是断定有独立于知觉的客观物质世界。伦岑（R. F. Lenzen，他本人是一个实证主义者）说，爱因斯坦承认有独立于知觉主体的客观的时间与空间，并且承认客观的有体的事物。而爱因斯坦在回答批评的文章里感谢了伦岑，并没有否认伦岑的说法。可见，这说法真实地反映了爱因斯坦的意见。这一点很重要。这个物理学大师没有根据微观物理学来否认宏观世界（感官世界包括在内）的客观事物或物体。相反地他还从物理学的要求，强调它们的存在。他说："从原则观点上看来，这种理论中不能使我满意的东西，便是它对于那在我看来是全部物理学的纲领性目的的态度，这个目标就是：对于任何（单个的）实在状况（它是不依赖于任何观察或证明行动而存在着的）的完备的描述。”爱因斯坦明确地反对实证主义和贝克莱主教的认识论。他说：“在这种论证中，我所不喜欢的东西，是那基本的实证主义态度，这种态度，从我的观点去看，是不能赞同的。我以为它会变成像贝克莱的原则‘存在就是被感知’……一样的东西。‘存在’常常放当作某种由我们在精神上构成的东西……”他又说：“这样一种解释，从纯粹逻辑观点上来看，当然并不是荒谬的；然而，很难有人会倾向于认真地考虑这种解释。因为，在宏观领域中，人们必须坚持空间和时间中的实在的描述这个纲领。”这就是说，宏观世界物体的存在是必须坚持的。实证主义者把实在（即把物质）当作形而上学来抛弃，是爱因斯坦所反对的。爱因斯坦区别感官印象的主观因素和客观因素，并认为这客观因素是不依赖于经验或知觉的。他说“人们需要这种区别，才能克服唯我主义。如果我们拒绝这种区别，我们就不能避免唯我主义”。“我们应当运用这种区别，而不管别人责难，说这样做就犯了形而上学（玄学）的‘原罪’”。爱因斯坦在1944年写的《论伯特兰·罗素的认识论》一文中曾直接批评过罗素。他说由于害怕形而上学（玄学），罗素把所谓事物（即物体）当作一束性质，而性质又看作感觉方面的原始材料。爱因斯坦自己认为，把事物看作像物理学所研究的那样的对象（即独立存在的对象）没有什么形而上学（玄学）的危险。

爱因斯坦不是一个彻底的唯物主义者，但是，上述的看法是唯物主义的。他没有否认独立于我们的意识和感觉而存在的物质，也没有否认包括感官世界在内的宏观世界的客观的空间、时间和物体的存在。相反地，他认为这些都是物理学所必须坚决肯定的。这些意见和罗素的意见根本对立。显然，罗素的意见不是从物理学得来的，无论是古典物理学也好，新物理学也好。同时，无论是哪个意义上的所谓得来，罗素的看法都不是从物理学得来的。罗素只是利用新物理学作为他的哲学或认识论的招牌而已。

这样，罗素的哲学或认识论的本质就清楚了。它是贝克莱、休谟、马赫哲学路线的继续，不同点只是它穿上了20世纪的外衣而已。

本章是介绍和批判罗素的中立一元论的。他的这一理论在1914年提出，1927年完成。在1930年，罗素显然仍是一个中立一元论者。从那时候到现在，又是三十多年了。他现在是不是一个中立一元论者呢？有些人说，罗素已经不是一个中立一元论者了。的确，在1940年和1948年，罗素都有大部头的认识论的书，而这些书都不是继续搞中立一元论的。假如我们要进行比较详细的研究，对这些书也应该批判。但是，这些书我们现在都不提。就罗素的整个哲学说，他的中心思想还是中立一元论。在1959年出版的《我的哲学的发展》里，《外部世界》那一章就是扼要地坚持了32年前完成的中立一元论。罗素已经不是一个中立一元论者的说法是不正确的。

在批判了中立一元论之后，本书就要结束了。原来提到的认识论的演绎系统怎样呢？总应该有个交代吧！这个演绎系统罗素没有搞成。这不是罗素没有搞演绎系统，也不是说演绎系统这样一个概念以后没有起指导作用。中立一元论就是搞认识论和本体论的演绎系统的一部分工作。一个演绎系统的根本原素或元素搞出来了。这就是事素或感觉材料。该系统的关系部分地搞出来了,这就是两种不同的因果关系。该系统所需要的一些东西,例如物质、心灵、事物、空间位置等也搞出来了。没有搞出来的是该系统的前提,更重要的是该系统的演绎过程和秩序。就整个的认识论和本体论的演绎系统说,中立一元论只是极其初步的工作而已。在 1927 年以后,罗素是不是知难而退呢?是不是放弃了演绎系统的企图呢?从方才提到的那两本书看来,似乎放弃了这个企图。但是,这两本书背后仍然有这个系统的痕迹。无论如何,事实上罗素没有搞成他心目中的演绎系统。

逻辑有必然性,感觉材料无必然性。这二者的对立问题,罗素解决了没有呢?这个对立中的某些情况,后来不存在了。原来的对立中是有形式逻辑的理论问题的。早期的罗素认为形式逻辑(广义的,包括数理逻辑)是反映了客观世界的规律的。那时,他认为共相世界是实在的,但又脱离了具体世界的。形式逻辑的定理既然反映了这个共相世界,这些定理就是真的。可是,它们和反映具体世界的命题不一样,它们必然地真。在他受维特根斯坦的影响后,逻辑定理就成为只是重言式的语言结构了,而不反映客观世界了,不是真的了。罗素的这个形式逻辑的理论的改变,也就产生了他的哲学的改变。原先,罗素是一个客观唯心论者。在他早期的作品中,客观唯心论是主要的,虽然,这并不否认他同时是主观唯心论者。但是,在受了维特根斯坦的影响后,罗素慢慢地放弃了他的客观

唯心论。原来的逻辑和感觉材料之间对立中的某种逻辑理论被放弃了，原来对立中的客观唯心论被放弃了。这个对立，在接受维特根斯坦的影响后，可以说是没有早期那样尖锐了。但是，这个对立并没有统一起来。形式逻辑仍然只是没有内容的空架子，而感觉材料仍然只是光溜溜的内容而已。

唯心主义是不可能彻底的，或者说不可能完全一贯的。在唯心主义者身上，就有作为哲学家和作为人的矛盾。如果他同时是一位科学家，在他身上他还有作为哲学家和作为科学家的矛盾。任何人都参加社会实践。不同的阶级是有不同的社会实践的。但是，实践总是同包括自然和人在内的环境打交道。生活也是在实践中进行的。在生活中，一个唯心主义者总要或多或少地放弃他的唯心主义。我们曾提到在饭馆里的罗素。显然，在吃东西的时候，一个感觉材料论者不会把他用牙齿嚼的、从食道进入胃的、在胃里消化的东西看作感觉材料，尽管在书桌上他又会胡思乱想起来。列宁曾提到伟大的科学家有时是渺小的哲学家。爱因斯坦不同意马赫的哲学，但是对于科学家的马赫，爱因斯坦曾表示钦佩。罗素的哲学是同科学相抵触的，但是，他毕竟研究过数学和数理逻辑这样的科学。在数理逻辑方面，我们应该承认他是有很大贡献的。罗素的哲学系统是荒谬的，但在他的哲学书里，并不是所有命题都应该批判。除数理逻辑外，他的著作中还有些东西也是值得我们研究的。我记得罗素曾说过这样的话（现在找不到出处）：在认识论上他愈来愈走到唯心论，而在本体论上他又愈来愈走向唯物论。这是不正确的。他的中立一元论不只是认识论，而且也是本体论，是形而上学的主观唯心论。他根本就没有什么唯物主义的本体论。那么，是不是在哲学主张上，罗素就没有矛盾了呢？事实也不是这样。罗素曾经说过，归纳的正确性问题没有解决，在这一问题没有解决的时候，一个有理性的人会怀疑太阳明天会上升。在这个意义上，罗素说他自己不是一个有理性的人，只是装着好像是这样的人而已①。罗素的哲学著作很多，哲学思想也很复杂。本书只是针对罗素哲学的中心骨架加以评析而已。一本小小的哲学书不能不是这样。

① 《哲学大纲》英文版，第14页。

跋

20世纪60年代初,我每次到北京去看望金龙荪(岳霖)师时,他总是告诉我:在写《罗素哲学》一书。但我一直没有机会读他的手稿。去年年初,周礼全同志把金先生这部遗著的誊写稿转到我手里来了。我便叫人打印了若干份,在华东师大哲学研究所的青年教师和博士生讨论班上共同学习和讨论了几次,参加者都觉得很受教益。现在,在我们把它稍作整理之后,这部遗著将由上海人民出版社公开出版了。

这部书是金先生在新中国成立后(即在他转变为马克思主义者之后)最主要的著作。它是中国当代的一位杰出哲学家对西方当代的一位杰出哲学家的评论,这种评论是作者多年探索和思考的结晶,是精深而富于智慧的,因而如果人们要求了解和研究罗素哲学、了解和研究金岳霖哲学,都可以从中吸取营养,得到启发。

金先生自己曾多次说过,罗素对他的影响很大。他在《逻辑》一书中系统地介绍了罗素的数理逻辑,在哲学上他也曾表示赞赏罗素的新实在论。但从《论道》到《知识论》,金先生已把罗素哲学远远抛在后面了。《知识论》批评了罗素的

"唯主方式"(即以"主观的或此时此地的感觉现象"为认识论的出发点的方式),而《罗素哲学》则进一步抓住了罗素哲学的"中心骨架"进行了比较全面的评析。罗素一生哲学著作很多,他的哲学思想很复杂,前后有许多变化,使人感到眼花缭乱,难以理出个头绪来。但金先生这本书却把罗素哲学的"要领"、即最本质的东西,清清楚楚地揭示出来了。罗素同贝克莱、休谟和许多实证论者一样,以为感觉为人的认识划定了界限,越出这界限是非法的,所以经验不能在意识和外界对象之间建立任何直接的联系。不过罗素又有其独特之处:他企图以感觉材料为基本材料,运用形式逻辑的工具,来建立一个认识论的演绎系统。但是,当罗素这样做的时候,他实际上是对形式逻辑的工具作了歪曲,变成形而上学的方法了。他先试图从对感觉材料的直接认识,演绎地推论出对客观事物的间接知识。碰了壁,于是改变办法,用"逻辑构造"来代替推论。凭借他的形而上学的"构造论",他从感觉材料(后来叫做"事素")构造出物质和事物、心灵和"我"。这就是所谓"中立一元论"的体系。金先生细致地解剖了这个体系,揭露了它的主观唯心主义的实质,也指出了罗素的失败的尝试中包含有重要的理论思维的教训。

从金先生本人的哲学思想的发展来说,《罗素哲学》一书的重要性就更为明显了。它从辩证唯物主义的观点考察了认识论和逻辑学中的某些带根本性的问题,提出了创造性的见解,标志着金先生晚年的哲学思想经历了一次飞跃而达到了新的高度。例如关于感觉的学说,《知识论》虽已突破了实证论所设置的障碍,肯定感觉能给予客观实在,但金先生当时还

没有马克思主义的实践观点，还不懂得对象的实在感首先是由实践提供的。《罗素哲学》则把社会实践观点作为认识论的基石，肯定感觉与实践不能分离，而实践就是社会的人与客观事物打交道；历史地考察，正确的感觉映象已包含有实践的检验和科学认识的影响在内。所以，感觉能给予客观实在，感觉映象以客观事物为"蓝本因"，正是社会实践和科学史所反复证实了的。显然，本书第五章所阐发的感觉论，比之《知识论》来是大大前进了。当然，《知识论》中提出的"所与是客观的呈现"的论点并没有被否定，"耳得之而为声，目遇之而成色"的命题得到新的论证。但金先生对《论道》中的不能以名言传达的"能"却作了自我批评（见本书第六章），因为引进了实践观点，以"能"即物质实体属于非名言世界的不可知论倾向就被克服了。

再如形式逻辑的理论，罗素由于受维特根斯坦的影响，从客观唯心论的先验论转变为主观唯心论的约定论。金先生虽也吸取了维特根斯坦的成就，肯定逻辑命题都具有重言式的结构，但他始终拒绝约定论，而认为逻辑有其客观的根据，这就是《论道》中的"式"。当然这也仍然是先验论的观点。但《罗素哲学》则根本否定了先验论，对概念的定义、命题的结构、摹状词、类、逻辑构造等，都从唯物主义观点作了解释。那么，形式逻辑的基本思维规律（同一律、排中律、矛盾律）的客观基础是什么？金先生提出了一个新论点："它们是最直接地反映'客观事物的确实性只有一个'这样一条相当根本的客观规律的。"（见本书第三章）关于这一问题，金先生另有一篇文章：《客观事物的确实性和形式逻辑的头三条基本思维规律》①，读者可以参看。这是饶有兴味而需要研究再研究的重要问题，金先生的这一论点也可以继续讨论。重要的是：他在抛弃了先验论的“式”之后，沿着辩证唯物主义的道路把逻辑基本理论向前推进了。

不过金先生这部书也受到写作时的客观条件的限制和“左”的思潮的影响，这点，周礼全同志在《序》中已指出了。我们在整理这部稿子时，曾对第一章作了一些删节，其他各章也有个别字句做了订正（其中有些是誊写者写错了的字）。对这些改动，我们估计到：如果金先生健在，他也一定会同意的。至于实质性的内容，我们没有权利做任何修改。

参加书稿整理工作的有陈卫平、童世骏、李福安、胡伟希等同志，他们除分别作了某些文字加工之外，还核对了书中所引资料，加了若干注释，并编写了《罗素小传》、《罗素主要著作年表》、《金岳霖主要哲学论著年表》以及《名词索引》作为本书附录，以便读者参考、查阅。

上海人民出版社积极支持出版金先生这部遗著，对此，我们十分感谢！

冯　契

1987年1月

---

① 该文发表在《哲学研究》1962年第3期。——编者注

文章

批判唯心哲学关于逻辑与语言的思想*

——对罗素的批判之一

在《马克思主义与语言学问题》一书里，伟大的斯大林同志全面地阐明了语言和语言学的问题。他武装了我们，使我们在现在复杂的思想斗争中能够掌握正确的理论武器。他教导我们说："语言学的主要任务是在于研究语言发展的内部规律。"①他指出语言是为全社会服务的，它是千百年历史的产物，它是人们交际的工具，它不是上层建筑，它没有阶级性。语言虽没有阶级性，斯大林同志又教导我们说："但是人们，个别的社会集团，个别的阶级对于语言远不是漠不关心的。"②他们极力设法利用语言为自己的利益服务。

斯大林同志教导我们说："语义学是语言学的重要部分之一。"但是在"研究语义学的问题和使用它的材料时，千万

---

* 原刊于《北京大学学报（人文科学）》1956 年第 1 期。——编者注

① 斯大林：《马克思主义与语言学问题》，人民出版社 1953 年版，第 28—29 页。

② 斯大林：《马克思主义与语言学问题》，人民出版社 1953 年版，第 10 页。

不要过高估计它的意义，尤其是不可滥用它”。①

现在在资本主义国家里有一派哲学家正在歪曲逻辑，歪曲语言，利用所谓字句学语义学制造语言上的混乱。混淆人民的视听，转移人民的注意力，麻痹人民的阶级意识，削弱人民的斗争意志。

我们要根据斯大林同志的指示，揭露这一派哲学家的反动思想，肃清他们对我们原有的影响。这一派的哲学家就是所谓逻辑实证论者，或逻辑经验论者，或逻辑原子论者。这一派有好些小头目，但是大头目一直是罗素。以下就是对罗素的批判之一。

这一批判是初步的，以后还要作进一步的批判。这是限制到罗素关于逻辑和语言的看法的批判，以后还要作总的哲学上的批判。这一批判不是逐章逐节的批判，而是提出一两个重点来批判。这篇文章也是对我个人从前的一部分的思想的批判。

罗素是如何的人呢？何以如此反动呢？何以成为原子弹哲学家呢？他出身贵族。他的祖父做过英国的首相和外交大臣；在 1832 年，曾签署了推广选举权的法案，②在资产阶级专政的巩固中，曾起了相当大的作用。他的父母虽然死得很早，然而就在他们年纪很轻的时候，已经参加了政治活动。罗素的老家是所谓“政治世家”。这样的“世家”英国有好些，丘吉

① 斯大林：《马克思主义与语言学问题》，人民出版社 1953 年版，第 13 页。

② 罗素：《我的思想的发展》。见希尔普编：《罗素的哲学》，纽约，1944 年，第 6 页。

尔的老家也是这样的世家之一。直到最近，这种“世家”是资产阶级专政的经纪人，自由党和保守党都有这样的世家，它们是政治上的“巨室”。

罗素生于1872年。1873年到1903年正是垄断资本主义由萌芽到壮大的时期。① 他和杜威相似，在伟大的十月革命以前，他伪装进步。伟大的十月革命使得社会主义社会在当时世界六分之一的地方开始建立起来了。这一事实影响了全世界的人，对于他当然也不能例外。在这以前，资本主义社会没有动摇过，客厅里的粉红知识分子可以空谈“革命”。在第一次世界大战的时候，他曾主张和平，曾伪装进步。但是在1920年以后，他就反对苏联反对共产主义。这样发展下去，到了第二次世界大战之后，他就成为原子弹的哲学家了。不但不主张和平，反而叫嚣战争，连英国炸光他都不在乎。他是马克思主义、苏维埃制度、和平、民主、社会主义阵营的死敌。几个月来，听说他的思想有些转变。详细的情况我还不知道，本文的批判仍以从前的思想为限。

不管罗素如何否认他是唯心主义者、唯我主义者，他的哲学仍然是巴克莱、休谟、马赫哲学的继续。从巴克莱、休谟，他得到了他一方面的主要的思想：（一）他的哲学否认独立于我们的意识而存在的物质，当然也否认独立于我们的意识而存在的事物或实体；（二）他只承认直接的感觉材料；（三）从休谟那里他接受了下面这一思想：从经验中我们得不到正确的普遍的判断。另一方面他又从理性主义者继承了先验的分析

① 《列宁文选》两卷集，第1卷，第932页。

判断。他的形而上学的思想方法使他把这两个主要方面孤立起来，夸大起来。对于罗素，一般与个别是脱节的，理论与实际是不结合的。因此从个别出发，终点是没有形式的、偶然的内容。而从一般出发，他又只能达到没有内容的、必然的形式。形式与内容分家，必然和偶然之间有鸿沟一道。在这种前提之下，真正科学的理论是得不到的。这样的哲学是和科学没有丝毫共同之点的。

这两个方面之所以首先就要提出，因为它们帮助罗素歪曲逻辑，歪曲语言，并通过这种歪曲来捏造事物，捏造虚幻的世界。

罗素装出追求科学的样子，并且样子装得十足。在《科学观》这样一本书里，从头到尾他都在谈“科学”。他所谈的科学是假的，他所追求的“无可怀疑的”知识和“清楚”的思想也都是错误的。无可怀疑的知识和清楚的思想多么有吸引力啊！可是罗素的所谓“无可怀疑”的知识和“清楚”的思想都是欺骗人们的工具，通过它们，人们可能被引导到哲学上的死胡同里去。照他的说法，经验上的无可怀疑只有直接的感觉材料才有，理论上的无可怀疑只有先验的分析判断才有。假如我们跟着罗素走，我们一方面会被引导到随着我们进行感官活动而来，也随着我们停止感官活动而去的材料上去，另一方面也会被引导到毫无内容的，对事物无所肯定的先验的判断上去。在这样的哲学上的死胡同里，内容与形式分家，必然与偶然脱节，一般与个别无关，理论与实际割裂。现在我们不谈社会上的影响，只谈思想上的影响，以罗素的“无可怀疑”为标准，愈追求，所得到的结果也就愈荒谬；以罗素的“清楚”

为标准,愈追求所得到的结果也就愈糊涂。

下面我们先批判罗素的逻辑思想。他的哲学和他的逻辑思想直接影响他对语言的看法。等到我们批判他对语言的看法时,我们可能更清楚地看出他的整个哲学的荒谬糊涂。

我们知道形式逻辑是研究正确思维的初步形式及其规律的科学。(我们只从普通的形式逻辑立论,数理逻辑不在本文讨论范围之内)根据上面的定义,我们知道普通形式逻辑所研究的初步形式及其规律是正确思维的初步形式及其规律,而正确的思维是符合于客观事物的思维。研究的对象尽管是形式和规律,然而这些形式和规律都是正确地反映了和正确地反映着客观事物的形式和规律的。这就是说它们都是有客观基础的,都是和客观事物紧密地相结合的。

在研究过程中,我们是可能把形式和规律抽象化的。这个抽象化并不表示在正确的思维中形式和规律是和思维的内容分裂开来的。这一点特别重要。任何具体的科学都有适当的抽象化。科学要适当的抽象化才能正确地深刻地反映客观事物和它们的规律。但是这并不表示客观世界有像抽象概念那样的纯粹的东西①。思维的形式和规律是和客观事物密切地相结合的。它们是有内容的,暂时排除它们的内容使他们能够更清楚地表现出来,这是一件事,说这些形式和规律根本就没有客观基础,说它们的正确性完全在它们本身的性质中,这是另一件事,这是唯心主义。科学的抽象和唯心主义是没有任何共同点的。

---

① 《学习译丛》1954 年第 5 期。

罗素的逻辑思想是他的反动的、唯心的、反科学的哲学的一部分，他把形式逻辑和客观世界割裂开来，硬说它没有客观的基础，没有具体的内容，硬说它只是空架子。它的正确性就在这空架子本身的结构。他接受了维特根斯坦的说法，以为逻辑命题只是对事实毫无肯定的公式，他早年所谈的分析判断，在接受了上面这一说法之后，已经不谈了。但是上面这一说法基本上仍然是分析判断那样的说法的继续。罗素的主要点是要让形式逻辑脱离客观世界，脱离事物，不受客观世界的制约，使它成为概念游戏的工具，唯心主义的工具。这可以从以下三点来说明。第一，罗素使概念与事物分家；第二，他使符号与概念分家；第三，他使内容与逻辑形式分家。

罗素说逻辑常项是没有客观基础的。他所说的逻辑常项是“或者”、“而且”、“不”、“如果——则”这样的概念。他最喜欢用“或者”为例，他说客观世界没有与“或者”相应的“东西”。这当然要看所谓“东西”是什么，后面会谈到这一点的。“或者”这一概念当然是有客观基础的。罗素本人也承认动物的行动有时表现“或者”。① 动物行动中的“或者”是如何地产生的呢？狗遇到了两条不熟悉的岔路会迟疑，这迟疑就表示“或者”或相应于“或者”的客观情况。这迟疑完全是主观的吗？任意的吗？显而易见它不是。它的客观根据就是两条岔路，而这条狗对于这两条岔路没有适合的条件反射，这就是包括动物在内的客观事物中的“或者”。假如我们再研究再分析下去，我们就可以发现“或者”这一概念的客观根据。

① 罗素：《意义与真理的研究》，纽约和伦敦，1940年，第102、103页。

(在历史上,我们从什么样的情况得到“或者”这样的概念是另一问题。在这里我们只说明客观世界有相应于“或者”的情况而已。)

显然,问题不在这里。罗素所追求的不是这样的客观基础,而是与“或者”相应的什么“东西”,而且这个什么“东西”不是别的,只是目所能见的颜色或耳所能听的声音等那样的感觉材料。为什么他有这样的要求呢?丰富的客观世界没有强迫他这样地要求他自己,我们的认识也没有要求他把感觉活动看作没有历史没有发展的机械的活动,也没有要求他把概念看作客观事物的照片。支持他这样地要求的只是他自己把概念和实际脱离的主观唯心论,他的形而上学的思想方法,他的所谓“科学方法”,他的所谓“无可怀疑”和他的所谓“清楚”的标准而已。从这样的哲学前提和这样的思想方法出发,他就很自然地要求“红的或者”或“硬的或者”等。这当然是荒谬。可是通过这样的荒谬的要求,他好像已经证明了“或者”这样的概念没有客观基础。“或者”这样的逻辑常项就这样和客观世界分离开来了。

我们再看一看罗素对于定义的说法。他说定义不是判断,它没有真假,它只是符号的定义,它只表示在引用符号时,我们挑选符号的意愿。① 这说法是错误的。定义是揭示概念的内涵。它是由对客观事物的本质属性有所判断而得到的。它是有正确与否的问题的,它不是玩弄名词的把戏。罗素也知道这一点,他说康德给“连续性”所下的定义也是对客观连

① 罗素:《数学原理》,剑桥,1903 年,第 11 页。

续这一对象下了定义。① 但是他没有因此放弃他对定义的看法。

罗素自己在《数学原理》这本书中所下的定义是怎样的定义呢？我们就把马蹄子“⊃”来做例吧，照他的说法这个定义只介绍了马蹄子的符号，他可以引用另一符号，而另一符号也同样地可以尽它的责任。他不介绍新符号也行，不过不介绍新符号原来的公式会复杂太甚。为避免过于复杂起见，我们需要新符号。不错，另一符号也可以尽马蹄子的责任。但是这个定义只是马蹄子的定义吗？事实并不是如此的。这个定义实在也是真值蕴涵的定义。蕴涵是一个概念。概念不是随意可以制造出来的，它是事物本质属性的正确的反映，它的定义也不是可以随意下的。有些人例如穆尔对于马蹄子这一符号没有提什么意见，可是对真值蕴涵之是否成为蕴涵曾提出尖锐的意见。关于真值蕴涵，问题多得很，我们不讨论这些问题，我们的问题是定义。罗素在介绍“⊃”的过程中，事实上把真值蕴涵带进他的系统里来了。正如他自己所说康德给“连续性”下定义的时候，也已经给客观连续这一对象下了定义一样。

为什么罗素要假借随意介绍符号的名义来偷运概念呢？为什么他要隐藏给真值蕴涵下定义之实，而只承认给“⊃”下定义之名呢？上面已经说过概念不是可以随意制造的。对于符号的引用，我们一方面固然要肯定这个引用不完全是随便的，另一方面，我们也要肯定它有某种程度的随便性。罗素把

① 罗素：《数学原理》，剑桥，1903 年，第 12 页。

这一定程度的随便性夸大起来，他就通过这一点，随便地使用不能随便使用的概念。这样一来，他对读者只负使用符号的责任，不负使用概念的责任。对于前者罗素可以相当随便，此所以穆尔对“⊃”没有什么意见；对于后者罗素不能随便，此所以穆尔对于蕴涵提出尖锐的意见。同时在要这一把戏中，符号和概念也脱节了。这不只是符号的问题，同时也是语言文字的问题。语言文字和符号的使用都有约定成分，所以有相同点，但是约定的程度大不一样，所以也有不同点，如果一个人抓住相同点，不顾不同点，他会把使用符号上的某种程度的随便性移植到语言文字上去，为歪曲语言文字准备条件。

罗素的主要逻辑著作是《数学原理》。这本书企图把形式逻辑和数学打成一片，这办法本身是有问题的，但是在这里我们不讨论这些问题。我们要提出罗素的纯粹数学的定义。我们的注意力也不摆在这个定义本身，虽然它是荒谬的，而是摆在讨论一下按照这个定义的说法纯粹数学的内容是什么。照罗素的说法纯粹数学是这样一门学问，在这门学问里，我们不知道我们在说什么，也不知道我们所说的是真是假。① 在下这一定义的前面一段话里，他曾表示过纯粹数学所着重的是下面这样的断定：如果某一命题对于某一东西说是真的，那么，某另一命题对于该东西说也是真的。至于该东西是什么，该命题肯定了些什么都不在纯粹数学范围之内。这就是说纯粹数学只是推论的空架子而已，作为纯粹数学的前提而又和纯粹数学打成一片的形式逻辑也就是毫无内容的空架子了。

① 罗素:《神秘主义与逻辑》，纽约，1918 年，第 75 页。

在讨论“或者”后，我们指出罗素使概念和客观事物脱节，在讨论定义后，我们指出他使符号和概念脱节，现在他又使形式和内容脱节了。

上面已经从三个方面指出罗素要费尽心力把形式逻辑变成在本质上就是空架子那样的东西。这样的形式逻辑是没有任何具体内容的，因此是和丰富的具体的客观世界不相干的。这样的形式逻辑正是主观唯心论者所要求的。渗透在具体事物中，通过具体事物而表现出来的形式逻辑是客观事物的反映，它的形式和规律是有客观基础的，它们都是在认识运动的历史中发现的，形成的。主观唯心论者当然不要这样的形式逻辑。他们所要的正是罗素所搞出来的毫无内容的空架子。和客观事物脱节的形式逻辑就是不反映客观世界的形式逻辑，而这正是先验论者所要求的先验的形式逻辑。

先验论不是没有变化的。康德式的先验论是和“超越的心”联系着的。但是在20世纪，“超越的心”已经是抬不出来的老招牌了。在认识论上，罗素日益回到巴克莱和休谟，他的主观唯心论也日益发展成为唯我论。康德式的先验论也日益和他的认识论不容易结合起来了。在这种情况下，罗素和他的门徒把一种先验论转变成为另一种先验论，即约定论。约定论并没有改变先验论的本质，它只穿了一身新衣服而已。正如罗素的哲学是巴克莱、休谟、马赫哲学的继续，逻辑约定论是康德逻辑理论的继续。约定论把思维规律说成为我们在符号的组织和替换上所约定出来的章程。章程约定之后形式逻辑就成为符号代替符号，形式套进形式的空架子。

这样的约定论已经成为资本主义社会里形式逻辑的主导

思想。它本身是唯心的、反科学的哲学的产物，同时反过来又为唯心的反科学的哲学服务。它不但不能在正确的认识上起积极的作用，而且对任何哲学上的幻想和概念上的游戏起着推波助澜的作用。现代的资产阶级的各种各样的唯心哲学的倡导者用这类的形式逻辑来自圆其说，批评者也用这类的形式逻辑来进行批评。这类的形式逻辑的作用当然是不会停留在哲学的领域上的。阶级斗争日益尖锐化，隐藏在哲学领域里的斗争很自然地、很露骨地就在别的范围内表示出来。这样一种不管任何内容的空架子的形式逻辑理论是可以让它和任何主观的要求结合起来的。在现在它就是帝国主义胡说八道的工具。在 1954 年日内瓦的会议场上，法国的皮杜尔把伟大的越南民主共和国说成“幽灵”，荷兰的伦斯把举世唾弃的李承晚集团说成“朝鲜的唯一的合法政府”，菲律宾的加西亚把美国奴役亚洲的种种侵略活动说成“美国结束了亚洲的殖民主义”。脱离了客观事物，脱离了正确的认识，脱离了真理的资产阶级空架子的形式逻辑就这样地为帝国主义服务了。

以上我们批判了罗素关于逻辑的思想，下面我们要批判他关于语言的思想。罗素没有研究过语言。如果我们把关于语言的学说了解成为语言学家在科学地研究语言的过程中所得到的结论，罗素根本就没有关于语言的学说。可是，罗素说了好些关于语言的话。这些话都是从他的反动的哲学和反动的逻辑学出发而说的。他对于实际上引用的语言，历史上长期形成的语言究竟有些什么问题，这些问题应如何解决，他根本没有兴趣。那么，说些关于语言的话有什么目的呢？罗素的目的就是向在语言里的朴素唯物主义进攻。日常的语言是

有丰富的唯物主义因素的。各国的语言都有，英文并不例外。帝国主义哲学家罗素当然不愿意让语言保存它的唯物主义因素。罗素不提唯物主义。他说语言中有不“正确”的哲学观点，他要“肃清”这些观点。[①] 他经常提出的是他的所谓朴素的实在主义。他说过这样的话：“朴素的实在主义导致到物理学，而‘物理学’（注意！后面说的‘物理学’是马赫主义的，前面说的不是）证明朴素的实在主义是假的。因此如果朴素的实在主义是真的，它就是假的；因此，它是假的。”[②]爱因斯坦曾经欣赏过这句话。这就表示这位伟大的自然科学家上了当。罗素在反对朴素的实在主义这一幌子下，实在是反对唯物主义。在帝国主义时代，这就是反对马克思列宁主义哲学。

罗素是从两方面来进攻的，一方面是哲学，另一方面是逻辑。他相信语言的结构是和世界的结构有一定的关系的，但是，他决不能承认这一定的关系是语言和独立于我们的意识而存在的实在的关系。在这里他使用偷梁换柱的办法。他装出很科学的样子，他坚持语言要有坚固的客观基础。但是所谓“客观基础”是什么呢？是“亲知”，是“直接经验”。罗素这样的主观唯心论者同时是唯我论者。他所说的“亲知”和“直接经验”所供给的材料就是感觉者个人的（不是共同的）和私人的（不是公有的）感觉材料。这样一来，语言的“客观基础”就只是感觉者个人和私人在感觉中所得到的颜色，香臭，软硬，等等，而不是我们辩证唯物主义者所坚持的客观事

① 见希尔普编：《罗素的哲学》，纽约，1944 年，第 232 页。

② 罗素：《意义与真理的研究》，第 15 页。

物。罗素用釜底抽薪的办法，把语言的客观基础抽掉了。

在本文开始时，我们已经提到罗素是不承认客观事物或实体的。照他的说法，“事物”只是一大堆的感觉材料的集合。感觉材料固然是感觉所供给韵，照罗素的说法，集合可不是完全被动的。这就是说，他要制造“事物”。如何制造呢？罗素不只是从反动的哲学方面向语言中的唯物主义进攻，而且是从反动的逻辑学方面同样地进攻。罗素认为绝大部分的语句是有逻辑因素的。这些逻辑因素不是从经验中来的。通过这一说法，好些简单的语句都成为复杂的，不完全根据经验的语句。例如“如果下雨，我不出去”就是复杂的，因为这句子里的“如果——则”是逻辑因素。照这个说法和上面所说的结合起来，只有直接表达感觉经验的语句才是完全建立在经验上的语句。字也有同样的问题，“绿”表达感觉材料，“树”不只表达感觉材料而已，而且表达感觉的材料的集合。这个集合就有逻辑因素，因此“树”也不是简单的字。我们辩证唯物主义者认为世界上有绿的东西，而且绿这一颜色和绿的东西是分不开的，不能割裂的。罗素把它们割裂开来，并且只承认“绿”是经验的，树则有“逻辑构造”。这就是说绿是感觉所供给的，树则是在感觉的基础上制造出来的。罗素的假科学就在于他要求把“复杂”的字分析成“简单”的字，“复杂”的语句分析成“简单”的语句。这样的办法只是把语言的意义完全建筑在主观唯心论的唯我论的感觉者个人私有的感觉材料上去了。

要表示这个办法荒谬到如何的程度，非举实例不可。在《意义与真理的研究》一书中，罗素提出“我看见一个人”这样

一句话来分析。① 照罗素看来，这句话当然是不“清楚”的，非分析不可的。第一，他说，“一个人”是无法看见的，“一个人”是逻辑的抽象。第二，说这句话的人只看见一个样式，而这个样式是人（或有人性）。如果他们给那个样式一个名字，例如甲，那么原来那句话就成为“我看见甲，而甲是人（或有人性）”。从这两句话，他可以推论到“我看见一个人”，但是“我看见一个人”并不蕴藏“我看见甲，而甲是人”。至少从听的人说，被看见的人也许是乙或是丙。照罗素的看法原来的那一句话应该分析成“我看见 X，而 X 是人”。整个的说法只是胡说。

我们可以从好几方面来说明这是胡说。这样的句子根本就不至于单独地提出或写出来。说出或写出来的时候，总有具体的环境或上下文。在具体的环境中或上下文衬托下，这个句子是非常之清楚的。在不同的环境或上下文中，这句话可能有不同的意义，但是在不同条件之下的意义不同和在同一条件之下的意义清楚与否是两件事。在环境和上下文确定之后，它的意义是非常之清楚的。说它不“清楚”是故弄玄虚。假设具体的环境是两个在深山中走路的人，其中一个说：“连一个人都没有看见”，另一个人说：“我看见一个人”，并且加上一句：“你那时没有留神”。在这种情况下，罗素的分析根本就不对头。第二个人所说的话表示一个完整的经验。所谓完整是对这一个知觉或感性认识而说的。这个经验当然是可以分析成许多别的因素的，但是，它不能被分析成两个不同

① 罗素：《意义与真理的研究》，第 54 页。

类型的经验,其中一个是“我看见一个什么”这样的知觉经验,而另一个是在“看见什么”这一基础上得到一个判断“这个什么是人”这样一个经验。在很特别的具体条件下,这句句子的分析可能不同,但是意义仍然清楚。在以上的例子中,意义之所以清楚,因为事实上所经验的是看见一个人。照罗素的说法,这句句子不“清楚”,因而所看见的是一回事,而这个被看见的究竟是人与否又是一回事。

但是罗素为什么有这样的分析呢?他为什么要把人和感觉材料分开来呢?在这样一个分析里面,就有唯心论向唯物论的各方面的进攻。我们不讨论别的方面的问题,只提出一个重要点,罗素根本不承认我们能够看见人,也不承认我们能够看见桌子椅子等。其所以如此者,就是因为他根本不承认有客观的事物或实体。他继承了巴克莱和休谟的思想,认为视觉的对象只是颜色,听觉的对象只是声音,而普通的事物不只是颜色或只是声音而已,它们是颜色、声音、味道等的集合体。“事物”变成为在感觉材料上构造出来的东西。这样一来,唯心论者就把活生生的丰富的具体的客观事物一笔勾销,而代之以他们自己幻想出来的逻辑构造。这样一来,他们的概念游戏变成无边无际。

下面我们看看罗素的逻辑构造是如何的荒谬。例如“死”这一个字和它所表示的思想在行动的指南上没有什么不清楚的地方吧!大夫填生死表大致也不会出多大的岔子。假如我们需要大夫以百分之一秒钟的准确性来决定一个人未死、将死、方死、已死之间的时间,这也许是有困难的。但是事实上,我们经常没有这样的需要。“某某死了”这样的句子因

此也是非常之清楚的。罗素觉得它不“清楚”。他把“恺撒死了”这一句子分析一下，①觉得它的意思应该是“构成恺撒的一连串的事件之一是死类的一分子”。这一大串字是否把“恺撒死了”这样的句子搞清楚了呢？当然没有，只是搞糊涂了。这一分析对生物学家医学家有什么帮助呢？毫无帮助。

又如“你”、“我”、“这”、“那”。“你”、“我”是人与人间交流思想时因主客的地位不同而引用的不同的代名词，在日常的交谈中可以说是毫无问题的。但是从罗素的哲学着想，情形就不相同了。“你”、“我”所指的都是人，而根据上面的说法，人不就是简单的感觉材料而是复杂的感觉材料上的逻辑构造。先谈“我”这个字吧！“我”应该怎样解释呢？罗素认为应当用“这”来解释。“这”又如何解释呢？“这”是外部刺激在语言上的直接反应。② 这就是“这”的定义。罗素利用这个定义来给“我”下定义，说“‘我’是‘这’所属的个人历史”。通过这样一个定义，再清楚不过的字也就成为糊里糊涂的字了。照罗素的说法，“你”当然也是要“修正”的，照他看来，它的问题比“我”还要大。“我热”好像没有多大的问题，“你热”就非同小可了。“我热”是我所能够直接感觉得到的，好像世界上只有自己直接感觉得到的才真的可靠，因此“我热”的意义好办一些；“你热”不是我所能感觉得到的，好像世界上我所不能直接感觉得到的就靠不住，“你热”也就困难。在“你热”的分析上，他提出许多的离奇古怪的困难，企

① 罗素：《意义与真理的研究》，第58页。

② 罗素：《意义与真理的研究》，第139页。

图造成这一问题确实困难的印象。这些都是唯心主义捏造出来的困难,我们在这里无须一一地批判它们。

下面我们还要举两个例子。这两个例子表示罗素企图让形式逻辑吞食语言,把内容丰富的语言硬安排到他片面夸大了的狭窄的形式里面去了。这两个例子也说明罗素的企图是如何的荒谬。一个是“所有的人都是有死的”这样的句子。罗素说这一语句是不能证实的判断,①因为我们不能担保没有忽略任何一个人。他说这不是对于人的判断,而是对于宇宙间一切东西的判断。他说这一判断肯定“对于任何 x 说,如果 x 是人,x 是有死的”。照他的解释,假如人根本就不存在,这一判断就是真的。这是胡说。

其所以是胡说,因为这一判断是在人类长期的认识过程中,从认真地研究人而得到的科学结论。在中国孔子时代就已经正式地肯定下来了。人们早就发现了这一规律,但是有些统治者不相信它,想推翻它,例如汉武帝。直到现在这一判断依然正确,仍然不断地被证实。说这一判断不能证实,说我们可能忽略了一个人,只是强辩。这一判断是对于人的判断,说它是对于宇宙间一切东西的判断,只是瞎说而已。认真地研究一下考虑这一判断时(例如考虑它的真假,考虑人的历史,人的生理等时)的具体的思想内容,我们就可以发现这内容是和“宇宙间一切东西”不相干的。至于说假设人不存在时,这一判断就是真的,这牵涉真值蕴涵。真值蕴涵在别的方面是否有用,我们不讨论。但在一般的慎重思考过的全称肯

① 罗素:《意义与真理的研究》,第 55 页。

定或否定判断的特点不是真值蕴涵。

罗素用类似的方式来分析否定的句子和它所表示的否定判断。他描述了住在乡下的夫妻二人等候一位坐汽车来访的朋友。甲问:“你听见什么没有?”乙说:“没有。”罗素接着问乙是不是放弃了经验主义呢?乙已经陷入了一种非同小可的概括,因为他实在是说:“宇宙间的一切都不是我现在听见的声音”。把乙的回答“没有”解释成“宇宙间的一切都不是我现在听见的声音”真是荒谬绝伦。具体的条件已经描写出来了,罗素为什么不具体地分析呢?在具体的条件下甲问的是听见汽车声音没有,乙答是没有听见汽车的声音。假如乙说话的时候,有蚊子在他的耳边叫,他仍然会回答说“没有”。如果他报告蚊子叫的事实,甲也许会认为乙在说俏皮话。无论如何,乙压根儿就没有想到“宇宙的一切”。只有有形而上思想习惯的人,才会从任何具体的事情中一下子就“跳到”宇宙上面去。

从思想根源着想,导致罗素走上这种荒谬的语言学说道路上去的是他的整个反动的唯心的形而上的哲学系统。产生荒谬学说的原因很多,但是我们在这里只举两方面。一方面是罗素要把语言“形式逻辑”化。他的“理想”的语言是像他的纯形式主义的形式逻辑那样,从极少数的字可以引申出所有或大部分的字来,例如利用“这”的定义所以给“我”下定义一样。另一方面,罗素不承认客观事物,他把客观事物排除在直接经验范围之外,用逻辑的构造偷偷地代换了客观事物。这当然是否认事物的客观实在性,也是否认语言的客观基础。他歪曲了事实,也歪曲了语言。这两方面联合起来的原则,就是基本字句的意义应该是我们所直接认识或经验的。这一原则的引用在罗素手里，就是在思想上给客观世界挖墙根，为主观唯心论建立概念游戏的活动的园地。这样一来，无穷无尽的逻辑构造都来了，这就是说，我们最初所提出的两个方面，罗素都用来歪曲真实的世界，捏造虚幻的世界。他不用、也用不着“上帝”或“神”这样的东西来创造世界，可是结果还是一样，客观世界变成为逻辑地构造出来的了。山水草木既然是构造出来的，国家社会当然也是。关于国家和社会的斗争就成为语言文字上的争论了。这不只是我们的推论而已，事实上这样的思想已经传播开来了。

在《保卫哲学》一书里，康福斯提到切斯的反动思想。切斯从前是一位社会活动家，他曾参加社会问题的讨论，写社会问题方面的文章，进行社会问题的宣传。但是他现在搞语义学。在他那《字的暴政》一书里，他说他发现“字不是它所指的东西”。语言文字据说有五层抽象。他提出“寻找所指物”的口号，最后的所指物是所谓“时空事素”（罗素也要这家伙）。普通的事物分析起来总是电子的疯狂的跳舞。从第五层的抽象回到第三层第二层的抽象，据说是相当困难的事。有些字根本就没有相应的事物，例如“人类”。人类牵扯到赵1，赵2，赵3，……，赵n；钱1，钱2，钱3，……，钱n，等等，一直到所有的二十多亿的人。呼唤人类没有一个赵钱孙李出来答应。切斯从前也许喜欢谈人类问题，人类也许从来没有回答过。他现在认为要解决社会问题，就得搞语义学。他好像转移了他的活动方面，他从前进行社会活动，他现在和不“清楚”的语言作斗争。他说只要我们确实知道语言文字的意义，彼此不会误解，也不会斗争。照他的说法，阶级斗争是语言文字不清楚的结果。语言文字搞清楚，天下就太平了。实际上他在语言文字上成了反动统治阶级的工具，帮助反动派来混淆人民的视听，转移人民的注意力，麻痹人民的阶级意识，削弱人民的阶级斗争。像切斯这样的人不少，康福斯的书里，就提了好几个。罗素这一班人的影响并不限制到职业哲学家而已。

罗素是逻辑实证论，或逻辑经验论，或逻辑原子论的祖师。他的门徒的哲学比他自己的也许更烦琐些。维特根斯坦有他的逻辑的神秘主义，卡尔纳普有他的极其烦琐的语义学和句法学。诺耶纳特简直就主张语言上的关门主义。大致说来，维也纳学派已经从奥国到了美国和英国，吸收了不少的青年。现在这一派和美国的为美帝国主义服务的实用主义合流，企图扩大这一反动的唯心的形而上学的反科学的哲学影响。这一派的反动头子依然是罗素。

罗素对逻辑和语言的思想也和他的哲学一样是为他的政治服务的。他在1920年到过社会主义革命后的苏联。假如他有一点进步的要求的话，他对那一伟大的革命后的苏联人民所进行的伟大的斗争和伟大的努力会有同情心，但是，他不但一点同情都没有，而且一直敌视苏联。在1921年他到过中国，到过半殖民地半封建的中国，他非常之欣赏封建剥削阶级的有闲生活。在伟大的十月革命之前，罗素的思想意识是贵族间的资产阶级自由主义。他这种思想，虽然已经落后于他自己的时代，然而在顽固的贵族间，在保守的小资产阶级知识分子间，他仍可以给人以“进步”的印象。伟大的十月革命震撼了全世界。罗素意识到没落贵族的“自由”和寄生腐化的资产阶级的“自由”都是靠维持资产阶级专政才能得到的。这样,他就成为忠实的帝国主义的工具了。在1943年他污蔑了斯大林同志,同时把苏联的存在说成是对和平的威胁。罗素的哲学是反动的,他是现代的马赫主义者,他歪曲科学,歪曲逻辑,歪曲语言,为帝国主义服务。他是和平民主社会主义阵营的死敌。对他的哲学我们只有无情的斗争。

在过去的中国,罗素影响是不小的。我曾经是一个散布他的毒素的人。我教了二十多年的哲学和逻辑。我也以一种伪装的科学态度引诱青年。我灌输一种假的“清楚”的标准,要求青年们去追求“清楚”,也以一种假的“无可怀疑”的标准要求青年们去追求“无可怀疑”。我在表面上是和罗素有不同的意见的,但实质上我传播了他的反动的思想方法。我所接触的青年不少。受了我的影响的人或多或少地接受了这种反动的思想方法。在新中国,这种思想方法是不能容忍的。我们要有决心彻底地批判这种思想方法,也要彻底地批判罗素的哲学,他的假科学,他的逻辑学,他在语言方面的胡说八道。这篇文章只是一个开头而已。

批判实用主义者杜威的世界观*

一、前　言

为了肃清胡适派的资产阶级哲学对我们的影响，我们要彻底地批判他的方法论。但是方法论是和世界观分不开的。方法论的正确与否要看世界观正确与否。没有正确的世界观就不可能有正确的方法论，不正确的方法论所宣传的方法也是不正确的。为了彻底地批判胡适的方法论，我们就要彻底地批判他的世界观。他的世界观就是实用主义者杜威的世界观。本文的主要参考资料是杜威的几本书，题目也限于杜威；但是，就所批判的对象的本质说，杜威和胡适是没有分别的。

杜威的世界观是主观唯心论的、庸俗进化论的，认识论上反理性论的，行动上盲目主义的。这个世界观和我们马克思列宁主义者的世界观是根本对立的。我们的世界观是辩证唯物主义的唯一正确的世界观。我们肯定有独立于我们的意识而存在的客观物质世界；物质是第一性的，思维是第二性的；客观物质世界是有规律的，是可以认识的；社会是发展的，社

---

* 原刊于《哲学研究》1955 年第 2 期。——编者注

会的发展是有规律的；我们根据社会发展的必然规律来制定我们的政策，因此，我们的行动是有领导、有计划、有步骤的，不是盲目的。本文要彻底地批判杜威的世界观。

但是有两点我们要在开始时就指出：一是杜威哲学的阶级实质，一是他的哲学在美国的市场。这是两种不同的事情。我们说他的哲学的阶级实质。杜威的哲学是美帝国主义的哲学，它是为垄断资本家服务的。杜威的中心问题是反对马克思主义，否认社会发展的必然规律，否认资本主义社会的必然死亡。但是要使人相信这些，他就得反对科学，提倡宗教；因为马克思主义本身就是科学。但是科学是无法从正面反对的。杜威的办法就是口头上推崇"科学"，实际上取消科学。要达到这一目的，他就釜底抽薪。他否认有独立于我们而存在的客观物质世界。否认了客观物质世界，也就是否认了客观事物的规律。这样一来，杜威达到了他的目的。他取消了认识的客观正确性，使人们感觉到好像认识和信仰，科学和宗教都是没有分别的。简单地说：为了反对马克思主义，他用拥护"科学"去取消科学，用批评宗教去保存宗教。这就是杜威哲学的实质。但是这一实质是隐藏得非常之紧密的。我们盼望下面各节的讨论能够充分地把这样的实质揭露出来。本文谈到宗教的地方少些，谈到认识论的地方要多些，因为本文的主要目的是通过对反科学的认识论的批判来使我们能够更彻底地批判杜威和胡适的方法论。

杜威的哲学虽然是帝国主义的垄断资本家的哲学，然而在美国这一哲学是有它的广泛的市场的。美国南北战争之后的一二十年内，北方的资本势力侵入南方，东北的资本势力达到西边海岸，劳动人民的被压迫被剥削虽然日甚一日，经济危机虽然经常产生，然而资本家得到了广大的活动区域，技术水平也空前提高，新的企业不断地产生。爱迪生一个人的发明就有好几十件，穷人之能成为富豪并不完全是空想。但是到了 19 世纪 90 年代，情况已经转变；到了 20 世纪，美国已经进入垄断资本时期，经济危机的范围更大，影响更深，剥削与压迫也更残酷。生活之没有保障是一般的城市小资产阶级和办公室的工作人员（即白领子的奴隶）所特别感觉到的，对于他们生活确有朝不保夕的危险。南北战争的结果不但在经济上推动了资本主义的发展，而且在政治上巩固了资产阶级专政。整个的国家机器都掌握在资产阶级手里，所以整个的国家机器也都用来传播美国资产阶级的思想。个人努力，应付环境，开动脑筋，差不多任何东西都可以被利用为发财致富的工具，这样的思想得到了极其广泛的传播。杜威的工具论是很容易为一般的资产阶级和小资产阶级所了解的。但是就上面已经提到的某些阶层说，生活没有保障也是事实。对于这些人，杜威所说的“世界的不确定性和危险性”也有它的市场。美国资产阶级的思想已经为杜威的哲学铺平了道路。杜威的语言虽然晦涩混乱，然而就接受了美国资产阶级思想的人说，好像并不那么“玄之又玄”。同时杜威和其他的实用主义者是不一样的。哈佛大学玄学俱乐部的主要成员大都是所谓新英格兰底“蓝血”资本家们的思想参谋。这些资本家是自封为“贵族”而与人脱节的小集团。美国人把他们叫做只和彼此交谈，和只和“上帝”交谈的人。詹姆士也是这一集团边沿的人，虽然他生长在纽约州。杜威生长在农业区，善于往上爬，一直爬到成为哥伦比亚大学哲学教授。从城乡小资产阶级看来，杜威一方面"望之不似"，语言谈吐又合乎小资产阶级的口味；另一方面，他所说的又像小资产阶级自己所要说的话。《纽约时报》，那个名义上只是民主党的而实际上是为两党之上的美帝国主义服务的报纸，曾经指出道：杜威比詹姆士更成功，因为他所说的"经验"就是"普通人"（小资产阶级）作为他们自己思想行动或判断的根据的那样的经验。① 这是骗人的话。杜威所说的经验不是任何人的实际经验。杜威的哲学也不是小资产阶级的哲学；但是在小资产阶级当中，他的哲学是有广泛的市场的。

二、主观唯心论的经验论

在第一节里我们曾说杜威的世界观是主观唯心的盲目行动主义，我们要从主观唯心论的经验论，庸俗的进化论，和认识上的反理性论来论证我们的主题。本节所要提出的是杜威的主观唯心论的经验论。首先我们要指出杜威的经验论实在就是他的认识论的基础，实在就是他的认识论里最本质的东西。下面我们从认识论的角度来讨论他的经验论。

（一）也许有人会发生疑问。贝克莱式的主观唯心主义的中心命题是：存在就是被感觉。我们说杜威的经验论是主观唯心论的，不会冤枉人吧！杜威的世界里有自然、有社会、

① 威尔斯：《实用主义：帝国主义哲学》（Wells：*Pragmatism：The Philosophy of Imperialism*），第133页。

有人、有主观、有客观、有存在，应有尽有。不但如此，他还特别强调自然主义。不错，杜威的确讨论这些东西，问题是这些东西在杜威的哲学里是什么样的东西。问题的关键在于他的所谓“经验”。列宁在唯物论与经验批判论里曾指出实用主义嘲笑唯物论与唯心论的形而上学，宣扬经验并且仅仅宣扬经验。但是列宁又教导我们说：“在‘经验’这个字眼下，无疑地，可以隐藏着哲学上唯物论的路线与唯心论的路线……”①

为了保障唯物论的路线我们要求什么呢？列宁曾经唯物论地解释经验，认为经验是客观的，从外面给予人的东西。②这就是说我们唯物主义者坚持经验和认识一样是以客观世界为第一性的，精神、思想为第二性的，因此我们坚持有独立于经验而存在的客观世界，而经验的内容是客观的。任何否认客观世界的独立存在或否认经验之有客观内容的企图都是主观唯心论的，都是我们所坚决反对的，无论它是直接否认客观世界是独立存在的也好（贝克莱），或是不知道有没有客观独立的世界也好（休谟、马赫），或是有独立存在的然而是不可知的客观世界也好（康德），或是表面上把客观世界容纳到经验之内，而实际上否认客观独立的世界也好。最后这一办法是杜威的，也是欺骗性最大的。表面上把整个的客观世界都容纳到经验范围之内，就是实际上否认独立于经验的客观世界，也就是取消经验的客观内容。显然这一办法实际上一方

① 列宁：《唯物主义和经验批判主义》，人民出版社 1960 年版，第 154 页。

② 列宁：《唯物主义和经验批判主义》，人民出版社 1960 年版，第 151 页。

面就是否认经验之外有客观世界，这就是说否认有独立于经验的客观世界；另一方面经验之内的“世界”只是“经验的世界”，在这个“世界”中的任何“客观事物”就成为都有主观“反动”作用的事物了。这一办法的实质就是企图把客观变成主观，使任何本来是客观的事物都蒙上一层主观“反动”的作用，而没有这样作用的事物（即真正客观的事物）反而被说成是不存在的了。请注意这和直接否认客观世界的结果是一样的，所不同者欺骗性特别的大而已。欺骗性之所以特别的大，因为杜威仍然可以在主观唯心论的经验范围之内再分“客观”与“主观”。事实上杜威正是这样做的。他的所谓客观事物的工具性，就是以蒙上了主观彩色的事物为材料为基础，去制造某些能够满足主观要求的性能而已。为了保证唯物论地解释经验，我们要坚持有独立于经验而存在的客观世界。否认了这一点也就否认了经验的客观内容，这就是说否认了外面给予人的东西。对于杜威的经验论，我们的问题是，他究竟承认还是不承认有独立于经验而存在的客观世界？如果以下的论点能够充分地证明他根本就否认有独立于经验而存在的客观世界，他的经验论就无疑的是主观唯心论的。

（二）照杜威的说法经验是一个活人对于自然的环境和社会的环境所起的一切交涉。这是一句笼统的话，这要看杜威对环境作如何的解释，他进一步地说：“经验”是地球上的整个的历史，它和这个历史一样的广，一样的深，一样的丰富。他说这个历史包括日月地星山水土木。[①] 这样一来经验这一

① 杜威：《经验与自然》（Dewey：*Experience and Nature*），第8页。

概念扩大了，换成另一概念了。原来只是活人和环境的交涉那样的“经验”已经换作交涉的一切条件及交涉过或交涉着的人和环境这样的“经验”了。没有日月地星山水土木，不能有历史（杜威引詹姆士语），但是杜威说：“如果没有人类对于这些事物的关系和兴趣，没有人类对于这些事物的解说，那么这些事物也就不是历史上的事物了。”①这当然是胡说。在唯物论与经验批判论第一章第四节列宁早就指出：“自然科学肯定地主张：在人类和其他任何生物在地球上未曾存在并且不能存在的状态下，地球就已经存在了。”②这就是说客观物质世界是独立于人类而存在的。它既然独立于人类而存在当然独立于人类的经验而存在。在人类出世以前，日月地星山水土木早就是地球上自然史中的事物了，不管人类对于它们有兴趣也好，没有兴趣也好，有解说也好，没有解说也好。实用主义者也许会说：“杜威所说的是人类的历史，不是自然的历史，他所论的究竟是‘经验，啊！”可是杜威明明白白地说：“‘经验’是地球上的整个的历史”，而这就包括了地球上的自然史和人类史，也只有这样的整个的历史才能够包括日月地星山水土木。在这里我们可以清楚地看出杜威的欺骗手法。他在经验这两个字上偷换概念，把外延小的概念偷换成外延大的概念；他把外延大的“经验”和“历史”等同起来，然后又在历史这两个字上偷换概念，把外延大的概念包括日月地星山水土木在内的——偷换成外延小的概念。通过这样的偷

① 杜威：《经验与自然》，第9页。

② 列宁：《唯物主义和经验批判主义》，第66页。

换，把不能包括在经验范围之内的日月地星山水土木等都包括在“经验”里去了。这样一来，世界就是他所说的“经验”了。这样的“世界”表面上可以无所不包，但是它不是独立于人类的经验而存在的客观物质世界，因此也就不是我们唯物主义者所肯定的世界。这样的“世界”只是“经验”中的“世界”，而这个“世界”中的存在只是被经验而已。这难道还不是主观唯心论吗？

（三）“杜威只肯定没有人类的兴趣，解说日月地星就不是历史上的事物。上面的思想确实混乱；但是假设他所说的历史只是人类的历史，我们还不能就说他错了吧？他没有肯定这些事物在人类历史之外就不存在了。”这里的问题是存在和“经验”的关系问题。对于这样一个问题，在上述的材料中，杜威没有说肯定的话。“经验与自然”是伟大的十月革命以后的书，里面的话是有隐蔽性的；他只是利用他自己和胡适所喜欢的“暗示”给读者“暗示”一下而已。在“经验主义的公设”那篇文章里，杜威说这个公设认为“事物——任何事物——如何就是我们经验它们如何”。[①] 以后他又说从这样的经验主义的公设里，我们不能推出任何的哲学命题来。这句话有一注脚，在这个注脚里杜威说：“自然，除开一些消极的命题，我们可以说有些看法一定是假的。因为这些看法所指的是不存在的东西，那就是说（注意‘那就是说’的意思是等同不只是蕴涵）非‘经验’的东西”。[②] 这个注脚，明白地肯

① 杜威：《达尔文主义对哲学的影响》，第227页。

② 杜威：《达尔文主义对哲学的影响》，第238页。

定了非“经验”就是不存在。当然杜威是鳝鱼一样滑的哲学家,说了那句话之后,他马上又想把分量减轻一些,说关于这类东西(非“经验”的不存在的)的话当作“经验”看是实在的。但是这还是没有肯定非“经验”的东西的实在性,只是肯定了关于它们的话的实在性。我们现在可以把本条所说的和上条结合起来看。因为杜威把历史和“经验”等同起来了,不在历史中的,也就是不在“经验”中的,不在“经验”中的,也就是非“经验”的,不存在的。这不就是说存在就是被“经验”吗?

我们现在又可以把(二)(三)两条和(一)条结合起来看。在第(一)条里我们曾发生过疑问说:杜威的“世界”有自然有社会……应有尽有,好像他的世界和我们所肯定的世界一样。根据(二)(三)两条的论证,我们可以肯定地说:完全不一样。我们唯物主义者所要肯定的是客观物质世界、是独立于人类的经验而存在的世界。杜威所说的“世界”不是这样的世界,按照杜威所说是受了人的“反动”的世界,是主观唯心的世界。这样一个“世界”里的“自然”不是自己如此的自然,只是经过人的“反动”的“自然”。“自然”是这样的,其他应有尽有的东西也莫不是这样的。杜威的主观唯心的经验论和贝克莱的公式“存在就是被感觉”完全是一样的。

(四)但是杜威所主张的“经验”范围非常之广,它无所不包,所以感官活动也在内。杜威自己曾经坚持认识、感觉只是“经验”的一部分,对于事物我们可以喜欢、可以厌恶、可以爱、可以恨、可以享有、可以缺乏,等等,不仅仅是感觉而已。既然没有“经验”之外的事物当然就没有感觉之外的事物了。但是疑难者还是会说,以上只是推论。推论也许不错,但是,直到现在我们还没有具体的直接的材料来证明杜威主张存在只是被感觉。

在经验主义的公设那篇文章里，杜威说："我听见一声音之后就不自在起来。经验地说，那声音是可怕的；它实在是，不只是现象地是，或主观地是。它是通过经验成为那样的……它是风吹窗帘使窗帘碰上窗子的声音"①（重点是杜威加的）。杜威知道了声音的原因之后，他不怕了。但是他的解释是如何的呢？在正常的人，反应只是"我原来搞错了，声音并不可怕"。这个反应的根据是我的听觉经验不就是所听见的声音，前者是我的听官感觉，后者是客观的实在。但是杜威不是这样地解释的。他说："经验变了；那就是，所经验的东西变了——不是非实在变成实在，不是什么超实在（没有经验过的实在）变了，不是真理变了，只是而且仅仅是所经验的具体的实在变了……这个改变是通过认识引起来的所经验的存在的改变。后来的经验的内容（指认识了之后而不怕的经验）并不比前面的经验内容更实在些。"②（重点是我加的。）一个正常的人会说："头一次的声音虽不可怕，然而，我听起来可怕，等到我认识到它是风吹所致，听起来也就不怕了。"杜威则不然，他坚持认识活动把头一次所经验的具体的实在即可怕的声音，改变成为第二次所经验的具体的实在，即不可怕的声音。为什么呢？根本的原因就是他不承认"经验"背后有客观的实在。经验主义的公设那篇文章就是要证

---

① 杜威：《达尔文主义对哲学的影响》，第230页。

② 杜威：《达尔文主义对哲学的影响》，第230页。

明没有独立于感觉经验的实在。专从感觉经验着想,我们的结论依然一样:杜威否认有独立于感觉而存在的客观世界,在他,存在就是被感觉。

(五)以上已经充分地证明了杜威的经验论和感觉论都是主观唯心论的。有一点,我们非着重地说明不可。这一点读者也许会提出。读者也许会说以上的资料似乎是东找一下西寻一下而后得到的。这些寻找出来的地方是不是个别的现象呢? 在这些个别的地方杜威虽然是主观唯心论者,然而总起来说,就他的整个的世界观说,他是不是主观唯心论者呢?这就是本条的问题。我们的回答是杜威是一个彻头彻尾的主观唯心论者,可是同时我们也要指出他也是一个想尽方法隐蔽他的主观唯心论来为帝国主义服务的哲学家。

首先我们不要看不起杜威的经验论,这实在是他的整个世界观的中坚成分,也是他的认识论的最基本的东西。如果他的经验论是主观唯心论的,他的整个的世界观也是。上面所提出的各点并不是个别的现象。但是杜威的经验论的阐述有正面也有反面。上面的例子是从他的正面阐述的文章中引来的。在正面文章里他不愿意有露骨的主观唯心论的论调,所以我们是要做些寻找工作的。在反面阐述的文章里杜威进行了更大的欺骗,我们也要做些分析的工作。

杜威曾说过类似这样的话:哲学要恢复它自己,就得打住讨论哲学家的问题。胡适也提到什么“不了了之”。这是骗人的话。就唯物论和唯心论的斗争这样一个基本问题说,我们知道我们不能以“不了”“了之”的;果然以“不了了之”的方式去“了”这样一个问题,结果就是以唯心的方式参加这一

斗争。有些所谓哲学家的问题杜威的确不那么谈，但是就唯物论和唯心论的斗争说，杜威一直是猛烈地参加的。在他的经验论的反面文章里，他很强烈地表示他反对什么。他虽然一直在反对唯物论，然而他从来没有正式地提出唯物论来反对。他正式提出来反对的是什么呢？

杜威经常在情绪激昂中反对所谓一成不变的实在，或背后的实在或高等的实在，或先存的实在。这种议论到处都有，因此无需乎引证。反对这些都似乎是为了他的经验论，而从他所反对的东西的性质上，我们更可以看出他的经验论的性质。杜威的"经验"笼罩一切，无所不包。他的确是承认量变的，他那"经验"中的事物照他看来是老在运动变化的，所以他反对一成不变的实在。单就一成不变的实在说，否认它似乎有一定的进步意义。他着重"实践"，他认为旧哲学家轻视实践追求一种理性的高等的实在，而这照他看来是不对的，所以他也反对高等的实在。这又似乎有一定的进步意义。但是当他反对背后的实在时，情形就不同；当他反对先存的实在，我们就会觉得完全不对头了。先存的实在是什么呢？上面第(四)条的讨论已经给我们作了准备。那一条所谈的声音，就是先存于听觉经验的实在。所谓先存的实在原来就是独立于我们的感觉和经验的存在。原来杜威所反对的就是独立于我们的意识而存在的客观物质世界！

在这里我们要着重地也许是重复地指出批评各种实在只是杜威的幌子。在这幌子背后的工作就是千方百计不遗余力地否认独立于我们的意识而存在的客观物质世界。这一工作杜威一直在进行。这不是个别的现象，差不多在他的任何文章里面都有批评各种实在的议论。他所反对的表面上是上下古今哲学中的唯心论和实在论。他不是平心静气地批评别人的,在他的批评中他流露出发气的气氛。这实在是猛烈的顽强的斗争。在从前我们是不懂得的。现在我们有了马克思列宁主义哲学这样一个通明透亮的照妖镜,我们才知道杜威对于各种各色的实在的批评只是反对马克思列宁主义,反对辩证唯物论。关键的问题是肯定还是否定独立于我们的意识而存在的客观物质世界。杜威决不能肯定这样的世界,因为这一肯定会引申到一系列的结果,而这些结果都是他所坚决反对的。因此否定这样的世界就成了杜威和其他实用主义者的中心思想、基本命题。有了这一个命题杜威就可以挖真正科学理论的墙根,可以假借拥护科学的名义来进行破坏科学的实际工作。这就是杜威的反动的目的和阴险的手段。这就足以证明他的经验论和他的整个的哲学都是主观唯心论的。

三、庸俗的进化论

达尔文主义公开之后科学与宗教的斗争就展开了。在这以前宗教有力量迫害科学,到了 19 世纪下半叶的英国,宗教已经没有这样的力量了。在这种情况下,斗争是相当的深入和广泛的,因此它的影响也是空前广大的。物种的起源根本不是《圣经》上所说的那一套,教士和教徒都面对着崭新的问题。宗教既不能迫害科学,它如何面对科学呢?美国的教徒同样地有这一问题。胡适曾提到屋莱特到英国去拜访达尔文。威尔斯论实用主义的书里曾举了一些当时的人所想出的

某些办法。这些办法太幼稚，骗不了人。屋莱特本人的主张就是回到贝克莱和休谟的主观唯心论，从根本上否认客观物质世界，同时也否认必然。这二者既经否认，科学的理论基础也就取消，而科学所发现的规律也就没有根据。哈佛大学玄学俱乐部的人就这样来对付达尔文主义。实用主义就是根据或围绕这两个基本观点而生长起来的。杜威和胡适都曾把实用主义吹嘘成为达尔文主义影响之下的哲学上的大革命。这是骗人的话，事实上实用主义是达尔文主义影响之下的哲学上的反动。但是屋莱特等的这样一个反动还不能满足杜威。

（一）杜威自己是如何处理达尔文主义的呢？杜威出生的那一年也是《物种起源》那本书出版的那一年。他生出来就碰到进化论。等到成人的时候进化论的锋芒已经比较迟钝了。杜威这样一个不择手段的工具论者很快地就把进化论当作工具来达到他自己的目的。首先杜威把达尔文主义和达尔文混淆起来。混淆了之后他就利用达尔文自己认为他不涉及神学这一点来证明达尔文主义和神学并不冲突，①发生冲突的是科学和哲学，那其实就是说科学和实用主义除外的其他的哲学。杜威给人的印象是实用主义是吸收了达尔文主义的原理和方法的，因此也是和科学没有冲突的。其实实用主义只是披上了一些达尔文主义的外衣而已。杜威自己曾吹嘘他的哲学是吸收了近代“科学”的。他所特别注意的是什么科学呢？照他自己说就是“生物心理和社会科学”。马克思早就指出资产阶级的经济学从1830年后已经成为资本主义的

① 杜威：《达尔文主义对哲学的影响》，第2页。

辩护工具,已经不是什么科学了,其余的资产阶级的社会科学也不能例外。至于“心理学”,实用主义者有詹姆士和杜威自己所研究出来的心理学。这个心理学的基础就是主观唯心论的。从这样的心理学去吸收任何哲学上的东西只是以主观唯心论去论证主观唯心论而已。但是“社会科学”和“心理学”都是关于“人”的科学。它们和物理化学接不上。杜威所需要的是物理化学到“生活心灵和政治”的桥梁。这个桥梁就是生物学。他所说的生物学当然不是什么科学,而是彻头彻尾的庸俗进化论,社会达尔文主义。在这里主要的反动思想是只有量变没有质变,由生物学到社会科学,牵扯到这一思想。这一思想的具体表现,就是人和动植物只有程度上的差别没有本质上的不同。这样的思想是反科学的,它是为帝国主义服务的形而上学的思想。这样的思想使得杜威好像有根据似的把他所固有的一些思想披上了“科学”的外衣来欺骗他的读众。在这里,我们要着重地指出“进化论”只是杜威的实用主义的外衣,骨子里的思想依然是主观唯心论的经验论,认识论上的反理性论和盲目行动主义。从主观唯心的经验论必然地导致到否认客观必然的规律,在没有必然规律的环境里,人们只能应付。在应付没有必然规律的环境中,人们只能个别地,一点一滴地解决个别的问题;而在一点一滴地解决问题时,既没有真正的科学来指导,就只有依靠宗教。因此,这里所提出的庸俗进化论,并不是插在经验论和认识论当中的一段,它本身就是世界观的不可分割的一部分。下面我们要揭露杜威如何利用“进化论”来反对必然,来主张一点一滴地应付环境,来偷运宗教。这些东西是和杜威的认识论密切地

联在一块的。有些东西在下一节还要提出，另外一些东西在下一节就不再提出了。

（二）上面已经提到杜威只承认人和动物有程度上的差别，不承认它们之间的本质上的不同。动植物虽有各种不同的适应环境的能力，然而终究不能掌握天然选择或天然淘汰。按照杜威所说人的生活基本上是危险的，和动植物的生活基本上是差不多的。杜威说："存在的一个特征……就是不稳定和险恶……人发现他自己是生在一个赌博性的世界中；他的存在，说的不好听，就是一个赌博。这个世界是一个冒险的场所，它是不确定的，不稳定的，可怕的不稳定。它的危险性是不规则的，无常的，不知道什么时候什么季节就会发生……瘟疫、饥饿、疾病、死亡，战争的失败是随时随地就会碰上的。"①这和胡适的"五鬼"是差不多的。杜威说从最初的人到现在，这种情况基本上没有改变。② 把人和动植物等量齐观后，人的存在就是这样。但是这只是形容"人"的生活情况而已。杜威如何理解他所形容的情况呢？

在"达尔文主义与哲学"那篇文章里，杜威引用了他的老办法，他把上下古今的思想批评了一通。批评的对象似乎是一成不变的实在论，从希腊哲学开始的目的论，基督教的计划论。这是杜威所特有哲学上的烟幕。他所反对的究竟是什么呢？杜威引用了达尔文一句话说："把这个大而惊奇的宇宙，包括能够远远地向前看和向后看的人类的宇宙，当作必然或

---

① 杜威：《经验与自然》，第41页。

② 杜威：《经验与自然》，第43页。

盲目的偶然的结果看是不能思议的。”①这句话非常之重要。杜威本来就反对必然,他本来也不是一个完全的偶然论者,他早已把达尔文所说的话和达尔文主义的内容等同起来了;有了这一句话之后,他反对必然就似乎得到了“达尔文主义”的许可,似乎得到了“科学”的根据了。他给听众和读者的印象就是“进化论”反对必然。在整篇文章中,他所真正反对的就是一般和必然,其实就是一般的必然的规律。“世界”既然是没有一般的必然的规律的,它当然就成为上段所说的不确定的、可怕地不稳定的、危险的“世界”了。动植物的环境对于动植物是危险的,人的“世界”对于人也一样是危险的。这和我们马克思主义者的哲学是根本对立的。我们必须坚持有独立于我们的客观物质世界,而且坚持这个客观世界是有客观的必然的规律的。我们可以认识客观的必然的规律,而且通过我们的正确的认识,我们可以改造世界。因此世界根本就不是什么不确定的危险的。否认客观世界的必然规律,也就只是企图取消科学、维护宗教而已。

(三)但是杜威使人相信这个“世界”是没有必然规律的,是危险的、不确定的。在这样的“世界”人们如何生活呢?人们的生活总括起来要如何来形容呢?杜威一只眼看美国资产阶级的生活,另一只眼又看动植物。动植物是要适合它们的生活条件的。资产阶级的生活也是个别地应付他们的环境的。社会达尔文主义者总是要把关于生物的学说硬搬到社会上来的。在19世纪的下半叶里,人与人间的“优”胜“劣”败,

① 杜威:《达尔文主义对哲学的影响》,第13页。

"适者"生存这样的反动思想是非常之流行的。应付环境的成败、对资产阶级、小资产阶级，尤其是"白领子的奴隶"说，确实是非同小可的；就最后所说的这一阶层说也许直接影响到第二天的衣食。在我们中国现在这样的社会里，环境愈来愈为我们自己所掌握，我们不感觉有应付环境的需要，而事实上也没有这样的需要。在资本主义社会里，这是大多数上述阶级和阶层的人所有的严重问题。但是这一问题根本就不是生物学的问题。把它当作生物学问题看待，就是歪曲事实。杜威既把人和动植物的本质上的差别抹杀，既然把关于动植物的进化论引用到社会上来，他当然不会在这些点上打住，他一定要把动植物适合生活条件的基本情况搬到人们应付环境的活动上来。这一基本情况就是动植物不能从根本上改变它们的生活条件。这就牵扯到一个根本问题：人类是否能从根本上改造他们的环境呢？把动植物的情况引用到社会上来，这个答案已经限制到否定这一面了。而这又牵扯到一点一滴的进步。

（四）一点一滴的进步是杜威哲学中一个重要点。它也是杜威哲学里所不能没有的。杜威所宣传的那样的"世界"是没有必然的规律的，而在那个"世界"里人们要应付环境。在应付环境的过程中，人们在一步一步地摸索；在一步一步地摸索中，他们只能一点一滴地解决问题，这就是一点一滴地前进。为什么他把这样的思想和进化论联系起来呢？一般地说，他要使他的假科学披上像样的外衣。但是他的具体的目的在什么地方呢？19世纪的反动的资产阶级哲学家黑格尔要人们往后看，杜威简直要人们往动植物那一方面看。他要人们得出这样的结论:动植物(不包括人类的动物)既不能从根本上改变它们的生活条件,人类也不能从根本上改造他们的"世界"。在这一条件下,一点一滴的进步就是一点一滴的改良,而根本的革命就被排除出去了。许多同志都已经指出这种改良主义的极端反动性。我们是不反对改良的。在革命成功之前,我们需要改良,把我们的工作从各方面改良,我们可以聚集力量,准备条件,使我们能够更成功地进行革命。在革命成功之后,我们也要改良;如果我们改良我们的工作,我们可以更成功地巩固我们的革命。我们反对改良主义,反对把改良来代替革命,推延革命。在今天,这样的改良主义只是为帝国主义的血腥统治服务的。杜威的改良主义尽管披上进化论的外衣是欺骗不了马克思主义者的。

(五)在第(二)条所引的达尔文那句话里不但提到宇宙不是必然的结果,而且也说它不是盲目的偶然的结果。这就是说应付环境和一点一滴地解决问题是有可能的。这牵扯到认识论。关于认识论的某些问题下一节要提出。杜威既然反对必然,又要求人们应付环境,一点一滴地解决问题。在这样的活动中,他要求人们保持什么样的态度呢?他否认了客观的世界和必然的规律之后,当然不能有真正的科学的态度。他之所以否认客观世界和必然的规律,正是为了保持宗教的态度,破坏科学、保存宗教是帝国主义的哲学的两个方面,它们是二而一的东西。杜威既然利用了"进化论"来破坏科学,当然也要利用"进化论"来建立他的宗教。本文不着重谈宗教,但是我们要提出以下两点。

一点一滴地解决问题牵扯到把一些现实的可能转变成为

合乎人们的要求的可能的现实。杜威说当前的现实是以后的可能的条件，而以后的可能是当前的现实的结果。就一时一地的具体情况说，该时该地的可能就是该时该地的人的理想。理想和可能是等同的。① 现实和理想的积极关系是什么呢？这就是杜威的"上帝"。② 这个"上帝"非常之巧妙。它和基督教传统的"上帝"差不多，它无所不在，也无所不能。它无所不在，因为按照杜威的说法应付环境是普遍的事体，而在应付环境中，在现实的手段和所要现实的目的间，它就已经在那里了。更重要的是它无所不能，应付环境可能成功，也可能失败。假如成功的话，手段和目的之间当然是有积极关系的，这就是说"上帝"帮助你成功。假如失败呢？失败是从应付者的观点说的，应付虽然失败，然而就手段与目的说，就现实与理想说，难道它们之间就没有积极关系了吗？这关系依然是积极的。结果是"上帝"不让你成功而已。无论应付环境是成功还是失败，"上帝"总在起作用。但是问题是对于失败，杜威要求人们以什么样的态度去对付呢？一句话，逆来顺受，甘心情愿地服从；这就是说在应付环境中在一点一滴地解决问题中，杜威要求人们保持宗教的甘心情愿地服从的态度。

在成功和失败中起作用的不只是应付环境的人的努力而已，还有看不见的力量。这种看不见的力量据说不但是人们所不能支配的力量，而且是支配人们看得见的力量的力量。③"世界"的不确定性和危险性，就是这种力量所致。对于这样

① 杜威：《确定性的追求》，第 299 页。

② 威尔斯：《实用主义：帝国主义哲学》，第 185 页。

③ 杜威：《经验与自然》，第 43 页。

的力量,人们怎么办呢?这也只有逆来顺受,甘心情愿地服从。问题是这个看不见的力量是什么呢?除了"不确定"和"危险"外,杜威还用了许许多多害怕的字眼来形容他所谈的"世界"。但是分析地说,可怕的力量依然可以归纳为"命"、"运气"、"偶然"、"神的照顾"。① 杜威举的例子少,但是他所举的例子中,就有收入的变更这样一件事。② 收入的变更也就成为看不见的力量所致!我们当然要问失业是不是看不见的力量所致呢?这就非常之清楚。杜威要人们甘心情愿地服从看不见的力量,但是这个抽象名词的具体内容就是现存的社会经济制度。原来杜威要人们甘心情愿服从的就是美国的社会经济制度,而这就是他所说的宗教的具体内容。原来他的"上帝"是用这个力量来使人们成功或失败的。反对必然的规律不但可以给真正的科学理论挖墙根,而且通过杜威式的宗教可以教人们甘心情愿地服从资本主义的社会经济制度。科学工作者梦想不到帝国主义垄断资本的哲学家可以披上达尔文主义的外衣来宣传宗教。杜威的庸俗进化论就是一种社会达尔文主义,这是我们应该详细地批判的。本文只作简单的批判。在上一节我们证明了杜威的经验论是主观唯心论的,他所说的"世界"是主观唯心论的和"经验"等同了起来的"世界"。在本节我们提出在这样一个"世界"里,杜威根本就不承认有客观必然的规律,人们的生活就是应付环境,而在应付环境中,人们不能够从根本上改造他们的"世界",只能

① 威尔斯:《实用主义:帝国主义哲学》,第181页。

② 威尔斯:《实用主义:帝国主义哲学》,第179页。

一点一滴地前进。这些都是认识论的最基本的东西。在杜威的哲学中这些东西是他的认识论中起决定性作用的条件。他的反理性论就要靠这些东西。杜威的认识论，从表面上看来，是和其他资产阶级主观唯心论哲学的认识论是迥然不同的。但是杜威的认识论虽然披上了进化论的外衣，然而剥掉它的外衣，它仍然是贝克莱、休谟、马赫的主观唯心论的认识论。

四、认识上的反理性论

（一）正确的认识论是辩证唯物主义的反映论。这个反映论坚决地肯定有独立于我们的意识而存在的客观物质世界。否认这一点根本就谈不上什么认识论。物质是第一性的，精神是第二性的，存在是第一性的，思维是第二性的。任何公开的或隐蔽的，把物质降低到第二性或把精神提高到第一性的企图都是我们所要坚决反对的。客观事物是我们可以认识的，任何把客观事物说成是不可知的企图也是我们所坚决反对的。为什么我们要重复地肯定这些特点呢？因为在帝国主义时代，在资产阶级垂死挣扎的时代，为这一阶级服务的哲学家大都不公开地反对反映论，他们也不必反对所有以上的特点。我们要知道否认以上任何一特点的认识论都不可能是辩证唯物主义的反映论。

辩证唯物主义的反映论认为认识是客观世界的反映，正确的认识就是客观世界在我们头脑中的正确的反映。认识起源于实践而又回到实践，它有感性阶段，有理性阶段。这两个阶段是不同的。但是在认识运动中，在实践中，它们又是辩证地统一的。感性认识只反映了事物的现象、事物的片面、事物的外部的联系，理性认识才反映了事物的本质、它们的全面、它们的内部联系。忽略了感性认识的认识论不是辩证唯物主义的反映论，它忽略了生动的直观，因此是不正确的。忽略了理性认识的认识论也不是辩证唯物主义的反映论。它忽略了科学的抽象，因此也是不正确的。和我们反映论对立的不限于这里所说的不正确的认识论，但是这种不正确的认识论确实是和我们的反映论根本对立的。

认识是要深入到事物的本质，事物的规律的。我们要在实事中去求是，因为我们要根据我们所得的"是"，去变革现实改造世界，并且通过世界的改造来改造自己。我们要把整个的世界建设成为社会主义和共产主义的世界，也要把我们自己改造成为有社会主义和共产主义品质的人。这样崇高的目的并不是空想出来的，它是根据于社会发展的必然规律的，所以不但我们的行动是有目的的，而且我们的行为是理性的。我们的行为之所以是理性的，因为我们是根据实事中所得的"是"来明确我们的目的，提出我们的任务，决定我们的行动的。能够得到这样的结果的认识才是理性的认识。这样的认识在发展上有深度和广度的加强，然而在本质上仍然一样。阐明这样的认识的理论才是理性的认识论。我们在这里提出这样的问题，因为资产阶级哲学家尤其是实用主义者所提出的认识论就是反理性的。这种反理性的认识论的思想根源就是主观唯心论，它的社会根源就是资产阶级在垂死挣扎中的斗争。

杜威的认识论是和反映论根本对立的。为了反对反映论，他捏造出旨在取消认识的认识论。首先他就根本不承认有独立于我们的意识而存在的客观物质世界，因此也没有上一条所说的真正的反映问题，更没有正确地反映问题。他虽然也谈到事物，事物过程，自然，等等，然而这些都是他的"经验"所笼罩的；这就是说，他所谈的事物是"经验"中的事物，事物过程只是"经验"中的事物过程，自然只是"经验"中的自然。"经验"既是人的"经验"，既是有意识的"经验"，在"经验"笼罩之下的东西也就是在意识或精神或思维——不管用什么名称——笼罩之下的东西。这就是精神第一或思维第一的世界观，也就是精神第一或思维第一的认识论。这就是本条第一段所提出的基本特点的问题。在本文第一节里我们曾说杜威的经验论是杜威的认识论的最基本最本质的东西。主观唯心论的经验论也就是主观唯心论的认识论。这是我们所要坚决反对的反动的认识论。

（二）究竟什么样的事情杜威认为是认识呢？杜威本人的抽象公式就是所谓"五步"或胡适把它简单化了的三步的认识。这一点同志们批判得相当多了。本文不打算再从这一方面来批判。所谓三步就是胡适所说的困难、思想、动作。杜威认为没有困难、思想、动作，就没有认识。照他的说法，假如我们只停留在感官所得的多种多样性上面，我们可以有很多不同的"经验"，例如欣赏、享有、喜爱、仇恨等。可是如果没有需要、困难、目的，就不会有思想，也不会有根据思想的行动。有这三步的过程才是认识。但是这是抽象的公式。如果我们从美国那样的资本主义社会里去找最流行的最一般的事情作为这一公式的具体内容，这个具体内容就是应付环境。

把应付环境抽象化之后就有上述的三步的认识。我们现在举一杜威所举的例。我们只举这个例的要点，不从原文翻译。一个人在12点20分还在纽约的第16街。但是他要在一点钟到达124街的某处（第16街和第124街的距离约10英里）。他原来到达第16街时所坐的地面电车走了一个钟头，坐地面电车回去显然是赶不上的。他想到坐地道车，但是车站近不近呢？如果不近的话，他找车站也许就会花上20分钟。他又想到空中列车，隔两条街就有。但是车站在哪里呢？假如车站远的话，他也许耗费时间，而不是节省时间。他又回想到地道车，地道车的快车要比空中列车快，并且在124街下车的地道车站离目的地比空中列车车站来得近，所以下车后的路要近些，可以省时间。他的结论是挑选地道车。结果他在一点钟到达了他的目的地。①

这个例是典型的例。它有目的，有不同的想法（假设），有达到目的的行动。这一行动是满意的，因为目的完全达到。杜威在这里是把这个例当作思想的例提出来的，但是他也不能否认它同时是一个认识的例。这样的认识究竟是什么样的事情呢？显然它就是应付环境。在杜威的心目中，所谓认识就是应付环境这类的事情。应付环境当然需要认识，但是应付环境本身不就是认识，不就能作为认识来看待。

（三）把认识限制到应付环境的认识论是非常之荒谬的。这样一个认识论没有理性认识的地位。理性认识是反映客观

① 赖特勒：《杜威的哲学》，第170页。

事物底本质、它们的全面、它们的内部联系的。照杜威的说法，认识所追求的是事物的工具性。在工具性这一点上杜威又在搞鱼目混珠的把戏。他把“工具”性说成是本质属性，好像他所说的认识也是揭发事物的本质属性似的。在上述的例中，坐地道车是有某一工具性的，但是我们从什么地方找出本质属性的气味来呢？我们要从以下两点来揭露杜威的欺骗性：首先杜威根本不能够主张认识是客观事物的本质，客观事物的规律的反映，因为他根本就不承认有独立于我们的意识之外的客观事物，也不承认有客观事物的必然的规律。不承认客观事物也就无法把工具性解释成客观事物的本质属性。事实上这种工具性只是临时的，人们在应付环境中把某一事物当作工具去达到他的目的时该事物才有的工具性。把一根“首都”安全火柴用在挖耳上，它的确因此有工具性，但是把这个工具性说成是本质属性，那只是歪曲而已。客观事物的本质属性是可以成为我们的工具的。也只有客观事物的本质属性才是真正的靠得住的工具性。杜威的认识论中所强调的工具性根本就不是客观事物的本质属性，把这样的工具性说成是客观事物的本质属性就是欺骗。

其次，杜威根本不愿意人们去追求客观事物的本质，客观事物的规律。认识不都是有阶级性的，但是就某些部门说，认识的阶级性是起决定性作用的。对于社会，资产阶级需要人们把认识限制到现象上，无产阶级要求把认识深入到本质里去。资产阶级的认识论和无产阶级的认识论是根本对立的。资产阶级的哲学家总是千方百计地把认识限制到现象上去。

从贝克莱、休谟、康德一直到杜威、罗素以及他们的年轻徒子徒孙充分地证明了这一点。显而易见，如果人们的认识不停留在社会的现象上而深入到本质里去，他们就会认识社会的发展规律，就会认识到资本主义社会的必然灭亡，社会主义社会的必然胜利。把认识深入到客观事物的本质、探求出客观事物的规律，恰恰是无产阶级所要求的，也恰恰是资产阶级所害怕的。作为帝国主义的哲学家，杜威当然不能例外。但是杜威的欺骗性比别人的要大些。他把应付环境当作认识，把工具性当作本质属性，使他的读者感觉到就在他们应付环境当中他们同时也就进行了合乎“科学”的认识活动。在上述的例中那个因赶地道车而达到目的的人流露了自豪情绪。这种欺骗是不能容忍的。特别是胡适把这种不追求本质不追求规律的认识论带到中国之后，起了很大的反动作用和破坏作用。我们反对这种所谓“认识论”，但是要彻底地肃清这种“认识论”的影响，我们只有深入地钻研辩证唯物主义的反映论。

（四）杜威的认识论是没有真假的标准的。同志们也许想到他既然否认了独立于我们的意识而存在的客观物质世界，他就不能有主观和客观的符合问题，当然就不能有真正的真假标准。不错，杜威没有这样的标准，他也不愿有这样的标准。有了这样的标准，就是承认客观真理，资产阶级的哲学家就是要否认客观真理的。在真理论上他们总要虚构出标准来。有的把真理解释作经验的调和性，有的把它解释成命题或判断彼此间的一致性。实用主义把真理解释成有效性。杜威不只是说真理有效而已，而且是说“真理”就是有效，或“真

理”的性质就是有效。[1] 但是有效无效的标准在哪里呢？这就是看满足要求与否或解决困难与否。在前面所举的例中“坐地道车可以在40分钟内从第16街赶到124街去”就是这样的“真理”。这一命题在原例中是两个想法之一，那个赶车的人挑选了这个命题，作为“假设”，而按照这一“假设”所进行的行动是有效的，是达到了目的的，所以这一“假设”，就成为“真理”。杜威把拉丁文中“证实”一字解释成“作成”。[2] 其实这就是制造。按照杜威所说，在应付环境中人们是不断地在制造上面所说的这样的“真理”的。

在讨论认识论过程中杜威经常引用“试验”这样一个字眼。但是在大多数应付环境中经常是没有试验的。仍以那个赶车人为例。在采取行动以前他的确盘算了一下，在两个不同的想法中他挑选了一个；但是他没有试验，只有赌博。他挑选了一个想法之后，就孤注一掷行动起来。他的兴趣只在到达目的地，而不在什么样的交通工具**经常地**可以使一个人在40分钟之内能够从第16街到达124街的目的地。假如他对后一点有兴趣的话，他就会再试几次看看头一次的成功是否偶然。他既没有试验，他就无法肯定或否定头一次的成功是必然的结果还是偶然的结果。偶然的成功也就是偶然地达到目的。一个假设偶然地有效，在杜威的认识论中是可以经常地被承认为“真理”的。那个迷失在山中的人的例有同样的情形。那个人有如何回家的想法，可是没有试验，他只是按照

---

① 赖特勒：《杜威的哲学》，第213页。

② 赖特勒：《杜威的哲学》，第198页。

他的想法试行而已，他的目的是回家，他的兴趣在回家，而不在研究一条可以回家的道路供他自己或别人的将来用处。他所遵循的道路只是他个人在那个别的环境中应付个别的需要而引用的办法。杜威把这个办法视为“真理”，事过境迁，这个办法当然就不是“真理”了。这里的分析是很烦琐的，它的目的是要证明杜威的所谓“真理”只是应付环境中的得过且过，而得过且过中的“过”是应付环境的人事前不知道它能过，事后也不知道它所以能过的确切理由的。应付环境的办法是没有确切的标准的，把它当作“真理”所谓真假也是没有标准的。

（五）上面已经提到制造“真理”了。这个制造真理的说法和制造“实在”是分不开的。在本文第二节里我们已经提出杜威反对先存的实在，我们已经指出他所谓先存的实在也就是独立于我们的意识而存在的客观事物。在那一节里我们也已经指出在一个具体的例子上否认先存的实在也就否认了某种具体的东西。现在我们要指出否认先存的实在也就是制造现存的实在；而这也就是说认识是没有对象的，它只有过程和终点，等到在一过程中“实在”已经制造出来，这一过程已经达到了它的终点。杜威说：“两条平行线看起来是接头的，它们‘真正地’是平行的（引号是杜威本来有的）。如果东西如何如何只是被经验为如何如何而已的话，我们怎么能够分别错觉与真实情况呢？”①接着他讨论了这个问题，结论是头一经验（平行线接头）和后一经验（平行线平行）都是“实在”

① 杜威：《达尔文主义对哲学的影响》，第234页。

的，不过是通过认识第二个经验把头一个“改良”了而已。杜威把经验和所经验的东西等同起来，所以上面的结论就是认识把平行线接头这一“实在”“改良”成为平行线平行这一“实在”了。① 他用“改良”这一字眼，意思仍然是制造。为什么有这样一套议论呢？问题本来是很简单的。客观事物就是平行的铁轨。客观事物在第一次和第二次的“感觉”、“经验”中都是平行的铁轨，否认头一次是错觉也就否认了第二次感觉中的事物的客观性。但是杜威不承认有独立于我们的意识而存在的客观事物，他只好把错觉和真正的感觉都当作“实在”，而在这种情况下，他就好让认识来“改良”或制造“实在”。杜威否认了先存的实在就给他一个机会使他能够把认识说成是制造现存的实在。这就是说认识什么，就是制造什么。否认先存的实在同时也就否认了认识的对象。因为认识的对象是先于认识而存在的，不是认识所制造的。否认了先存的实在之后，无论认识制造什么，它都是没有对象的。杜威的认识论是取消认识的认识论。

（六）杜威在认识论上是完全反理性的。我们要看看他所赞成的是什么，反对的是什么。他所赞成的东西有人译成灵敏，我们在这里把这个东西译成机智性。杜威说：“认识了的东西是我们对它施行了手术而存在的，不是和我们的思想或观察相符合的先存的实在。我们要把这些手术叫做机智性……一个认识的对象的价值是依赖于用到这个对象上去的机智性的……我们要记得机智性意味着在改变条件方面实际

---

① 杜威：《达尔文主义对哲学的影响》，第 235 页。

上施行了的手术、包括思想所给予的一切指导。”[1]这些话是非常之费解的，但是我们没有办法去避免它。杜威要用机智性来代替理性。在杜威心目中，理性是和必然性、一般性……在一起的。[2] 机智性就不同了。它是和挑选及安排手段去达到目的分不开的。杜威认为一个人机智不是因为他有理性而是因为他对情况可以作估计并且可以按照估计去行动。[3] 杜威所赞成的是机智性，他所反对的是理性。这就是杜威自己的口供。

本节揭露了杜威的认识论是主观唯心论的，和我们的反映论是基本对立的，它是没有理性认识的，没有真假标准的，没有认识对象的反理性的认识论。这是取消认识的认识论，这是破坏科学的认识论。对无产阶级说，科学是头等重要的事情，因为改造世界是按照科学而进行的。正确的认识是行动的正确的指南。杜威教人如何行动呢？我们要记住杜威的认识论就是他的行动论，在他认识就是行动。因此，反理性的认识论就是盲目行动主义。

五、盲目行动主义

在《唯物论与经验批判论》里（第 305 页），列宁不但指出实用主义宣扬经验，仅仅宣扬经验，而且指出它是为着实践，也仅仅是为着实践的哲学。实用主义本来就是行动的哲学。

---

① 杜威：《确定性的追求》，第 231 页。

② 杜威：《确定性的追求》，第 200 页。

③ 杜威：《确定性的追求》，第 212 页。

世界观总是行动的指南。一般的资产阶级哲学家固然要求他们的“理论”和统治阶级的利益相结合,但是为了这一目的,他们制造了理论与行动脱节的哲学。杜威就不同了。他不只是要求他的哲学和统治阶级的利益相结合,而且他要求“理论”与行动密切地相结合。在这一点上杜威是有绝大的阴谋的。他把行动也纳入主观唯心论。这样一来,他的主观唯心论是彻头彻尾的。此所以他不单从感觉上来继承主观唯心论,而且从包罗万象的“经验”上来继承主观唯心论。杜威所说的一般的行动是有两层唯心论的。在第二节第(一)条里,我们已经指出杜威在他所说的无所不包的“经验”范围之内,再分“主观”与“客观”。他所说的一般的行动,包括本能的和习惯的活动在内的行动,是“经验”,所以它穿上了主观唯心论的外套。有意识的行动是“认识”的继续。“认识”不就是一般的“经验”,它是在一般的“经验”之上进行的。它制造了许多“实在”和“真理”,而这些“实在”和“真理”又发展为有意识的行动。所以有意识的行动还穿上了主观唯心论的内衣。在本节我们要揭露杜威所说的有意识的行动的一般的性质,然后指出它的具体的阶级内容。

(一)杜威所说的有意识的行动就是目的(或困难)和思想的继续。它是认识过程的结束、终点。他所说的思想是延缓了的反应,也就是延缓了的行动。没有延缓作用的行动,例如有机体的本能活动,或人们所习惯的活动,虽然是“经验”,然而不是“认识”。这种活动在没有引起困难时,不在认识范围之内,而引起困难之后,就会引起“认识”过程。有意识的行动既是思想认识过程的继续,杜威的认识论也就是行动论

(行动两字以后限制到有意识的行动)。因此认识的性质也就是行动的性质。杜威所说的认识过程是反理性的,他所说的"行动"也是反理性的,因此是盲目的。这里所说的盲目性和有无目的是两回事。待兔是守株的目的,然而守株待兔仍然是盲目的行动。这里所说的盲目性和杜威本人行动有无目的,更是不同的问题。杜威的目的再清楚也没有。他反对马克思列宁主义,为帝国主义服务。所以尽管如此,实用主义所论说的行动依然是盲目的。

在上节的讨论中有一点我们没有讨论,而就行动说,这一点是非常之重要的。在上节我们只提到目的(或困难)、思想、行动,没有提到思想是从哪里来的。思想是从哪里来的呢?这也就是问挑选出来的那一假设是从哪里来的呢?而这也就是问试行那一假设的行动是从哪里来的呢?这牵扯到从前的"认识"。照杜威看来,一个人的从前的认识为他制造了好些"真理"。在这一点上杜威和他的先生詹姆士、他的学生胡适都是着重以往所得的"真理"的。每一个人都有一个这样的"真理"仓库。遇到困难时一个人就到这仓库里去挑选"真理"。有适合于当前困难的"真理",挑选得快就是"暗示涌上来"。一时找不到适合于当前困难的"真理",挑选得慢,也许就要搔头抓耳了。这就是"思想"的来源,也就是假设的来源,也就是行动的来源。

我们要分析一下这个来源。首先我们要注意这里所说的"真理"。它根本就不是真理,它只是从前应付环境的办法。它根本就不反映客观事物与规律,当然就不是客观真理。它不是绝对真理,因为它不是客观真理,它只是相对于一时一地

的个别困难的。它也不是相对真理，因为一方面它根本就不是客观真理，而相对真理是客观真理；另一方面，与它相对的是目的不是问题。例如迷失在山中的人也许在东奔西走、横冲直撞之后终于回家了，他确实有了回家这一目的行动，因此照杜威的说法，他制造了"真理"。但是他究竟如何回家的呢？回家这一问题究竟是怎样解决的呢？他自己不一定有明确的见解。以上是这些"真理"的性质。其次就是挑选这些"真理"的标准。杜威所说的困难是针对于目的而产生的，在本能的活动受到阻碍时，习惯的活动受到非习惯的遭遇时，就个人的要求、愿望、意志说，困难就产生了。挑选什么样的"真理"就要看个人的要求、愿望、意志而定。挑选的标准依然是达到目的与否；达到目的就是有效，也就是"真"，不然就是无效，也就是"假"。实用主义者根本就没有客观的标准。其次是困难大而仓库不能供应时，怎么办呢？有这种情况下，杜威要求冒险，要求大胆的假设、要冒险，因为假设是没有保障的，要求按照这个假设小小心心地前进。但是尽管小心，然而仍要一不做二不休。詹姆士是这样要求的，杜威并无二致。① 坚持下去是会有困难的，并不回头，只在新的困难上又来一次同样的认识活动。

以上已经论证了杜威的行动论是盲目行动主义。杜威的哲学是行动的哲学。他的盲目行动主义是他的主观唯心的经验论，庸俗进化论，反理性的认识论所申引出来的。但是就现实意义说，杜威的盲目行动主义是他的哲学的主要方面。在

---

① 《胡适文存》二集，第254页。

以下两条中，我们要提出他的哲学的具体的阶级内容。但是在讨论这样一个问题之前我们要指出一点：资产阶级的哲学是要隐蔽它的阶级性的。它是抽象的公式，在形式上它是一套抽象的道理，而在实质上它是有具体的阶级内容的。实用主义是帝国主义垄断资本家的哲学，它是为巩固帝国主义时代的资产阶级专政服务的。为了达到这一目的，它要教统治阶级如何统治，也要教被统治者如何接受统治，因此一方面它是帝国主义的垄断资本家的行动的指南，另一方面它也是麻痹广大劳动人民的意识思想，削弱他们的斗争意志的工具。我们要分两方面来谈这一问题。

（二）杜威这样的行动哲学是怎样企图麻痹广大的劳动人民的呢？一般没有掌握马克思列宁主义武器的读者会感觉到杜威的中心思想只是下面这些而已。“世界”是不确定的，危险的，也是不能从根本上改变的；但是它又是一点一滴地进化的；人们是有解决困难问题的能力的，生活是可以慢慢地改善的。这样的思想，就在帝国主义时代，也还是容易在美国宣传的。在本文第一节里，我们已经指出美国一般的资产阶级思想的传播已经为杜威的哲学铺平了道路。在美国的实际生活中，这种哲学曾经是有它的市场的。

生活没有保障是非常之普遍的事实。有觉悟的产业工人和一些先进人士知道这样的事实是资本主义社会根本矛盾的必然结果，是社会经济制的产物，而不是什么世界的不确定性或危险性。但是，就大多数的城乡小资产阶级，大小商店的店员，办公室的员工（“白领子的奴隶”）说，生活无保障这样的事实是不容易理解的。先进的理论不容易到达他们，因为整

个的宣传机器都掌握在资产阶级手中。资产阶级的思想好像空气中的微尘一样无孔不入；而他们所宣传的仍然是个人主义、“平等”主义，谋生是个人的问题，个人的问题是要个人努力才能解决的，开动脑筋，任何东西都可以被利用来达到发财致富的目的。在这样的资产阶级思想朝夕进攻的情况下，生活没有保障这样的事实，就被宣传为一方面是世界的性质问题，另一方面又是个人的环境，个人的应付能力的问题。社会达尔文主义的“优胜劣败、适者生存”的思想在杜威以前早已为斯宾塞尔所传播，早已得到了广泛的宣传。人的应付环境和动植物的适应环境似乎并无二致，而就世界的性质说，杜威所捏造出来的不确定性和危险性就显得好像并不是捏造的了。

19 世纪初期美国所有的“机会均等”，这就是说，“人人都可以有做资本家的机会”，在南北战争以后早已被固有的资本家所固定所占有所封闭了。同时在资产阶级中间大鱼吃小鱼的现象也愈来愈广泛地出现。70 年代以后的经济危机愈来愈大，而 1929 年的经济危机更是空前。客观的情况早已不是从前的了。个人谋生问题早已不是个人单独地努力所能解决的了。尽管如此，美国的资产阶级依然宣传他们的腐朽思想。同时技术上的发明使得宣传工具多种多样化，一年四季从早到晚都在进行宣传。所谓“美国的生活方式”就是这种腐朽思想的集中表现。这个“生活方式”是在美国的电影里，在广播里，有报纸的报道里，在戏剧里，在大多数的小说里不断地被宣传着。这个生活方式要求人们把精力集中到个人生活中的琐碎问题上去，集中到庸俗的事务上去，在幼稚的事情上去做个人英雄,在无聊的事情上去创造世界纪录。这就是麻痹广大的劳动人民的手段,而杜威的行动哲学——他那无理性认识来指导的盲目行动的哲学——只是补充了资产阶级早已宣传了的先入之见而已。

目的在哪里呢?目的就是要把广大的劳动人民引入歧途,不让他们研究、理解和进一步地解决根本问题,而根本问题就是资本主义社会的根本矛盾。这样的矛盾是马克思主义这一放诸四海而皆准的唯一科学所研究所揭示出来的。这一科学的理论基础就是马克思主义世界观。这一世界观要求我们正确地认识客观世界及其规律,按照社会的发展规律的正确反映,去制定政策,提出任务,有计划有步骤地改造世界,进行革命。杜威知道只要劳动人民科学地研究社会发展规律,研究资本主义社会的根本矛盾,他们是会理解根本问题,也会进一步解决根本问题的,这是统治阶级垄断资本家所万万不能容许的。因此杜威要挖科学的墙根,捏造出反理性的认识论、盲目行动主义来蒙蔽广大的劳动人民,使他们陷于庸俗的事务,接触不到根本问题。就广大的劳动人民说,杜威的哲学实质上企图起这样的麻痹作用。

(三)但是资产阶级垂死的挣扎是徒劳的,资产阶级哲学家的企图也是要落空的。美国南北战争后被刺死了的总统林肯曾说过这样一句话:“你能够永远地欺骗一些人,也能够在短时期内欺骗所有的人,但是你不能永远地欺骗所有的人。”这句话在当时的具体内容是另外一回事,就欺骗说,情形同样。劳动人民是不会长期地受资产阶级欺骗的。毛主席说:“十月革命一声炮响,给我们送来了马克思列宁主义。十月革命帮助了全世界的，也帮助了中国的先进分子，用无产阶级的宇宙观作为观察国家命运的工具，重新考虑自己的问题。”用了这个战无不胜的理论武器来考虑自己的问题，八亿多人站起来了，这在1950年已经占全世界人口33.7%。帝国主义和其他资本主义国家的人口只占全世界人口23%。八亿人民站起来了。全世界的劳动人民以飞快的速度觉悟起来了。美国的劳动人民也以日益增加的速度觉悟起来。社会发展规律是有必然的方向的，历史的车轮是任何力量所阻止不了的，根本问题是可以解决的。资本主义社会是必然地会死亡的，资产阶级是必然地要被消灭的。世界根本就不是不确定的。相反的它的确定性是广大的劳动人民所认识了的。资产阶级垄断资本家既不能再长久的欺骗劳动人民，也不能再欺骗自己了。

世界发展的确定方向是否危险呢？危险是看要对谁说的。马克思在一百多年前已经指出：“无产者在这革命中只会失去自己颈上的一条锁链。他们所获得的却是整个世界。”就无产阶级和团结在他们周围的广大劳动人民说，这个世界是半点危险都没有的。在这样一个发展方向面前发抖的是帝国主义垄断资本家。俗语说得好：“江山易改，本性难移。”就在垂死的过程中，垄断资本家依然在追求最高的利润，依然企图保存资本主义社会。自己也知道这样一个社会是要灭亡的，但是“困兽犹斗”，在垂死的过程中，依然是要挣扎的。挣扎的目的依然是避免死亡。这就是帝国主义垄断资本家的问题，同时他们的前途也愈来愈清楚。劳动人民的觉悟愈来愈快，组织愈来愈坚强，力量愈来愈大，因此对帝国主义垄断资本家说，"危险"也就愈来愈清楚地摆在面前了。杜威所说的"世界的危险性"就是资本主义社会的即将来临的死亡，不只是个别资本家的困难环境而已。杜威捏造了"世界的不确定性"来威胁广大的劳动人民，事实恰恰相反，社会发展规律以确定的方向来威胁帝国主义的垄断资本。这一点杜威是知道的，他不过是要骗劳动人民而已。

怎么办呢？这就是帝国主义哲学所提出的问题。这一问题决定了帝国主义哲学的本质。杜威的哲学不能不是主观唯心的反理性的盲目行动的哲学。这个哲学不能不是反理性的。条条道路都通向共产主义，而任何正确的理性，认识的道路都通向马克思列宁主义。对帝国主义垄断资本说，理性是万万要不得的，讲理性就是放弃挣扎，承认死亡。为了反对马克思列宁主义，帝国主义哲学非把所有的理性认识的道路都死死地堵住不行。为了这一目的，杜威就要提倡宗教，宣传信仰主义，蒙昧主义，制造"真理"和"实在"，以假科学代替真科学来掩盖他所宣传的盲目行动主义。杜威的哲学也就是法西斯哲学。墨索里尼之所以推崇詹姆士并不是偶然的。① 现在的杜鲁门、艾森豪威尔、杜勒斯和当年的墨索里尼、希特勒有什么本质上的分别呢？难道他们坚持"实力政策"不是和詹姆士相信"上帝"一样吗？愈坚持愈相信吗？愈"相信"也就愈坚持吗？难道"实力政策"不是杜威所提倡的冒险吗？为什么要冒险呢？不冒险是不行的，不冒险就是坐以待毙。冒险行不行呢？冒险当然也是不行的，"实力政策"中的"实力"

---

① 威尔斯：《实用主义：帝国主义哲学》，第130页。

根本就不是什么实力，它只是纸老虎所张的牙所舞的爪而已，“实力政策”只是一半身体已经浸在水中而另一半即将下沉时由慌到乱的绝望的打算而已。帝国主义的哲学只是帝国主义垄断资本即将死去时完全丧失了理性的呼喊，这就是杜威的世界观底本质。

六、结 束 语

实用主义者杜威的这样的世界观不只是危害了美国的人民而已，而且危害了全世界的善良和平的人民。今天的帝国主义者、战争贩子、垄断资本家的思想方法就是实用主义者的思想方法，尤其是杜威的思想方法。他们的方法也是应付环境。他们也想办法，也在不同的办法中挑选他们主观上认为最“有效果的假设”，然后按照这个“假设”去行动。实用主义的“暗示”不仅在故纸堆中帮助一个实用主义者去挑选“大胆的假设”，而且也帮助帝国主义者战争贩子在国际政治上去进行赌博。在威尔斯书中他引了纽约时报一篇关于杜鲁门的思想方法的报道。这个报道说，杜鲁门到最紧要关头时总是靠他自己的“深刻的暗示的”。纽约时报的结论是：杜鲁门是一个实用主义者。其实，不但是杜鲁门，而且其他的“实力政策”的执行者都是实用主义者。老罗斯福是讲“效果”的人，他的“声音小小的，可是拿一根大棍子”的外交政策就是实用主义的具体表现。这一政策是有实用主义的“效果”的。从19世纪90年代以来一直到第二次世界大战这一“大棍子”政策曾经使得其他的帝国主义国家被“小小的声音”所“说”服。

这就是充分地表示其他帝国主义国家当权的人也都是“实力政策”的执行者,也都是怕强欺弱的。他们虽然是吞小鱼的中鱼,然而他们害怕大鱼,他们也根据实用主义的思想方法而屈服。

我们是反对实用主义的。我们是辩证唯物主义者,我们掌握了辩证唯物主义的认识论。我们的认识不停留在敌人的现象上,我们深入到敌人的本质。我们知道现象上的老虎在本质上只是纸做的而已。敌人的叫嚣是吓不倒我们的。我们虽然不怕敌人,然而我们不要战争,我们所要的是和平的社会主义的建设。我们的建设是工人阶级的历史任务,是光荣的,正义的,伟大的。任何反动力量都是阻止不了我们的建设的。我们感谢党和政府的正确的领导,使全国的人能够愉快地参加了这一建设。我们的建设是必然地会完成的。在短短的几年中工农业都有长足的进步,随着国民经济的不断增长,工厂不断地建立起来,国防力量也不断地壮大了。

学术建设还没有赶上其他的建设,在工作中我们这些旧知识分子是遇到阻碍的。我们受了资产阶级哲学的长期毒害,建立马克思列宁主义世界观是太慢了一些。为了好好地完成社会主义学术建设的任务,我们非肃清资产阶级的哲学影响不可。

介绍威尔斯的《实用主义：帝国主义的哲学》*

这是一本批判实用主义的书。这本书非常之好。它的好处约有以下诸点。它清楚地指出了实用主义产生的经济上政治上的条件，陈述了它的发展过程，分析了它的本质，揭露了它的欺骗性，使读者无可怀疑地认识到它是直接为美帝国主义服务的哲学。

这部书共有十三章。第一章论实用主义的起源。第二章论迫尔斯的真理论，陈述它决定信念的三个方法。第三章讲的是在历史学这一领域中为资本主义社会作辩护的费斯克。第四章讲的是在法律学领域内为资产阶级专政作辩护的霍尔摩斯。第五章讲的是在心理学方面为既存制度作辩护的詹姆士。第六章讲的是在教育方面作辩护的杜威。第七、第八两章论詹姆士的哲学。第九到第十二章所讨论的都是杜威的哲学。第十三章是总论。

威尔斯对实用主义的批判所根据的原则是马克思、列宁

---

* 原刊于《新建设》，1954 年 10 月号。标题后原有题解：Harry K.Wells：*Pragma tism*：*The Philosophy of Imperialism*，纽约国际书店，1954 年版，共 221 页。——编者注

已经阐明了的原则。他在不同的地方把这些原则提出来了，我们先总起来把这些原则提一提。实用主义是在1871年至1878年间产生、至20世纪才壮大起来的。这是什么样的时期呢？在《帝国主义是资本主义的最高阶段》一书里，列宁说："总之，垄断公司发达史可以分为如下几个基本时期：（一）19世纪60年代和70年代，是自由竞争制发展中的最高的终极阶段。当时垄断公司还只显露出不甚明显的萌芽。（二）1873年危机后，有了一个卡德尔广泛发展的时候，但卡德尔当时还只是一种例外，还没有稳固起来，还是一种暂时的现象。（三）在19世纪末期的高涨和1900年至1903年间的危机时，卡德尔已经成了全部经济生活的一种基础。资本主义变成为帝国主义了。"[①]列宁这里说的是一般的情况，但是美国并不是例外。实用主义就是在这样的时期里产生的。

这样一个时期的哲学情况大致说来又是如何的呢？在《资本论》序言里（中文版第11页）马克思说："法英二国的资产阶级，都已夺得了政权。从此以往，无论从实际方面说，还是从理论方面说，阶级斗争都愈益采取公开的威胁的形态。科学的资产阶级的经济学之丧钟，敲起来了。从此以往，成为问题的，已经不是这个理论还是那个理论合于真理的问题，只是它于资本有益还是有害，便利还是不利，违背警章还是不违背警章的问题。超利害关系的研究没有了，代替的东西是领津贴的论难攻击；无拘束的科学研究没有了，代替的东西，是辩护论者的歪曲的良心和邪恶的意图。"马克思这里所说的

---

① 《列宁文选》两卷集（第1卷），人民出版社1953年版，第932页。

是政治经济学。哲学情况虽有不同的地方,然而就为资产阶级辩护这一点着想,它和政治经济学的情况完全一样。

最后我们看看实用主义是从什么样的哲学派别发展出来的。它的哲学的同路人是谁呢?在《唯物论与经验批判论》一书里,列宁说:“实用主义嘲笑唯物论与唯心论的形而上学,宣扬经验并且仅仅宣扬经验,承认实践是唯一的标准,引证一般的实证论的潮流,特别依据奥斯特瓦尔得、马赫、毕尔生、普恩凯莱、杜恒,依据科学不是‘实在的绝对的模写’的说法,并且从这一切中极其顺利地导出了神,……为着实践的目的而且仅仅为着实践,没有任何形而上学,没有超越经验的任何界限。从唯物论的观点看来,马赫主义与实用主义的差异,是像经验批判与经验一元论的差异一样地极琐细和极不重要的。”①

上面已经清楚地指出实用主义产生的时代,它为垄断资本作辩护的性质,它的哲学上的同路人。这已经明白地指出了它是为美帝国主义服务的。

实用主义的基本内容是否认独立于我们意识而存在的物质,把一切都容纳到它所说的“经验”范围之内。它所说的“实在”和“真理”都没有客观的根据。它既不承认客观的真理,它所看重的“实践”,也就没有正确的理论为指南,因此它所说的实践是盲目的实践。

原则虽然早经确定,批判实用主义的文章虽然也有了一些,然而详细一点的批判还远远不够。威尔斯这本书满足了

① 列宁:《唯物论与经验批判论》,人民出版社1953年版,第37页。

我们的要求。从批判的广度和深度着想，我们不能不说这本书是极其成功的，作者提到的问题颇多，提到的人也不少。因为本书的作者有他的特别的环境，他没有提到美国国内的法西斯的统治，也没有提到这一统治所进行的对外侵略。他所提出的问题虽多，本文不打算一一提出，只就以下两方面着重地讨论一下。一是实用主义的欺骗性，一是它的罪恶。

威尔斯发现了实用主义欺骗群众的三个步骤。这三个步骤的欺骗性要一步一步地说明，才能清楚地为读者所了解。头一个步骤是批评别的哲学。这些被批评的哲学思想之中，有些固然是应该批评的，实用主义者往往着重地批评这些思想，给读者造成一种新哲学到来的气氛。但是被批评思想之中，也有些是不应该受批评的，实用主义者往往轻描淡写地把他们批评一通，使不经意的读者感觉到这一部分的批评无关紧要。我们举詹姆士的心理学为例，因为它最简单。詹姆士批评神学心理学的不死的灵魂学说。这样的灵魂在所谓“意识流”中是找不到的；假如存在的话，它只能独立于我们的“意识流”而存在。但是独立于我们的“意识流”而存在的东西，詹姆士说，是不能承认的。詹姆士所批评的对象的确是应该批评的，但是他批评的标准是不正确的。他用这样的标准不只是批评了不死的灵魂，而且也否认了独立于我们的意识而存在的物质。在这第一步的当中，他好像是着重地否认灵魂的存在，因此他造成一种“进步”的印象，可是等到第三步的时候，我们才知道他所着重否认的是独立于我们的意识而存在的物质。头一步的主要点就在“明修栈道”，等到第三步来“暗度陈仓”。

第二步是企图建立实用主义的特征思想。这个特点是读者所熟悉的，这就是“真理”学说。这学说不只牵扯到“真理”，而且牵涉“实在”。詹姆士所提出的，就实质说，仍然是贝克莱、休谟、马赫等所宣传的主观唯心论，但是语言文字上的表示确实不同。照他的说法，“实在”只是我们相信的东西，而我们相信的东西，也就是“实在”。请注意，这就把实在和我们的信念等同起来了。我们的确相信实在，但是除了相信之外，实在还有客观存在问题。詹姆士把独立于我们的意识而存在的物质否认了，他所余下的只是信念而已。他的信念是主观的、随意的。这就给第三步准备了条件。照詹姆士的说法，“真理”不能有主观和客观二者之间的符合问题，只有单方面的行得通与否的问题。行得通的思想就是“真理”。在这一点上不同的实用主义者是有不同的语言文字上的表示方式的，但是就实质说，我们还是可以说实用主义者以行得通为“真理”的标准。读者请注意，这样的“真理”学说在有对抗性阶级的社会里，在人压迫人、人剥削人的社会里，会起什么样的作用。我们是不是可以从实用主义的“真理”学说这一角度来考察一下压迫阶级和被压迫阶级的要求与愿望，来看一看这样的“真理”是为哪一阶级服务的。

在第一步，詹姆士把不死的灵魂从“前门”推出去了。在第二步，他推销了一种为所欲为的理论。在第三步，他就为所欲为地把灵魂从后门请回来了（本书第69—70页）。当然从后门请回来了的灵魂是要有新的名称的。它的新名称就是“有机的心灵的结构”。这个结构是遗传的，它是一代一代传下来的东西，它和魏斯曼——摩尔根的“基因”一样是百代的

过客。它是不变的东西，它是原始的心灵结构，它包括本能、情感和一些原始的观念。这些决定了我们的兴趣、我们的注意力。我们的兴趣和注意力又选择了我们的感觉。詹姆士不但在心理学里把不死的灵魂从后门里请回来了，在哲学方面，他也把神秘主义，甚至于求神问卜式的神秘主义请回来了。读者也许要问：既然在第三步用不同的名称把不死的灵魂请回来，那么，为什么在第一步要把它否认呢？实用主义的欺骗性就在这里。在头一步，它并不是要否认不死的灵魂，它只是借否认不死的灵魂来否认独立于我们的意识而存在的物质而已。在第三步，实用主义者的目的是非常之清楚的，独立于我们的意识而存在的物质是他们所要否认的东西，不过他们不那么明目张胆地否认而已。

这三个欺骗步骤并不限于詹姆士，霍尔摩斯、费斯克、杜威都有。关于这三个欺人的步骤在别的实用主义者的表现，见本书各章，本文不叙述。实用主义者用这种欺骗办法企图给人以进步的印象。他们表面上装作进步的，而骨子里却是极端反动的。表面上他们反对僧侣主义，而其实都是僧侣主义者，而且是毫无原则地为帝国主义服务的僧侣主义者。

这种伪装进步以此欺人的办法并不限于美国的实用主义者。这一点威尔斯当然没有提，可是中国的实用主义者岂不也以伪装进攻旧哲学作出进步姿态来欺骗青年吗？三十多年前的所谓科学与玄学的论战就是很好的例子。主张玄学的张君劢是露骨的唯心论者，地道的马赫主义者丁文江好像很勇敢地向玄学进攻。当时读者的印象好像是“科学”胜利了。实用主义者胡适也参加了这一进攻。在读者看来丁文江、胡适似乎是进步的，玄学的确要不得，攻击它是应该的、正当的。但是胡适、丁文江所进攻的难道只是玄学吗？现在清楚了，胡适、丁文江所进攻的不只是玄学而已，同时也进攻了马克思列宁主义的哲学，即正在兴起而又富有革命性的辩证唯物主义、历史唯物主义。丁文江只是不要张君劢那样的唯心论而已，他很坦白地说，他的主张是存疑的唯心论，这就是说他确实反对唯物论。胡适怎么样呢？陈独秀批评丁文江的时候（陈独秀当时的唯物论是否正确，是另一问题），胡适就装出进步的样子说："……我们正不妨老实自居为'无神论者'。这种自称并不算武断；因为我们的信仰是根据于证据的：等到有神论的证据充足时，我们改信有神论，也还不迟。我们在这个时候，既不能相信那没有充分证据的有神论，天人感应论……又不肯积极地主张那自然主义的宇宙观，唯物的人生观……怪不得陈独秀要说'科学家站开！且让玄学家来解释'了。"① 这才真是胡说。胡适是实用主义者，难道他不知道实用主义的所谓"自然"、"自然主义宇宙观"、"唯物的人生观"吗？实用主义者怎么有真正的"唯物"呢？这不是欺骗是什么呢？当然这不是简单的欺骗而已，胡适同时也盗取了"科学"的名义，"进步"的名义。受骗的青年或许就真的以为"科学家"不谈原则，只做点点滴滴的研究，只追求实用主义所承认的"证据"而已。果然如此，欺骗的目的达到了。通过对玄学的批评，对唯心论的批评，通过假的"自然"，假的"唯物"，假的"科学"，辩证唯物主义和历史唯物主义也就被撇开在论战之外

---

① 陈独秀：《科学与人生观》，亚东图书馆，第14—15页。

去了。

以上说的是实用主义的欺骗性，但是实用主义者是否自觉地欺骗人呢？有些哲学家比较地容易接受哲学之有阶级性这一思想，但是谈到哲学家自觉地为某一阶级服务的时候，事情就好像不那么简单了。实用主义者是否自觉地为美国统治阶级服务呢？也许有人就觉得事情并不如此。可是，美国的实用主义者大都不十分掩盖他们哲学的阶级性。法律界的实用主义者霍尔摩斯就坦白地承认过去法律的阶级性（第57页）。詹姆士本人也相当坦白地承认他的哲学的阶级性。在本书的第100页里，作者引用了一个无政府主义作家的一本书中的一段话。这一类的话也是詹姆士自己所提到的。他知道劳动人民不容易再接受宗教和直接为宗教服务的哲学了。他自己说他是针对这个问题才提出实用主义的。实用主义，照他看来，有什么好处呢？它的好处是像理性主义那样可以保存宗教，同时它又像经验主义那样可以保存对事实的亲切感（第101页）。詹姆士所需要的是用新的方式来推销旧的宗教。这方式就是先歪曲科学，把他的“科学”限制到他所说的“经验”范围之内，然后让“科学”来推销宗教。这类的思想在1875年他已经大致得到了。他在那一年给哈佛大学校长的信（第102页）已经明白地说出来了。根据本书的材料我们不能不说詹姆士哲学的阶级性和欺骗性都是自觉的。

上面已经说过实用主义者大都不十分掩盖他们哲学的阶级性。就杜威以前的人说，情形似乎是这样的。到了杜威情形就不同了。其所以如此者最本质的原因就是伟大的十月革命的影响。迫尔斯、詹姆士和费斯克却生活在十月革命之前。

巴黎公社虽然曾影响到了实用主义的产生,然而在实用主义成长的过程中,巴黎公社已成为历史上的事实。阶级斗争虽然激烈,然而资产阶级的统治未曾动摇过。杜威的哲学生活就大不相同了。十月革命成功之后,社会主义社会已经在当时世界上六分之一的地方开始建立起来了,思想战线上的情况和詹姆士的时代就大不一样。实用主义还要加上社会民主的色彩才能推销出去。法律界的实用主义者霍尔摩斯开始带上了一些社会民主派的气味,他的徒子徒孙更是往这条路走。罗斯福时代的最高法院就是这一派人所统治的法院。至于杜威,他更是以"进步"的姿态出现的。他已经不是坦白地为帝国主义服务而是通过社会民主派的意识形态来为帝国主义服务的。他在工人贵族中很有威信。当然在关键性的问题上狐狸尾巴总是会露出来的;他保卫托洛茨基;他一直做反苏联的宣传,他自己虽然和帝国主义一样接近死亡的边缘,然而就在死亡的边沿上他仍然赞成侵朝战争(当时他已经91岁了);他直到死亡仍然宣传第三次世界大战的不可避免性。他的哲学上的欺骗性比他的同伴要大得多。不是威尔斯这样对哲学有钻研的人是很难揭露杜威哲学的反动性的。事实上他的反动影响比别人的要大得多。我们要记住他是一个教育把头,他不但有反动的教育思想,而且建立了一套反动的教育制度,他的影响不限于成年人,而且到达了幼年和青年。在这一点上杜威简直令人发指。他把对儿童灌输资产阶级的意识形态解释成为儿童本人的自发的要求。威尔斯有一整章讨论杜威的教育学说,详细的说法这里不提。

在前几段里我们着重地谈了一谈实用主义的欺骗性,在

以下几段里我们要着重地讨论实用主义的罪恶。实用主义的主要罪过在哪里呢？就哲学说，它反对辩证唯物主义，反对科学，它歪曲科学，把科学送进泥潭，然后利用它所主张的“科学”来实行方便主义，利己主义，否认客观事物的发展规律，以行得通为“真理”，提倡盲目的实践。威尔斯也许没有说以下的话，但是照我的体会，他的意思仍然是类似的，一个以行得通为“真理”的哲学也就是以暴力为“真理”的哲学。行动上的影响以后再谈，我们现在先考虑一下思想或思想方法上的后果。最显明的一点就是这一看法的无原则性，盲目性和投机性。实用主义者所说的“行得通”不是合乎客观事物发展规律而行得通的那样的行得通。那样的行得通当然是有原则的，不是盲目的，也绝不会是投机的。实用主义者既然否认了客观的规律，当然不能有那样的行得通。他们所说的“行得通”只是根据主观的要求去试探一些满足此要求的办法，看这些办法是失败还是成功。失败既不是违背了客观事物发展规律而失败，所以实用主义者也不能从失败中得到教训。成功既不是合乎规律而成功，实用主义者对成功的看法也就和推销商品的美国商人的看法一样，认为“天下没有比成功更成功的事情”。办法成功之后，群起而投机的人就越来越多。这样的思想方法正是垄断资本家所需要的。没有钱的人是不会“成功”的，这就是说他们“不行”。垄断资本家可不同了。政治上的暴力和经济上的财力都掌握在他们手里，他们是不会不“成功”的，即令失之东隅，总可以收之桑榆。他们总是“成功”的，所以他们“真行”。这样的思想方法使富人以“英明”自居，而穷人反认为自己“才能”不够。

这样的思想在政治上的影响是不可容忍的。我们先谈谈外交。在这一方面威尔斯谈得很少，但是，我们可以补上一些。老罗斯福的时代是美帝国主义开始抬头的时代。从那时候起的外交政策，可以用老罗斯福自己的话来说明，他说："声音小小的，可是拿一根大棍子。"这根大棍子，从霸占菲律宾的时候起，美帝国主义一直在舞着。在日俄战争后在第一次世界大战和第二次世界大战期间，这根大棍子似乎能够使小小的声音所说出来的话相当有"效果"。棍子越舞越"成功"，越"成功"也就越要舞。前面不是说过："天下没有比成功更成功的事情"吗？直到现在美帝国主义一直在舞着他的大棍子。现在的"实力政策"就是当年的大棍子。在帝国主义之间，这根棍子没有撞出多大的"毛病"来。可是一碰到站起来的劳动人民，它就碰到了铜墙铁壁。在这时候声音就不是小小的，而是毫无理性的丧心病狂地乱叫了。问题是美帝国主义会不会放下它的棍子呢？

三年来我们一直在说美帝国主义者没有得到它应得的教训。它的确没有，就在日内瓦会议之后，就在今天，它仍然没有，这是事实。我们是不是盼望它在相当短的时间内会得到它应得的教训呢？我想我们根本不能有这样的盼望。美国独占资本家的阶级本质就是剥削，就是掠夺，就是疯狂的侵略。碰到了伟大的人民的力量之后，他们还是不会放下他们的棍子的。他们的阶级本质决定了他们的行动。他们是不是特别地笨呢？有人曾这样地问过。这不是笨不笨的问题。他们的思想方法是他们的上层建筑的一部分，而上层建筑又是为他们的阶级利益服务的。实用主义教独占资本家怎样地思想

呢？它根本就不承认有独立于我们的意识而存在的客观世界，也不承认有这样一种世界的规律。美国独占资本家的实践是盲目的。他们既然有那样的阶级本质，又有实用主义这样的思想方法，他们是不会在国外战争失败中得到教训的。要他们真正地改变方向，改变作风，不但要在国外碰得头破血流，而且要在国内阶级力量对比起了重大变化后碰得头破血流，才能办到。但是在那种情况下，问题已经不是简单地从失败中取得教训了。

美国的社会是典型的现代资本主义的社会。这样的社会的基本经济法则，斯大林已经指出了。这就是："用剥削本国大多数居民并使他们破产和贫困的办法，用奴役和不断掠夺其他国家的人民，特别是落后国家人民的办法，以及用旨在保证最高利润的战争和国民经济军事化的办法，来保证最大限度的资本主义利润。"国民经济军事化一定会使政治法西斯化。事实上美国已经走上了法西斯的道路。联邦调查局不就是希特勒的"盖世太保"吗？罗森堡那样的进步人士不是已经被谋杀，被送入疯人院，被监禁了吗？麦克锡不就是希姆莱吗？实用主义是为帝国主义服务的，但他和法西斯有没有关系呢？我们且看看墨索里尼自己所承认的吧！在本书第130页上，威尔斯引了墨索里尼以下这一段话："威廉·詹姆士的实用主义对于我的政治生活有大的用处。詹姆士教导我：与其从教条的基础上来判断一行动，不如从它的结果来判断它。我学到了那种对行动的信仰，对生活和斗争的强烈意志，法西斯主义——大部分的成功是要靠这些学得了的东西的。在我，主要的就是行动。"帝国主义的产生不是偶然的，法西斯的产生也不是偶然的,实用主义的产生当然也不是。现在美帝国主义的罪恶差不多全世界爱好和平的人都认识了,可是这种罪恶行为背后的罪恶思想并不是人人都知道的。揭露实用主义、批判实用主义的书是非常之需要,非常之及时的。

本文没有逐章逐节地讨论,同时又夹杂一些个人的体会,所以没有能够好好地尽介绍的责任。据个人所知道的,本书不久就会译成中文。那时候广大的读者就可能亲自和本书见面了。

略评康福斯的两本哲学著作*

康福斯是英国著名的战斗唯物主义者。《科学与唯心主义的对立》①和《保卫哲学》②是他的批判资产阶级唯心哲学的两本力作，后者是前者的续篇。前一本书已在1954年出版了中译本，后一书的中译本也在1955年出版了。

这两本书的性质是一样的，只是重点稍微不同而已。《科学与唯心主义的对立》主要的是揭露主观唯心论的逻辑实证论的反科学性，它的重点在于保卫科学，树立马克思列宁主义的世界观。这本书的第五章叙述了早期资产阶级的经验主义由唯物到唯心的发展，第六章批判了唯心主义的经验主义，第七章到第十三章都是批判逻辑实证论的。批判的秩序是从罗素到卡尔纳普，批判后者的分量要重些。这一派的哲学是穿上新衣服的主观唯心论，把新衣服剥掉之后，我们可以看出他们的老祖宗依然是巴克莱、休谟、康德、马赫。新衣服

---

* 原刊于《人民日报》1956年2月3日。——编者注

① 《科学与唯心主义的对立》，陈修斋、关其侗、齐良骥译，三联书店1954年版。

② 《保卫哲学》，瞿菊农、舒贻上、郭从周、南铣译，三联书店1955年版。

是罗素开始披上的。这件新衣服就是所谓"逻辑的分析"。杜威把他的哲学称为"哥伯尼的革命"，罗素把他的哲学叫做"伽利略革命"。在帝国主义时代，资产阶级的哲学家和别的商人一样，也在那里"老王卖瓜，自卖自夸"。其实，他们的货色都是反科学的。

《保卫哲学》一书着重地批判了歪曲哲学的"哲学"。康福斯注重宣传正确的世界观，因此他正面地阐述辩证唯物论的地方要多些。本书第二章整章解释了辩证唯物论。第一章的题目是"非理性主义的逻辑"；在这一章里作者提出了六个论点来论证逻辑实证论根本不是科学的哲学。这本书批判了语义学，批判了语义学在政治和社会方面的反动说教，批判了实用主义，批判了逻辑实证论和实用主义的合流的"记号学"和所谓"统一的科学"。在最后一章作者概括了反动哲学的特征，从而树立唯一科学的哲学——辩证唯物论。

这两本书的优点很多。作者立场鲜明，思想细致，对所批判的对象，大都打中了要害。这两本书的论证的详尽和细致，给人以突出的印象。作者处在唯心论占统治地位的国家，这种深入的辩论尤其合乎需要。

我们中国的读者也许会特别注意《保卫哲学》第七章——"实用主义"。这一章是有些错误的，作者在纽约版序文中已经作了更正。我觉得还有一点应该提出讨论，就是康福斯没有从杜威的彻头彻尾的主观唯心论的经验论去安排他的批判。没有这样的安排，没有紧紧地抓住这一点，个别地方的批判就会摇摆不定。例如对于杜威的所谓"赤裸裸的存在"（即译本所说的"粗糙的存在"），作者就感觉到困难。康福斯是从杜威把认识看作能够制造它自己的对象这一点来批判杜威的唯心论的，这是对的，这样的唯心论的谬论本身就要加以批判。但是对“赤裸裸的存在”究竟应该如何批判呢？在这一点上作者似乎没有坚决的意见。他有时把“赤裸裸的存在”看作康德式的物自体，有时又看作无定形的原料。其实杜威根本没有康福斯心目中的“赤裸裸的存在”，这样的存在依然是在杜威的主观唯心论的经验之中的。对习惯于英文的人说，这个词汇确有“对它没有办法”的含义，因此间接地也给人以“独立存在”的含义。这样的词汇在杜威的书中出现，就使他的哲学显得好像不那么唯心似的。其实，在杜威“赤裸裸的存在”只是没有经过认识和行动上的加工制作的对象而已。这样的存在已经在经验中。按照杜威的说法，不在经验中的根本就不存在，存在就是被经验，不过经验所包含的项目非常之多，认识只是经验之一而已。

上面所说的中心点没有抓住，不仅对“赤裸裸的存在”不能作彻底的批判，别的重要的方面也发生问题，例如杜威的反动性。康福斯对杜威的反动性估计不够，在有些问题上，他就让杜威滑过去了。在评论《保卫哲学》的书评中，苏联《哲学问题》杂志针对下面的说法——“实用主义与任何其他的资产阶级哲学相比较是较多地摆脱了烦琐哲学和神秘主义的”——说道：“对于这一点，当然，无论如何也不能同意。”杜威的烦琐不亚于其他的资产阶级哲学家，他的神秘主义只有超过他们，决不能不及。杜威反对科学和他拥护宗教是一件事的两个方面，他的反理性主义是和他的神秘主义分不开的，而这些又是和他的极端的反动立场密切地结合着的。康福斯

对杜威哲学的反动性估计不足，在批判中也就流露出一种不彻底性。

但是本书的优点究竟是主要的，对于我们当前的批判工作是有帮助的，尤其是这两本书的主导思想。除此之外我们特别提出以下两点：一是资产阶级哲学的复杂性；二是它的反理性主义。

康福斯在第二章里已经提出了哲学的复杂性。除了反映特定的阶级观点外，帝国主义哲学也不是简单的。它是复杂而间接的反映过程，居间媒介的是哲学家的个性，他们从其先行者所得到的早已存在的观念，社会的政治、法律及道德观念，技术发明和科学发现的进步，民族发展的特点等。我们正在进行哲学上的思想斗争。为了加强我们的战斗性，我们要提高我们的科学性。科学性是和战斗性一致的。空疏的批判缺乏科学性，因此也不会有很强的战斗效果；支离琐碎的批判没有战斗性，也缺乏真正的科学价值。尽管这两本书有些毛病，作者本人和本书俄译本序言也已经指出了一些，然而这两本书都是值得我们学习的榜样。

帝国主义哲学的主要特征之一是反理性主义（我觉得不只是非理性主义而已）。康福斯在第一章就已经提出。这一点实际上是贯彻到各章中去的，虽然在文字上没有到处都提到它。我们要注意，尤其是哲学界中的旧知识分子要注意，公开的反理性主义者例如柏格森是曾经受到罗素的批评的。这样一来，罗素就好像是理性主义者了，其实罗素也是反理性主义者。我们辩证唯物论者是要凭理性去认识客观世界的规律，并且按照所认识的规律去变革现实的环境，我们的行动绝不是靠本能的冲动的。可是现代资产阶级的哲学家，无论是公开地主张冲动的也好（柏格森）；或公开地主张“理智”，但是到了最后依然依靠冲动的也好（罗素）；或者用所谓“机智”代替理智，公开地主张要“机智”去为冲动服务的也好（杜威），都是为帝国主义的冲动作辩护的。帝国主义者确实也是按照反理性主义去行动的，他们必然会碰得头破血流。

正如巴克莱、休谟在资本主义上升时代先歪曲经验主义，然后利用它来为资产阶级服务；在帝国主义时代资产阶级哲学又歪曲科学理论，然后又利用歪曲了的科学理论来为帝国主义服务。在资本主义上升时代，资产阶级需要科学来发展生产提高生产力，但是也需要唯心论、蒙昧主义、宗教迷信来维持它的统治。因此它所需要的科学是和宗教迷信相安无事的科学。但是科学是唯物论的，科学愈发达，唯物论愈得到证实。资产阶级哲学家怎样可以使科学和宗教迷信相安无事呢？资产阶级哲学家的办法是把科学理论中的唯物主义偷换成为唯心主义。这样一来，科学仍然可以进行（当然会受很大的限制，康福斯发挥了这一点），但是科学的理论就可以和各色各样的信仰主义并存，而科学和宗教迷信就可能相安无事了。

康福斯在第一本书中花了五章的篇幅来叙述经验主义的历史。经验主义本是资产阶级发生和向上发展时期科学实践的理论。它本是反对中世纪经院哲学的蒙昧主义的，是唯物论的。培根和霍布斯都是很好的代表。到了洛克，客观情况变了。英国的资产阶级要和贵族地主妥协来建立资产阶级专政，1688 年的革命就是这种妥协促成的。洛克的哲学是唯物论和唯心论并存的。可是这还不能满足资产阶级后来的需要。到巴克莱和休谟，就把经验主义的唯物的基础抽掉。经验主义当时是科学的理论，把它的唯物主义抽去，就是把当时科学理论的唯物主义抽去。这样一来，科学和宗教也就比较地相安无事了。

康福斯这两本书所批判的中心内容是在帝国主义时代资产阶级唯心论的哲学家歪曲科学理论的哲学史。从这一角度去了解实用主义和逻辑实证论，我们就认识到帝国主义的唯心哲学的主流是巴克莱、休谟、康德、马赫的继续。帝国主义垄断资产阶级日益需要增加它的最大的利润，需要军国主义，所以也需要某种科学，但是，它更加需要加强它的压迫，加深它的剥削，所以它更需要唯心论和宗教迷信。因此它使科学服从于宗教。为帝国主义服务的唯心哲学家和巴克莱的任务一样，这就是歪曲科学理论，使它成为唯心论的。科学是不断发展的，它不断地提出了新问题。因此唯心论不得不穿上新衣服，用新的名词和更烦琐的方法来歪曲科学理论。康福斯的第一本书很清楚地叙述了这一过程。从罗素到卡尔纳普，科学理论中的唯物主义日甚一日地被排除出去了。他们排除唯物主义用什么方法呢？巴克莱用经验主义的名义来取消它的唯物主义，现代的唯心哲学家也用科学的名义来排除科学理论中的唯物主义。在资本主义社会里，唯心哲学家在一定的程度上已经把科学的理论歪曲利用了。

五四以来，我们的科学也是受了唯心论的腐蚀的。年纪大一点的人们还记得30年前的“科学”和玄学的论战。它一方面是统治阶级内部的斗争，玄学派代表封建地主，“科学”

派代表买办资产阶级；另一方面，他们都为帝国主义服务，都反对革命，都反对马克思列宁主义。但是“科学”派具有更大的欺骗性，首先，因为“科学”派是披着科学外衣来反对科学的。其次，在那一论战中“科学”派战胜了。“科学”派哲学就是康福斯批判的哲学。它在新中国成立前取得近 30 年的统治。要使我们的科学发展起来，能负得起建设的任务，一方面要好好地学习苏联；另一方面要彻底地批判披着科学外衣来进行反科学的巴克莱、马赫、罗素、杜威，一直到卡尔纳普的主观唯心论的哲学。我们要赶快做这一工作，努力做这一工作，树立我们的马克思列宁主义的世界观，赶上国家社会主义建设的需要。

论真实性与正确性的统一*

这个问题是近两年多来争论的问题。争论的范围好像是整个的形式逻辑，其实它不是的。直到现在没有人从归纳方面提出这个问题。我从前把归纳排除在形式逻辑范围之外，那是错误的。形式逻辑包括归纳。如果我们从归纳这一方面来考虑真实性和正确性问题，我们会更容易看出它们的统一性。尽管如此，本文仍然不从归纳方面提出这个问题来。周谷城先生的论点原先(1956 年)是就整个的演绎部分提出的。它涉及的问题相当多，演绎的客观基础问题，演绎起认识作用与否问题，都牵涉到。它涉及的范围很广，概念、判断都涉及。但是，我不从这许多方面来讨论这个问题。我只就真实性和正确性在推论上的统一，来表示我的意见。我不同意周谷城先生和一兵同志的意见，我虽然赞成沈秉元先生关于真实性与正确性统一的意见，然而就沈秉元先生的某些例子说，我也不同意他的意见。

真实性和正确性的争论集中在推论或推理上。我认为这个问题是由蕴涵和推论两方面来的。要把问题搞清楚仍需要

---

* 原刊于《哲学研究》1959 年第 3 期。——编者注

从这两方面重新把问题提出。蕴涵这一方面在日常语言的表现是“如果——那么”，推论就是日常语言中的“所以”。在日常语言习惯上，我们在这两方面是不大会犯错误的。个别人喜欢单用“那么”，但是大致说来，“如果——那么”是连在一起的（这里说的是“如果——那么”这一“形式”，事实上有用“假使——就得”或其他字眼的）。“所以”前面一定有一句或几句话。但是这一句或几句话前面并没有冠以特别的字眼（现在有些人喜欢用“因此”来代替“所以”，我认为这是不妥当的，本文仍用“所以”）。这是两个语言习惯，两种思维形式。习惯相当根深蒂固，在思维形式上的相混的情形也就不常碰到。我个人就没有碰到过这样的错误：“如果你明天病了，所以我明天就不来招呼你。”“所以”不是跟着“如果”说的。跟着“如果”说的是“那么”（或“就”，或“则”或别的什么字眼）。“如果——那么”相当长，下面好些地方我们只用“蕴涵”两个字来代替它。下面用“所以”的地方多些，但是有时我们也用“推论”两个字来代替它。

蕴涵和推论有什么分别呢？我们肯定“如果——那么”的时候，我们只要求整句话的真实性，没有肯定“如果”两个字之后和“那么”两个字之后的那一句或那些句话的真实性。例如：“如果我昨日死了，那么我昨天停止呼吸了。”这句话千真万确，虽然我昨日没有死。“如果”之后和“那么”之后的话虽然都是假的，然而“如果——那么”这一整句话是千真万确的。其所以如此者，因为“如果”之下说的“死”这样一件客观的事实和“那么”之后说的“停止呼吸”那样一件客观事实的关系本身就是客观规律，它本身就是一件客观事实。整句话或整个的判断正确地反映了这件客观事实,它(整个判断)是真实的。但是,尽管如此,我们显然不能跟着说"我昨天死了,所以我昨日停止呼吸了"。理由很明显,我昨天没有死。"我昨天死了"是假的,不符合事实的,它虽然是"如果——那么"那一判断的前件,然而它不是前提。它既不是前提,后件"我昨天停止呼吸了"虽然是后件,也就不是结论。前件不是前提,后件就不是结论,我们就不能通过肯定"所以"来把后件作为结论来肯定。大致说来,蕴涵和推论或"所以"在日常生活中是不大会混淆起来的。它们的要求是不一样的。蕴涵只要求前后件关系的真实性。"所以"就不同了;它不仅要求前后件关系的真实性,而且它要求肯定前件的真实性。它本身就是通过肯定前件的真实性来肯定后件的真实性的。

真实性和正确性的问题是从蕴涵和"所以"产生的。上面的例子简单,不发生什么问题。可是,在复杂的情况下,在形而上学可以钻空子、可以把形式和内容割裂开来的情况下,真实性和正确性也就有割裂开来的问题了。下面先就蕴涵把问题提出来。

一

争论是围绕着三段论的。问题虽然不限于三段论,然而我们仍然可以从三段论来提出问题。我们用蕴涵来表示第一格第一式的三段论如下:

(甲)如果 MAP(1),而且 SAM(2),那么 SAP(3)。

在这里,我们肯定整个的(甲)这一判断是正确的。这一

点没有人怀疑过。它是可以证明的，而且也是亿万次证明了的。可是，对于这个正确性的了解或看法，唯心主义者和辩证唯物主义者就有原则上的对立。辩证唯物主义者认为（甲）的正确性是建立在或者根源于（甲）的真实性的。（甲）是千百万的客观事物上的例证所证实了的，也是几千年来思维实践所检验、证实过了的，它是通过不断的证实方才凝固成为普遍公式的。（甲）的正确性是有客观基础的，是根源于客观事物之间客观的关系的。唯心主义者就不同了，它们只承认（甲）的正确性，不承认（甲）的真实性，更不承认（甲）的正确性是根源于它的真实性的。唯心主义者也承认（甲）是可以证明的，不过用以证明它的原则仍然只有正确性。形式逻辑方面的先验论和约定论就是从这里产生的。我个人在新中国成立前也犯了这个错误。我虽然不同意罗素的先验论，然而自己所搞出来的也是先验论。这是原则性的错误，这不只是学术上的意见不同而已，而且是无产阶级和资产阶级学术思想上的对立。这个错误是非严肃地批判不可的。

唯心主义者在什么地方钻空子呢？基本环节在以下两点：（一）是（甲）的正确性是不靠（甲）的组织部分〔以上用（1）（2）（3）表明的三个判断〕的真实性的；（二）是客观世界没有必然性，客观事物之间没有客观的逻辑。上面说的（一）是我们要承认的。我们是辩证唯物主义者，我们承认客观的事实，我们承认（甲）的真实性是不靠甲的组成部分（1）（2）（3）三个判断的真实性的。这就是说，（1）（2）（3）可以是不真实的，然而（甲）仍然是正确的。在这里我们可以引用类似沈秉元先生用过的例子，用（甲）的形式表示出来。

（甲）如果所有的金属都是液体（1），而且所有的铁都是金属（2），那么所有的铁都是液体（3）。在这里（1）（3）都是假的，而（甲）是正确的。为什么（1）（3）是假的，而（甲）又是正确的呢？上面在一般地谈到“蕴涵”和“所以”的分别的时候，我们已经表示正确蕴涵所肯定的是前后件所说的东西的关系本身是客观的事实，而没有肯定前件是事实，也没有肯定后件是事实。在这里（甲）也是这样的。它肯定了（1）（2）和（3）的关系是事实。我们认为这关系确实是事实，（甲）是正确的。但是，（甲）只假设了（1）（2），没有肯定（1）（2），这就是说它没有要求（1）（2）的真实性，也没有要求（3）的真实性。（1）（2）（3）的真实性不是（甲）所肯定的，它和（甲）的正确性不相干。（甲）的正确性和“如果我昨天死了，那么我昨天停止呼吸了”的正确性是相似的。我们不能因为唯心主义者承认这点，我们就否认这一点。我们要承认（甲）的正确性和（1）（2）（3）的真实性是两件事，是应该分开来说的。承认了这一点之后，我们还是有（甲）的正确性的根据这样一个根本问题。这就牵扯到上面说的第二点。

上面说的（二）是辩证唯物主义者所坚决不承认的。我们坚决地肯定客观世界有必然性，客观事实之间有客观的逻辑。因此我们认为（甲）的正确性是建立在或根源于客观的必然性的。这也就是说，（甲）的正确性是建立在或根源于（甲）的真实性的。唯心主义者就不同了。他们只承认（甲）的正确性，不承认（甲）的真实性。他们不承认客观世界，也不承认客观世界有必然性。他们只承认零零碎碎的事实，偶然的没有内部关联的现象。因此，必然的判断不是反映客观

世界的规律或客观事物的关系的。(甲)的必然性不是从客观世界来的。唯心主义者是非常之顽固的。洛克把天生的观念驳倒了,用那种形式表示的先验论不行了。他们就另外想办法,他们就在形式逻辑上要花招。他们说:“如果××是红的,××是有颜色的”,或者“红的东西是有颜色的东西”是先验的分析判断。他们说“红”这一概念里面本来就有“颜色”这一概念,或者说主词里面本来就已经有了宾词。这样的判断是必然的,单靠概念我们就可以知道它们是正确的,它们的正确性是先验的。这就是说,是不靠客观世界的。这样判断的必然性是客观世界所没有的。唯心主义者好像是很得意似地向我们说:“你以为洛克把我们打倒了。告诉你吧！没有。从康德到罗素,先验论一直在流行。现在的约定论不就是新的先验论吗?”这个论点在资产阶级的逻辑学家那里确实流行。

但是,这一论点仍然是胡说八道。我们不否认“红”这一概念里已经有“有颜色”这一概念,“红”这个主词里已经有“有颜色”这个宾词;我们也不否认“如果××是红的,××是有颜色的”,“红的东西是有颜色的东西”是必然的判断。可是,我们还是要问,你的概念是从哪里来的呢?你们会提出定义问题。难道定义是主观任意地下的吗?你们自己当中不也有不满意关于上帝存在的所谓本体论论证的吗?这个论证实在是主观地把上帝的存在包括在它的定义里面去了,因此按照定义上帝就存在了。你们当中不也有人以为这是不正确的吗?为什么你们把“红”这一概念看作好像是任意地就可以包括了“有颜色”这一概念呢?假如这不是心血来潮任意想象的话,“红”这一概念之所以包括了“有颜色”这一概念,就有超过思想的原因。我们坚决地认为概念本身就是反映客观事物的本质属性的。正确的概念是正确地反映了客观事物的本质的。“红”这一概念之所以包涵“有颜色”这一概念,正是因为红的东西客观地包括在有颜色的东西的范围之内,正是因为红的东西的本质里面客观地有颜色的东西的本质。“如果××是红的,××是有颜色的”,“红的东西是有颜色的东西”确实是必然的判断。但是它们之所以是必然的,正是因为它们正确地反映了客观事物的必然性,正是因为它们反映了客观的必然的规律。这就是说,它们的正确性是建立在它们的真实性上的。

像(甲)这样的判断或者更根本的思维规律的正确性是建立在它们的真实性上面的。否认这一点就是否认这些规律的客观基础,也就是否认反映论,就是否认客观物质是第一性的,思维意识是第二性的,也就是否认辩证唯物主义的根本原理原则的。也许有人以为这是老生常谈,不爱听。如斯大林说过的,真理有时是需要重复的。正确性和真实性的分家在别的方面可能只是学术思想上的分歧,可是,在我们所讨论的这一点上,它是无产阶级和资产阶级学术思想上的对立。我认为,否认思维规律或者(甲)这样的判断的客观基础是资产阶级的逻辑思想。根据这一看法来使正确性和真实性分家也是属于资产阶级逻辑思想的范围的。

有一点我们可能会产生误会。我们说(甲)这一判断是不靠它的组成部分(1)(2)(3)的真实性的。这可能会产生蕴涵是可以任意断定的印象。蕴涵是不能够任意断定的。很

明显，我们就不能断定这样的蕴涵：如果 PAM(1)，SAM(2)，那么 SAP(3)；我们也不能断定：如果 MAP(1)，SEM(2)，那么 SEP(3)。这两个判断都不正确，都不真实。它们的不正确性也不是建立在(1)(2)(3)的不真实性上面的。很可能(1)(2)(3)当中有真实的判断，然而就整个的蕴涵说，这些都不是真实的。它们不正确，因为它们没有反映并且还违背了客观事物的必然性，客观事物的规律。蕴涵判断不是随便下的。(甲)这样一个判断底正确性是建立在它本身的真实性上，而它本身的真实性不靠它的组成部分(1)(2)(3)的真实性，而是靠(1)(2)和(3)的关系正确地反映了客观事物的必然性的。

上面是从蕴涵这一方面来论证像(甲)这样的形式逻辑的规律的正确性和真实性是统一的，并且还肯定它们的正确性是建立在它们的真实性上面的。

二

下面我们要从“所以”提出这一问题。我们要重新提出一下蕴涵和推论的不同，“那么”和“所以”的分别。“如果——那么”这样的判断不肯定“如果”之后的前件是真的，也不肯定“那么”之后的后件是真的，它所肯定的是，前件和后件的关系正确地反映了客观事物的必然性、规律性。“所以”就不同了。我们用(乙)来表示：

(乙)MAP(1)，SAM(2)，所以 SAP(3)。

“所以”不只是要求(1)(2)和(3)的关系反映了客观规

律而已。它确实要求这个,但是它不只是要求这个而已。它还要求肯定(1)(2)的真实性。这一点非常之重要。不肯定(1)(2)的真实的话,(甲)判断中的前件就只是前件而已,不是前提,(1)(2)既不是前提,"所以"就不能肯定,后件也就不是结论了。"所以"既不能说,推论当然就不存在了。我们不能以为凡是有"那么"的地方,我们就可以跟着说"所以"。"如果我昨天死了,那么我昨天也停止呼吸了",这个判断千真万确,这个蕴涵是亿万个人所证实了的。我想没有人跟着说"我昨天死了,所以我昨天停止呼吸了"。我之所以挑上了这样一个例子,就是因为前面那个蕴涵是任何人所不能驳倒的道理,而后面那个"所以"又是任何人所不能承认的胡说。这是鲜明的对照。谢天谢地,有智慧的劳动人民是不会跟着"那么"就急急忙忙来肯定"所以"的。我不敢说,可是我猜想在中国逻辑史里就没有人把"那么"和"所以"混淆起来。现在的逻辑工作者当中确实有人把"那么"和"所以"混淆起来了。一部分正确性和真实性分家的说法是混淆蕴涵和推理的结果,是混淆"那么"和"所以"的结果。

我不同意周谷城先生在1956年《新建设》第2期第58页上所提出的:"凡金属是不能熔解的","金子是金属","故金子不能熔解";"社会发展是不一定有阶段可言的","中国社会的发展是一种社会发展","故中国社会发展是不一定有阶段可言的"。我认为在这两个地方,周谷城先生都不能说"故"。我不同意沈秉元先生在1958年《新建设》第7期第56页上所举出的例子:"所有的金属都是液体;铁是金属;所以,铁是液体","所有的金属都是液体;水银是金属;所以,水银

是液体”。我不同意沈秉元先生在这里说的“所以”。1958年《新建设》第8期第60页上，一兵同志说“任何国家是爱好和平的；美国是资本主义国家；所以，美国是爱好和平的”这句话当然是不合事实的，是错误的，这一点一兵同志和我没有分歧是不待言的。但是一兵同志却认为“这个论式是合乎形式逻辑的”，我不同意这一说法。在这里，一兵先生不但不能说“所以”，而且也不能说“那么”，作为一个三段论，这个例子犯了四名词的错误。我认为这里所举的例子，都没有满足“所以”这个形式的要求。周谷城先生和沈秉元先生都认为他们所举的例子当中，“形式”是对的，内容错了。我不同意这个看法。我认为在这些例子中，不但内容是虚伪的，而且形式也是错误的。他们心目中所想的形式，可能是蕴涵的形式，可能是“如果——那么”的形式。果然如此的话，我是同意的。“如果金属是不能熔解的，而且金子是金属，那么金子是不能熔解的”。“如果社会发展是不一定有阶段可言的，而且中国社会的发展是一种社会发展，那么中国社会发展是不一定有阶段可言的”。沈秉元先生在举了上述的例子之后，接着就说，“形式”是正确的，如果他说的形式是“如果——那么”，“如果所有金属都是液体；而且铁是金属；那么铁是液体”，“如果所有的金属都是液体；而且水银是金属；那么水银是液体”，那么我同意，可是原来例子的形式也是错误的。在这些例子中，“那么”虽然可以肯定，“所以”是不能肯定的。肯定“所以”，就等于肯定了这些“如果——那么”当中的前件。周谷城先生是不是肯定了他的例子的前件呢？沈秉元先生是不是肯定了他的例子当中的前件呢？我们是不是肯定了这些前件呢？没有。我们既没有肯定这些前件，它们就只是前件，而不是前提。“所以”是跟着前提说的，这是“所以”的要求，这是推论的要求。我们既没有通过肯定前件内容的真实性，从而把前件转化为前提，我们就不能跟着上面所说的“如果——那么”肯定“所以”。我认为在这些例子当中，“所以”都是错误的。

上面说“所以”是错误的，不只是说内容的虚伪而已，而且是说形式的错误。根据上面已经说过的，“那么”和“所以”是两种不同的形式。它们的要求是不一样的。“如果——那么”的要求是前件和后件有蕴涵的关系，“所以”不是只要求前后件的蕴涵关系而已，而且还要求肯定前件的真实性。这一要求不满足的话，我们是不能够单独地根据“如果——那么”通过“所以”把后件当作结论来肯定的。不肯定前件，我们虽然在形式上能不犯错误地肯定“那么”，然而在形式上不能不犯错误地肯定“所以”。在这里，我们不妨引用假言推论所明确地承认了的原则：承认前件就承认后件。“如果甲是乙，那么丙是丁（一），甲是乙（二），所以丙是丁（三）”。单独地肯定（一），我们是不能接着就肯定（三）的。肯定（一）之后，非通过肯定（二），在形式上也是不能够肯定（三）的。我们现在看看（甲）（乙）两个判断的关系。

（甲）如果 MAP（1），而且 SAM（2），那么 SAP（3）。

（乙）MAP（1），SAM（2），所以 SAP（3）。

（甲）（乙）的关系是什么样的关系呢？它们实际就是上述假言推论的例子。（甲）的前件相当于上述的（一），（乙）的前提相当于上述的（二），（乙）的结论相当于上述的（三）。

没有（二）是不能有（三）的。这也就是说，就是在形式上，不肯定（乙）的前提，是不能够肯定（乙）的结论的。这就是说，单独地肯定了（甲），不通过肯定（乙）的前提，我们在形式上是不能够肯定“SAP”的。这也就是说，我们在形式上虽然能够肯定（甲）这一判断中的“如果——那么”，然而要肯定（乙）这一判断中的“SAP”，我们还得要肯定（乙）前面所说的MAP，SAM。没有这个肯定，“所以”在形式上是错误的。

蕴涵和推论的形式，是不同的，是不能混淆的。“如果——那么”肯定前件与后件的蕴涵关系，它反映了客观事实的规律。“所以”不但要肯定前后件的蕴涵关系，而且要肯定前件的真实性，从而把前件转化为前提，并且通过肯定前提用“所以”的形式把后件肯定为结论。周谷城先生和一兵同志认为只要我们能够肯定“那么”，我们就能够肯定“所以”，因此一切正确的“那么”都成为“正确”的“所以”了。其实有些正确的“那么”并不是正确的“所以”，有些正确的前件并不是正确的前提。正确的前件可以不是我们所肯定其真实的判断，它虽不真实然而它仍是正确的前件。正确的前提一定是我们肯定其真实的判断，不然的话，它不是前提。周谷城先生和一兵同志把蕴涵混淆为推论，把“那么”混淆为“所以”，把前件混淆为前提，这样一来，不是前提的前件被认为是前提了，不是“所以”的“那么”被认为是“所以”了，不是推论的蕴涵被认为是推论了，结果是周谷城先生自己所不能承认的“故”，他也只好承认了；一兵同志自己所不能承认的“所以”，他也只好承认了。（把“所以”混同于“那么”，把推论混同于蕴涵，这样，就取消“所以”与推论要求的肯定前提的真实性，这样就使真实性和正确性分家了。)

沈秉元先生是主张正确性和真实性的统一的。我同意他这一主张。但是,在上述的例子中,他同周谷城先生和一兵同志一样把“那么”和“所以”相混了,把前件和前提相混了,他也同样被迫把自己所不能接受的虚伪的判断当作结论肯定下来。按照他的主张,正确性和真实性应该是统一的,在“所以”上也应该是统一的。可是,按照他所承认的例子说,“所以,铁是液体”当中的“所以”是正确的,可是它是不真实的,而在“所以,水银是液体”当中的“所以”是正确的,但是,也是不正确的,因为结论虽然真实,然而不是必然地推论出来的。我虽然同意沈秉元先生的主张,然而我不同意他这里的说法。理由和上面说的一样,他把蕴涵和推论混淆起来了,其结果是“形式的正确性”“强迫”他接受了不真实的结论了。形式的正确性没有强迫周谷城先生和一兵同志,也没有强迫沈秉元先生去接受我们所不能承认的、事实上是虚伪的结论,只要他们区分清楚蕴涵和推论,前件和前提,“那么”和“所以”的分别。根据它们的分别,我们很容易看出,不论是在蕴涵或是在推论,正确性和真实性是统一的。把它们混淆起来,正确性和真实性就分家了。

按照这个说法,正确性和真实性既然统一,它们是否一个概念呢?它们不是一个概念。在具体的思维认识过程中,只要我们正确地反映了客观世界的事物,形式的对和内容的真总是统一的。但是我们的反映常常是错误的。有时错误主要是属于形式的,有时又主要是属于内容的。错误是可以纠正的。如果我们知道错误的性质,错误的来源,我们就可以根据错误的性质和来源把它纠正，来提高我们的思想认识。形式的对错和内容的真假，是有分别的。据我的印象，二者之间的分别没有人否认过，在本文我也不多谈。

论“所以”*

在《对旧著〈逻辑〉一书的自我批判》一文中，我曾经提到形式逻辑有没有阶级性是应该具体地研究的问题。当时我认为“所以”有时是有阶级性的。整个的形式逻辑问题，本文不提出，这问题太大了。我现在认为“所以”基本上是有阶级性的。本文就是对于这个看法作一个说明。文中所用的名词有的要事先规定一下。命题指的是用陈述句子表达的有所肯定或否定的，但是还没有断定的思想。这就是说，它可以只是思考着的思想，不过有一个限制，我们要求它是在具体的思维认识过程中出现的，而不是逻辑工作者在强调形式正确性时所制造出来的。判断是一个断定了的命题。例如我们断定了下面这个命题：“如果一张桌子是四方的，那么，它的四边相等。”在断定了它的条件下，它不只是一个命题，而且是一个判断；但是这个判断里面的“如果”和“那么”之后的都只是命题。本文所论的是“所以”，关于推理是否超过“所以”的范围，现在还有争论。本文常常要用推论两个字，但是，在用的时候，这两个字是限于有“所以”的推论的。有引号的“所以”

---

* 原刊于《哲学研究》1960 年 1 月。——编者注

是本文研究的对象，无引号的所以是本文讨论过程出现的内容。本文相当长，可能过分烦琐。作者虽力求简明，然而思想可能还不够清楚，文章离简明的程度还很远。

一、蕴　涵

在具体的思维认识过程中，蕴涵和"所以"都是重要的思维形式。"所以"是本文的主题，但是为了更清楚地了解"所以"起见，我们要提出蕴涵来讨论，作为对比。我们是从蕴涵的特点来表达"所以"的特点。有的同志对蕴涵是有警惕的，这是可以理解的。我个人就特别应该警惕。我从前有过对于蕴涵的看法。我是否通过蕴涵又回到老路上去了呢？这确实是我应该牢牢记住的。但是，蕴涵这一思维形式是具体的思维认识过程中的重要形式，它是需要我们研究的。思维认识过程中有谋有断。我们的谋断关涉敢想敢说敢做，关涉发动群众，关涉革命热情和科学精神结合等等。但就思维形式说，它们在谋断上是有相当的分工的。谋中免不了大量的蕴涵，断中缺不了"所以"。和谋断一样，蕴涵和"所以"是有密切联系的，可是它们的分别很大。我们要从蕴涵的特点来说明"所以"的特点。

蕴涵是可以分成好些种的。我所接触到的就有四五种。本文不限于已有的分类。下面所说的蕴涵是历史上有根据的蕴涵，是像正确地反映了客观规律的假言判断的前件中已经存在着后件那样的蕴涵。这句话里的"像"字很重要，以后要提到它。就语言上的表达说，蕴涵普通是用"如果——那么”,或“假使——就”这样的字汇表达的。用这样的字汇表达的关系可能很野,可能被唯心主义者利用来当作他们想入非非的工具。现代的资产阶级逻辑学家确实强调过这种关系,直接为他们的唯心主义形而上学的哲学服务,间接为资产阶级的阶级利益服务。这一点我们要警惕。但是就在现在,蕴涵也是劳动人民广泛地运用着的思维形式。这一点我们也得承认。研究蕴涵仍然是必要的。

历史上有根据的蕴涵现在不一定都正确;但是,我们现在以正确的蕴涵为例。正确的蕴涵正确地反映了客观规律、客观事物或事实之间的必然联系。这个必然的联系如果被反映出来了,而且被完整地表达出来了的话,是用一个假言判断或命题来表达的。在一个假言判断或命题里,“如果”和“那么”之后都是一组判断或命题。“如果”之后的我们叫做前件,“那么”之后的我们叫做后件。正确的前后件之间的关系就是正确地反映了客观事物或事实之间的必然联系的关系。这个正确的关系我们叫做蕴涵。请注意,这是完整地表达了客观必然联系的蕴涵。在下面,我们要表示蕴涵是不必为我们认识的,也是不必完整地表达出来的。这是以后的事。现在我们是利用完整地表达了出来的蕴涵来说明蕴涵的性质。我们这里所谈的蕴涵是正确的蕴涵,而正确的蕴涵是对客观必然性的正确反映。

我们继续引用完整地表达出来的蕴涵来说明蕴涵的性质。蕴涵既是反映客观规律的、客观必然联系的,它所着重反映的是这个联系的普遍性,而不是这个联系在特殊的环境中是否起作用。客观规律是普遍的,但是在此时此地条件下,它

是否起作用是另外一个问题。一个假言判断或命题是否正确要看前件、后件的关系是否正确地反映了客观规律，而不是看它的前后件各自正确地反映了客观事实与否。一个假言判断可以是正确的，然而它的前后件可能只是考虑中的命题，正确与否并没有断定，或者尚不知道。本段用以为例的蕴涵是正确的蕴涵，它的正确性是像正确的假言判断的正确性一样的。本文所坚持的正确性是像假言判断中前后件底关系正确那样的正确性。在举例的时候，作者力求使例子中的前后件各自正确，但是做得到与否现在不敢说。

以上只是提出了两点，一是正确的蕴涵是客观必然性的反映；二是蕴涵的正确性，是像假言判断中前后件的正确关系那样的正确性。关于蕴涵，我们要特别地指出下面的几个特点。

首先，我们要指出本文所说的蕴涵不只是正确的假言判断所断定的蕴涵。在这一点上，同志之间是有不同的意见的。本文所说的蕴涵，外延比正确的假言判断的外延要宽些。正确的假言判断所断定的固然是本文所说的蕴涵，可是，本文所说的蕴涵不必为一假言判断所断定。“地球是圆的”，在很早的时候已经断定了。在断定这一命题的同时，这一命题已经蕴涵着“如果我们向西方航行，我们最后会从东方回来”。这个蕴涵虽早已存在，可是，在长时期内并没有被断定。到15世纪的后半期，才出现“如果地球是圆的，那么，假使我们向西方航行的话，我们最后会从东方回来”。在这一假言判断里面的蕴涵已经存在了相当期间之后，这一假言判断才被断定。“有重量的东西是往下面施加压力的东西”，这是早就断定了的。在断定这一判断的同时,空气有重量这个发现已经蕴涵空气是往下面施加压力的;可是"假使空气是有重量的,空气是往下面施加压力的东西"这一假言判断直到17世纪40年代才有明确的断定。这些例子已经说明,蕴涵可以早就存在,而假言判断并不因此就被断定,或者假言判断的断定并不因此就发生。蕴涵和假言判断是不同的事情。

正确的假言判断正确地反映了客观规律或客观的必然性。一个正确的假言判断的根本根据就是客观的规律或必然性。但是就认识过程说,断定一个假言判断,有时是从直接研究已经证实了的判断来的。这也就是说,有时它是直接地从研究蕴涵来的。有些新发现是根据已有的知识,或者代表这个知识的已经断定了的判断,对它们的蕴涵做了研究而得到的。有些星星的发现是计算出来的。这个计算是根据已经发现的事实、已经得到的知识、已经断定了的判断和这些判断的蕴涵而作出的计算。科学家可以预先指出什么地方有星星,而我们也就在那个地方发现星星。假言判断的根本根据是客观规律或客观必然性。这一点不容歪曲,更不容否定。但是,就认识过程说,它可以直接来自客观的事实,也可以来自已有的知识、已经断定了的判断和这些判断的蕴涵。这也就是说,假言判断和蕴涵是不同的两件事情。本节第二段开始时我们就说,蕴涵是"像正确地反映了客观规律的假言判断的前件中已经存在着后件那样的蕴涵"。这表示我们利用假言判断来说明蕴涵,而蕴涵不就是假言判断。这是第一点,也是我们应该特别着重指出的一点。

其次,我们要分析一下,当我们说:"甲蕴涵乙"的时候,

“甲”只能是什么。这实在也就是问蕴涵是对什么说的。显然甲只能是判断或命题。这里也有直接和间接的问题。判断或命题所反映的是客观事实或客观可能性，因此，什么蕴涵什么这一问题，最后总回到客观规律或必然性。但是，就认识的直接对象说，甲只能是判断或命题。“甲蕴涵乙”说的只能是：一个或一组判断或命题蕴涵另一个或一组判断或命题。这里说的是正面的道理。就蕴涵和“所以”的分别说，反面的道理更为重要。蕴涵不是人在那里蕴涵，蕴涵的主词不是人。蕴涵不是人的事情，不是认识者的事情，不是逻辑工作者所做的事情。认识者不能说：“让我们来蕴涵一下吧！”逻辑工作者不能说：“让我们作出一个蕴涵吧！”也许有人会说判断或命题都是人作出来的呀！不错，人们根据客观的事实断定了或思考了一个判断或命题。可是，在断定了或思考出判断或命题之后，它们有相对独立性，它们蕴涵别的判断或命题与否，不是断定者或思考者的事情。“地球是自转的”这一判断是人断定的，它蕴涵什么是根据客观事实而确定的。这根本不是人去蕴涵什么，更不是人去要它（原判断）蕴涵什么。这一点非常之重要，也是头一点的继续。在提出这一点之后，蕴涵和假言判断之为两件事就更明白了。假言判断是人断定的，蕴涵根本就不是人所断定的事情。

再次，蕴涵是客观的。这里说的客观性是就来源、存在和根据说的。说蕴涵是客观的，当然不是说“所以”不是客观的。在这里我们先肯定“所以”也是客观的。但是，它的客观性和蕴涵的客观性不一样，蕴涵的客观性基本只是它所反映的规律，或必然联系的客观性。这二者之间是有分别的。

"'地球是自转的'蕴涵'在赤道上的居民每二十四小时内移动了七万五千里'"。这个蕴涵的客观性和它所反映的规律的客观性有不一样的地方。这个客观的规律已经存在了好些亿万年,对原始爪哇人说,它也是客观的。但是,对原始爪哇人说,"地球是自转的"这一判断还没有断定,断定它还要过几万年。对原始爪哇人说,这个判断的蕴涵还不存在。它的蕴涵的客观性就时间上的存在说和规律的客观性是有分别的。可是,在"地球是自转的"断定了和地球的大小发现了之后,它的蕴涵的客观性和它所反映的规律的客观性是一样的。今年 3 月 28 日我搬进城了。把一张书桌搬进了书房,也就要把一件家具搬进了书房。我注意桌子,有的同志注意家具,情况不同。反映前一情况的判断或命题蕴涵反映后一情况的判断或命题。在这里蕴涵的客观性和事实的客观性是完全一致的。

最后一点,也许用不着提出,它是第一、第二、第三的继续。但是,提出来有好处。蕴涵的存在是不靠认识的。这是客观性的最基本的内容。判断和命题当然是靠认识的,不认识它,不会去断定或者考虑它。但是,断定了或考虑了一个判断或命题之后,它蕴涵什么?我们也许知道,也许不知道。知道也好,不知道也好,它是存在的。"地球是自转的"在地球的大小发现了之后早已蕴涵"在赤道上的居民每二十四小时内移动了七万五千里"。认识这一蕴涵是后来的事。同时,认为有"蕴涵"也不能使蕴涵存在。三十六年前,有一个人认为"地球是自转的"蕴涵"在北极上的人头晕"。这是不正确的。尽管这个人有这样的"认识","地球是自转的"没有这个蕴涵。对于蕴涵，我们只能问它有没有存在还是不存在，在具体的思维认识过程中，有的时候有实际上存在而我们没有认识到或思考过的蕴涵，有的时候也有实际上不存在而我们以为它存在的“蕴涵”。后面这一情况是我们犯了错误。

上面的例子是就正确的蕴涵说的。下面提到的是历史上有根据的蕴涵。这些蕴涵中有的现在仍然正确，有的现在可能不正确了。尽管如此，它们在历史上仍然有根据，它们是根据当时的充足理由或科学水平而承认的。

二、“所 以”

蕴涵和“所以”是不同的思维形式。本文通过它们的不同点来说明“所以”的特点。本文谈的是“所以”，有时要用推论两个字，这两个字在本文是限制在以“所以”为核心的推论。周礼全先生认为推论有时是没有“所以”在内的。这一点我要继续研究，可是在本文我们不作这一方面的争论。既然如此，本文也不用推论两个字，这两个字的含义可能没有“所以”这样一个内容。本文所说的推论都是“所以”。本文所谈的“所以”不限制到三段论。在举例的时候，我们可能举三段论的例。下节我们要举一个历史上的例子。这个例子原来不是以三段论的形式出现的，但是，我们还是用三段论的形式来表达一下。尽管如此，本文的“所以”仍然不限制到三段论。“所以”的最后根据是客观规、客观必然性。它的直接根据是判断的断定。“所以”是从一个或一组判断或命题的断定到另一个或一组判断或命题的断定这二者之间的过渡。我们的行动有时是有“所以”的。看见对面一辆汽车飞速前来，我们急忙站在一边。这一行动显然不只是因果关系中的果而已，它是根据已有的知识和对当前事实的认识而作出的行动。我们可能不说什么，但是，如果我们说出解释的话，我们的行动实在是结论。这就是说，行动中的“所以”仍然是从一个或一组判断或命题的断定到另一个或一组判断或命题的断定这二者间的过渡。研究“所以”就是研究这个过渡。

在以前写的文章中，我认为“所以”这一思维形式要求两个条件。一个条件是前提与结论之间要有有根据的蕴涵关系。这里可能有争论。三段论是直言推论，这一点我当然承认。在主观上我也没有否认过。我没有主张在三段论的两前提之外还要加上一个假言判断作为前提。果然有这样一个主张的话，我确实是要把一个直言推论转化为一个假言推论了。但是，我没有这样一个主张。我从前的表达方式可能是有毛病的，它可能给读者以坚持这样一个主张的印象。这个主张我确实没有。但是，我确实主张前提和结论之间要有有根据的蕴涵关系。我现在仍然认为前提与结论之间非有这种蕴涵关系不可。一般的“所以”有这个要求，三段论中的“所以”也有这个要求。这是不是排斥了三段论所反映的类与类之间的包含关系呢？它并不排斥。不但不排斥，而且提出类与类之间的包含关系，更确切地说明了前提与结论之间有蕴涵关系。

“所以”的第二个条件是断定前提的内容正确性（即从前说的真实性）。在这里我要提出几点解释的话。首先断定前提的正确性不等于前提的正确性。前提的正确性说的是前提正确地反映了客观事物、客观规律；反映正确，前提就正确。

断定前提的正确性是相对于断定者的认识的。而断定者的认识是有认识根源和阶级根源的。认识根源关涉到一个时代的科学水平。从前的人认为太阳是绕着地球转的,我们现在认为这是错误的,但是,从前的人错了吗？他们没有当时的充足理由吗？我认为他们当时有充足的理由。在当时,这一判断是可以断定的。现在看来,这一判断是不正确的,不能断定的。我们现在的水平提高了,我们不能够再断定这个判断了,不能再以它为“所以”的前提了。地主剥削农民,依靠农民养活,反而说成是他们养活农民。对于这个事实,地主和农民之间有完全对立的判断。怎样解释呢？我们马克思主义者,我们的观点是唯物主义的。我们只能承认立场不同,观点也不同,我们决不能说立场不同,事实也不同。事实仍然是事实,但同样是事实,阶级立场不同的人可以作出不同的判断。我们的判断正确,他们的判断不正确。但是,他们判断不正确,难道他们就没有“断定”吗？当然不是。事实是他们的观点反动,“断定”了一个错误的判断。断定前提的正确性和前提的正确性是不同的。

在讨论的过程中,有人提出,断定前提的正确性这一要求太着重主观了。这是错误的。主观因素可能存在,我们不能否认这种可能性。但是,我们着重提出的是:“所以”的条件之一是断定前提的正确性。我们说的断定不是主观的。

也许有人会问:按照你的说法,判断是一个命题的断定或一个断定了的命题。你有时在判断之间加上“断定”两个字,这不是多余吗？我们认为这不是多余的。判断的断定常常是重复的。在“所以”之前的判断总是要重新断定的。“所以”

所要求的不只是一个断定了的判断而已，而且是一个判断的断定。上面说的“所以”的两个条件，作者仍然坚持。

我们要分析一下，“所以”究竟是怎么一回事。在讨论甲蕴涵乙的时候，我们说甲代表一个或一组判断或命题，乙也是，蕴涵乙的是甲。在这句句子里，蕴涵是动词，蕴涵的是甲，被蕴涵的是乙。“所以”显然没有这种情况，在“甲‘所以’乙”中，既不是甲在那里“所以”乙，也不是乙在那里被甲所“所以”。“所以”普通不是作为活动看的，作为活动看的是推论。推论显然也不是一个或一组判断或命题在那里推论。蕴涵的主体是判断或命题，不是人；推论的主体是人，不是判断或命题。这一点，我们一开始就必须承认。这是头等重要的事。许多问题都是从这里产生的。

在讨论蕴涵的时候，我们曾指出断定一个或一组判断或命题之后，该判断或命题蕴涵些什么是客观地存在着的，它的存在不是断定者的问题，蕴涵存在与否是可以从该判断或命题本身去分析、发现和断定的。从该判断或命题所反映的客观规律或客观必然性着想，问题也是一样，我们是可以从客观事物本身去发现它的规律或必然性的。这当然不是说问题简单。所谓本身可能很复杂，就是说在分析它研究它时，可能很困难。但是，蕴涵是可以从判断或命题本身，或者从它所反映的客观规律或必然性本身去分析、研究、发现和断定的。推论可不同了。它不是单从判断或命题，或它所反映的客观规律或必然性本身所能发现或产生的。蕴涵虽然是推论的条件之一，没有蕴涵虽然不能有推论，然而有蕴涵，不必有推论。

推论在本文就是“所以”。其所以用两个名词，只是照顾语言习惯而已。推论被看作是活动，因此联系到“作出”或“发生”的时候，说“推论”比较自然些。“所以”是断定前提到断定结论的过渡。作为断定主体和二者的关系看，说“所以”又自然些。“所以”的另一条件是断定前提的正确性。断定是人的断定，“所以”是人的过渡。这个过渡是一件怪事。它是断定前提到断定结论的过渡，可是，它又是“逻辑”和历史的桥梁。它跨在两个领域上，一个是历史的事实，一个是思维的可能。“所以”接受思维的可能条件，但是，不完全为这个可能条件所支配，它是历史的条件决定的，它是在历史的条件下体现思维可能的规律的。逻辑和历史的统一和分别是很大的问题。作者学力不够，不能够作全面的探讨。但是，在“所以”或推论这一问题上，我们不能不涉及这两个领域。“所以”的两个条件都必要，可是，就推论在历史上发生与否说，它们都不充分。兹以下面（一）（二）两个判断来表示“所以”的两个条件都不充分。（一）“甲蕴涵乙”；（二）“甲的断定不蕴涵乙的断定”。（一）（二）两个判断是可以同时断定的。这实在是说，在甲蕴涵乙和断定了甲的正确性这两个条件下，断定乙这件事虽可以发生，然而并不一定发生。从甲推论到乙，总包含甲的断定和乙的断定。乙的断定既然不必跟着甲蕴涵乙和甲的断定这两个条件而产生，在满足了上述的两个条件的时候，推论也不必产生。我们可以用另一方式来表达这个情况。我们介绍（三）这个判断：“断定甲蕴涵断定乙”。显然（一）“甲蕴涵乙”并不蕴涵（三）“断定甲蕴涵断定乙”。在断定（一）和断定甲的情况下，推论不一定发生。请注意，在这里我们不是说在这两个条件下，乙这判断和命题不是必然的或没有必然性，我们说的是推论不一定发生。

上面我们已经把问题提出来了。为了更清楚地了解“所以”起见，我们提出下面三点。

首先，我们要提出“所以”的基础。“所以”的基础就是上面说的两个条件：一是“所以”的依据之一，即有根据的蕴涵；二是“所以”的依据之二，即断定前提的内容正确性。就正确的“所以”说，这两个条件是正确的，这也就是说，都是客观的。但是，“所以”可能不正确，而它不正确的理由，可能是它的基础不客观，而这又可能是它所依据的蕴涵不正确或者它所依据的前提内容不正确。这可能是大部分的同志所谈的所谓正确性和真实性的问题。我们现在不讨论这个问题。在这里我们只说正确的“所以”的基础是正确的，这也就是说，它是客观的。这一点很重要，不仅蕴涵是客观的，正确的“所以”的基础也是客观的。正确的“所以”的最后根据，即它的基础的根据仍然是客观的事物和客观的规律。这一点很重要。但是，在这里我们所着重的还不是这一点。我们着重的是“所以”的基础是一件事，而“所以”的出现是另外一件事。虽然可以作出推论，可以出现“所以”的基础虽然存在，然而“所以”不一定出现，推论不一定作出。在本文这一点非常之重要。这一点下面再讨论。我们在这里要提醒读者一下。这里说的基础，包含断定前提的真实性，或内容正确性。不能断定其内容正确的命题当然不属于“所以”的基础。“所有的金属都是固体”，“水银是固体”，“水银是金属”这一组虚伪的命题在现在不是推论，没有“所以”。

其次，我们要提出推论的作出或“所以”的出现。这是一

件事情，一个活动，它有发生与否，何时发生的问题。断定前提的内容正确性也是一件事情，一个活动。有时这两件事情连接在一块发生，有的时候前提的内容正确性虽然断定了，这就是说，这件事已经发生了，推论仍然不发生，“所以”仍然不出现。本段所谈的是后者。推论的发生是有历史条件的。阶级斗争的存在在马克思主义以前是考虑过的，但是，作为前提来进行推论只是在马克思主义出现以后，并且只是在特定的阶级中才发生的事情。推论发生与否，“所以”出现与否，是要看从前提的断定到结论的断定之间的过渡是否成为事实。这个过渡是否成为事实是靠推论者（说的不限制到个人）的充分理解的。单单断定了一个判断，而没有充分地理解它，我们只能停留在该判断上，而不能够把它转化为前提。充分的理解是靠历史上起推动作用或起阻碍作用的因素的。充分的理解是靠深入的研究的，而深入的研究有时有在历史上是否提到日程上来的问题。“由西方出发可以达到东方”是早已空想过的。但是，提到日程上来研究它是在欧洲通往远东的那条路中断了之后才出现的事情。有了这样的推动因素，到了16世纪，地球是圆的才成为确实可靠的结论。历史上也有起阻碍作用的因素，“自然讨厌真空”这样一个思想曾经阻碍了气压学说在16世纪的发展。这还只是思想上的阻碍，别的阻碍还很多，在这里我们就不提了。无论如何，推论究竟发生与否是有历史上的原因和条件的，而这原因和条件也是客观的。正确推论的基础是客观的，推论发生与否也是有客观原因的。但是，尽管如此，它们是两件不同的事情。这个不同点特别重要。我们的主题推论是发生了的推论，而不是**可以**作出推论的基础。

最后,我们要提出“所以”的存在问题。上面两段说的是“所以”的基础有客观根据,推论之所以产生有客观原因。在上一节里我们认为蕴涵是客观的。蕴涵和“所以”的客观性不同,但是,它们都有客观性这一点是相同的。但是,就存在说,蕴涵和“所以”就很不一样了。蕴涵不是人的蕴涵,它的存在也不靠人的认识。“所以”是人的过渡,推论是人作出来的。在过渡没有成为事实,推论没有发生的时候,推论就不存在。这就是说,在具体的思维认识过程中,在特定的时间、特定的地点、特定的问题上,认识主体没有作出推论,没有发生推论,不存在推论的话,在该时该地该问题上推论不存在。在这里我们当中有的可能一想就想到个人。这里说的可不是个人。推论的发生是有时代性的。关于人造卫星和人造行星的推论,是在1957年之后才大量地出现的,而在1850年前就是个别的推论也没有出现过。在对立的阶级之间,一阶级所作出的推论常常是另一阶级所不作的。后一阶级既不作出这些推论,在该阶级的思维认识中,这些推论是不存在的。也许有人会说,这未免把人的本领说得太大了吧!作出推论,推论就存在,不作出推论,推论就不存在。事实确实如此,我们也没有办法。在这一点上,作出推论或作出别的事情是一样的。我们这些旧知识分子没有打过游击战,在我们的生活中,游击战是不存在的。推论虽然有两方面的客观性,然而它究竟是人作出来的。不作出推论,推论就不存在。

可是,问题又来了。有的同志会说,你说的是具体的推论,形式逻辑所说的是推论这一形式。这一问题既然提出,我

们有必要在下面第六节来讨论。内容和形式是不能分的。在研究过程中，逻辑工作者要作抽象的研究，他确实让形式暂时地脱离了它的内容。但是，所谓“暂时脱离”，我们认为只有第六节所讨论的那种脱离法。形式根本不能脱离它的所有或一切的具体内容，它只能脱离这一具体的内容或那一具体的内容，而在脱离这一或那一具体的内容的时候，形式是和别的具体的内容密切地结合着的。在研究过程中，逻辑工作者是把思维形式当作对象来研究的。当它只是对象的时候，它也只有上述的脱离法。它只暂时是对象，不能长远地永久地成为对象。它是从具体的思维认识过程中来，而又回到具体的思维认识过程中去的。回去了的形式已经不是对象了。回可能回错了。这就是李世繁先生所提出的问题。我不同意他的看法。错误的责任在我们，不在思维形式。无论如何，正确的推论在具体的思维认识过程中“出现”、“发生”、“被作出”的时候，推论形式和它的具体内容都“出现”或“发生”或“被作出”了。有些逻辑工作者可能觉得“奇怪”，可能会想到思维形式无所谓“出现”、“发生”或“被作出”。这个想法是错误的。按照这个想法，我们就会被迫承认没有内容的形式，没有个别的一般，没有具体的抽象了。这样的东西显然是没有的。

在这一点上，蕴涵和“所以”也是有分别的，它们的分别不在于形式和内容的分离。形式和内容不能分离，不但在“所以”如此、在蕴涵也是如此。蕴涵和“所以”的分别在于：在具体的思维认识过程中不认识一个蕴涵，该蕴涵存在；因此该过程中有它，虽然认识主体没有认识它。在具体的思维认识过程中，不作出一个推论，该推论不存在。在不认识一个蕴涵的时候,这个蕴涵的具体内容存在,蕴涵的形式也跟着这个内容的存在而存在。在不作出一个推论的时候,这个推论不存在;不但是这个推论的具体内容不存在,这个推论中的形式也不存在了。从这一点出发,一系列的问题都可以提出来。可是,在这里我们不提出更多的问题了。有些问题显然是应该在以后提出的。

三、一个历史上的例子

在本节我们要结合一个具体的例子来讨论蕴涵和“所以”。在叙述历史方面,我们说“什么什么在哪一年发明或发现”、“什么思想在哪一年出现”,有的时候指的是发明、发现本身,有的时候指的是文章的发表时期。下面的例子主要是关于重量、空气的重量和气压的问题。

好些东西之有重量是人们早就发现了的。人们早就发现,有些东西当我们往上提的时候,它们往下压,我们上提的困难和东西往下压的力量成正比例。有重量的东西就是往下压的东西。这是人们早已发现了的。作为判断,这一判断是人们早已断定了的。可是,这个判断的蕴涵并不是很早就搞清楚了的。空气之有重量也许早就发现过,不过就我所知道的材料说,在西欧这是在公元1630年让·雷发现的。在阐明空气有重量那篇文章里他举了好些理由。这些理由不是我们的事,在这里我们不谈。无论如何,让·雷在1630年已经发现了“空气有重量”。在这个发现的同时,他不能不知道“有重量的东西是往下压的东西”,这两个判断蕴涵“空气是往下

压的东西”。在1630年这个蕴涵已经存在。但是让·雷并没有认识这个蕴涵。假如他认识这个蕴涵的话，他可以把这两个判断安排成三段论式的前提而作出推论：“有重量的东西是往下压的东西，空气是有重量的东西，所以空气是往下压的。”他还可以进一步推到水面上既然有空气，水面上也有往下施加压力的东西。可是，他没有作出这个推论来。在这个情况下，在他的具体思维认识过程中，这个推论不存在，和他同时的人也没有作出。可以作出这一推论而没有作出这个推论的理由只能在历史中去找。

在1638年，伽利略的关于两门新科学的对话发表了。这本书有两段是讲抽水的。参加对话的是伽利略的朋友和追随者，一个是萨骨利多，另一个是萨维亚替。萨骨利多提出了他的问题。他用抽空气的办法，把水管的空气抽出，让水进入水管。只要管子里水位（离水平线）的高度（或管子的长度）不超过34尺（英尺），这个办法就行得通。但是，如果管子里水位超过了34尺，水就抽不上来。他以为他的机器有毛病，他找了一个工人来修理抽水机。请注意下面这一点，一个科学工作者在当时所不知其存在的事实，一个工人早已发现。这个工人说，问题不在抽水机而在水位超过了34尺。超过了这个限度，无论用多好的抽水机，都没有办法。这是萨骨利多提出的问题。他自己的解释，我们在这里不提。针对这一问题，萨维亚替提出这样一个意见：当我们量出水管里34尺高的水的重量，我们就可以得出管子里真空的抵抗力量，这个意见是承前启后的。它承认了以前的理解。水在空管子里上升是因为“自然讨厌真空”。这是长期保留了下来的说法。在发现上述事实之后问题发生了，自然讨厌真空为什么只到 34 尺的程度？为什么到了那个程度自然就不讨厌真空了呢？萨维亚替的意见实在是说，水升到 34 尺的时候真空就开始拒抗水的上升，他没有脱离自然讨厌真空的思想。但是，他的意见是有极大的启发性的，他把水上升的高度和重量联系起来了。这一联系使得当时的科学家能够把抽水管内的水的上升和空气的重量联系起来了。

上面说的联系固然重要，但是，单有这个联系，“气压”这一概念还是不容易产生的。让·雷虽然发现了空气有重量，然而空气究竟是不容易衡量的。更重要的是当其时人们认为“空气很轻”，空气既然“很轻”即令有重量，重量也就可以忽略。但是，空气“很轻”使人容易产生一个笼统的想法。在空气中衡量空气本来就困难，而所衡量的又是少量的空气，大量的空气是不是仍然“轻”呢？空气虽然轻，然而压在我们身上的压力是不是也轻呢？

1644 年，托利彻里在一封信里面指出，曾经有人估计地球上空气的厚度达 50 或 54 英里。这个思想不知道是什么人发现的，也不知道在什么时候发现的。托利彻里不同意这个估计，他认为 50 英里可能过高或过厚。但是，尽管如此，“我们仍然生活在很深的空气海洋里”。空气的厚度总有好几十英里吧！小量的空气，例如一个酒瓶子里的空气，虽然压力小，然而压在我们头上的那么厚的一层空气，压力就不小了。托利彻里的计算是：空气的重量是同样多的水的重量的四百分之一。这个压在水面上的力量就不小了。有了这样一个思想，托利彻里就能够把水面上或水银面上空气往下压的压力认为是在空的玻璃管（玻璃的发明对自然科学是非常之重要的事情，但是，在这里我们不提技术方面的许许多多的条件）里水或水银上升的原因，而在这一问题上，他就可以反对“自然讨厌真空”这样一个说法。托利彻里是发明气压表的人，可是“气压”这个概念还有不明确的地方。

托利彻里提到了空气的压力在平地和在高山上是不一样的。巴斯卡儿也提出这一问题。如果水或水银在管子里上升的高度在平地和高山上是一样的话，那么，上升的原因究竟是否是气压还是成问题的。托利彻里没有想办法解决这个问题。这个问题是巴斯卡儿解决的。他想，空气的压力在高山上比在平地上要小些。如果在高山上空气压力小的条件下，水银在管子里上升的高度减少，而在平地上，空气压力大的条件下，水银上升的高度增加，这就证明它上升的原因完全是空气的压力。同时这也彻底粉碎了“自然讨厌真空”的说法。自然显然不能在平地上讨厌真空讨厌得多些，而在高山上又讨厌得少些。巴斯卡儿设计了一个试验请他的亲戚（住在近高山的城市的一个官员）去进行。这个试验在 1648 年进行，结果完全证实了巴斯卡儿的看法，在山上水银只上升 23 英寸多，而在平地上水银上升到 26 英寸多，差别达到 3 英寸。可见水银上升的原因只是空气的压力而不是什么“自然讨厌真空”。

上面叙述的是由 1630 年空气有重量的发现，到 1648 年气压这一科学概念的形成这一过程。我们在这里说得简单，历史上的事实要复杂得多。可是，我们所研究的是“所以”或者推论。我们在本节虽然是就历史上认识发展过程来研究推论,然而我们所研究的究竟是推论或“所以”。下面我们还是要回到研究的主题上去。

首先,我们要指出,在让·雷于 1630 年发现了空气有重量之后,“空气有重量”这一判断已经蕴涵了“空气是往下压的东西”或者“空气是往下面施加压力的东西”。我们这样说有没有理由呢?我想我们是有充分的理由的。我们的问题是“空气有重量”和“有重量的东西是往下压的东西”这两个判断里有没有或存在不存在“空气是往下压的东西”。有就有,没有就没有。我们不能说前一判断断定之后没有蕴涵,而到 14 年之后这一蕴涵才产生,或者 18 年之后这一蕴涵才产生。蕴涵和认识蕴涵是两件不同的事情。14 年后托利彻里认识了这个蕴涵,18 年之后巴斯卡儿更深入地认识了这个蕴涵。但是他们所认识的对象不是、而在原则上也不能够是他们在认识中所创造的原来没有的东西。他们所认识的是本来有的,而就他们的认识说是客观的东西。这是很明显的道理。可是,有的人还是会说:你把蕴涵绝对化了。上面说的蕴涵是相对的。我们说一点也不错。没有那两个判断,上述的蕴涵不存在。可是,我们已经指出过重量的定义是早就断定了的。因此说在 1630 年断定了“空气有重量”之后,这一判断已经蕴涵“空气是往下施加压力的东西”,我们只说这一蕴涵而已。在牛顿和爱因斯坦之后,所谓“重量”有新的含义。但是,我们决不能说在 1630 年之后,在 1648 年之前,“空气有重量”已经蕴涵牛顿和爱因斯坦所发现的规律。在那一段时间里,上述判断没有这一方面的蕴涵。蕴涵也是人类认识史中的事情。可是,它是相对独立的。在相对情况之下,它又是独

立存在的。在 1630 年之后，在让·雷发现了“空气是有重量的”之后，它已经蕴涵“空气是往下压的，或往下施加压力的东西”。这一蕴涵的存在是独立于认识主体的，这也就是说它的存在是独立于人的，是独立于让·雷，托利彻里，巴斯卡儿的。

这一蕴涵虽然存在，然而让·雷并不认识它。在 1630 年之后，人们“应该不应该”认识它呢？这要看“应该”如何说法。我们已经指出，我们就在那个时候已经可以把有关的判断安排成为三段论的形式，并且还是 AAA 的形式，而得出结论：“所有有重量的东西都是往下施加压力的东西，空气是有重量的东西，‘所以’空气是往下施加压力的东西。”如果那个时候的逻辑工作者把他们的研究和自然科学的实际问题相结合的话，他们可能帮助自然科学家大大地向前推进一步。但是他们没有这样做，也不可能这样做。这个推论虽然可以作出，然而直到 1644 年，这个推论没有被作出来。所谓“可以”作出只是就两个前提都已经断定说的。所谓“应该认识蕴涵”只是就蕴涵已经存在说的。但是，蕴涵在 1644 年之前没有被人们认识，从 1630 年到 1644 年之间，本段说的蕴涵已经存在，可以被认识，可是没有被认识；推论可以作出，可是没有作出。既没有作出，它也不存在。这里说的不是别的推论，别的推论虽然作出，然而不相干。就“空气有重量”发展到科学的“气压”概念这一过程说，我们认为 1630 年到 1644 年这一时期的思维认识情况就是上面所说的。

在 1638 年（指的是文件发表的那一年），一件重要的事情已经被发现了，同时对于这件事情，已经有了宝贵的联想。

这件事情就是抽气管里的水上升到了34尺就不再上升了。这是工人已经发现了(发现了多久我们不知道)而又转告给科学家的。在发现这个事实之前,人们一致认为水的上升是“自然讨厌真空”所致。可是,在这个事实发现之后,问题也发生了。为什么在34尺以下,自然那么讨厌真空,而在34尺以上自然不讨厌真空了呢?我们在这里要说明一下,发现这里所说的这件事实何以是一件重要的事情。它的重要性就在于它动摇了“自然讨厌真空”这样一个思想。这个思想不是单纯的自然科学方面的思想,它是古希腊的哲学思想通过亚里士多德而在欧洲流行起来的,也是通过阿奎那而为天主教所接受的。它虽然不是自然科学方面的思想,然而就我们以后的讨论说,更重要的,它是自然科学工作者所接受了的思想。就水管里水位上升这一具体问题说,它阻碍了自然科学工作者们的气压学说的建立,它认为是水位上升的原因,在1638年前它使科学家不去找另外的原因,而在1644年以前也没有找到真正的原因。上述发现的重要性就在这里。它动摇了“自然讨厌真空”这样一个思想。它使“气压”这个概念有出头的机会。在提出下一点之前,我们着重地指出:所谓“自然讨厌真空”阻碍了气压学说的建立实在就是说,一个哲学思想可以通过自然科学工作者的思维认识对科学学说的建立起阻碍作用。我们还可以进一步说,不但错误的哲学思想可以阻碍科学发展的作用,正确的哲学思想也是可以起推动作用的。

上面不只是说那个发现重要,而且提到对于那个发现在思想上和概念上也已经作出了宝贵的联系。这个联系就是萨

维亚替作出的。他把水上升的高度和上升的水的重量联系起来了。没有这一联系，水的上升、空气的压力和空气的重量是不容易联在一块的。我们在20世纪的五六十年代讨论这个问题，我们可能有一种“事后才来的先见之明”，可能把问题看得容易些。在当时，这个联想显然是不简单的。水位上升是一件事，空气有重量是另外一件事。而二者之间又横着“自然讨厌真空”这样一个根深蒂固的思想。看出水上升的重量，才能看出这个重量和空气的重量可能有直接的联系。看出这个直接联系，才有可能和“自然讨厌真空”这个思想作斗争。萨维亚替只作出前一联系而已，没有进行后一斗争。

就文献(1644年所写的信)说，这个斗争是托利彻里在1644年间开始进行的。同时他也认识了“空气有重量”蕴涵“空气是往下施加压力的”。他没有用我们这里说的形式来表达他的思想。他根本没有用“蕴涵”两个字。他只是很自然地从空气重量说到空气往下压。他不只是认识了这个“蕴涵”，而且断定了空气是往下压的东西。这在1644年的信里面是很清楚的。托利彻里在让·雷于1630年发现空气有重量之后，在1644年发现了空管里水位上升是空气的压力所致，而不是“自然讨厌真空”，从发现空气有重量到“气压”概念的初步形成花了14年的工夫。就科学发展本身说，好些东西我们都忽略了。我们所研究的问题不是这个发展本身，而是在这个发展中起阻碍作用的是“自然讨厌真空”这一思想。托利彻里不能不和这一思想作斗争，他开始了这一斗争。可是这一斗争是在巴斯卡儿手里才得到胜利，而科学的“气压”概念也才完整地形成。从让·雷的发现到巴斯卡儿的试验和论文一共有 18 年。

我们现在又要回到蕴涵和“所以”上来。在 1630 年之后,“空气有重量”已经蕴涵了“空气是往下施加压力的东西”和“水面上有往下施压力的东西”。这个蕴涵虽存在,然而它没有被认识。这个蕴涵是在 1644 年(只好用文件发表时的那个时间)开始被认识的。在 1648 年明确地被认识的。相应于这个蕴涵的推论也是在 1648 年开始作出和形成的,在 1644 年以前,它不存在。蕴涵存在了 14 年,推论还不存在。可是在 1644 年到 1648 年,推论作出来了。它虽然不是以三段论的形式作出来的,然而推论的一部分是可以用三段论的形式表示的,例如:(一)“所有有重量的东西都是往下施加压力的,空气是有重量的东西,‘所以’空气是往下施加压力的。”(二)“空气是往下施加压力的东西,水面上有空气,‘所以’水面上有往下施加压力的东西。”相应于这两个三段论的蕴涵早已存在,然而推论在十多年当中没有作出,本节前面的叙述提出了重要的理由。这就是在发现了水在空管子里上升的高度是有限制的,而这个工人的发现帮助了科学家把“自然讨厌真空”这一思想在水的上升这一问题上的阻碍作用粉碎了。但是,这个思想何以能起那样的作用呢?这一问题只好以后再提出讨论。

四、相对于科学水平

推论这一活动是认识中的活动,是认识史中的活动。人们的认识是有认识根源和阶级根源的,这二者是统一的。但

是，为了清楚明白起见，我们还要分别地讨论。首先我们提出认识方面的问题。认识的发展是由不认识到认识，由认识得少到认识得多，由认识得不太多到认识得很多的发展过程。认识是依赖于实践的，实践是它的基础，也是它的检验。它是在实践，认识，再实践，再认识，循环反复过程中发展的。认识有感性和理性的分别，而推论这一活动主要是理性认识中的事情。认识也有直接和间接的分别，而推论这一活动主要是间接认识中的事情，它是跟认识的发展而发展的。它是由量少到量多，由简单到复杂，由松懈到严谨这样一个方向发展的。认识推动了它的发展，而它的发展反过来又推动认识的发展。推论和认识既然是如此紧密地结合着的，我们也就只好把它们结合在一块来谈。无论如何，我们直到现在还没有以推论为主题的推论史。

认识和推论都是有积累性的。它的发展虽然不是直线式的，然而总的来说，这个发展是前进的。它有一种滚雪球的情况，越集越多，越滚越大。认识史我们知道得不多，推论史知道得更少。尽管如此，我们还是有线索可寻。社会发展史中起决定性作用的是社会生产方式，而社会生产方式发展中起决定性的因素是社会生产力。生产力的发展是和生产工具、动力的使用分不开的。由石工具到铁工具的发展是很慢的。石工具和铁工具使认识大步前进，它们也都涉及许许多多的推论，有些正确，有些不正确，而二者对工具的形成都有贡献。但是发展的过程是很慢的。在那个长时期内推论是不多的。由铁到钢也相当慢，比起由钢到现在的各种各色的合金要慢得多。动力的使用，由人力、畜力、初级火力、水力、风力、高级火力、电力、原子能的发展也是开头慢，后来快。每一新动力的使用都涉及许许多多的推论。这许许多多的推论也是伴随着动力的发展而多起来、快起来、谨严起来。在使用工具和使用动力的发展过程中，每一步都同时是认识的加深与提高，具体的表现就在不同时期的发明与发现。美国的路易斯·孟福德的《技术与文化》是一本反对历史唯物主义的书。但是在这本书的后面有一个发明、发现的清单，仍然可供我们参考：

11 世纪	4	12 世纪	9	13 世纪	10
14 世纪	12	15 世纪	15	16 世纪	37
17 世纪	58	18 世纪	72	19 世纪	210

这个清单的重点摆在西欧，所列举的也不穷尽。按照这个清单，在 11 世纪发明、发现只有 4 件，而在 19 世纪有 210 件。发明、发现的过程是一种滚雪球的过程。每一个发明、发现，从问题的提出到发明、发现的完成，不知道涉及多少假设和推论。认识越来越丰富，推论也就越来越多，越来越复杂，越来越谨严。

可是，上面的情况基本上是资本主义社会里的情况。至于在社会主义社会里，发明、发现的发展过程就不只是滚雪球而已，而且是万马奔腾的局面。去年一年的发明创造就不知道有多少。在水利方面，一年的成绩超过了以前的四千年，在发明创造方面，有类似的情形。社会主义社会的优越性在别的方面既然是那么显著地表现出来，在发明、发现方面也不能例外。苏联的情况更是如此。我们不习惯于把人造卫星和人造行星当作一个综合的事情看待，这是可以理解的。但是，只要我们想一想这些事情的复杂性，它们所涉及的科学水平、技

术水平、组织能力、协作能力和马克思列宁主义的自觉的运用，所涉及发明、发现一定是很多很多的，推论一定也是空前地丰富的。就整个的认识的发展史说，推论是以愈来愈快的速度前进的。

但是，在推论的发展中，有些因素起阻碍作用，有些起推动作用。推论的过程并不是一帆风顺的。在上面所举的例子当中，我们已经提到了“自然讨厌真空”这样一个思想曾经阻碍过气压学说很快地形成。这样的例子不见得少，有些不只是单纯的思想而已。哥白尼自己意识到他的学说的革命性。他的学说虽然早已形成，然而他把他的书的出版推迟到他快死的时候。伽利略为了证实哥白尼的学说而受到迫害。在这里不只是流行的思想起阻碍作用，而且是当时的政权和教权都起阻碍作用。在西欧，宗教的阻碍作用特别大。就一般的自然科学和技术科学说，生产力的发展，生产斗争经验的积累，发现、发明本身是经常地起推动作用的。它们不只是推动了认识，而且也推动了推论。但是，尽管如此，有的时候推论可以作出，然而没有作出。推论的发生是有这一方面的相对性的。

一个很重要的情况就是一时代的科学水平。推论有的时候是低于一时代的水平的，有的时候是超过一时代的科学水平的。但是，这些终究是少数，就绝大多数的推论说，它是相对于一时代的水平的。一时代的正确推论不一定是后一时代的正确推论，推论的正确性是有时代性的。请注意，这里说的是科学水平。一时代的科学和同一时代的迷信是完全不同的事情。古人的科学水平不高，但是，我们不能根据这一点抹杀当其时科学和迷信的分别,这个分别在原则上和现在的分别是一样的。

据说在1950年的时候,北京城里曾经有过肉腐出虫的争论。有人提出虫并不来源于肉腐。出虫的方式可能很多,有的可能是母虫在肉里生蛋,蛋在肉里孵化,虫也就在肉里产生,不同的虫可能有不同的产生方式。无论正确的说法如何,总的说来,这样的论点大概是在显微镜发现以后的事。问题是在中国的古代,肉腐出虫是不是一个正确的结论,这也就是问这一判断的来源是不是一个正确的推论。这一判断并不是随便断定的,它是归纳出来的。就归纳说,它可能不只是用了契合法,而且用了差异法;不仅看到了大量的肉腐出虫的事实,而且也观察到了肉不腐不生虫的事实。这里的观察大概是肉食者,或受佣于肉食者的观察。归纳大概也不是从试验来的,我们是不是能够希望古人在这一问题上作出精确的试验呢?当其时的“精确”程度,我们是否能够希望和现在的一样呢?前一问题的答案大致是否定的,后一问题的答案一定是否定的。古人不可能有现在的精确试验。就当其时的标准说,我们不能够说古人错了,不能说他们当时没有“充足的理由”。当时的推论应该说是正确的,结论也是正确的。作为结论的命题现在看来是不正确的或者是不够正确的。就现象说,归纳的材料现在仍然存在,但是,我们不能根据这样的材料作同一的推论了。假如我们现在作同一的推论的话,我们就错了。

地球是宇宙的中心这样一个思想也许是一个很好的例子。这个思想曾经为宗教所利用,这是事实。但是,我们不能根据这一事实来考虑当时的推论是否正确。这个推论现在是不正确的，但是，我们也不能根据这个推论现在的不正确性就肯定它从前也是不正确的。

这个思想的形成主要是根据太阳和月亮的运行的。星星也有它们的份。但是，在这里我们可以把它们撇开。我们差不多每天都看见太阳从东方上来、从西方下去，月亮的运行也是这样。就感觉说，我们不能不承认这是事实，这不只是对古人说是事实，对我们现在的人说，它仍然是事实。太阳和月亮有时为云雾所遮蔽，但是云消雾散的时候，我们仍然看见它们。从东方上来到西方下去的是同一个太阳或月亮，这也是目见的事实。从西方下去的到东方上来的是不是同一个太阳和月亮呢？我们确实从来没有亲自看见过已经下去了的可是还没有上来的太阳或月亮，但是，显然已经下去了还没有上来只是太阳或月亮的运行阶级，在运行着的无疑地就是那个同一的太阳或月亮。这是明显的事实，唯物主义者如实地反映了这个事实。唯心主义者，特别是主观唯心主义者在这一点上钻空子，但是，无论他们如何地钻，他们抹杀不了太阳只有一个，月亮也只有一个这一事实。就古人所得到的根据说，他们是不是有充足的理由来断定太阳或月亮都"是绕着地球转的"呢？我认为他们当时的理由是很充足的。而就"太阳或月亮都绕着地球转"这一点说，地球中心说在当时是不是错误的呢？我认为这一推论也不是错误的。我们现在知道了太阳并不是绕着地球转的，相反的是地球绕着太阳转。我们现在不承认地球中心说。我们现在的科学水平和从前的不一样了，提高了，我们不能够进行我们祖先所进行的推论。如果我们这样做的话，我们犯了错误。但是，我们今天这样做就犯错误，并不等于说，我们的祖先这样做推论的时候，他们也犯了错误。针对当时科学技术的水平，他们的推论没有错。

技术水平是科学水平的一部分。上面说的两个例子都涉及技术的水平，不过，我们没有着重提出技术水平而已。在自然科学方面，技术水平确实特别地重要，自然科学靠试验，而试验总涉及技术水平。下面这个例子可以充分地表示技术水平的重要性。哈微是发现血液循环的人，但是发现的过程有一个把假设转化为结论的过程，而这个过程主要是技术水平的提高所推动的。

哈微在 1616 年就已经发现了血液循环这个事实。他作过这一方面的报告。在 1628 年他又写成了书。他收集了大量的证据，证实了由心脏流到红血管的血就是由蓝血管流入心脏的血。这一方面他所提出的论证我们都不提。从现在的水平看来，这一方面的论证、论据是否完全符合事实，这也不在我们所要讨论的范围之内。单就这些论证、论据说，他只证实了到达和离开心脏的血的统一，并没有证明血管内的血液循环。他主张血液循环论的理由当中最主要的理由是血液的量。在狗、羊这样的动物中，心脏的涨缩运动每小时在一千次以上，每半小时通过心脏的血液不下于三磅半。这两种动物的血液的总量不到四磅，这四磅血液流一个钟头都不够。血的来源成了问题，除非血液的流通是循环的，这就是说，不但流出心脏的血就是流入心脏的血，而且流入心脏的血就来源说也是已经流出了心脏的血。

血液循环论在当时有的人赞成，有的人不赞成，这一点哈

微自己已经提到了。从以后的发展情况看，不赞成循环论的理由之一可能是这样一个论点。你说从心脏流出来的进入红血管的血就是由蓝血管来的进入心脏的血。这一点我们可以同意。通过心脏的血的量很大，就某些动物说，每小时的流量就超过全身的血的总量。这一点我们也可以同意。但是我们认为，血液循环就血管内的循环说仍然只是一个假设。这个假设需要有新的证据来证明。你只证明了循环的一半，这就是流出心脏的血液，就是流入心脏的血液。但是要证明整个的循环，你还得证明要流入可是还没有流入心脏的血液原来也是流出心脏的血液。为了证明后一点，你得要有事实来说明血液怎样由红血管流入蓝血管，有了这样的事实，你这个假设才成为科学的真理。哈微当时没有发现这一方面的事实，也不可能发现它。这个事实是勒文合克在 1688 年发现的。他制造了强度大的显微镜，利用这一工具，他发现了由红血管到蓝血管的细微的血管。这一发现就使得原来的假设转变为科学真理了。无论如何，在这一发现之后，血液循环论就成为普遍的真理而没有争论了。

上面这个例子可以说是一个很好的例子，单就血液循环论说，它是一个由不完整的认识到完整的认识的发展。这一发展不会停止，新的发现又会提出新的问题，原来的血液循环论可能早就有了很大的修改。但是，假如有的话，这是 1688 年以后的事情。1688 年的发现是原来的血液循环论的决定的阶段。就形式逻辑说，从 1616 年到 1688 年的发展，是由不完整蕴涵到完整的推论的发展。这当然是事后的估计。哈微本人的想法可能不是这样。他把他所发现的事实罗列出来，以它们为前提得出了血液循环的“结论”。但是,有些人不同意。不同意的人不一定是完全推翻了他的论点。看来,哈微的前提虽然是真的,然而从它们推不出哈微的结论。前提虽真,然而作为前件它们并不蕴涵后件(即血液循环),因此,后件不是结论。后件虽不是结论,然而它有某种必要性。它就是以后要自觉地引用的科学假设。这是哈微思维认识中起积极作用的因素。没有它,哈微所列举的事实无法理解。它是可以解释这些事实的,它是很好的科学假设。谈到假设,有些人就有一种飘然之感。其实这里所谈的假设是科学的假设。这样的假设,是根据于相当大量的事实的。有了这一假设,许多事实都可以理解,同时,更重要的,这样的假设是继续研究的指南,我们可以根据它去发现新的事实。就血液循环说,如果这一假设是真的,那么,两种血管之间一定还有小血管。这就是研究中所得到的新的蕴涵。哈微得到了一个很好的假设,可是,没有把它当作假设使用。勒文合克也没有根据这个假设去完成哈微的发现,可是他所发现的正是这个假设的证实。有了这个事实(即两种血管之间的小血管),这个假设就证实了。把这个事实加入哈微的前提,这个假设就成为完整的结论了。在 1616 年,哈微所有的是不完整的蕴涵。在 1688 年后,这个不完整的蕴涵已经发展成为完整的推论了。

但是,上述的发展是靠显微镜的,上述的推论也是靠显微镜的,没有相当强度的显微镜,细微的血管是发现不了的,这事实就不能发现,哈微的假设就很难转化为科学的真理。大致说来,广泛地利用显微镜是在 17 世纪的中叶。无论显微镜是什么时候发明的,17 世纪的中叶是开始广泛地运用显微镜的时代。这时期以后的科学水平又提高了，上面说的推论是在新的科学水平上方成为事实的。在这里，我们又回到我们的主题：推论是相对于科学水平的。没有相应的科学水平，某些推论是作不出来的。

五、相对于阶级

推论，即推论的发生，不只是相对于科学水平，而且也相对于阶级。认识基本上是有阶级性的。推论既然是断定前提的内容正确性到断定结论的内容正确性的过渡，它就是认识的一个很重要的环节，它也是基本上有阶级性的。说认识和推论基本上是有阶级性的，并不是说它们一般的有阶级性或者百分之几十有阶级性。有些认识显然没有阶级性。你到动物园或者植物园去，你对于那里的奇禽猛兽花草树木的认识没有阶级性。有些显然是有阶级性的。地主剥削农民，依靠农民养活，反而说成是他们养活农民。作为间接的认识它们都涉及到推论。对于同一事实，对立的阶级既然有对立的认识，推论也就是对立的。认识大都是生产斗争的认识或阶级斗争的认识。前者是对自然的认识，后者是对社会的认识。大致说来，自然科学方面的认识和推论是没有阶级性的，社会科学方面的认识和推论是有阶级性的。

近几年来，在参加逻辑争论的文章中，好些先生提出了一些所谓不正确的“推论”的例子。我没有作统计，有些可能是不正确推论的例子。这些除外，另外一些根本就不是不正确的推论的例子，重要点是：它们不是推论。它们当中有些不是现在的推论。这就是说，就现在的科学水平而论，它们现在都是不会发生的也是不可以发生的推论，因此，在现在它们不是推论。另外一些不是我们的推论。这就是说，就阶级立场而论，它们都是我们不会作出也不可以作出的推论。因此，对我们说它们不是推论。前一类的问题，是上节所讨论的科学水平问题。这一类的例子，在这里我们不必涉及了。推论的发生和可以发生的分别在《论"所以"》那一节里已经讨论过，这里说的"不会发生"是针对于发生说的，"不可以发生"是针对于可以发生说的。

哲学社会科学方面的"所以"之有阶级性可能是很多人所赞成的。问题是我们不只是有这一方面的"所以"而已。自然科学方面有"所以"，日常生活中有"所以"，有些自然科学方面的"所以"在从前是科学家的事情，而在现在它们早就容纳在常识里面而成为日常生活中的"所以"了。日常生活中的"所以"越来越大的一部分是属于自然科学的。自然科学中的"所以"是没有阶级性的。这确是如此的。这一点我们非承认不可。事实既然是这样的，我们就如实地认识它。但是，我们仍然要记住，自然科学中的"所以"和自然科学工作者的"所以"是两件不同的事情，前者没有阶级性，后者不一定没有阶级性。自然科学工作者是一定阶级社会中的人，他也有阶级烙印。在他的社会活动中，在他对社会问题的看法中，他的"所以"仍然是有阶级性的。就是关于自然科学的意见，他的"所以"也不一定是没有阶级性的。

爱丁顿是一个自然科学家，他的《物理世界的性质》那本书不是什么物理学，但是，它仍然是关于自然科学的书，在那

本书里他表示了下面这样的意见。他把桌子分成两种：一是常识方面的桌子，一是"物理学"的桌子。他虽然装出承认这两个桌子的样子，然而终于暴露了这个思想："只有科学的桌子才实在地在那儿，不管'那儿'是什么。"①宏观世界的手和书桌在微观世界里都是一大堆的电子，我们当然承认。宏观世界里的"在上"即手摆在书桌上的在上，在微观世界里就是电子的压和顶的矛盾，我们也没有话说，问题在于只有"科学的桌子"实实在在地在那儿，假如"实在"指的只是电子压、顶都是实在的，我们没有意见。但是，"实在"指的不只是这一点而已。它指的是宏观世界的情况只是现象而已，微观世界的情况才是实在的，这就不只是自然科学方面的问题了。我们可以问：在宏观世界里有没有实在的手、实在的桌子呢？整个的实际在宏观世界里是不是客观的手客观地摆在客观的书桌上呢？如果你的答案是肯定的，那很好。但是，从整本书的论调看来，那不是你的答案。和这个论调一致的是否定的答案，而否定的答案不只是取消了宏观世界的实在性、客观性、物质性，而且也取消了微观世界的实在性、客观性、物质性。为什么呢？就认识的过程说，微观世界的实在性是来源于宏观世界的实在性的。好久以前，我看见过吴正之先生在清华大学礼堂所做的实验。这个实验所研究的对象是微观世界的，一点也不错。但是请注意，我们的观察，所用的工具，看到的结果却是宏观世界的客观事实。就认识论说，对微观世界的实在性的认识是根据面对宏观世界的实在性的认识的。如

① 爱丁顿：《物理世界的性质》，第12页。

果宏观世界的手、书桌、实验中用的玻璃管等都不实在,微观世界里的电子往下压、往上顶等的实在性又是从哪里得来的呢?这不是挖科学的墙根吗?爱丁顿的那句话是有推论的。单就那句话说,康德的味道似乎重些;但是,就整本的书的论调说,爱丁顿是一个马赫主义者,是巴克莱主义者。马赫主义、巴克莱主义是有阶级性的。自然科学虽然没有阶级性,然而自然科学工作者是有阶级性的。自然科学中的"所以"虽然没有阶级性,然而自然科学工作者关于自然科学所作出的推论不一定是没有阶级性的。本段所说的就是一个例子。

在第三节里我们提到了"自然讨厌真空"这样一个思想,并且指出了它对气压这一概念的形成曾经起过阻碍作用。关于这个思想本身,我们在这里不讨论。现在的自然科学工作者是否仍然认为这个思想正确我不知道,但是,有一个时期自然科学工作者确实接受了"自然讨厌真空",并且在他们的思维认识中起过作用。在第三节里我们肯定了萨维亚替在科学发展所起的积极作用,同时,我们也指出他并没有摆脱"自然讨厌真空"这一思想的影响。他曾说:"当我们量出水管里上升到 34 英尺高的水的重量,我们就可以得出管子里真空的抵抗力量。"显然,所谓真空是影响了他的认识和推论的。这个思想是哲学思想,不是自然科学中的思想。据说它是从亚里士多德那里来的,是阿奎那所接受了的,为天主教所传播的。接受它的人很多,它很流行。就在托里彻利在某一方面批评它的时候,笛卡儿在 1844 年仍然一般地为它辩护。不但如此,后来休谟也仍然维护"自然讨厌真空"的说法。在这里无意讨论这个思想本身究竟正确与否,我们所要指出的是:一般的哲学思想在科学工作者的“所以”中是起作用的。

即令上述思想是亚里士多德的哲学思想，我们也不能说他成心地要欺骗后来的自然科学家。至于把希腊的亚里士多德转化为经院主义的天主教服务的亚里士多德，这就不只是无意识的活动了。但是，即令如此，我们也不能说，这是特别地要影响自然科学家。有些哲学思想家可不这样简单了。我曾在《北大学报》里写了一篇批判罗素的文章。[①] 在那篇文章里，我曾提出罗素的下面这个推论：朴素的实在主义导致物理学，而“物理学”证明朴素的实在主义是假的。“所以”如果朴素的实在主义是真的，它就是假的，“所以”朴素的实在主义是假的。[②] 的确，从蕴涵说，如果一个命题蕴涵它自己是假的，那么它是假的，这个原则我们承认。但是，罗素的推论对吗？显然不对。他在那里偷换概念。在句子里头一次出现的物理学是真正的物理学，第二次出现的“物理学”是马赫主义的所谓“物理学”。罗素是以鱼目混珠的方式来反对朴素的实在主义，而朴素的实在主义就是朴素的唯物主义。罗素，我们就不能说他是不自觉的了。当然他骗了多少哲学家和自然科学家，我无从说起。无论如何自然科学工作者在他们的推论中是受到自然科学之外的思想的进攻的；有的进攻虽然不是故意的，但有的是故意的。

现在谈谈日常生活中的“所以”。这方面的“所以”当然不少。它们当中的好些是没有阶级性的。“现在三点钟了，

---

① 《批判唯心哲学关于逻辑与语言的思想》，《北京大学学报（人文科学）》1956年第1期。

② 罗素：《意义与真理的探讨》，第15页。

某甲不在家了,到系里去了”,“哈哈(当我看见你的头发剪短了的时候),你居然找到机会剃头”,“你没有喝酒?那么,你说,为什么又有胃病呢?”“这样欢喜,一定又是找到什么书了。”等等。这些都是推论。在日常生活里这样的推论是非常之多的。显然,这样的推论都没有阶级性。这样的推论究竟有多少呢?这里我们无从说起,也用不着考虑,因为在这样的推论大量减少的时候,我们的生活大致又不“日常”了。说生活日常也就是说这样的推论多。这一点我们承认。但是,我们也要考虑某些推论产生的条件。就以“现在三点钟了,某甲不在家了,到系里去了”为例吧。假设说的是 1952 年到 1955 年一些大学里的日常生活,那个日常生活是院系调整之后的生活,是思想改造、教学改革的生活,是上午上课,下午经常开会的生活,这个总的安排是贯彻教育革命的安排,这个安排是当时的制度。这个安排有没有阶级性呢?我认为这个安排是有阶级性的。它在新中国成立前是不可能的,不但如此,在“三反”、“五反”和思想改造运动之前也是不可能的。无论如何,这个问题导致到本文开始就提出的论点。

在本文开始的时候,我就说我认为“所以”基本上是有阶级性的。让我先说明一下这个想法。我这里显然不是说所有的推论都有阶级性,这是不能成立的。我也不是说“所以”当中大部分是有阶级性的。我没有作过这样的研究,我没有把“所以”摊开来,把有阶级性的摆在一边,把没有阶级性的摆在另一边,然后一个一个地数下去,看这边多少那边多少,然后得出一个结论。我们不能用绝对平均主义的态度来对待推论。思想有主导和从属的差别,推论也有。主导的推论作用

也是主导的。我们的问题是，在推论中起主导作用的是有阶级性的推论呢，还是没有阶级性的推论呢？如果事实是前者的话，那么“所以”基本上是有阶级性的，如果事实是后者的话，那么“所以”基本上是没有阶级性的。客观的事实究竟是前者还是后者呢？

在原始公社之后，人类长期进入阶级社会，阶级社会只有统治阶级的思想是占统治地位的思想。当然，这个思想不是唯一的思想，被统治的阶级也有他的思想。但是，后一思想不占统治地位。奴隶社会里占统治地位的是奴隶主思想，封建社会里占统治地位的是封建思想。资本主义社会里占统治地位的是资产阶级思想，而社会主义社会占统治地位的是马克思列宁主义。在思维认识中占统治地位，也就是上面说的在推论或“所以”中起主导作用的。新中国成立后不久，冯友兰先生到过外国，他曾肯定地说，在中国，人民已经都成为主人翁了。那里的一位学者不相信，反问道，那么谁工作呢？这位先生只是用问题的方式表示他的结论而已。他的推论是可以用三段论式写出来的。贯穿着这个推论的是剥削思想。在那个国家里这个推论很“自然”。在我们这里，能有这样的推论吗？不但我们不能够作出这样的推论，再过十来年，懂这样推论的人会越少。下面我们要举一个封建时代的例子。在封建社会里，等级制度支配了人与人的关系，家庭的成员占不同的地位，不同的地位支配了成员们说什么、做什么，甚至于想什么的地步。据我所知道的，把这一点表示得最清楚的是《红楼梦》里的第四十六回。事情是贾赦要娶鸳鸯做小老婆。她不肯。贾母知道了，生贾赦的气，气大着呢！当时拿来出气的是王夫人。当场的人除凤姐外不与闻这件事。可是,不同的封建地位使得王夫人、薛姨妈、凤姐、宝玉都不敢说话。当时不敢说话的理由都不同,以后作者把这些补述了。出来说话的是探春。她只说了两句话,结论是“这事与太太什么相干”,理由是“大伯子的事,小婶子如何知道”。这整个事件也可以说是小小的思想斗争。不说话的人都各自有他们的推论,探春也有。她的第一个结论:她是最宜于说话的人。她是女孩子,将来要出嫁的。她在贾家的地位和别人不同,她算是王夫人的女儿,可是王夫人并不是她的亲生母亲。她和宝玉的地位也不一样。她所提出的是封建家庭中普遍地接受了的原则:即大伯子的事是小婶子所不知道的。按照这个原则去推论,贾赦的事是王夫人所不与闻的。这是第二个结论,也是贾母所承认的。贾母马上笑起来了,局面也就扭转过来了。这个四十六回从“贾母听了,气得浑身打战”起,直到“且听下回分解”止,这一段里是有许许多多的推论的。这些推论都是封建主义的。这许许多多的推论中,宝玉的最妙,他尽了敷衍的能事而又满彩了封建家庭复杂的礼节。探春的推论占主导地位,她的推论的色彩毫无疑问是封建主义的。这样的推论不仅在无产阶级家庭中不可能出现,就是在资产阶级家庭中也不可能出现。无论如何,本段所谈的封建主义的推论,起主导作用的是封建思想,而起主导作用的推论也是封建主义的。

上面说的是过去的事情。我们现在怎么样呢?咱们正在以冲天的干劲建设社会主义。去年,在工农业生产的大跃进中,发明、发现是空前多的,这些发明、发现中的推论好些是没

有阶级性的。这些推论中类比推论占了很大的分量，温公颐先生还写了一篇文章专门讨论这一点。但是这些推论难道和总路线不相干吗？和鼓足干劲、力争上游不相干吗？和多快好省不相干吗？显然不是的。不打破关于科学的某些迷信，土专家是不会大量出现的；不打破私有制的限制，水利是不能够大量地兴修起来的；没有人民公社，乡村中许多的并举是难以实行的；没有起指导作用的思想，这许许多多的推论是不会产生的。在本文，推论不只是可以有“所以”而已，它是实现了“所以”的推论，这就是说它是发生了推论的推论。没有总路线的鼓舞，去年的推论好些是不会发生的，特别是起主导作用的推论。

推论不只是相对于一时代的科学水平的，而且相对于一时代的统治思想的。这也就是说在阶级社会里，它是相对于阶级的。好些人把重点放在科学水平上，我认为起主导作用的仍然是阶级，而在今天这一点特别明显。试想一想原子能的利用，试想一想和平与战争的矛盾，我们就可以看出起主导作用的推论是什么性质的。这岂不又一次正确明确了在推论上起主导作用的是阶级吗？这岂不又证明了推论基本上是有阶级性的吗？

但是，你讲的是具体的推论吧？我们搞的是形式逻辑呀！我们讲的是推论形式呀！这确实是重要的问题。这个问题是避免不了的，而我从来也没有想避免这个问题，事实上我的问题是从推论形式开始的。下面几节就是集中地讨论推论形式的。

六、思维形式与思维内容

本文所讨论的是"所以"这一思维形式,不是它的这一或那一具体的内容。在大大小小的讨论会中出现了对形式的不同的了解。有些同志所谈的"所以"这一"形式"或"所以"这一"形式本身",似乎是脱离了内容的形式,或者是暂时脱离了内容的形式。本文所讨论的"所以"这一形式是和内容结合着的形式,虽然它不必是和这一或那一具体的内容相结合着的。

形式和内容是不能分割的。有内容就有形式,有形式就有内容。有内容和有形式把它们当作两件事实看待虽然是相等的事实,然而内容和形式并不是一个东西。它们是有分别的。可是它们虽有分别,然而它们是统一的,并且是在任何时候都不能分开的。它是逻辑工作者所承认的,也是我们所不能违背的。在这一点上,没有不同的意见。

但是,逻辑工作者在研究形式逻辑过程中要作出科学的抽象。我们要把思维形式从具体的内容中抽出来加以研究。这是科学研究所不能避免的。这是好事,可是,问题也就出在这里。在研究形式逻辑的过程中,我们要"让形式暂时地脱离它的具体内容",问题是我们如何了解这一办法。形式是不能脱离具体内容的,可是,在研究的过程中,我们又要让形式暂时脱离它的具体内容。这是一个矛盾。对于这一矛盾我们怎样了解呢?下面这个了解可能是不正确的。果然如此,在讨论中就会被驳倒。

我们要研究一下，“让形式暂时脱离具体的内容”究竟应如何理解。显然最带关键性的问题是如何“脱离”，矛盾本来发生在对脱离的理解上。上面已经说过形式是不能够脱离内容的。思维形式并不例外。它也是不能够脱离思维的具体内容的。我们先从具体的思维认识过程中出现的思维形式说起，其实，这也就是从逻辑工作者还没有研究的对象说起。我们可以用“判断”这一形式作为我们思考的对象。大部分的判断是反映客观物质事物的。客观物质事物的形式和内容是不可分的，客观物质事物是第一性的东西，这是辩证唯物主义最根本的原理原则之一。这是毫无疑问的。问题是在具体的思维认识过程中出现的判断，它的形式和它的内容是否可以脱离呢？显然它不是物质，但是我们能不能因此就认为它不是客观的呢？对于这一问题，可能有不同的意见。

我们认为在具体的思维认识的历史中（讲历史问题比较清楚些），判断或命题，无论是内容或形式，都是客观的，虽然他们不是物质。这就是说，它们在历史上的存在和它们所起的或多或少的影响都是不以我们现在的认识为转移的。我们认为这是不能否认的。否认了这一点，也就无法说明哲学史、思想史、文学史、艺术史的存在和研究。我们既然能够研究这些东西，这些东西不能不是客观的。就整个的社会发展史说，这些东西既然不是物质，它们也不是第一性的东西。就这一点说，它们不一样。但就对这些东西的研究对象说，它们不能不是客观的，它们的客观性和物质事物的客观性又是一样的。上面是从历史这一角度把看法提出。其实这个看法并不限制到长远的历史，现在的思想改造就牵扯到资产阶级思想的客观存在。资产阶级分子和资产阶级知识分子的思想改造是可能的也是现实的，这就是说，我们能够把客观地存在的资产阶级思想批判掉，使它在现在不存在。尽管如此，资产阶级的思想在现在仍然是客观的存在。也许有些人会问，这是证明的事实，何必强调呢？

其所以强调这一点，就是因为研究形式逻辑的人所研究的正是具体的思维认识中出现的思维形式。我们现在以研究判断这一形式为例。我们所研究的判断这一形式就是研究的对象。请特别注意"对象"两个字。在研究过程中，所研究的判断这一思维形式是对象，是客观的。研究的目的是要正确地反映判断这一思维形式，是要得到科学的抽象，是要得到关于判断这一思维形式的正确概念。就逻辑工作者在他的研究过程说，他所得到的概念是他的思维内容。他所研究的判断这一思维形式是他研究的对象，他所得到的关于判断这一思维形式的概念是他的思维内容，这一点非常之重要，不承认这一点的话，下面的讨论可能就成为毫不相干的了。

我们回到"让思维形式暂时脱离它的具体内容"。我们要分析一下，究竟是什么脱离什么呢？在具体的思维认识过程中出现的、我们所研究的对象——假设为判断形式——是形式和内容密切地结合着的，它们是不能分的。这就是说，它们密切地结合着的存在是不以我们的研究为转移的。我们没有能力在研究中使我们的对象脱离它的具体的内容。判断形式没有脱离它的具体内容，要割裂它们是办不到的，要求割裂它们也是不应该的。脱离具体内容的不是研究的对象。不是对象又是什么呢？我们认为所谓"让思维形式暂时脱离它的

具体内容”，说的只是让我们研究过程中所要形成的关于判断形式这一概念，例如“S—P”这一概念，不包括具体的思维认识过程中出现的与“S—P”这一判断形式密切地在“S—P”中“—”占一字长结合着的具体内容，例如“小麦的亩产量是可以提高的”、“南小街是可以放宽的”等等。“S—P”这一判断形式是我们要研究的对象，在具体的思维认识过程中它没有脱离它的具体内容。但是，在我们研究过程中，反映这个判断形式的“S—P”概念并不反映这个形式的具体内容。这里有脱离，是什么脱离了什么呢？我们说，在这里，研究中的形式脱离了对象中的内容。这是主要的脱离。其次，研究过程中的形式也脱离了研究过程中出现的内容。我们认为脱离只有这两种，而无论哪一种脱离都只是暂时的，也都应该是暂时的。

我们先论后一种脱离。在研究（包括教学）过程中，思维形式是不能脱离它的所有内容的。这样的脱离是办不到的，不可能的。在大约三十年前，数理逻辑工作者要知道基本命题是否一致时也是用不同类型的事实去测验的。思维形式只能脱离这一思维内容或那一思维内容。在研究“S—P”这一思维形式的过程中，我们可以让这个形式脱离“张三是人”（例）的内容。我们其所以能够这样做，因为我们没有让这一形式脱离它的别的具体内容。正是因为后一情况，我们才能研究这一形式的共同特点。我从前只强调前一方面的脱离，根本看不见后一方面的结合。没有前一脱离，“S—P”这一形式研究不好。没有后一结合，这一形式也是研究不好的。在讲授 S—P 的时候，我们要举不同的例子，其所以这样做，就是要既脱离这一例子又结合那一例子；同时我们还要举一些不属于这一类型的例子，例如“关羽比张飞高”来表达 S—P 这一判断形式异于别的形式的特点。这是前一种脱离的情况。

我们研究的思维形式是要从具体的思维认识过程中来，又回到具体的思维认识过程中去的。这个来去之间是有脱离的。对现阶段逻辑工作者说，这个脱离是头等重要的事情。我们先讨论一下这一脱离的特点。具体的思维认识是对客观世界、客观事物、客观规律的思维认识。这些客观事物是它的对象。针对于这些对象说，在具体的思维认识过程中出现的，无论是形式也好或内容也好，都只是具体的思维认识过程中的内容。在来去之间，逻辑工作者所研究的思维形式是他所研究的对象，头一步是把具体的思维认识过程中的内容转化为逻辑工作者研究过程中的对象。在研究过程中 S—P 是对象，反映这个对象的是“S—P”。“S—P”是概念，它是反映主宾词式判断形式的概念，这是研究过程中的判断形式。研究过程中内容上的判断形式，是暂时脱离了具体思维认识过程中对象上的判断内容的。这句话可能很不清楚，我们用下面这个办法来表达。一般和抽象、个别和具体经常是联系在一起谈的。但是，因为现在的问题有它的特点，我们不妨分开来使用这两套概念。在具体的思维认识过程中，S—P 是形式，可是它也是一般，而这个一般是不可能脱离它的个别的。形式逻辑工作者无论他们自认为法力多么大，他们也没有能力使 S—P 这个一般脱离和它密切结合着的个别。但是，在研究过程中，“S—P”是形式，可是它是抽象。上面谈的是这个

抽象脱离了思维认识过程中的具体内容。这个脱离是必要的。没有这个脱离，去粗取精、去伪存真、由此及彼、由表及里的工作就无法进行。形式逻辑工作者需要这个脱离，这一点必须肯定。但是，这个脱离只能是而且也应该是暂时的。“S—P”必须回到具体的思维认识过程中去，它必须受思维实践的检验，也是为思维实践服务的。我个人从前只看见这个脱离的必要性，这是错误的。如果我们只看见它的必要性，看不见它的暂时性，我们会停留在这个脱离上。我们不能停留在这个脱离上，停留愈久，脱离愈远。“S—P”能不能回去，回去后是否水乳交融，要看它正确与否。正确与否，也是从具体思维认识中来而又回到具体的思维认识中去这样的过程中受到检验的。

上面说的两种脱离情况是在同一时间内存在着的，前一种脱离是在后一种脱离期间进行的。在研究过程中脱离当然不只一次。正常的和正确的研究总是脱离、结合，再脱离、再结合，既同时并举、又分别进行的。在这个脱离和结合的过程中，“S—P”这一思维形式和它的具体内容的关系是复杂的。

但是，能够和具体内容暂时脱离的是“S—P”，不是 S—P。后者是研究的对象，不是反映这一对象的内容。“S—P”才是反映这个对象的内容。举例时也只能把这个对象和它的某一内容连在一起举，并不能单举出这个对象来。作为对象的 S—P 是不能和它的具体内容脱离的。形式逻辑工作者从来没有离开过它们，也不可能离开它们。教科书里所谈的判断形式有时指的是 S—P，有时指的是“S—P”，但是，它们的分别很大。在具体的思维认识过程中出现的判断形式 S—P，是不可能和它的具体内容脱离的，在研究过程中抽象出来的判断形式“S—P”，是可以和思维认识过程中的具体内容暂时脱离的。说 S—P 这一形式不能脱离它的内容，也就是说一般不能脱离个别。在这里，所谓形式和内容就是哲学范畴中的形式和内容，其分别在于后者更广泛，更深刻，而前者只是出现在具体思维认识过程中的某一判断形式和内容而已。可是在不能脱离这一点上，它们是一样的。可以暂时脱离具体内容的是“S—P”，不是 S—P。

上面说的是形式和内容问题。判断只是作为例子而已。用这个例子有好处，S—P 和“S—P”的分别很容易表达出来。对判断所能说的话对于“所以”是一样地可以说的。相应于 S—P 的是“所以”或推论形式，相应于“S—P”的我们叫做关于“所以”或推论的学说。“学说”两个字不大好，可是只要我们把这两个字了解为反映在我们头脑里的“所以”或推论形式，我们就不至于搞得混乱起来。

根据上面的讨论，“所以”或推论形式，即作为研究对象的“所以”或推论形式是从来没有脱离过，也不可能脱离它的具体内容的。形式如何，主要地是由内容决定的。内容有某些一般的或基本的特点，形式也有该一般的或基本的特点。上面从一节到五节的讨论提出“所以”或推论的三个一般的或基本特点。这些特点，“所以”或推论形式也有。第一，“所以”是要发生的，推论是要作出的。发生了“所以”或作出了推论，“所以”或推论形式就寓于其中，它就存在。在任何时间任何地点任何问题上“所以”没有发生，推论没有作出，在该时该地该问题上，“所以”或推论形式不存在。我们可以提

出甲乙……子等命题来考虑由甲乙……是否可以推出子来，但是，当我们这样做的时候，我们所考虑的是甲乙……的真实性和甲乙……是否蕴涵子而已，我们还没有作出推论，“所以”或推论形式还不存在。第二，“所以”或推论（发生或作出）是相对于一时代的科学水平的。不够一时代科学水平的，即令前人作出过推论或发生过“所以”，在该时代该旧“所以”大都不会发生，该旧推论大都不会作出。我们可以研究思想史或科学史，可是，我们并不重复历史上的推论或“所以”。超过一时代的科学水平的“所以”大都不能发生，推论大都不能作出。在这里我们要提醒一下，科学预见并没有超过一时代科学水平。推论或“所以”如此，它的形式也如此。第三，“所以”或推论是相对于阶级的。一阶级的“所以”或推论基本上是为该阶级服务的。在阶级社会里，统治阶级的思想也占统治地位，相应于这个思想的推论或“所以”在该社会中占统治地位。根据上述第一点，推论或“所以”如此，它的形式也是如此。请注意，这里说的是“所以”或推论形式，是研究的对象，是在具体的思维认识过程中和推论或“所以”的具体内容密切结合着的“所以”或推论形式。

现在要提出“所以”或推论学说，或反映在逻辑工作者头脑中的“所以”或推论形式。逻辑教科书里说的有时虽然指研究对象的形式，然而有时只是指反映在逻辑工作者头脑中的“所以”或推论形式而已。资产阶级逻辑学家的学说好像是五花八门的，就“所以”或推论说，也好像是五花八门的。但是就某一基本点说，他们是一致的。在这一点上，他们都歪曲了上段所说的推论或“所以”形式。下面我们要驳斥伽罗尔。这个驳斥也是自我批判。

七、驳伽罗尔的进攻

上面说的推论是广泛的,不限制到三段论。但是,在这里我们还是提出三段论来讨论。理由有两个:一是因为我们最熟悉的是三段论,讨论推论时总会想到它;二是原来的问题也是利用了三段论形式提出来的。

路易斯·伽罗尔(Lewis Carroll)是达企孙的笔名。达企孙是19世纪后半叶牛津大学的数学教师。他生前的主要的工作虽然是数学,然而死后的名誉并不在这一方面。他写了许多儿童读物,其中为我们所知道的是《阿丽斯漫游奇境》。这些读物是用路易斯·伽罗尔的笔名写的。在现在伽罗尔比达企孙出名多了。他用了这个笔名在1895年《心灵》杂志上发表了一篇短文。题目很奇怪,叫做《乌龟对阿奇离说了些什么》。这篇文章实在是表示推论在逻辑上是有困难的。就我所知道的资产阶级的逻辑学家向推论进攻的伽罗尔是头一个。

他的大意如下:乌龟和阿奇离讨论下面这个三段论:(一)与同一事物相等的彼此也相等,(二)这个三角形的两边是和同一事物相等的,(亥)这个三角形的两边是彼此相等的。

乌龟提出了下面的问题:如果一个人还没有接受(一)(二)是真的,他是不是可能接受(一)(二)和(亥)的关系是正确的呢?

阿奇离回答说：也许有这样的人。

乌龟又提出：如果一个人承认（一）（二）是真的，可是，不承认“如果（一）（二）是真的，那么（亥）也是真的”这个假言命题，行不行呢？

阿奇离回答说：也可能有这样的人。

乌龟说：这两种人在逻辑上都还没有接受（亥）的必要，是吗？

阿奇离又承认了。

乌龟提出了它的要求：我承认（一）（二）是真的，可是我不承认那个假言命题是真的。请你在逻辑上强迫我接受（亥）的真实性。

阿奇离说：好吧！你接受（一）（二），可是，你不接受“如果（一）（二）是真的，那么（亥）一定是真的”。我们把这个命题叫做（三）。我现在请你接受（三）。

乌龟说：我接受。请你把它写下来吧！（一）（二）之后，写上（三）。（三）“如果（一）（二）是真的，那么（亥）也是真的”。最后写上（亥）。

阿奇离写上了，可是，这时他也有问题了。

阿奇离说：慢点。（亥）还没有来。我们一定要加上（四）说：“如果（一）（二）（三）是真的，那么（亥）一定是真的……”

伽罗尔说几个月之后，乌龟和阿奇离仍然在讨论中。阿奇离满头是汗，它已经写上一千多前提了，（亥）这一结论仍然没有得到。

在上面那篇文章中，伽罗尔只提了一边的问题。另外的一边也是可以用同样的方式提出问题来的。一个人可以承认

"如果(一)(二)是真的,那么(亥)一定是真的",可是,他还没有承认(一)(二)是真的。如果一个人需要加上第三个命题来肯定(一)(二)的真实性,如(三)"(一)(二)都是真的",那么他就要加上第四、第五,等等的命题作为前提来肯定在各自前面的命题是真实的,而各自本身的真实性就没有肯定了。这两个系列都是无穷的。

这实在是向推论进攻的诡辩。我们有驳斥的必要。

上面例子当中的(一)是一个正确的判断,(二)指的是当前的情况。如果这情况是事实的话,(二)也是正确的,形式是三段论的第一格第一式,其中(一)(二)确实蕴涵(亥),在断定了(一)(二)的条件下,推论是正确的。伽罗尔向这样的推论进攻。他的方法是:如果一个人不接受这个推论,"形式逻辑"不能够"强迫"他接受这个推论。形式逻辑虽然有必然性,然而它并不能够必然地使人接受它的必然性。他的诡辩集中在一点上:断定(他用的字眼应该译成接受,但这实在是断定,而从本文的角度看,断定两个字恰当些)是不能够断定自己的。这句话疙瘩,举例来说,如果我断定了"今天是星期二",断定它的是另外一个命题,即"我断定了今天是星期二"。这样一来,把"今天是星期二"的真假问题依靠,从而也就偷换成为"我断定了'今天是星期二'"的真假问题。如果你允许上面这个依靠或偷换,你就陷入了所谓恶性的"无穷推延"。显然用同样的方式你不得不把"我断定了今天是星期二"依靠,从而偷换成为"'我断定了''我断定了''今天是星期二'",上面说的三段论不要求我们断定在它里面的蕴涵,可是,显然要求我们认识它,或者用伽罗尔的字眼,接受它。但是，如果我们承认这个依靠和偷换的话，认识和接受也就同样地成为恶性的“无穷推延”。

这样一来，推论实在就成为不可能的了。这显然是向推论进攻。

这个诡辩是为神秘主义、蒙昧主义服务的。表面上伽罗尔好像是要把推论和断定（认识和接受包括在内）严格地形式逻辑化，而其实他是要把这些东西排除在形式逻辑范围之外。这样一来，这些东西就好像是非理性的东西了。同时形式逻辑也就封闭起来了，它就可以和神秘主义、蒙昧主义和平共处了。

上述的议论是诡辩。命题有真假。提出一个命题的真假问题是依靠断定的。你不断定一个命题是真的，我绝不至于在该命题上和你争论；一个集团不断定一个命题是真的，我们也不至于在该命题上和该集团争论，但是，提出命题的真假问题和真假问题是两件事（它们当然有联系，但是，那是另外的事）。你不断定“今天是星期二”，这个问题可能就没有被提出。但是，“今天是星期二”的真假问题和你的断定不完全相干。这个问题的提出虽然和你的断定有关，然而它本身和你的断定无关。这个真假问题是事实问题，实践问题，是命题与事实符合与否的问题。它不依靠你的断定，更不依靠断定的断定。“今天是星期二”的真实性不依靠“我断定了今天是星期二”的真实性。把前者说成依靠后者，就是把事实问题、实践问题、命题与事实与符合与否的问题都排除出来，制造封闭了的形式逻辑系统东西是不能够排除得了的。命题真实与否是不能够封闭在形式逻辑系统里面的。这里显然没有任何恶性的“无穷推延”，这个恶性的无穷“推延”既根本就不存在，利用它来向推论进攻只是徒劳的。

蕴涵是客观地存在的，它的存在不靠我们对它的认识，而我们对它的认识也不靠我们对这个认识的认识。以为蕴涵的存在是靠认识的，是唯心主义，以为对蕴涵的认识是靠对认识的认识，更是唯心主义的。前提的真假是不靠断定的。我们对于前提的断定究竟是事实与否，也不靠我们对于这个断定的断定的。以为前提的真假要靠断定是唯心主义，以为这个断定的真假要靠对于这个断定的断定也是唯心主义的。推论是需要认识其中的蕴涵的。但是，它绝不涉及对于该认识的认识；推论确实需要断定前提的真实性的，但是它绝不涉及对这个断定的断定。推论的正确与否，无论从蕴涵说或前提真实性的断定说都没有恶性的“无穷推延”。把推论说成是为有恶性的“无穷推延”就是歪曲推论，把理性的东西歪曲成为非理性的东西。这显然是无中生有地向推论进攻。伽罗尔的议论是诡辩，从正面说，已经清楚了。

我们还需要从反面来驳斥伽罗尔。他的荒谬言论是借乌龟和阿奇离的口发表的。文章是这样写的，我们也只好对不起乌龟和阿奇离了。乌龟开始时说它不承认(一)(二)蕴涵(亥)。阿奇离只有一个办法，而这就是用事实和形式逻辑的原理原则来证明这个蕴涵，没有这些，他是说服不了乌龟的。乌龟自己的办法是荒谬的，好像只要加上(三)“(一)(二)蕴涵(亥)”(原文用如果——那么的方式表示，蕴涵简单得多)，它就承认(一)(二)蕴涵(亥)了。它原来不承认的命题一经写出来安排在前提之内，它就承认了！语言文字有这么大的

能力吗？这不荒谬吗？这一写出就使得它承认（一）（二）蕴涵（亥）了。（一）（二）不发生问题了，（一）（二）原来的问题就偷换成为（一）（二）（三）蕴涵（亥）了。于是，阿离奇上当了，他也认为有写出（四）的必要了。这样一来，（五）（六）等也就必要了。问题很简单，如果乌龟真的不承认（一）（二）蕴涵（亥），写上无穷数的前提也没有用；如果它只是假的不承认（一）（二）蕴涵（亥），不只是无穷数的前提是多余的，（三）也是多余的。乌龟或者真的不承认（一）（二）蕴涵（亥），或者假的不承认（一）（二）蕴涵（亥），无论如何，写上（三）（四）等等或者是无用的，或者是多余的。这也充分地证明了伽罗尔的议论是诡辩。

到此为止我们认为诡辩已经得到了应有的驳斥。现在我们要提出另外的问题。有些资产阶级唯心主义者只是凭空地捏造唯心的议论，但是也有些是抓住了一个困难的问题来进行唯心论形而上学的宣传。伽罗尔是不是抓住了一个问题呢？我认为他是抓住了一个问题的。我认为伽罗尔所抓住的是这样一个问题：你提出一个你自己认为是正确的推论，你可以证明它。但是，如果有人硬是不同意的话，“形式逻辑”拿他没有办法。这个问题是资产阶级客观主义的逻辑学的问题，而这个逻辑学正是要抹杀推论形式的阶级性的。伽罗尔提出这个问题，并不是要解决它。他并没有认为客观主义的“形式逻辑”是错误的。他的主题不是批判这个错误的“形式逻辑”，而是拥护它，他当然只能用诡辩来拥护。我们固然要批判他的诡辩，但是更重要的是要批判他的客观主义的“形式逻辑”。

八、客观主义的“所以”形式的学说

所谓“形式逻辑”不能强迫人们承认一个推论，接受一个结论究竟说了什么呢？所谓“形式逻辑”究竟是什么呢？在伽罗尔的诡辩中，他所用的形式就是⊢ MAP，⊢ SAM，∴⊢ SAP这个所谓“推论形式”。不能强迫人们承认一个推论和接受一个结论的正是这个“推论形式”。问题是：这是不是事实？在资本主义社会中，这确实是事实。在那个社会里，有无产阶级和资产阶级的对抗性的矛盾。他们的意识形态是对立的。他们的推论基本上是对立的。一个资产阶级的经济学家曾说过，《资本论》里每一个字他都认识，可是句子一句也不懂。不懂句子，难道他还能懂句子与句子之间的“所以”吗？问题不单出在这里。资产阶级的内部集团的利益并不一致。英国19世纪的自由贸易派的“所以”和保护谷物派的“所以”也是不能统一起来的，后者接受了前者的“所以”是通过法律办到的，并不是上面说的“推论形式”。在关于天演论的大辩论中，代表极端顽固派的威尔伯佛斯主教，和有进步思想的科学家赫胥黎是没有共同的推论的，所以他们进行了大争论。法律没有干涉他们，“推论形式”无法勉强他们。在19世纪90年代的美国，上述“推论形式”也没有能够使东方的金子集团和西方的银子集团的“所以”统一起来。这样的例子不少，不必细举。总而言之，形式逻辑从来没有说服过对立的阶级或不同的阶层。但是，这和不能说服个人完全是两件事。

问题是对于这个事实的分析和理解。有些人，包括一些

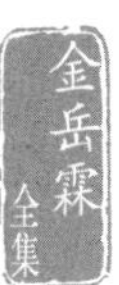

资产阶级的逻辑学家，意识到“所以”不只是前件真正蕴涵后件而已，也不只是前提的内容正确而已，而且涉及推论者对于这二者的认识。认识的具体表现是对于前提的内容正确性的断定。承认“所以”需要断定前提这一因素，也就是强调“所以”和认识的相对性。断定本来有“⊢”这个旧符号。我们还是可以利用。承认了“所以”对认识的依赖性以后，仍以 AAA 为例，MAP，SAM，SAP 就不是“推论形式”了。因为它没有包括这个依赖性、相对性。它抽象得太过分了，它把“所以”的主要要求之一的因素抹杀了。为了不抹杀这个因素，我们可以加上旧的断定符号。加上这个符号，MAP，SAM，SAP 的形式就成为⊢ MAP，⊢ SAM，∴⊢ SAP 这样一个形式了。就资本主义社会说，这是“正确”的“所以”或“推论形式”。它明白地承认了“所以”是相对于认识的。它是“推论形式”，而 MAP，SAM，SAP 不是。单就这一点说，问题是进一步明确了。

但是，⊢ SAP，⊢ SAM，∴⊢ SAP 是不是能够强迫人们接受一个推论呢？还是不行。这个形式承认了“所以”对认识的依赖性，因此认识不同，“所以”也就不同了。伽罗尔抓住了这一点，就大做其文章。资产阶级的世界观是个人主义的、客观主义的、唯心主义的。用这样的世界观来看认识，就把认识看成是个人主义的。个人的认识成为每一个人各自的最高权威。20 世纪 20 年代美国田纳西州曾经用立法的方式“否认”了达尔文学说，议员各自以个人的认识为最后的权威。有些议员硬是不同意达尔文学说。假如伽罗尔还活着的话，他会拍手称赞，他会说，你看“形式逻辑”没有说服这些议员。在资产阶级的逻辑学家看来，只要事实上“所以”是相对于认识的，它就“事实”上成为相对于个人的认识的。本来是阶级的认识就被歪曲成为个人的认识了。这样，就“所以”说，局面就成为公说公有理，婆说婆有理；张说张有理，李说李有理。“形式逻辑”不能使张说服李，也不能使李说服张。这个歪曲本来是从唯心主义世界观出发的；可是，反过来，它又“证实”了唯心主义的世界观。这个歪曲的性质是资产阶级的，它把相对于阶级的“所以”看作相对于个人的“所以”。它掩盖了前一事实，制造了后一假象。起掩盖作用的是客观主义，起制造假象作用的是客观主义的人性论。上节曾说伽罗尔抓住了这个歪曲向“所以”进攻。这句话没有错，可是，在上一节，这句话笼统些。他所进攻的是辩证唯物主义的“所以”，是马克思主义的“所以”，是对无产阶级有说服力的“所以”。他所坚持的是没有说服力的“所以”，是客观主义的“所以”，是客观主义使得形式逻辑在个人认识上就打住了它的作用的“所以”。在第七节里，我们只批判了伽罗尔的诡辩，没有批判实际上他所坚持的“所以”。诡辩应该批判，但是就本文说，下面的批判更是重要。

客观主义是资产阶级意识形态中极其重要的思想前提之一。它的中心要点是不承认有阶级性的阶级存在。在资产阶级上升时期，它是用全民或全人类的名义来进行宣传的；在革命过程中，它是用这个名义动员广大的劳动人民来对抗封建贵族并且取而代之的。在这一点上，掩盖资产阶级的阶级性的客观主义正表达了资产阶级的本性。资产阶级是在客观主义的隐蔽下来进行阶级斗争的。客观主义掩盖了人的阶级性，从而也就掩盖了认识不同的根源之一。这样一来，客观主义也就掩盖了不同的推论或“所以”的不同的根源之一了。

客观主义是一个方面，另一方面是资产阶级的人性论或个人论。在1949年，有一个资产阶级知识分子曾说过这样的话：无产阶级的革命理论不那么“冠冕堂皇”，口号不太“响亮”。我当其时也赞成这样的意见。这是对马克思主义的侮辱。《共产党宣言》不冠冕堂皇、不响亮吗？其实这位先生所说的“冠冕堂皇”就是资产阶级的人性论和个人论。20世纪初期，卢梭的民约论打动了中国一部分知识分子的心弦。这本书头一句话就使他们感动。资产阶级好像是要解放全人类似的。资产阶级把社会看成好像只是一大堆自然人而已。世界上根本没有这样的社会，社会里也没有这样的人。这样的人性论和个人论完全是虚伪的。但是，它起什么作用呢？在客观主义隐蔽了人的阶级性以后，这个虚伪的人性论和个人论就把阶级不同、认识不同理解为只是个人的不同了。当然不同的个人是会有些不同的认识的；但是，在阶级社会里，难道每一个人不都在一定阶级地位生活吗？不同的认识难道都没有阶级烙印吗？客观主义和抽象的人性论只是一个思想的两个不同的方面而已。

客观主义不是无产阶级的思想，也不是封建阶级的思想。前一点大家都知道，后一点应当有所补充。封建社会是公开地拥护等级制度的，它不能够利用客观主义来欺骗人。无论在中国或西欧的封建主义社会里，人和民是有分别的。对这个分别当其时的人意识到什么程度也是有分别的。孔夫子有几句重要的话，就没有搞混过。他没有说己所不欲勿施于人，没有说人可使由之不可使知之，没有说节用而爱民，使人以时。孟夫子确实说过民为贵的话，但是，好几位同志已经指出，这是从富国强兵角度说的，不是从民主的角度说的。戏台上的孔明更是露骨，他对打扫城门洞的老大爷说，“国家事用不着尔等劳神”。本文之所以提出这些补充的意见，只是要明确地认识到客观主义是代表资产阶级本性的思想。客观主义的东西也就是具有资产阶级性质的东西。

⊦ MAP，⊦ SAM，∴⊦ SAP 是客观主义的推论形式。在《数学原理》那本书的头一部分里，罗素所承认的推论形式本质上就是这个形式。不错，罗素批判了伽罗尔，但是他所承认的“所以”曾是客观主义的。我在大学丛书《逻辑》那本书里抄袭了罗素，因此，也就承认了这个推论形式。为什么说本质上是这个推论形式呢？因为罗素所承认的和这里所说的，表面上是有分别的。罗素没有引用“∴”这个符号，但是他用好些不同的方式来代替它。显然，在他的证明中，凡是引用了“⊦”那个基本命题的，也就等于引用了“∴”这个符号。更重要的是“|”这个断定符号。在本文它是表示认识的，“⊦”中横的一行是表示科学水平的。罗素在 1903 年的《数学原理》那本书里（第 38 节）要把断定的“心理成分”撇开，而在本文，断定的认识成分是没有撇开的；在 1910 年《数学原理》那本书里，“⊦”这一符号表示了断定这一事实，但是它所断定的都是同语反复式的命题，引用的范围没有本文这样广。罗素所要撇开的心理成分不知究竟是些什么。无论如何认识成分是撇不开的。他说过这样的话，如果“⊦”下面的命题是不正确的话，作者犯了错误。这里前后件说的是两件事，前件的主体是命题，后件的主体是作者。作者犯错误的话，他所犯的只能是认

识上的错误。罗素所承认的"所以"形式是相对于认识的。从他的整个哲学看来，他所谓认识是个人的认识，并且是个人主义的认识。这也就是说他所谓认识是客观主义的，是不承认阶级烙印的。

客观主义是错误的，客观主义地理解"所以"或推论也是错误的。形式逻辑作为一门科学是应该遵守不矛盾律的。但是客观主义地理解"所以"或推论就使形式逻辑本身违背了不矛盾律。形式逻辑的基本规律和其他规律都是必然的，但是这个必然性在"所以"上碰到了暗礁，必然的成为不必然的了。伽罗尔的诡辩是一件事，是应该批判的；但是他隐隐约约地意识到这个问题。我自己在二十多年前有这个问题。当其时我曾说罗素的《数学原理》那本书里横写的东西是必然的，直写的（由上到下）东西不是必然的。直写的东西不是必然的，因为它是相对于个人认识的。而个人的认识不是必然的。必然的东西虽是必然的，然而认识必然并"不是"必然的。"不识庐山真面目，只因身在此山中。"我当其时自己接受了客观主义，我哪里知道毛病就出在客观主义上呢？坚持客观主义，让认识停留在个人的不同这一点上，不承认阶级的存在，不追求个人认识的历史根源和阶级根源，"个人认识"不可能有客观必然性，即令认识的对象是必然的。客观主义地理解"所以"，资产阶级的逻辑学家就无法避免伽罗尔论文中乌龟和阿奇离的问题，同时也就无法解决那个问题了。

但是话又说回来了。客观主义是代表资产阶级的本性的，它是资产阶级的阶级性和党性的表现。对资产阶级，推论或"所以"不能不是客观主义的，他正是用客观主义的"所以"

或推论来进行阶级斗争、思想斗争的。对资产阶级,“所以”或推论的形式,就 MAP,SAM,SAP 这样的三段论说,不能不是⊢ MAP,⊢ SAM,∴⊢ SAP。别的推论同样。我那本旧著大学丛书《逻辑》第三部分中的推论或“所以”也正是这种形式。⊢ MAP,⊢ SAM,∴⊢ SAP 并不是光溜溜的形式,客观主义就在里面,资产阶级的阶级性就在里面。客观主义是有欺骗性的,但是,我们既然知道了客观主义代表着资产阶级的本性,我们不妨如实地断定客观主义的推论或“所以”形式就是资本主义社会里资产阶级的推论或“所以”的形式。

我们反对客观主义。客观主义掩盖资产阶级的阶级本性来为资产阶级服务,我们公开地承认我们的阶级性来为无产阶级服务。我们是辩证唯物主义者,我们的认识论是辩证唯物主义的反映论。我们坚决地肯定社会存在决定社会意识,我们的认识不只是有认识的根源而已,而且有阶级的根源。我们的认识不是客观主义的、个人主义的,不都是偶然的,它是有必然性的。在我们这里根本上无所谓公说公有“理”,婆说婆有“理”。我们之所以能够做到这一点的理由之一,正是因为我们公开地承认我们的阶级性。我们的是非都是有客观标准的。认识如此,推论或“所以”也是如此。就 MAP,SAM,SAP 这样一个三段论说,我们的推论或“所以”的形式是⊧MAP,⊧SAM,∴⊧SAP。“⊧”这个符号中的一横表示科学水平,另一横表示无产阶级。一句话,马克思列宁主义的真理只有一个,而“所以”是贯彻这个真理的。作为学说,它如实地反映了它的对象。⊢ MAP,⊢ SAM,∴⊢ SAP 和⊧MAP,⊧SAM,∴⊧SAP 不是共同的推论形式。它们当然都承认,如果具有 MAP

和SAM形式的命题是真的，那么具有SAP形式的命题也是真的；但是，这不是推论，这是蕴涵。⊦ ……，⊦ ……，∴⊦ ……是资产阶级散布大非的工具。⊧……，⊧……，∴⊧……是我们坚持大是的工具。两阶级之间没有共同的推论或“所以”形式。

九、阶级性和正确性

在本文我们是把推论的阶级性和它的科学水平分开来说的。我们有这个需要。但是，这两个相对性也不是没有联系的。历史上一个阶级的进步性和它的科学性是联系着的。当一个阶级上升的时候，它有进步性，也有比较高的科学性。回顾一下历史可能是有启发的。文艺复兴时期是不是和资产阶级上升有联系呢？春秋战国在文化上的蓬勃发展是不是和封建地主阶级上升有联系呢？上升的阶级是进步的，是比较地敢于正视现实的，是能够提出问题，敢于解决问题的。有进步性的大体上说来也是有比较高的科学性的。当一个阶级上升的时候，阶级性和科学性大致说来是统一的。这也就是说，这个时候的科学水平和阶级利益大体上是一致的。当统治阶级已经成为反动的了，阶级性和科学性就不一致起来了。既然如此，在下面我们有分别提出它们的必要。

无产阶级是历史上最进步的阶级，它的科学性和阶级性是完全统一的，所以它的推论是正确的。在资本主义社会里，资产阶级的“所以”或推论形式学说是不正确的和骗人的。它是不正确，因为它不承认推论或“所以”形式有阶级性，而“所以”或推论形式是有阶级性的。它是骗人的，因为它是以不承认阶级性来隐蔽它的阶级性的。在资产阶级的推论形式中,阶级性既然是隐蔽的,我们就要特别警惕。按照他们的形式作出来的"推论",对我们说,经常不是推论。推论的必要条件之一是事实上发生。在我们这里,不发生的"推论"对我们说不是推论。请注意,这不是说当资产阶级进行这一类推论时,他们没有作出这一类的"推论"。他们以为作出了"推论"是事实,这是否认不了的。并且以阶级斗争说,我们还要特别着重注意资产阶级的这一类活动。我们只是坚持他们的这一类"推论"不是我们的推论而已。我们要坚持我们的推论或"所以"形式(就 MAP,SAM,SAP 说就是⊧ MAP,⊧ SAM,∴⊧ SAP)。资产阶级的推论,是违反事实的推论。它不是我们无产阶级的推论。因为推论是要发生的,在我们无产阶级的头脑中是不存在那种推论的。既然它根本就不是推论,当然它也就没有推论的形式正确性与内容正确性的统一与否的问题。

去年在某一地方的大炼钢铁中,曾有下面一场热烈的争论。这个争论也可以用三段论的形式来表示。这个地方炼出一种乌龟铁。争论的问题就从乌龟铁里能否炼出钢来开始。在争论前,炼钢的尝试都失败了。有些人就坚持下面的三段论:"所有的铁都能炼出钢来,乌龟铁炼不出钢来,所以乌龟铁不是铁。"他们主张不必炼钢了。另一些人,坚持下面的三段论:"所有的铁都能炼出钢来,乌龟铁是铁,所以乌龟铁可以炼出钢来。"他们研究乌龟铁的毛病所在,如果它有杂质,它的杂质是什么,如何去掉杂质。在进一步努力之后,杂质排除了,钢也炼出来了。这里有两个不同的三段论,它们不能都

正确。究竟谁正确谁不正确，只能用说服的方式来解决，只能用摆事实讲道理的方式来解决。在统一了认识的基础上，他们一方面多方试验，认真研究，果然发现了乌龟铁的毛病所在，也发现了克服这些毛病的办法。另一方面他们又重鼓干劲，力争上游，一致决心不向困难低头。这两方面都重要。前一方面是科学水平的问题，去年大炼钢铁不知道提高了多少人的技术水平。另一方面是总路线所起的作用。去年大炼钢铁不知道提高了多少人的思想水平。这就是说，问题的解决，阶级性和科学性都起了作用。

在上面所举的两类例子中，关于乌龟铁的两个例子都是推论的例子。另一个例子是资产阶级的"推论"，不是我们的推论，因此它按推论形式的要求说，也不是推论。既然如此，"所以"也只是两个字而已，不是由前提到结论的过渡形式。整个的例子既然不是推论，它又怎么可以有推论的形式正确与否的问题或内容正确与否的问题呢？它怎么能够有形式正确和内容正确统一与否的问题呢？有些同志甚至把敌人污蔑我们的某些句子，胡乱用"所以"联系起来，当作推论来讨论它的形式和内容的正确性，有点像指鹿为马之后，来研究它是乘马还是挽马，如果是乘马，是否千里马等问题一样。这显然是不妥当的。排除大非，坚持大是，正是要在原则上做到形式正确性和内容正确性的统一。

大是不是能够把它悬在空中就可以坚持下来的，是必须把它贯彻到具体的问题里面去的。在排除了大非之后，我们的推论或"所以"仍然有形式正确性和内容正确性的统一问题。这二者仍然可能是不统一的。"所以"或推论仍然有形式正确而内容不正确,或形式不正确而内容(作为判断,不是作为前提和结论)正确,或二者都不正确,或二者都正确等问题。去年年初,我写了一篇文章谈正确性和真实性的统一。有同志提意见说我谈得太笼统。那篇文章确实谈得笼统些。在这里我接受这个意见。但是,就在本文我仍然不打算谈这个问题。我也不同意李世繁先生的说法,说内容虚伪,形式就不正确。如果内容是大非,它的形式当然是不正确的,但是它在我们这里不发生,它不是推论;比如说资产阶级污蔑我们的三个句子虽然用了"所以"两个字联系起来,然而它们不是⊧ MAP,⊧ SAM,∴⊧ SAP,这和是推论而又是内容错误的推论所可能有的形式正确与否的问题是两件根本不同的事。在关于乌龟铁的争论中,头一例子是推论,而且内容错误,但是它的形式是正确的。在这里内容虚伪并没有影响到形式正确性。更重要的是在争论中,我们以实践证明了第二个关于乌龟铁的推论是正确的,而在证明中不仅多方试验、认真研究起作用,而且鼓干劲、争上游也起了作用。这就是说我们的大是是贯彻到这一正确的推论里面去了的。这也就是说,在我们这里科学性和阶级性虽有分别,然而是统一的。在这一例子里,尽管推论的内容是关于技术科学的,我们的大是也仍然是贯穿着的。

正确性有没有相对性呢?认识是不断发展的过程,它是由不认识到认识,由认识的少且浅到认识的多而深,它是随时代的前进而提高它的水平的。推论既然是认识的组成成分,它也是不断提高的,它也是有相对性的。正确性是我们的反映和所反映的客观事物及其规律的符合。符合有多少问题,

有深浅问题，有精确程度高低问题，有一时的全面转化为另一时的片面的问题，而这些都是随时代的前进而提高的。正确性之有相对性可能发生问题，下面就要谈到。本文提到这一点并没有错误。问题是本文的说法是不是有相对主义。如果本文的说法有相对主义，那就是原则性的错误。本文认为有没有相对主义，主要是看在肯定了正确性之有相对性之后，我们是不是排除绝对性。问题不在绝对性的多少，而在排除。我们没有排除正确性的绝对性，至少在这一点上，我们没有主张相对主义。

有些同志强调，正确和我们**认为**正确是有分别的。强调这二者的分别可能是不承认正确性本身有相对性。不错，这二者是有分别的。有些正确的东西，当其时的人们没有认为它正确，而有些人认为正确的东西并不是正确。这两类的例子可以举出好些。但是经得起一时代的生产斗争或阶级斗争实践检验的东西，它的正确性和人们认为它正确在该时代是统一的。张三李四所认为正确的东西有相对性，但是我们这里谈的不是这种相对性。我们这里所谈的正是科学水平的相对性。在科学水平的相对性中，不只是人们的**认为**有相对性，而且正确性本身也是有相对性的。本文的作者从前也是不承认后一相对性的，并且从前一直宣传一时发现为错误的东西以前从来没有正确过。现在看来，这是错误的。只承认前一相对性不承认后一相对性的同志，可能担心前后两种相对性都承认的话，一时代的科学和该时代的迷信就没有分别了。这种担心是多余的，有科学就有科学和迷信的分别。一时代的科学总是经得起该时代生产斗争或阶级斗争实践的检验。

它和迷信的分别正是因为它有该时代的正确性。一时代的正确性显然是有相对性的。一时代正确的东西不都只有相对性,也不都只有绝对性,在肯定它有相对性的时候,我们并不排除它有绝对性。

正确性也是不断发展的,所谓认识正确就是我们的反映和客观事物及其规律的符合。上面已经说过,符合有多少问题,在发展中符合少的前进为符合多的。符合有深浅问题,在发展中原来限于现象的符合转化为深入到本质的符合,深入到浅的本质又转化为深入到深的本质的符合。符合有精确程度的问题,在发展中精确程度低的前进为精确程度高的符合,符合有比较全面和比较片面的互相转化的问题,在发展中,原来比较片面的符合转化为比较全面的符合。科学的发展中就有正确性的发展。正确性的发展既是在固有正确性的基础上发展的,也是后来居上的。可以继承,而又后来居上,正确性决不都只有相对性,也决不都只有绝对性。后来居上和现在登峰造极完全是两回事。辩证唯物主义尚且没有结束真理,难道现在的一般的科学水平就结束了正确性的发展?

为了说得具体些,我们举下面这个例子:重复着由东边上来、向西行进、再由西边下去的东西是绕着地球转的东西,太阳是重复着由东边上来、向西行进、再由西边下去的东西,所以太阳是绕着地球转的东西。这个推论是在古的时候发生的,而我们认为在那个时候,它是正确的。显然它是在历史上有科学根据的。在望远镜还没有发明的时候,在不同时间不同的天体的位置还没有大量地确定的时候,在算学还没有发展到相应的程度使它能发现并且解决一部分天体运行学说在形式逻辑上的矛盾的时候，单凭肉眼所能观察到的客观事实说，“太阳是绕着地球转的东西”是正确的结论。地球的自转和公转都是看不见的，太阳的“出东落西”是可以看得见的，并且还可以看见。单就白天里肉眼所能接触到的事实说，上述第二前提仍然正确。但是，我们现在不作上述的推论了。在现在这个推论是不正确的。从前的推论只是就天体运行的现象说的，后来的天文学已经深入到天体运行的本质了。现在的天文学更是大踏步地前进。在1957年前，天文学基本上是观察性的。在苏联发射了几个人造卫星人造行星和行星际站之后，天文学已经开始转化为试验性的科学，这也就是说我们已经能够变革部分的现实条件来研究我们的对象了。天文学会愈来愈准确精密复杂。但是，在整个科学里，在肉眼所观察得到的范畴内，太阳“出东落西”是不是仍然是可靠的材料呢？我们认为它仍然是可靠的材料，不过我们不这样提问题而已。我们这样提问题并不表示这一材料在科学发展中没有起作用。上述的推论在古时候是正确的，在现在是不正确的，而从古时候到现在，这个推论也不是一下子就完全不正确了，直到现在它还有正确的因素。但是，作为一个推论，它已经不正确了，代替它的是正确性高得多的推论。总而言之，正确性是发展的，是后来居上的，正确的东西既不都只是有相对性，也不都只是有绝对性的。本文指出正确性之有相对性并不就成为相对主义。

十、世界观和形式逻辑的主要联系点

上面已经提到世界观。关于世界观,本文写到这里是还有余意的。现在不把它当作论点提出,只让它通通气而已。

就初步的观察说,形式逻辑的某些项目是不受世界观的影响的。请注意,这里说的不是这些项目的理论问题,不是它们有无客观基础、它们反映什么等等的问题。这些问题本身就是世界观的问题。这里说的是在具体的思维认识过程中,在引用这些项目的时候,它们是不是受世界观的影响的问题。我们可以从头三个基本思维规律说起。同一律说:"甲是甲。"世界观可能会影响甲,在这个影响之下,不同的甲可以对立起来,但是对立起来的甲各自为甲。同一律并没有说对立的甲是同一的甲,它只说甲是甲。不同的世界观仍然维持甲是甲。矛盾律说"××不能既是甲又不是甲。"不同的世界观可能采取不同的矛盾面,但是,尽管它们采取不同的矛盾面,然而它们仍然要坚持××不能既是甲又不是甲。排中律说:"××是甲或者不是甲。"不同的世界观可能采取这两个可能中不同的也是矛盾的可能;但是,它们都因坚持自己所采取的可能,排斥另一可能,它们都要维持排中律。充足理由律有特点,以后再谈。再以对待关系为例吧!矛盾的关系和上面说的矛盾律情况类似。以AO的矛盾说,不同的世界观可能取A去O,或取O去A(这里说的只是可能),但是A和O的矛盾仍然维持了。AE的反对,IO的下反对都有类似的情形。差等的关系同样,无论AI的具体真假情况如何,差等的

关系总是保存了下来的。差等就是蕴涵。但是一般的蕴涵关系要复杂得多。一般地说，能够用符号表示出来的正确的蕴涵，例如第一格第一式的AA与A之间的蕴涵是不受世界观的影响的。但是，直到现在我们没有好好地考虑过关于蕴涵的总的情况，因此也不敢说什么。上面的例子不多。尽管如此，我们还是可以得出一个初步的看法：凡是以真和假的关系为基础来下定义的形式，大体上是可以忽略真或假的；而这样的形式既可以忽略真或假，它们也是可以忽略认识到真或认识到假的。推论形式不在这个范围之内，这一点上面已经提到，此处不赘。在这个范围之内的形式，世界观可以说是没有什么影响的。这是初步的意见，可能是错误的，无论如何，具体地考虑形式逻辑的问题总要分门别类地考虑的。

充足理由律有特点，不能不提出讨论。我同意好些同志强调充足理由律的一部分的意见。我从前不但不重视充足理由律，而且根本不承认它是一个基本的思维规律。这是极端错误的。但是，有些同志也给我一个印象，好像他们认为充足理由律是可以保证思维的正确性似的。果然如此的话，我就不同意了。这几个思维规律都既有反映性也有规范性。它们都反映客观事物的某些情况，同时因为我们的思维常常不遵守这些规律，这些规律也有规范性，它们要求我们遵守它们。这一点重要，可是我们暂不讨论。无论充足理由律如何，我们先谈充足理由。所谓充足理由是受世界观的影响的，并且这个影响非常之大。辩证唯物主义者也就是马克思列宁主义者的所谓充足理由与资产阶级唯心主义和形而上学的思想家们的所谓充足理由是完全不同的。毛主席经常教导我们，要我们掌握大量的材料，要求我们在下了去粗取精、去伪存真、由此及彼、由表及里的工夫之后，才下结论，而得到初步结论之后，还要受实践的检验。辩证唯物主义的充足理由是相干的、客观的、科学的理由，因此是真正的充足的理由。资产阶级学者们的所谓"充足理由"经常是不充足的，有时甚至还不是相干的，这个差别在自然科学方面也存在，可是差别可能不大；在哲学社会科学方面，这个差别就非常之大了。所谓充足理由既然有这样的差别，难道充足理由律就不受影响吗？在资产阶级唯心主义者手里，这一规律能够反映客观事物的情况吗？同时把规律作为规范，他们是不是能够忠实地遵守这个规范呢？这就要看思维实践了。在形式逻辑教科书写上了这一条不相干。好些资产阶级教科书里根本就没有这一条。即令写下了这一条也不就等于在思维实践上遵守了这一条规范。遵守了这一条规范，逻辑性确实会强。但是，究竟遵守了这一条规范与否，主要是看这一规律的要求贯彻到推论里去了没有。问题仍然又回到推论上去了。

形式逻辑明确地要求推论或"所以"贯彻正确的形式。形式逻辑工作者在这一点上没有不同的意见，他们都一致地坚持这个要求。这是完全正确的。不坚持这个要求是不可能的。果然不坚持的话，形式逻辑虽然存在，然而研究它就成为多余的了。但是"所以"所贯彻的只是正确的形式吗？对这一问题的答案，意见就不一致了。有些同志认为"所以"所贯彻的只是形式的正确性，另外一些同志认为它同时也要贯彻内容的正确性。关于正确性和真实性，涉及认识不涉及认识，为诡辩服务或不为诡辩服务的争论都直接地或间接地涉及这

个问题。对于这个根本问题的答案也牵扯到对另外一些根本问题的答案，例如形式逻辑包括不包括归纳逻辑，基本的思维规律只是或不只是前三条基本的思维规律，它们有没有客观基础等。这些问题都不是本文所讨论的对象。就"所以"所贯彻的是否只是正确的形式来说，本文的答案应该是明确的。本文从第一节到第九节都表示"所以"所贯彻的，在事实上、历史上从来不只是形式正确性而已，而且是形式和内容统一的正确性。我们的逻辑性强，在于我们的正确性高，假如我们的"所以"只贯彻了形式正确性而已，我们的逻辑性是不会强的。

形式逻辑教科书里都列举了许多形式的错误，例如否定前件从而否定后件，肯定后件从而肯定前件，大词周延，中词不周延，小词周延，四名词或四概念的错误等。有些同志好像认为有反动思想的人在这些方面所犯的错误比我们一定要多些。我看不见得。我们写文章如果是经过研究的，这样的错误就可以少犯。假如我们不研究，不推敲，我们也会犯一些这样的错误。这些错误一部分是技术问题。就我们说，这类技术性的错误愈少愈好，能够完全消灭是更好了。但是，即使我们有了这些技术性的错误，并不等于说我们的逻辑性就弱；有反动思想的人即使减少了这些技术性的错误，并不等于说逻辑性就强。

我们的逻辑性强，究竟强在哪里呢？我们逻辑性强的根源在于马克思列宁主义，在于辩证唯物主义历史唯物主义，在于无产阶级的立场，无产阶级是不惧怕客观世界的。他没有逃避世界的需要，歪曲世界的必要。他可以正视世界。这是一个极其重要的条件。世界本来是客观的,可是假如我们不敢正视世界的话,世界的本来面目是可以隐藏起来的。但是,单有正视世界的决心是不够的,我们还要有正确的观点和方法。这就是我们的世界观,我们的辩证唯物主义历史唯物主义。有这样的世界观,我们就有很好的指导,这就使得我们能够如实地反映客观世界。世界确实如何,我们就如实地反映它。正确反映客观世界发展变化的逻辑性,就是最强的逻辑性。

问题又回来了,形式逻辑一点边都没有沾着吗?不,世界观与认识这二者和形式逻辑主要的桥梁就是推论形式,推论形式起极其重要的作用。推论形式不是直接靠真假的关系的。最后它虽然靠真和真的关系(从真判断或命题到真判断或命题),然而它的直接关系是认识一些判断或命题的真到认识另一些判断或命题的真,它是认识过程中由一般到个别和由个别到一般的中心环节。它有由此及彼、由表及里的作用。蕴涵也起很重要的作用,特别是有根据而又还不完整的蕴涵。科学的假设就是这样的蕴涵,有些虽然淘汰,有些又发展为科学的定理。蕴涵虽不必有推论,然而推论总有蕴涵。别的逻辑形式或许受世界观的影响少,或许根本就不受什么影响。但是,它们既然在蕴涵和推论中起作用,间接地它们是也起作用的。形式逻辑对我们的思维认识的高度逻辑性也是有贡献的,它们的作用也是贯彻到推论或“所以”中去的。我们的“所以”既贯彻了马克思列宁主义的要求,辩证唯物主义的充足理由,又贯彻了形式逻辑的形式正确性,它的正确性是最高的正确性。我们的逻辑性是最强

的逻辑性。

为了加强逻辑性，形式逻辑工作者不只是要研究形式逻辑而已，而且要研究当代的客观世界的逻辑。

关于修改形式逻辑和建立统一的逻辑学体系问题*

逻辑学方面的争论是在党的百家争鸣政策指导之下展开的。争论是在全国范围内进行的。参加的人很多，搜集在《哲学研究》编辑部编的集子里文章的就有两大本。争论的大问题约有下面这几个：辩证法或辩证逻辑和形式逻辑的关系，形式逻辑的对象，形式逻辑基本规律的客观基础，形式逻辑的认识作用，真实性与正确性等。不同的论点是不容易简单地介绍的，至少我还没有这个能力。口头上，我曾试图作过简单的介绍，但是，事后想来，那样做有歪曲论点的可能。在这里我就不提论点了。

逻辑问题的争论，证明了党的"百花齐放"、"百家争鸣"政策的正确。就问题说，有些问题从大多数的逻辑工作者说应该算是解决了。有些问题在争论前看起来简单，而在争论后，发现它们复杂。有些意见的存在是知道的，在争论中公开地说出来了；有些意见的存在是我们不知道的，在争论中，我

---

* 原刊于《新建设》1961 年 1 月号。本文是作者在中国科学院哲学社会科学部学部委员会第三次扩大会议上的发言。——编者注

们知道它们的存在而引起争论了。解决了的问题可能比提出来的问题少,但是,这是好事情。在争论中,逻辑工作者锻炼了自己。有的在学术思想上得到了提高,在批评和自我批评的修养上大家都有所进步。争论是有成绩的。逻辑工作者对百家争鸣政策是有深刻体会的。

问题的争论仍在继续。但是新的大问题已经摆在我们面前了。

第一个大问题是修改形式逻辑。新中国成立后形式逻辑的研究是有成绩的。某些资产阶级的逻辑思想,某些唯心主义的形而上学的逻辑"理论"得到了批判,形式逻辑的本来面目初步地得到了恢复,它的一定的科学性是大家都承认的。但是它究竟是在旧的科学基础上产生的,和我们现在的思维实践有相当大的距离。我们如何才能使形式逻辑和我们的思维实践更密切地结合呢?在技术革新和技术革命中,在一般的思维认识中,应该说是有新的思维形式的,但是,究竟有些什么呢?逻辑史能提供一些什么修改线索呢?数理逻辑对普通的形式逻辑的修改有些什么帮助呢?修辞语法对形式逻辑究竟起什么作用呢?显然,修改形式逻辑是一个大问题。

1960年上半年,在逻辑课程改革中,冲击很强烈。有些教师感到不能照原样教下去,也有不少学生感到不能照原样学下去。课程改革前,有些逻辑工作者已经感觉到有打破旧框框的必要。课程改革后,这个需要就是不可避免的了。提出来的批评很多,提出来的问题很多。这些问题需要很快地处理,可是,看来又不是可以很快地解决的。怎么办呢?同时打破旧框框并不太简单。形式逻辑教科书总或多或少有体系，没有体系，无论是教科书或讲义都是写不出来的。在打破旧框框时，我们是不是站在某一旧框框上去打破某另一旧框框呢？这一问题并不限于年老的人，青年工作者不一定没有这一问题。课程改革和修改形式逻辑不是完全一样的问题。但是，在1960年的课程改革当中，这两个问题都统一在一个任务里去了。这是一个极其迫切的问题，也是一个大问题。

有些学校已经开始设置逻辑专业或专门化。国家需要逻辑干部，设立专业是欢欣鼓舞的事情。但是，究竟培养出什么样的人来呢？需要的究竟是什么样的专业干部呢？专业的规格究竟如何呢？没有明确的规格，教学计划就不好定。专业队伍的规格问题也就是逻辑这门科学的性质问题。我们所要求于专业队伍的显然应该是逻辑这门科学所能供给的。原有的逻辑学能够满足这个要求吗？原有的逻辑学能够训练出我们所需要的逻辑专业队伍吗？这个问题比开一门课的问题要严重得多。这也是一个大问题。

这几个大问题可以归结为一个总问题。逻辑学往哪里去呢？为中国社会主义建设服务的逻辑学究竟是什么样的逻辑学呢？这个问题是逻辑工作者或多或少地意识到的，但是明确地提出来还是有好处。争论在讨论会上有顶住的现象，争论的意义好像有点模糊起来。明确地提出这个总问题，以前的争论和以后还要继续的争论就有一个总目标，意义就会更明确。同时明确地提出这个问题是可以使我们欢欣鼓舞、斗志昂扬的。逻辑这门科学比起别的科学来范围不算大。可是，麻雀虽小，五脏俱全。辩证逻辑、数理逻辑、普通的形式逻辑、逻辑史各方面的工作者都可以参加、也都应该参加到这一工作中来。

关于这个总问题，我认为我们应该注意下面两点。

（一）在研究辩证逻辑、普通形式逻辑、数理逻辑、逻辑史的同时，我们还要建立一个逻辑体系。这个体系不单独地是形式逻辑体系。这个逻辑体系是既有辩证法或辩证逻辑因素在内、又有形式逻辑因素在内的、而又以前者为主的统一的逻辑体系。这不是说形式逻辑取消了，它是无法取消的；这也不是说形式逻辑不必研究了；相反的，我们还要更加努力来研究形式逻辑，我们不是要大力地修改形式逻辑吗？不着重地研究它，我们怎么能够修改它呢？但是，当我们说马克思主义者的逻辑性强，当斯大林说列宁的逻辑性强，或者当我们在学习毛泽东思想过程中说毛泽东同志的逻辑性强……的时候，我们说的逻辑虽然有形式逻辑，然而显然不就是形式逻辑，不只是形式逻辑，重点不在形式逻辑，主流不是形式逻辑。这个统一的逻辑已经长期地存在了，在今天我们应该承认它已经广泛地存在了。我们要研究的对象正是这个长期地广泛地存在着的统一的逻辑。我们的任务是把它整理成为一个体系，来帮助我们的思维认识，使这个思维认识达到它可能达到的科学水平。虽然在使用上革命导师们已经把辩证法或辩证逻辑和形式逻辑结合得天衣无缝，然而逻辑工作者直到现在还没有把这个结合分析出来，综合起来。为社会主义服务的逻辑早已存在，为社会主义服务的逻辑学还没有形成。我认为我们非鼓干劲不可。

（二）研究逻辑学要以毛泽东思想为指导，这是大家都同意的。毛泽东思想就是和中国革命实践相结合的马克思列宁主义,也就是和中国革命实践相结合的辩证唯物主义和历史唯物主义。要贯彻毛泽东思想到逻辑学里面去,也就至少要让唯物辩证法和形式逻辑挨边、碰头、打交道。我们现阶段的思维实践也愈来愈成为唯物辩证法和形式逻辑挨边、碰头、打交道的思维实践。问题就在这个挨边、碰头、打交道上。这些字眼不妥,我承认,但是我找不到恰当的形容词。问题仍然一样。有人怕挨边会把唯物辩证法庸俗化了。庸俗化要不得,这一点非坚持不可。但是,挨边就有这样的结果吗?不挨边又怎么贯彻唯物辩证法的指导呢?另外也有人怕把形式逻辑辩证化了。我们当然不能故意要把形式逻辑辩证化。这是不科学的,也是违背唯物辩证法的。但是,我们不能老是怕把形式逻辑辩证化。显然,有这样一种戒心的话,我们也就会怕让唯物辩证法和形式逻辑挨边、碰头、打交道了。这又怎么能够贯彻唯物辩证法的指导呢?在贯彻毛泽东思想的时候,我们可能会犯些错误,但是,我们不能怕错误,不然的话,我们的工作如何前进呢?

上面是个人的意见,它虽然吸取了一些人的意见,然而它仍然是作个人的意见提出的。由于个人的思想方法经常是不合乎逻辑的,错误一定很多,请同志们批评指正。

读王忍之文章之后*

——在京津地区第三次逻辑讨论会上的发言

我认为王忍之同志《论形式逻辑的对象和作用》一文①有以下的优点：

（1）它批评了否定形式逻辑的科学性的观点。近两年来，我们当中确有这样一个否定观点。如果王忍之这篇文章能够纠正这个否定趋势，我认为是好事情。

（2）这篇文章批评了主张前提不真实推理形式就不正确的观点。这个批判我认为是正确的。王忍之文章发表后，我检查了《哲学研究》1959 年第 3 期，在《论真实性与正确性的统一》这篇文章的第二节，我确实说了："我认为在这些例子当中，'所以'都是错误的。"这句话本身是错误的，王忍之同志指出这个错误，我向他表示感谢。按照我的说法，我只能说在这些例子当中，"所以"都不存在，没有"所以"的真假对错问题。我一向不同意李世繁先生关于一个推理只要其前提的

---

* 原刊于《光明日报》1961 年 7 月 8 日。——编者注

① 见《红旗》1961 年第 7 期。

内容错误，那它的形式结构就必然是不正确的说法。但是，既然我那篇文章里确实有上面所引的那句话，我还是要借这个机会承认那句话是错误的。

(3)这篇文章强调了内容与形式的矛盾来纠正某些人过分强调它们的统一性的偏向。有人认为形式逻辑本身就可以驳倒一切具有错误内容的思想，我认为这个看法是错误的。

这篇文章还有别的优点，那些我就不提了。我之所以提到以上几点，因为我盼望在这些点上王忍之的文章会起到积极的作用。

下面我提出不同意的地方。

(一)关于对象和内容的问题。王忍之同志认为形式逻辑的对象是思维形式和思维形式结构的规律。他认为形式逻辑的作用是含义一贯、不自相矛盾等。他也谈到认识作用，但是，他所谈的仍然是一贯性或不自相矛盾性对认识所起的作用。他没有提到形式逻辑学的具体内容。在这里"学"字很重要。形式逻辑学究竟包括不包括充足理由律呢？包括不包括归纳呢？归纳包括不包括观察与实践呢？他提到了概念、判断、推理。可是，内容究竟包括不包括充足理由律呢？在这里我不但和王忍之同志，也和许多别的同志意见不一样。我认为在承认充足理由律的条件下来谈概念、判断、推理，和在不承认充足理由律的条件下来谈语词、命题和蕴涵关系是完全不一样的事情。后者是狭义的普通形式逻辑，前者是广义的普通形式逻辑。我所说的狭义的普通形式逻辑是不包括归纳的。王忍之同志所说的可能是后者，也可能不是。他可能把归纳看作只是或然推理形式，它和提供演绎的前提那样的任务不相干;他可能认为在归纳里谈观察实验也只是谈形式,它们和概念的形成、判断的断定也不相干。我认为这个看法是错误的。当然形式逻辑只是讲归纳,而不是进行生物学和化学等方面的具体归纳;但是,这和归纳只是或然的推理形式并不是一件事情。王忍之同志所说的形式逻辑或者是狭义的形式逻辑,不包括归纳的形式逻辑,或者虽然包括归纳,然而只是演绎地看待归纳的形式逻辑。这二者无论是哪一种我都不同意。顺便声明,上面说的狭义的普通形式逻辑在新中国成立后是我个人自我批判的对象。

(二)关于"管"的问题。这也是形式逻辑的作用问题。"管"的对象是真实性。近几年的争论涉及下面三方面的不同的"管"。

第一种是单纯演绎的管。请注意,说的不只是演绎的管,而且是单纯演绎的管。我认为在这一点上,王忍之同志的文章写得很好。所谓单纯演绎的管,是同一律、矛盾律、排中律、对当关系、蕴涵、三段论原则这样的东西来管。这些东西并不是不管真实性的。并且,在如何管法上,王忍之同志还说得很透彻。我曾听见过这么一句话,说王忍之同志重复了周谷城先生的意见。我看这不见得。就在三段论上,王忍之同志也是主张演绎地管真实性的。但是,只承认这一点我就不同意了。

第二种是认识上的管。这又涉及普通形式逻辑的内容。这个逻辑不是狭义的。它包括充足理由律,包括归纳,包括观察、实验、寻求因果方法,包括概念、判断、推理、证明等。把这些东西都包括在里面的普通形式逻辑,不只是单纯演绎地管

真实性了，而是在认识上管真实性。狭义的形式逻辑学虽然不能脱离认识论，然而它的内容不必包括认识论。广义的形式逻辑学内容就应该有有关的认识论内容了，例如一般和个别，分析与综合，概括与抽象等。这种认识上的管还是形式地管，但是，这已经不是单纯演绎地管了。判断是不是有充足理由呢？实验是不是控制了相关的条件呢？干扰的影响是不是隔离了呢？定义是不是太宽了呢（沈有鼎先生的话）？概念的外延是不是太大了呢？这样的问题和单纯演绎地管的问题不是属于同一类型的。普通的形式逻辑教科书经常有实质上的错误那一方面的内容。为什么除了演绎形式的对错以外，还有这样的内容呢？普通的形式逻辑一直就是认识的工具。作为认识工具，它显然不只是单纯演绎地管真实性，而且是在认识上来管真实性。它虽然是从认识上来管真实性，然而话要说回来，它仍然是从一般的形式上来管认识的真实性的。这就是说，这种认识上的管，仍然是提供必要条件的管。不满足这些条件，认识就没有根据。可是，满足了这些条件，认识不必就是科学，就是真理。这种认识上的管只给我们认为或判定如何如何提供了一般的根据。对于一个推理的前提来说，普通形式逻辑并不是置之不理的，它还是要问：你断定这个前提有没有充足的理由呢？有没有演绎和归纳的根据呢？没有根据的前提也是不合乎广义的普通形式逻辑的。虽然由它到结论的过程，不一定是不合乎单纯演绎的形式。这就是说，如果一个人把 AAA 运用到违背了充足理由的思想内容上去的话，AAA 虽不因此就不正确，然而他的普通形式逻辑仍然是不正确的。普通的形式逻辑是有这样的管或这样的作用的。王忍之同志对普通形式逻辑的看法,无论是上面说的两种之间的哪一种,都使他在实质上不承认这种认识上的管。我认为这是错误的。

第三种管是具体科学的管。上面说普通形式逻辑给我们断定或认为如何如何提供了一般的根据,但是,这不等于说所断定的、所认为的如何如何就是科学的知识。我们所认为或断定真实的判断不一定真实,这我同意。所以在断定之后,还是有真假对错的四种可能。但是,我不同意这样一个意见:好像管只有第一种和第三种,只有单纯演绎的管和具体科学的管。如果普通形式逻辑的管超过了单纯演绎的管,就是代替了具体科学。我认为王忍之同志的看法正是这样的。实质上这是否认普通形式逻辑有第二种管法。绝大多数的逻辑工作者承认有第一种管法,没有人明确地主张有第三种管法。争论的中心是在第二种管法上。

(三)关于推理形式问题。在这一问题上王忍之同志反对我的意见。我认为他没有驳我,因此,也就没有驳倒我。我现在仍维持原来的意见。我简单地介绍一下这个意见。

第一,我认为推理(等于“所以”的推理)和蕴涵的区别,在于后者不断定前件和后件;而前者要断定前提,并且通过前提的断定过渡到断定结论。有些同志好像是承认这一点,有些同志不承认这一点。果然不承认的话,照我看来,推理和蕴涵就没有分别了。王忍之同志没有理会这一点,因此,在批评我的时候就针锋不相对了。他说:“他们以为,要判定一个推理形式是不是正确,乃至于它算不算推理形式,单对**推理形式**进行研究是不够的,还必须看这个**推理形式**和怎样的内容相

结合……”（重点我加的）。在这里，他把我认为不是推理或没有推理形式的东西当作我认为是推理或有推理形式的东西来处理了。这就无法说服我。他继续说，“金岳霖同志认为：同样的一个推理形式当它和无产阶级的思想内容相结合的时候，它才是推理形式，当它和资产阶级的思想内容相结合的时候，它就不再是推理形式了。”我可能说了这样的话，果然是如此，那也是我自己所不赞成的。我的论点恰恰是不同的阶级没有共同的推理形式。我的论点是：不同的阶级是根据不同的阶级根源和认识根源来断定命题或判断的，怎样会有同样一个推理形式呢？共同的形式是蕴涵，不是推理。可是，在王忍之同志看来是二者不分的，因此，只要有共同的蕴涵也就有共同的推理了。这是我无法同意的。

其次，有些人认为推理有断定这一因素可以承认，但是，我们只要一般地或者抽象地承认就够了，不必提到也不需要提到别的东西。我认为这一看法解决不了问题。只承认这一因素，推理成为“不必然的”了，形式逻辑的演绎推理成为“不必然的”，这岂不是怪事！实质上这恰恰正是罗素和伽罗尔的看法。推理既有断定这一因素，而断定在资本主义社会里是不一致的，没有共同的标准的；公有公的断定和过渡，因此公说公有理；婆有婆的断定和过渡，因此，婆说婆有理。罗素、伽罗尔两人并不是完全没有理由的。推理和蕴涵的必然性是不一样的。以蕴涵的必然性为标准，推理“是不必然的”。但是，难道我们就因此承认推理是不必然的吗？罗素、伽罗尔两人的看法是客观主义的，这是抹杀阶级的存在的。只有正视阶级的影响，正视科学水平的影响，才能如实地反映推理所固有的必然性。推理的必然性确实不同于蕴涵的必然性,它的必然性是断定的必然性,是认识的必然性,是相对于阶级的必然性。这个必然性正是上述第二种管法条件下的必然性。

最后,有人会提出:你这个说法达到必然性吗?你自己也承认我们认为或断定是真实的前提不一定是真实的。你这个说法只说明了必然地“推”而已,这说明不了、也保证不了所推出来的结论必然地是真实的,或推理的形式必然地是正确的。你还是没有达到具体的科学的必然性。我的意见正是如此。此所以在我们认真负责地作出一个推理以后,还是有真假对错四种不同的可能性。要得到必然地正确的结论,既内容正确又形式正确的结论,只有具体地研究具体的问题,只有像各具体科学那样研究问题,通过实验或社会实践来解决问题,才能达到具体的客观必然性。我同意王忍之同志这个看法:单靠普通的形式逻辑,具体科学的客观必然性是达不到的(我认为这包括普通形式逻辑这门具体科学本身)。不然的话,普通形式逻辑就代替了别的具体科学。我不知道谁曾经主张过形式逻辑可以代替别的具体科学。也许有人有这样的要求,我不同意这样的要求。我对推理的看法并不要求普通形式逻辑代替具体的科学,也不要求它代替哲学。

我的看法对不对呢?我认为是对的。但是,也很可能是错误的。无论如何,总需批评,没有批评总是不行的。我在这里表示欢迎批评。

判 断*

一、判断是什么

判断是对于客观对象有所肯定或否定的思想　在整风的过程中我们曾经展开过大鸣大放。在大跃进中，我们进一步有了敢想敢说敢作的作风。敢作非常之重要，但是没有敢想敢说也不行；不敢想不敢开动脑筋是不行的；可是，想了而不敢说出来也不行；不说出来，你想了什么呢？要作什么呢？别人不知道，讨论也就展不开来。我们敢想就非敢说不可。说就是说出话来。话就是一句一句的话。可是一句一句的话有不同的种类。有问话，例如："你今天的任务完成了没有？"也有惊叹话，例如："小麦长得多么好呀！"但是，话的主要形式是陈述话，例如，天气预报说："明天天晴。"在我们的陈述话里，无论我们是摆事实也好，讲道理也好，我们总是下了好些

---

* 此文为金岳霖、汪奠基、沈有鼎、周礼全、张尚水著《逻辑通俗读本》中的第二章。撰于1959年。1962年由中国青年出版社收入《社会科学知识丛书》出版。此后由哲学研究所逻辑室其他人员多次修订及再版，1964年第2版。1978年第3次出版时，改名为《形式逻辑简明读本》。1979年出第4版，并收入《青年文库》，1982年第5期。此书在日本有译本，国内有哈萨克文译本。——编者注

判断，例如："这亩田最好种小麦"，"这条街还不够宽"，"去年咱们厂里的计划定得晚了些"，等等。这里在纸上写出来的是一句一句的陈述话，它们都表示了相应的思想，而这些思想对于客观的对象又有所肯定或否定。这就是本段所谈的判断。

判断是什么呢？判断就是对于客观的对象有所肯定或否定的思想。

判断与事实、语句　我们的判断是从哪里来的呢？它是从客观事物来的。客观事物反映到我们头脑里，有时就产生了判断。判断的来源就是客观的事物。现在我们都干劲十足地工作，在工作中我们会遇到矛盾，这就是说，我们会碰到困难，会发生问题。问题是从实践中提出的。这样我们就注意到和问题有关的客观事物。这些事物也就成为我们研究和考虑的对象。山坡下那块田不容易深耕，使力大而效果不好。怎么办呢？这个困难使你研究地形研究土质。研究之后，我们也许会得到关于这块田的判断。例如，这块田不适于种小麦，要种小麦就得花很大的劳动。这样，客观事实就反映到我们的头脑里来而成为我们的判断了。

判断总是对于客观的对象肯定了什么或者否定了什么。上面那个例子就是否定的例子。它否定了那块田适合于种小麦。也许再研究之后，我们又可以得出一个肯定的判断来。肯定就是断定一个对象是什么或者有什么，否定就是断定一个对象不是什么或者没有什么。例如："由安国县城到东风人民公社过河后的那一段路是笔直的。"这就是肯定了那一段路是笔直的。可是，"那一段路没有十公里长"，这也是一个判断,这个判断否定了那一段路有十公里长。判断总是有所肯定或否定的。

存在于我们头脑中的思想是客观事物的反映。判断本身是一种思想,也是一种思想形式。它是什么样的形式呢?它是对客观事物有所肯定或否定的思想形式。具有这种形式的思想内容就是思维认识过程中的这一或那一判断。判断和语言是分不开的,也是和事实分不开的。判断本身只是思想,但是它既然和语言与客观事实分不开,它就有两重关系。一重是和语言的关系,一重是和事实的关系。两重关系中以后者为主。我们运用语言表达思想,有时会出些毛病,有些毛病是属于语言习惯方面的,但是也有好些毛病属于语言与思想的关系方面,即是说,语言没有正确地表达思想。在一些县报的报道中有好些句子没有主语,这就使读者看不懂究竟我们说的是什么,因而,也就不能了解我们想的是什么了。判断总是以某一客观对象为主体的,肯定什么是就那个主体说的,否定什么也是就那个主体说的。前面说的"那块田不适于种小麦"这样一个判断的主体就是那块田。假如这一句话里没有"那块田"这一主语,读的人或者听的人就不知道不适宜种小麦的是什么东西。

有些运用语言文字上的错误问题,既是逻辑上的错误,同时也是没有正确反映客观事实的错误。在上述的一些县报的报道中有这样的话:"掀起了一个轧麦耙麦突击周",在这里"掀起"和"突击周"在语言上是不能连在一起的,在客观事实方面,周是一段时间,掀起这个动作是不能作用于周的。因而,在逻辑上,"周"是不能掀起的。又如:"党员在政治思想觉悟上和党的方针政策上都是有了提高。”方针政策本身和政治思想觉悟是两件事。在运动中能提高的是对方针政策的认识、了解、体会和贯彻能力，而不是方针政策本身。又如：“总支根据外地介绍的熏肥方法于春节……召开了积极分子大会”。大会是不能根据熏肥方法召开的。这些都是逻辑上的错误。归根到底也是和客观事实不符合的。

尽管运用语言方面的错误问题值得我们注意，但是，主要的仍然是判断和事实的关系。一个判断如果与事实符合，它就是真的，不符合，它就是假的，这是极其重要的问题。例如天气预报就是非常重要的。近来的天气预报比起前几年有很大的进步。如果准确的话，在寒流冰雹到来之前，我们就已经知道了。就可以作防御工作了。损失就可以避免或者减轻。天气预报就是关于天气的判断。判断正确与否，也就是说和客观事实符合与否，是判断极其重要的问题。

二、几种不同的判断形式

一个简单的判断总有四个部分，这就是：主词、量词、联词与宾词。例如，在“我国的钢铁厂好些是世界上第一流的”这个判断中，“我国的钢铁厂”是主词，“世界上第一流的”是宾词。主词是我们所断定的对象，宾词是我们断定主词所具有的性质。“好些”是量词，表示主词的数量。“是”是联词，表示主词与宾词间的关系。我们下面要讲的六种判断形式：单称肯定、单称否定、特称肯定、特称否定、全称肯定与全称否定，它们是不同的，它们之间的不同，是由于量词与联词的不同。

单称判断　上面说过:判断是对于客观事物有所肯定或有所否定的思想。下面我们要谈判断的各种不同的种类。各种不同的判断也是根据于各种不同的事实的。

首先我们要提出单称判断。这是对于单一的客观事物的判断,例如:“天安门城墙不是朱红色的”,“台湾是中国的一省”,“美帝国主义是全世界人民的公敌”,等等都是单称判断,这种判断的主词是指一个单个的对象。单称判断是人们经常得到的判断,人们最广泛地利用它来表示意见。有的很简单,例如:“老张昨天下了乡。”但是有些非常之复杂,例如:“中华人民共和国本质上是无产阶级专政的国家。”这也是一个单称判断,可是,它并不简单,要深刻地理解它,就要相当高的政治思想水平。正确的单称判断是很重要的。大致说来,一个人所能够正确地断定的单称判断越多,他所了解的工作和生活环境中的特殊情况也越多。正确的单称判断虽然重要,然而,就了解客观情况说,仅仅有单称判断显然是很不够的。因为单称判断只能反映关于个别事物的情况,而客观世界中除了个别事物的情况以外,还有比较复杂的事物情况,还有事物的规律。

特称判断　假如有人问我们:“麦田里有没有三类苗?”我们说:“有。”这里我们尽管只说了一个字,然而我们却是作了一个判断,这个判断是:“麦田里有三类苗。”这不是一个单称判断,因为,我们说的不是一根单一的麦苗,而是说:“麦田中有的麦苗是三类苗。”当我们说“有”的时候,我们所断定的,正是有的麦苗是三类苗。这样的判断就是形式逻辑教科

书里说的特称判断。

这个判断，就麦苗的数量说，是很笼统的。究竟有多少麦苗是三类苗呢？多呢？少呢？我们不能单从这一判断就能知道。客观的事实可能摆在我们面前，而我们仍然不知道。我们当中可能有刚刚到来的下放干部，他们对于三类苗没有正确的认识，他们就不能进一步判断什么。我们当中可能有些是经验丰富的农民，他们说了“有”之后，根据客观事实可能会说“不多”，或者甚至“很少”。尽管如此，在特称判断中，“有”的数量是笼统的。它可以少到只有一两根麦苗是三类苗，也可以多到全体的麦苗都是三类苗。其所以如此，理由是：“有的麦苗是三类苗”这一判断只是肯定了有的麦苗是三类苗而已，没有肯定究竟有多少麦苗是三类苗。“有的麦苗不是三类苗”这一判断也只是断定了有不是三类苗的麦苗而已，却没有断定不是三类苗的麦苗究竟有多少。前一判断就是特称肯定判断，后一判断就是特称否定判断。

全称判断　在我们的判断中单称判断最多，特称判断也不少，全称判断要少些。假如社里交下来的任务是全部麦田都要深耕，而在大伙努力下，我们也完成了这一任务，我们就可以肯定：“所有的麦田都深耕了。”这就是一个全称肯定判断。当然表示这一种判断的方式可能各人不同，各地方不同。有的人也许会说：“每一亩麦田都是深耕了的”；也许会说：“凡麦田都是深耕的”；也许会说：“一切麦田都深耕了”；也许会说：“所有的麦田都深耕了。”我们现在看看这个全称肯定的判断：“所有的麦田都深耕了。”我们所断定的对象是一亩一亩的麦田。这个对象是客观的事物；可是，它不是单一的事物。例如，它不是河边的那一亩三角形的麦田。它也不是一部分的麦田，而是我们社里全部的麦田。对于这个对象，我们肯定了它是没有例外的深耕了的麦田。

在这里我们要提醒大家一点，当我们作出上面那个全称判断的时候，是牵涉到特定的时间与地点的。作这个判断的时间，是1962年的春天，地点是某个人民公社，而不是全中国。因为说话时的具体环境，使大家都了解了这个特定的时间与地点，所以，说话时便省掉了。但是，我们不要忽略了或忘记了这个时间地点，如果忽略或忘记了，我们就会犯错误。显然把这里说的全部麦田了解为全中国的全部麦田，这个判断是真是假就不是我们这一公社的社员完成了任务这样一件事所能证实的。当然，我们所肯定的全称判断并不限制到本公社的事情。在学习毛主席论《帝国主义和一切反动派都是纸老虎》的文章的时候，我们也断定了一切反动派都是纸老虎。这也是一个全称肯定的判断，可是，这个判断的对象，是全世界范围内的所有反动派。范围的大小是客观对象决定的。

上面的例子已经显示了全称判断既不是很难于断定，也不是容易断定的。“所有的麦田都深耕了”显然不是一个难于断定的判断；“所有的三类苗都已经消灭了”就不同一些了。要知道三类苗是否已经消灭了，可能需要较多的科学知识，因此断定这一判断也许困难一些。但是掌握这种科学知识的人在农民同志中间越来越多，这一判断的断定也就会变成容易的事。另外一些全称判断是不容易下的。上面说的“帝国主义和一切反动派都是纸老虎”，就是不容易下的判

断。断定它需要掌握大量的客观事实，包括已往的客观事实，需要精通马克思列宁主义。不但下这一判断不容易，了解它体会它认识它，也需要下很大工夫。但是，这样的全称判断非常重要，只要我们正确地认识它，它就会成为威力强大的斗争武器。在这里我们只是强调正确的全称判断的重要性，这并不意味着特称判断不重要。

上面说的是全称肯定判断。我们也有全称否定判断，例如："没有手工艺产品是机器制造的。"就是全称否定判断，像全称肯定一样，它也可能有不同的表达方式。就以上面这一判断而论，我们可能说："所有的手工艺产品都不是机器制造的"，或者简简单单地说："没有手工艺产品是机器制造的。"尽管方式不同，它们都表示了全称否定判断。全称肯定判断是对一类事物中全部事物有所肯定，而全称否定判断是对一类事物中全部事物有所否定。它们之为全称是一样的，分别只是在肯定和否定罢了。

主词与宾词的周延问题　有些话是可以倒转过来说的，但是大多数话不能。全称否定判断是可以倒转过来说的，例如，"没有手工艺产品是机器制造的"是可以倒转过来说的："没有机器制造的是手工艺产品。"可是，全称肯定判断就不同了。例如，一个糖厂负责人断定："所有糖都是检验过的。"这个判断就不能倒转过来说。当"所有糖都是检验过的"这个判断是正确的（合乎事实的）时候，"所有检验过的都是糖"可能是不正确的。进厂的甘蔗可能都是检验过的，而这些都不是糖。这里就牵涉主词与宾词的周延问题，下面谈谈这个问题。

一个判断中的主词(或宾词)是周延的,就是说,这个判断涉及主词(或宾词)的全部外延。反之,就是不周延的。“所有糖都是检验过的”,是一个全称肯定判断,它的主词“糖”是周延的,因为这个判断断定了所有的糖或糖的全部都是检验过的。这个判断的宾词“检验过的”是不周延的,因为这个判断没有断定糖是检验过的这类东西的全部。由于全称肯定判断的主词是周延的,而宾词是不周延的,所以,“所有的糖都是检验过的”就不能倒转过来说:“所有检验过的东西都是糖”。前一个判断没有涉及“检验过的”这个概念的全部外延,但是,后一个判断却是涉及“检验过的”这个概念的全部外延。我们不能随便将部分扩大到全部。

全称否定判断的情形却不同了。“所有小麦都不是多年生作物”是一个全称否定判断。它涉及所有的小麦,所以,主词“小麦”是周延的。但是,宾词“多年生作物”是否周延呢?也是周延的。因为这个判断表明了小麦是在“多年生作物”这类事物的全部范围之外,也即是说:“所有多年生作物都不是小麦。”由于全称否定判断的主词与宾词都是周延的,它是可以倒转过来说的。

特称肯定判断的周延情况,刚好同全称否定判断相反,这就是说,特称肯定判断的主词与宾词都是不周延的。“有些油料作物是多年生的”,是一个特称肯定判断,这个判断并没有断定所有的油料作物,或油料作物的全部都是多年生的。因此,主词“油料作物”是不周延的。同时,也没有断定全部多年生的东西都是油料作物,所以,宾词“多年生的”也是不周延的。

特称否定判断的周延情形，刚好同全称肯定判断相反，这就是说，特称否定判断的主词是不周延的，而宾词却是周延的。例如，“有些油料作物不是多年生的”，它的主词不周延是很明显的。它的宾词，却是周延的。因为这个判断表示有些油料作物如油菜是排斥在多年生植物的全部范围之外。

三、几种新的判断形式

“个别的是”与“一般的是”　上面谈特称判断的时候，我们曾提出特称判断主词所指的事物的数量是笼统的。判断中主词所表示的对象，数量可以小到一类事物中的一两个事物，也可以多到一类事物中的全部事物。客观情况是需要这种判断的。我们的认识可能只达到了这样一个程度，我们知道某种对象有某种属性，可是我们并不知道有这种属性的对象究竟有多少。既然有这样的情况，当然就需要有适应于这种情况的判断形式。特称判断这样的形式是需要的，但是，我们不能满足于它。因而，我们还需一些其他形式的判断，这就是说，我们还需要一些判断形式，在主词所表示的事物的数量方面，它既不像特称判断那样笼统，又不像全称判断那样确定。这个问题是早就感觉到的。可是形式逻辑工作者没有能够明确地把问题提出，当然也没有正确地解决这个问题。

新中国成立后，我国人民由于对思想的准确性的要求大大提高了，因而广泛地引用了一些判断形式，部分地解决了上面提出的问题。我们广泛地引用了什么判断形式呢？让我们先来谈谈这两个判断形式：“个别的什么什么（对象）是什么什么（属性）”和“什么什么（对象）一般地是什么什么（属性）”。

在这里我们要说明一下：对于这些形式我们还没有进行过仔细的研究。下面的意见只是抛砖引玉而已。我们盼望广大的读者能够研究这些形式。这两种判断形式都没有提出固定的数量或固定的百分比，它们是灵活的，但是它们的灵活性是限制到某一范围之内的。按照一般的解释，“个别的”的范围似乎不超过百分之十。“一般的”似乎意味着百分之九十以上。这两种判断形式的灵活性是它们的好处，我们不要把它们冻结在一定的数量上或一定的百分比上。上述的百分比，并不是根据大量的调查研究得来的，只不过是一个大致的范围而已。

“我们这里出废品吗？”我们的答案可能是：“出。”这实际是一个判断，虽然我们只用了一个“出”字。这一个字实际是说：“有的出品是废品。”我们也已经指出，在数量上这个判断是笼统的。客观事实许可的话，我们也许能够继续地说：“出是出的，但是，是个别的。”前一句是笼统地判定有废品，后一句就把废品限制到很少的数量范围之内了。具体的数量我们还是不知道。但是我们确实知道了这个数量是很少的。在这种情况之下，我们还可以加上一个否定的判断：“一般的不是废品。”在这一具体的场合上，我们可以看出“一般的什么是什么”，不等于全称肯定判断：“所有的什么是什么”，而“个别的什么是什么”也不等于特称肯定判断：“有的什么是什么。”

一个普通的特称判断，例如：“有的轮船是航海的”，就肯定“有”这点来说，是很坚定明确的，说它笼统是就数量说的，它没有断定航海的轮船有多少。“个别的是”或“一般的是”就具体的数目字说，也是笼统的，不过它们既大体上断定了多或少，它们比普通的特称判断就要明确些。虽然如此，它们还是没有克服某种程度的笼统性。我们为什么指出它们的灵活性，而不强调它们的某种程度的笼统性呢？因为这两种判断是由普通的特称判断上升到全称判断的阶段，它们不只是对量有所断定而已，而且对质也有某种程度的表示。它们是通过量的断定来表示质的。表示到什么程度是要看客观情况的。假如事实上我们的出品当中废品只是个别的，我们的出品就是相当好的，假如事实上出品一般的是废品，那么，我们的出品就是很坏的。

“基本上是”　上面提到两种判断形式，一是“个别的是”，一是“一般的是”。它们对于质有所表示，但是它们的重点是摆在量上的。新中国成立后出现的另外两种形式就不同了，它们的重点是摆在对象的质上的，虽然它们也不能不涉及量。这两种形式就是“什么什么基本上是什么什么”和“什么什么必须如何如何”。这两种形式是在新中国成立后流行起来，而且在认识和工作中都起重大作用的。我们认为就在这本小书里，我们也有提出它们来讨论的必要。

“什么什么基本上是什么什么”，这样的判断形式是非常之重要的。在反映客观情况中，这种判断形式起极其重要的作用。它的对象可能是单一的事物，也可能是一类的事物。无论对象如何，我们所着重考虑的是它的重点，它的基本环节，它的主流，它的本质，等等。客观的事物本来是有这些东西的，但是，这些东西又是和一些次要的东西混杂在一起的，有的时候是隐而不显的。如果在一类事物中,或者一个事物上,重点已经显示出来,可是还没有突出;基本环节已经被我们抓住,虽然还没有抓得很稳;本质已经流露,可是还没有完全摊开来;发展过程中主流已经呈现,虽然它的声势还没有浩大起来,等等,我们就有根据断定该一类或该一事物基本上是什么什么。判断的对象有它的组成部分,组成因素,也有与它密切地联系着的事物。对象的主流、本质等是不能够脱离对象的部分或因素或联系的事物的数量的。质是不能够离开量的。但是,在下这种判断的时候,我们是不是要求特定的数量呢,这就不见得了。就拿写社里的或工厂里的工作报告为例,我们已经可以看出这一点。如果在写这个工作报告时,对问题的正确提法已经找到,主要的内容已经写出,即令许多次要的内容还没有写出,有些数目字还没有填进去,文字上还有好些地方要修改,我们已经可以断定:"工作报告基本上写好了。"

"必须如何如何" "什么什么必须如何如何"也是一个极其重要的判断形式。要我们的工作有把握,我们就要了解工作内容和环境的客观规律性。任务是只能在客观规律所许可的范围内完成的。需要是我们根据客观规律和我们的任务而提出来的。所需要的东西,当然是还没有实现的东西,要实现它,我们就应当争取实现它的条件。有些条件是已经具备了,有些条件还没有具备,还需要通过我们的努力创造出来。在这样的情形之下,"什么什么必如何如何",这样的判断形式就提出来了。例如,我们要修一个水坝。任务提出来了,物资已经源源地运来了,技术力量也已经准备好了。可是,群众还没有发动起来。群众能不能发动起来呢？已往的经验已经告诉我们，只要我们把问题交给群众，把它转变为群众的问题，让他们鸣放讨论，群众是可以发动起来的。“群众必须发动起来”这样一个判断是根据客观规律提出来的，它是既有现实的需要性，也有实现它的可能性的。

四、矛盾和反对

判断与判断之间的关系是遵守着客观规律的。判断是反映客观事实的。正确地反映了客观事实的就是真的判断，不正确地反映了客观事实的就是假的判断。根据判断的真假，一个判断断定了之后，一定有另一些判断是我们不得不肯定或否定的。上面曾提到出不出废品的问题。我们可以根据原来的客观事实回答说“出”，但是过了几天，在大伙努力之后，废品已经完全消灭了，我们后来又回答说“没出”。这当然是可以的。这是我们努力的结果，客观情况改变了。但是，在同一时间内，对于废品，“出”和“没出”的回答不能够同时是真的，因为这两个回答所断定的事实不能够同时客观地存在。在同一时间，对于同一个对象，同一个方面，我们断定了“出废品”，我们就不能再断定“没出废品”，反过来也是一样。

单称判断间的矛盾和反对　单称判断的问题比较简单些，如：“老张昨天下乡了”，“老张昨天没有下乡”；“天安门城墙是朱红色的”，“天安门城墙不是朱红色的”。否定判断有的时候用“没有”表示，有的时候又用“不是”表示，这要看语言上的习惯如何而定。无论如何，上面这两对判断都有普通所谓矛盾关系。这里两对中任何一对都是不能够同时是真的也不能够同时是假的。一个是真的另一个就是假的,一个是假的另一个就是真的。事实上,天安门城墙是赭色的,不是朱红的。因而断定"它是朱红的"是假的,而断定"它不是朱红的"是真的。由于"它是朱红的"是假的,我们就知道"它不是朱红的"是真的,由于"它不是朱红的"是真的,我们也就知道"它是朱红的"是假的。这种既不能同时真也不能同时假的关系,我们叫做矛盾关系。

"老张昨天下乡了"和"老张昨天没有下乡"的关系也是矛盾的关系。它们既不能都真也不能都假。下面这两个判断的关系就不同了。"老张是山东生的","老张是湖南生的",这两个判断也不能够都是真的。老张是山东生的,他就不是湖南生的;老张是湖南生的,他就不是山东生的。因此,如果我们知道两个判断当中某一个是真的,我们也就知道了另一个是假的。但是,我们却不能由它们中某一个是假的,就得出另一个是真的。假如老张不是山东生的,我们却不能跟着就断定他一定是湖南生的,他可能生在东北,这就是说,既不生在山东,也不生在湖南。"老张是山东生的"和"老张是湖南生的",虽然不能同时真,然而很可能同时假。这就叫做反对关系。不论是两个矛盾判断或者两个反对判断,都能由某一个判断之真,推出另一个判断之假,这是矛盾关系与反对关系相同的地方。但是,在两个矛盾判断中,有一个假,那么,另一个就必真;在两个反对判断中,有一个假,另一个却不一定就真;这又是矛盾关系与反对关系不同的地方。

全称肯定与特称否定间的关系　上面说的四种判断——

全称肯定、全称否定、特称肯定与特称否定——也有矛盾和反对的关系。表达这些判断的话语可不一定按照上面说的形式。

假如我们讨论的题目是麦田深耕问题，老张对老李说："有的麦田还没有深耕，例如，山坡下那几亩麦田。"在这里老张讲的是一个特称否定判断："有的麦田还没有深耕。"老李回答说："不，全深耕了。"他实际是断定了一个全称肯定的判断："所有的麦田都深耕了。"这两个判断的关系是矛盾的关系，其中必有一真一假。究竟谁对谁错呢？这就要看事实如何。果然山坡下的几亩麦田都已经深耕了，并且没有别的还没有深耕的麦田需要深耕，那么老李对。要是山坡下那几亩麦田还没有深耕，或者这几亩虽然深耕了，然而还有别的没有深耕的麦田，那么老张对。他们俩总有一个是对的，一个是错的，他们的判断总有一真一假。这里说的全称肯定和特称否定的关系是矛盾关系。

全称否定与特称肯定间的关系　全称否定和特称肯定的关系也是矛盾的关系。前两年在一个农业展览会里，曾有一个老大娘和几个青年争论，问题是鹅的大小。展览会里的狮头鹅可能不够大，但是标题说它可以重到三十斤。老大娘怀疑说："最大也不过十来斤，没有超过二十斤的。"青年们说："有。"在这个争论里，老大娘断定一个全称否定判断："没有鹅是重到二十斤以上的。"青年们虽然只说了"有"，然而意思仍然是"有的鹅是重到二十斤以上的"。老大娘断定的是一个全称否定判断，青年们所断定的是一个特称肯定判断。这两者必定有一个真一个假，不是全称真，就是特称真，反过来也一样。老大娘和青年们究竟谁对谁错呢？当时很难决定。现在知道老大娘错了。1959 年第 8 期《人民画报》上有一张重二十多斤的鹅的照片。谁对谁错是靠事实来决定的。全称否定和特称肯定判断是彼此矛盾的。老大娘错了，青年们就对。

全称肯定与全称否定间的关系　全称肯定判断与全称否定判断之间有没有反对关系呢？有。假如上面说的那几位青年断定了“所有的鹅都是重二十斤以上的”的话，问题就两样了。《人民画报》上的照片起什么作用呢？原来的作用是两方面的，它不只是证明老大娘错了，而且证明青年们是对的。现在可不同了。《人民画报》上的事实仍然证明了老大娘的错误，但是在青年们所断定的是全称肯定判断这一假设的情况下，《人民画报》上提出的事实并没有证明青年们的判断是对的。经常遇到的事实是：普通的鹅只有十来斤，而这个事实对青年们的判断是一个否证。全称肯定和全称否定的关系是反对关系。它们不能够都真，但可以都假。只能由真推假，不能由假推真。在本段所假设的情况下，老大娘错了，我们不能跟着就断定青年们一定是对的。

“一般的是”与“个别的是”之间的关系　“一般的是”和“个别的是”只互相反对而不互相矛盾。它们不能同时都真，但是，却可以同时都假。显然，假如事实上我们的某个制呢厂是出百分之五十的高级呢，百分之五十的普通呢。那么，我们说“某厂的出品一般的是高级呢”和“某厂的出品个别的是高级呢”都是假的。我们肯定了“个别的是”之后经常补充一句说“一般的不是”。或肯定了“一般的是”之后补充一句“并不个别”。“不”字摆在什么地方是很重要的问题。例如，“所有的出品都不是高级呢”和“所有的出品不都是高级呢”是很不同的判断，前者是全称否定，后者是持称否定。这个在语言习惯中是容易明白的。关于“一般的是”和“个别的是”，语言习惯并没有规范化。大致说来，“一般的是”和“并不一般的是”是互相矛盾的，“个别的是”和“并非个别的是”也是互相矛盾的。但是“一般的是”，“一般的不是”并非互相矛盾，而只互相反对，“个别的是”和“个别的不是”也只互相反对，并不互相矛盾。可是，在这种判断形式上，语言习惯还没有规范化。从逻辑上的关系说，语言习惯应该规范化，不然的话，逻辑关系会搞不清楚。

对于“基本上是”与“必须如何如何”的否定　“基本上如何如何”和“必须如何如何”也有和它们矛盾和反对的判断。可是，它们的表示方法还没有凝固起来，我们要特别注意“不”字摆在什么地方，这也就是说，要注意否定的意思是引用到什么东西上去的。在提出了“某某的发言基本上合乎事实”之后，我们当中也许有人会坚决地不同意，因而提出：“某某的发言基本上不合乎事实”。这两个判断之间确实只能有一个是真实的。但是，某某的发言虽然在许多地方是合乎事实的，然而在不少的地方又不合乎事实，因此，很可能两个判断都是虚假的。它们的关系是反对，不是矛盾。另一些同志也许会用另外一个判断来否定那个判断，他们会说：“某某的发言并不是基本上合乎事实。”这里的“不”字实际是否定整个判断，而它和原来的判断是矛盾的。这就是说，它们不但不能同时真，而且也不能同时假。“必须如何如何”的情况也与此类似,重要的也是要看“不”字摆在什么地方。例如:“说话必须有分寸。”如果你认为为了开门见山“说话必须没有分寸”,这里的“不”只是否定有分寸而已,因而,不仅原来的判断可能不正确,你的否定也可能是不正确的。和原来判断相矛盾的判断,是“说话不必有分寸”。这里的“不”是否定原来整个判断的。

上面说的只是判断之间的一些关系。通过这些关系,我们知道某些判断是真的时候,我们就知道某些别的判断也是真的或者假的。这对于我们很有益处。它能帮助我们认识世界。假如我们的认识正确的话,它帮助我们说服别人;假如不正确的话,也帮助别人说服我们。上面提出的许多关系都起这个作用。因此,学点逻辑是有很大的用处的。但是方才说的关于麦田是否深耕的争论与鹅的体重的争论,好些不同的判断被提出来了。究竟哪些是真的呢?这个问题不是那些逻辑关系所能解决的。只有根据实践才能决定,只有根据客观的事实才能决定。

再谈矛盾关系　上面我们讲过两种关系,我们现在再来着重地谈谈矛盾关系。两个互相矛盾的判断是既不能都真也不能都是假的。上面已经举了好些例子,我们还是从例子说起。“老张昨天下乡了”和“老张昨天没有下乡”是矛盾的。它们互相矛盾是要求一些条件的。一个主要的条件是:说的是同一的对象和对于这个对象所肯定或否定的是同一个性质。对象不同或者性质不同,矛盾无从发生。例如:“老张昨天下乡了”和“老李昨天没有下乡”并不矛盾。老张和老李是两个人,而这两件事昨天都可以发生。“老张昨天下乡了”与

"老张昨天参加了社员大会"也并不矛盾。因为"下乡"与"参加了社员大会"是两个不同的性质,事实上可能老张既下乡了,又参加了社员大会。另一主要条件是同一时间。"老张昨天下乡了"和"老张前天没有下乡"也没有矛盾。因为说的不是同一的时间。同一时间很重要,我们决不能认为某某去年落后和某某今年不落后是矛盾的。它们不矛盾。某某果然努力进步的话,两个判断都是真的。时间这一条件常常是包括在判断中,有时为了说话简便起见而没有明说出来。例如,甲说:"这个工厂是制肥料的。"乙说:"这个工厂不是制肥料的。"这里甲与乙所说的"这个工厂"是同一个时间的同一个工厂。因而,他们的判断是互相矛盾的。

五、假言和选言判断

假言判断的形式　判断可以由两个概念构成,也可以由两个以上的判断构成。前面我们所讲的判断,都是由概念构成的。现在我们要讲两种由判断构成的判断形式。前面提出的都是直言判断,这里提出的就不是了。一种叫做假言判断,另一种叫做选言判断。

假言判断在日常语言上有不同的表示:"蒋匪帮敢于窜犯,就把他们消灭";"如果不搞群众运动,那么跃进是不可能的";"倘若你能到会的话,我就用不着去了";等等。我们选"如果……那么……"来表示。"如果"与"那么"之后都有一个判断。"如果"之后的判断叫做前件,"那么"之后的判断,叫做后件。"如果……那么……"这样的判断主要的是断定前后件的关系,前件是作为后件的条件提出的,后件是作为前件的结果提出的。假言判断没有肯定前件是真的,这就是说,它没有肯定条件是存在的。它也没有断定后件是真的,这就是说,它没有肯定结果是现实的。条件可能还不存在,结果还不是现实,那么,判断它们的关系有什么用处呢?

假言判断的功用　假言判断的用处很大。形式逻辑是帮助我们的思维与认识的。假如一个假言判断正确地反映了客观事物的关系或联系的话,我们的工作和我们的研究都会得到极大的好处。就以下面这个假言判断为例吧!“如果我们多养猪,那么,积肥的数量可以增加一倍。”这一判断显然对我们起很大的作用。我们要争取更大的增产,就需要加倍的肥料,而积肥正是农业工作中的一个重要问题。我们已经知道养猪是解决副食品问题的中心环节。现在又根据上面那个假言判断知道养猪与积肥间的关系,我们就作出大养猪的计划,以解决积肥问题。这个养猪计划完成了,也就是上述假言判断的前件满足了,那么,积肥问题就可解决,这也就是上述假言判断的后件也实现了。这就是说,正确的假言判断和别的正确的判断一样可以作为行动的指南。不过它的重点是摆在争取条件方面的努力而已。

不正确的假言判断有什么用处没有呢?显然不正确就不能指导实践,至少不能直接地指导。但是,这不是说它一点用处也没有。在具体的思维认识过程中,在考虑问题的过程中,我们是有取有舍的,是有保存下来的,也有排除出去的。在事前的计划中有取有舍,在事后的总结中,也有取有舍。取舍之间,客观情况的掌握,理论的指导,政策的遵守,都会起决定性

的作用。但是,除了以上这些之外,还有没有考虑问题的思维工具呢?我们怎样利用经验呢?“如果……那么……”这样的假言判断就起取舍的作用。

“取”常常引用假言判断,上面谈的那个关于养猪的例子就是“取”的例子。“舍”也常常引用假言判断,所引用的有时是正确的假言判断,有时也可以是不正确的假言判断。例如:“如果合理密植,就可以增产。”根据这一正确的假言判断,原来反对密植的想法就要舍去。可是不正确的假言判断也可以利用,有些迷信就是可以利用不正确的假言判断的方式来排除的。老年人当中有的可能仍然相信五月十三要下雨,“那天关老爷磨刀”,这是迷信。我们可以用许多不正确的假言判断来提出问题:“如果天不下雨,关老爷就不磨刀了吗?”“如果在这一村下雨,在那一村不下雨,关老爷是不是在这一村磨刀,在那一村没有磨刀呢?”“如果在好些地方下雨,关老爷是不是在好些地方同时磨刀呢?”……通过这类不正确的假言判断,作为问题提出,有迷信的人不能回答,迷信也就破除了。这就是说我们可以利用不正确的假言判断来破除迷信。当然,我们也可以用不正确的假言判断来排除不属于迷信的错误看法。

上面说的是假言判断在破除迷信方面的用处。破和立是分不开的。在科学发展中,好些新的科学发现也是靠假言判断的。我们现在大家都知道地球是圆的,可是,几百年前,人们并不知道这点。“如果一个人朝着某个方向一直走,最后又会走回原地,那么,地球是圆的。”这样一个假言判断提出了解决地球是圆的这个问题的办法。但是,当人们还不能知道地球究竟是不是圆的时候,没有实践的检验,人们也不会相信。16 世纪以后,好些人成功地绕着地球旅行过,这就证实了这个假言判断的前件,因而也就证实了它的后件。这就是说,我们确实知道地球是圆的了。我们的科学家现在还在进行各种新的试验,每一个试验都牵扯好些个假言判断,而它们又是我们在现在这一阶段上还不知道正确与否的假言判断;在试验的过程中,我们可以用实践来检验这些判断。有些会被证实。被证实了的判断就是科学史上新的发现,它会帮助我们社会主义建设加速前进。

选言判断的形式　最后我们谈谈选言判断,选言判断也有好些不同的表示。有些可能有细致的分别,可是现在我们不管这些分别。在一般逻辑教科书里我们经常用“或者”来表示一个选言判断,例如:“这亩田或者种小麦或者种稻子。”好些人根本就不用“或者”,例如:“这亩田不种稻子,就种小麦,不种小麦,就种稻子。”另一种通行的表示选言判断的语言形式是:“这亩田要么种小麦,要么种稻子。”这种判断形式要求满足两个条件。一个条件是:提出的可能要彼此不相容。在上述例子中提出的可能(种小麦和种稻子)究竟相容与否,是要靠客观的事实来决定的。果然不相容,两个可能当中我们只能选择一个。另一个条件是穷尽。选言判断所提出的可能应当是穷尽的。这就是说,在下判断时所面临的客观情况,除了提供选言判断已提出的可能以外,没有别的可能了。我们只能在所提出的可能中选择。这种要求提出的可能要彼此不相容而又是穷尽的选言判断,叫做不相容选言判断。不要求满足前一个条件,而只要求提出的可能是穷尽的选言判断,叫做相容的选言判断。好些用“……或者……”形式表示的选言判断是相容选言判断。例如，“张三学习成绩好，是由于他的聪明，或者是由于他的勤奋”。这里提出的两个（可能的）原因，不是不相容的。张三学习成绩好，可能是他既聪明又勤奋。选言判断所提出的可能不限制到两个。

选言判断的功用　这种判断的用处也是很大的。在许多场合上，它都可以用到。在具体的工作中，两条道路的斗争或者两种方法的斗争，都可以用选言判断提出来。但是，选言判断也不是一下子就能够提出来的。在特殊的时间、地点、条件之下，情况不同就会有不同的选言判断。有些地方的重点工作也许是搞水利，但是在检查工作中，发现肥料准备不够，我们就得提出这样的问题：劳动主力还是用在水利上呢？还是转到积肥上去呢？这个问题本身就反映了方才说的客观情况，同时也实际是提出了一个选言判断：“劳动主力或者继续用在水利上或者用在积肥上去。”在提出之前就得深入研究客观情况，水利工程到了什么样的阶段呢？肥料缺多少呢？等等的问题。在讨论当中，我们也许会发现上述的判断所提出的两个可能不是不相容的，那就是说，继续搞水利与积肥工作可以同时并举。

选言判断也是有真有假的，而真假的标准仍然是看它和客观的情况符合不符合。客观的事实是真是假的标准，我们已经提出好几次了。有的时候客观情况是容易认识的，看一看就行了，例如麦苗返青了没有呀？可是，有的时候客观情况是不容易正确地认识的。要正确地认识它还要发动群众刻苦地钻研。有一个钢铁厂在某段时期，大伙虽然很努力，然而炼出来的钢的质量还不够好,离合格的标准很远。提高质量显然是头等重要的问题。有些人就提出了这样一个选言判断:“我们的要求要么是好,要么是快。”意思就是说,好钢不能快炼,快炼就不能出好钢,两个可能当中我们只能挑选一个。这个选言判断是不是符合客观情况呢?当然这是不符合事实的。因为,经过工人群众和技术人员团结合作、刻苦钻研之后,大伙才发现他们所用炉子的炉形不对头,他们的操作方法也有很大的毛病。在改造了炉形,改良了操作方法之后,他们就炼出好钢来而且炼得飞快。这样,就清清楚楚地说明:原来那个选言判断即“我们的要求要么是好,要么是快”便是不正确的了。